西南大学"双一流"建设优秀著作文库
A Library of Excellent Works of Southwest University "Double First-Class" Project

金融科技
赋能包容性发展的逻辑进路
与实践创新研究

王小华　何茜　温涛　等·著

西南大学出版社
国家一级出版社　全国百佳图书出版单位

图书在版编目(CIP)数据

金融科技赋能包容性发展的逻辑进路与实践创新研究 /
王小华等著 . -- 重庆 : 西南大学出版社, 2024. 12.

ISBN 978-7-5697-2918-4

Ⅰ . F832

中国国家版本馆 CIP 数据核字第 2025NN2471 号

金融科技赋能包容性发展的逻辑进路
与实践创新研究

JINRONG KEJI FUNENG BAORONGXING FAZHAN DE LUOJI JINLU
YU SHIJIAN CHUANGXIN YANJIU

王小华　何　茜　温　涛 等·著

责任编辑 ｜ 畅　洁
责任校对 ｜ 李晓瑞
装帧设计 ｜ 闰江文化
排　版 ｜ 李　燕
出版发行 ｜ 西南大学出版社(原西南师范大学出版社)
地　址 ｜ 重庆市北碚区天生路2号
邮　编 ｜ 400715
电　话 ｜ 023-68868624
印　刷 ｜ 重庆紫石东南印务有限公司
成品尺寸 ｜ 170 mm×240 mm
印　张 ｜ 30
字　数 ｜ 480千字
版　次 ｜ 2024年12月 第1版
印　次 ｜ 2024年12月 第1次印刷
书　号 ｜ ISBN 978-7-5697-2918-4
定　价 ｜ 98.00元

前言

　　金融是国民经济的血脉,是国家核心竞争力的重要组成部分。加快建设金融强国是党中央做出的重大战略部署,是获得新质生产力竞争优势的关键支撑,是全面建成社会主义现代化强国的必然要求。在当代经济中,技术创新和金融资本已成为社会先进生产力的最重要组成要素。以高质量为目标、以创新引领为导向、以科技赋能为内核的新质生产力,自然离不开金融科技的有效支持。金融科技作为技术驱动的金融创新,旨在运用现代科技成果改造或创新金融产品、经营模式、业务流程等方式推动金融发展提质增效,为新质生产力的崛起和社会的全面进步提供数字化、智能化、便捷化的金融服务,进而提升金融的包容性、人民性和政治性。当代中国是金融科技创新发展和实践探索的先行区,以中国为研究对象,深入探讨金融科技赋能包容性发展的逻辑进路与实践成效,能够为推动包容性发展、实现共同富裕更好地贡献金融的力量、发挥科技的温度,助力经济社会全面奔向数字化、智能化发展新时代。

　　本研究基于中央明确提出"做好科技金融、绿色金融、普惠金融、养老金融、数字金融五篇大文章",高度重视推进金融高质量发展、加快建设金融强国这一现实背景,首先系统阐述了金融科技创新发展的理论基础、技术依赖与集成表现;其次基于中国特色金融科技发展的实践经验,编制了一套金融科技发展的指标体系并对其发展水平进行了全新测度,进一步分析了中国金融科技发展的总体态势和时空特征;然后基于金融科技发展指数重点探索了金融科技区域差异化发展的内在逻辑及其路径依赖和路径创造,最后分别从微观、中观和宏观视角探讨了中国金融科技创新赋能包容性发展的实践成效。

金融科技赋能包容性发展的逻辑进路与实践创新研究,既是努力把中央金融工作会议精神落到实处,充分认识金融在经济发展和社会生活中的重要地位和作用,锚定金融强国目标,做好"五篇大文章";也是在明晰认知新阶段新征程上,找准中国特色金融科技创新赋能包容性发展道路的独有价值及其一般性贡献,以有助于为其他国家和地区的金融科技创新发展提供中国经验,贡献中国智慧和中国方案;更是推动金融创新与发展践行政治性、人民性,以有助于坚定不移走好中国特色金融发展之路,推动我国金融高质量发展,加快建设金融强国,推动形成新质生产力,为以中国式现代化全面推进强国建设、民族复兴伟业提供有力支撑。

这项成果的主要研究结论及核心观点总结如下:

第一,随着科学技术的进步,金融的表现形式和运行方式也随之发生了巨大变化,但金融的功能和初心一直都是帮助人类不断突破自己面临的约束条件,据此为人类更快、更多、更好地创造价值,增进人民福祉。

新兴科技与金融的融合正成为一种不可逆的潮流,用科技的力量降低金融的交易成本和提高金融的交易效率,使金融可以持续不断地为更广大人群提供更多样和更优质的服务,让金融创新真正聚焦实体经济和人民大众,回到金融的初心——帮助人类不断突破自己面临的约束条件,在不确定性的未来中追求更大程度的自由——这是我们大家都期望并乐于看到的金融的未来,也是我们乐见且可见的金融的未来。因为通过技术的赋能,金融创造更好的社会并非只是个梦想,金融一直朝着专业化、独立化和社会化的方向迈进,即使技术飞速进步和金融机构不断调整,金融的功能也没有发生根本的变化,金融的功能更不是技术或其他可以轻易取代的。

第二,与地区经济发展和传统金融发展相似,中国金融科技发展水平同样呈现出明显的东南沿海向内陆的阶梯性变化特征,金融科技创新发展要摆脱路径依赖进而实现路径创造,离不开自主科技创新和"有为"政府的双轮驱动。

中国金融科技发展所呈现出的区域差异化发展格局,主要源于传统金融发展的路径依赖,传统金融欠发达地区面临着金融科技发展的路径依赖困局,但同时也为这些地区未来金融科技发展留下了广阔的空间,据此奠定了潜在的比较优势。也即是说经济发达的地区天然地具备了发展金融科技的先行优势,其发展过程存在明显的"马太效应",特别是中西部地区仍然受限于地理或经济因素,金融科技发展水平与东部地区之间的差距逐渐增大,未来需要密切关注欠发达地区金融科技的技术红利与潜力释放问题。地方政府可以因势利导,大力促进大数据、云计算、区块链、人工智能等创新科技在金融行业的推广应用,积极打造金融科技发展高地,通过自主科技创新和"有为"政府双轮驱动,引导金融科技发展摆脱传统金融发展的路径依赖,实现金融科技区域协调发展的路径创造。

第三,数字金融作为金融与科技深度融合的产物,是金融创新与科技创新叠加融合形成的数字经济时代的主流金融形态,其蓬勃发展和广泛运用,为缓解城乡居民金融抑制、提升金融的普惠性、实现包容性增长,指明了新方向、提供了新的动力,有助于提高居民的获得感、幸福感、安全感,进而提升居民的社会福利效应,不断满足人民日益增长的美好生活需要。

数字金融作为一种将移动互联、大数据、人工智能、云计算、区块链等各类技术与传统金融服务深度融合的新型金融服务,得到了越来越广泛的应用,其迅速发展对社会经济产生了巨大的变革,深刻影响了居民的生活与工作。数字金融在农村地区的广泛运用,打破了农村金融服务的时空、数量和成本制约,提升了农村金融资源配置的整体效率,有助于促进农村普惠金融可持续均衡发展,真正将农民共享发展成果落到实处。与此同时,应高度重视城乡之间不断凸显的"数字鸿沟"和"知识鸿沟",既要加快推进农村地区互联网基础设施建设,不断弥合城乡间数字基础设施断裂的"鸿沟",又要不断提升农村居民的数字素养和金融素养,通过城乡居民数字金融应用鸿沟的破解而有效弥合这种断裂,从而有效解决农村数字普惠金融发展的地域分化、服务深度不足、数字金融排斥、潜在金融风险升高等新问题。

第四,金融科技的迅猛发展有效推动了我国金融组织形态的多样化,给传统商业银行带来了直接和间接的影响,同时为企业的探索性创新和开拓性创新创造了客观现实条件,进而有效推动了企业高质量发展。

准确把握新发展阶段,通过金融科技创新助力中小企业融资困境的破解,推动企业在创新发展中迈向高质量发展,其根本出路在于坚持需求侧和供给侧"两手抓"。需求侧重在固本强基,充分利用新技术对企业进行数字化赋能,推动建立健全涉企数据信息共享机制,重点培育中小企业有效金融需求;供给侧重在金融机构体系的结构优化、责任强化、产品线上化、功能完善、风险共担和内涵式发展,核心在于为企业提供供应链金融,加强对产业链上下游中小微企业的支持;同时应坚持包容审慎的监管原则,进一步完善金融科技和金融监管适配程度,引导金融科技健康发展,推动金融科技促进企业高质量发展和经济高质量发展。

第五,金融科技作为技术驱动的金融创新,通过改造或创新金融产品、经营模式、业务流程等方式推动金融发展提质增效,提升服务实体经济的能力,有助于缓解城乡发展不平衡、农村发展不充分等问题,推动经济高质量发展。

金融科技浪潮正以势不可挡之势席卷全球,其爆发式增长及与实体经济深度融合,已经成为中国经济高质量发展的强大动能。作为科技驱动的金融创新,金融科技是以科技为支撑点,是技术化、数字化、智能化的金融服务解决方案,其核心在于如何将"技术"行之有效地应用于金融服务之中,旨在用"技术"改进"金融",推动金融发展提质增效,进而有效服务实体经济。实践经验表明金融科技不但可以通过提升金融的包容性水平缩小城乡发展差距,还可以通过提升传统金融业务服务实体经济的能力,为推动经济高质量可持续发展创造客观现实条件。未来应积极深入推进金融科技体制机制改革以推动金融科技可持续发展,加强金融科技研发以提升金融科技核心竞争力,加强金融科技风险防范管理以推动金融科技稳定发展,为推动我国经济高质量发展贡献重要力量。

第六,中国特色社会主义进入新时代的历史方位,做好金融五篇大文章也对金融科技创新发展提出了新要求,不仅要有助于畅通中小微企业融资渠道,助力实体经济技术创新和城乡居民财富增长来创"富";更要有助于提高金融服务的便利性和普惠性,让金融为更广大人民利益谋大同、共富裕来"共"享。

作为一种新的金融模式,金融科技具有效率高、覆盖广、发展快、成本低等比较优势,在为实体经济发展持续赋能的同时,也成为了金融业发展的新动能。一方面,金融科技的未来在于高质量推进金融业态从数字化进一步向数智化进行转型,健全适应现代化需求的金融服务体系,不断提高金融资源配置效率,降低交易成本和金融风险,真正有助于中小微企业不断发展壮大、增加金融消费者福利、满足人民对美好生活的向往,有效服务实体经济和推动中国经济高质量发展,为构建新发展格局、实现共同富裕贡献金融的力量、散发科技的温度。另一方面,以深化金融供给侧结构性改革为主要攻坚方向,推动金融科技进一步向"新"而行,持续深入研究发展数字金融、数字经济存在的短板,不断推进金融机构数字化转型,以数字经济和实体经济深度融合为重点,通过持续创新和改革支撑新质生产力的加快形成。

该项研究得到了国家社会科学基金重大项目(21ZDA062、22&ZD123)、国家社会科学基金重点项目(23AJY014)、西南大学创新研究 2035 先导计划(SWUPilotPlan026)的资助,最终成果出版得到了西南大学"双一流"建设出版基金项目资助。研究过程中,陆续在 *Journal of Banking and Finance*、*Journal of Corporate Finance*、*Journal of International Money and Finance*、《管理世界》、《中国农村经济》、《改革》、《地理学报》、《农业技术经济》、《当代经济科学》、《财经问题研究》、《当代财经》、《财经论丛》、《经济问题探索》等重要期刊和报纸上公开发表阶段性成果 10 多篇,部分学术论文及观点被《新华文摘》、《高等学校文科学术文摘》、《社会科学辑刊》、《经济研究参考》和人大复印报刊资料以及各类经济科研相关网站转载或推送。研究过程中提交的政府决策咨询报告和政协提案获得省部级以上重要领导肯定性批示、被政府重要决策部门采纳应用的有 10 余篇。先期积累的大量成果获得了学术界和实务界的充分认可。

需要特别指出的是,本书是集体智慧的结晶,王小华、何茜、温涛共同设计了本书的基本框架,并经由团队核心成员多次讨论修改而成。各章的具体执笔人如下:导论,何茜、张梓榆;第一章,何茜、刘贯春、陈肖雄;第二章,王小华、周海洋、程琳、刘贯春;第三章,王小华、周韩梅;第四章,王小华、李昕儒、宋檬、马小珂;第五章,王小华、黄捷、宋檬;第六章,王小华、马小珂、何茜;第七章,王永仓、温涛、何茜;第八章,温涛、聂薇、王小华;第九章,王小华、邓晓雯;第十章,王小华、邓晓雯、李宁;第十一章,王小华、宋檬、李宁;第十二章,王小华、宋檬、和杨亦兰;第十三章,王小华、胡大成;第十四章,王小华、和杨亦兰、宋檬;第十五章,杨玉琪、陈肖雄、杨盼、陈诗雨。初稿完成之后,经过团队成员多次讨论和修订,最终由王小华、何茜、温涛、刘贯春、陈肖雄、宋檬、李宁、杨玉琪、张梓榆、王永仓、李昕儒、程琳、和杨亦兰、周韩梅、陈诗雨对各章内容进行了编撰修订,在写作和修改的过程中也得到了马小珂、胡大成、杨盼、邓晓雯、聂薇、何凡、谢保安、刘馨月的帮助。同时,在研究过程中还得到了相关实务部门和研究机构的大力支持,在此深表谢意!感谢学术同行提供的大量参考文献及相关数据资料,为本研究提供了重要的帮助。特别需要指出的是,书稿中可能存在的疏漏由作者负责,也恳请学术同行批评指正!

2024 年 8 月 30 日

于重庆北碚 缙云山下

目录

第一篇
金融科技创新的理论基础与逻辑进路

第一章
金融科技创新：理论基础、技术依赖与集成表现

第二章
金融科技发展：指数编制、总体态势与时空特征

第三篇
金融科技创新的包容性实践:中观视角

第四篇
金融科技创新的包容性实践：宏观视角

导　论

第一节　研究背景与意义

党的二十大擘画了以中国式现代化全面推进中华民族伟大复兴的宏伟蓝图,发出了为全面建设社会主义现代化国家、全面推进中华民族伟大复兴而团结奋斗的伟大号召。未来15年将是中国式现代化建设的关键时期(贺雪峰,2022),推动中国式现代化,必然要求我国要在经济层面建立和完善现代产业体系,坚持创新、协调、绿色、开放、共享的新发展理念,推动以国内经济循环为主,国内国际双循环互动发展的新发展格局的形成,必须把高质量发展作为全面建设社会主义现代化国家的首要任务(韩保江和李志斌,2022),必须加快形成新质生产力,通过大力发展新质生产力,才能更大程度地释放经济发展新动能(高帆,2023;罗必良,2024;洪银兴,2024),加速推动中国式现代化建设(程恩富和陈健,2023)。此外,还要按照共同富裕的要求,关注农村和后发展地区现代化的跨越,建立彰显优势联动的现代化区域协调发展体系(洪银兴,2022)。在高质量发展中推进中国式现代化,必然离不开作为现代经济核心的金融这一强大的支撑力量和金融自身的高质量发展。

经济高质量发展会衍生大量新的金融需求,包括科技金融、绿色金融、产业金融、消费金融、普惠金融、数字金融。在原有的依靠财务信息和物理空间分离金融资源的所有权和使用权而进行配置的金融技术,显然无法适应这些新的金融产品和服务需求,否则仍会加剧实体经济高质量发展和广大人民对美好生活需要的"融资难、融资贵、融资慢"的问题。长期以来,中小微企业、农业农村经营主体和低收入群体等长尾客户群发展面临的融资难题,除了与这些主体的自身经济实力和信用资源不足有关外,无不与金融资源所有权与使用权分离的技术陈旧有关,即仅仅依靠财务报表信息技术和缩短物理空间距离根本无法有效解决信息不对称和经营风险及成本问题。2023年10月的中央金融工作会议强调,"金融是国民经济的血脉,是国家核心竞争力的重要组成部分,要加快建设金融强国,全面加强金融监管,完善金融体制,优化金融服务,防范化解风险,坚定不移走中国特色金融发展之路,推动我国金融高质量发展,为以中国式现代化全面推进强国建设、民族复兴伟业提供有力支撑"。会议同时提出,"做好科技金融、绿色金融、普惠金融、养老金融、数字金融五篇大文章"。五篇大文章相互关联、相互支撑、不可分割,体现了加强对重大战略、重点领域和薄弱环节金融服务的要求,都是实现经济社会高质量发展和全面建设社会主义现代化国家的迫切要求(王国刚等,2023)。这一论述既是未来中国金融改革与发展实践的基本遵循,也是今后摆在中国经济理论工作者面前的重大课题(张杰,2023)。

以大数据、区块链、云计算、互联网等为底层技术的金融科技的产生和发展,则为提升金融体系服务实体经济的能级提供了新的契机和技术保障。伴随着现代新型信息技术与金融业的深度融合势头方兴未艾,金融科技驱动的金融创新已经并将继续对金融业和传统金融体系产生巨大而深刻的影响(刘少波等,2021)。金融科技公司的出现,一方面丰富了金融服务生态体系,重塑了金融服务场景,对消费端和小微生产端产生了数字普惠效应,拓展了实体经济的融资渠道。另一方面也给传统金融机构增加了竞争压力,迫使传统金融机构革新传统金融资源配置技术,大力发展金融科技主导下的数字金融业务,极大地降低了信息不对称和金融运营成本及风险,增强金融资源配置的普惠性程度,对实现经济高质量发展和共同富裕具有重大现实意义。

党的十九大和十九届五中全会均强调了加强数字中国建设整体布局,强化金融服务实体经济能力。党的二十大报告提出加快建设网络强国、数字中国。随着《金融科技发展规划(2019—2021)》的落地与执行,运用金融科技实现金融产业更高质量支撑实体经济创新发展已被提升到国家战略高度(李真等,2023)。2022年,中国人民银行印发的《金融科技发展规划(2022—2025年)》明确指出,以数字驱动、智慧为民、绿色低碳、公平普惠为基本原则,创新驱动发展,数字化转型高质量推进,加快健全适应数字经济发展的现代金融体系,为构建新发展格局贡献金融力量,助力实现共同富裕;当前我国正处于高质量发展的关键时期,发展和壮大科技金融、绿色金融、普惠金融、养老金融、数字金融,做好金融五篇大文章,进一步明确了未来金融业在助力经济结构优化过程中的发力点,是提高金融服务实体经济质效的针对性部署,对于切实加强对重大战略、重点领域和薄弱环节的优质金融服务,着力为经济社会发展提供高质量金融服务,具有重要的现实意义。

如今,金融科技已成为中国拓宽传统金融服务广度和增加金融服务实体经济深度的重要支撑力量。从金融供给端而言,数字技术应用拓宽了传统金融服务广度;从金融需求端而言,数字金融创新增加了金融服务实体经济的深度(龚强等,2022)。那么,金融科技发展的理论基础和逻辑进路究竟是什么?为什么金融科技创新能够赋能一国金融体系,从而更好地服务实体经济和实现包容性发展?金融科技在赋能中国金融体系实践中取得了哪些成效?同时又存在哪些问题和风险?如何通过金融科技的创新发展运用,实现中国式现代化目标下的金融与经济良性互动与高质量发展?这些问题正是本研究需要重点关注和解决的重大现实问题。

研究上述这些问题,无疑具有以下几个方面的重要现实意义和价值:

第一,理清金融科技创新与中国经济高质量发展和中国式现代化的理论逻辑联系,把握金融科技发展内在逻辑与深层规律,构建中国特色金融科技创新与经济金融高质量发展和金融科技创新赋能包容性发展的逻辑框架,从而为金融理论体系的发展做出边际贡献,为金融科技发展与监管提供理论基础。

第二,理清中国特色社会主义制度下的金融科技对金融赋能的影响,检验金融科技赋能包容性发展的实际效果,分析其中存在的问题,科学凝练中国金融科技创新发展的可复制和可推广经验以及现实约束条件,明确中国特色金融科技实践创新的重点范围与难点突破,为金融更好服务实体经济、推动经济高质量发展和促进共同富裕提供全新的战略思路和政策指导。

第三,构建金融科技影响下的金融调控机制和金融监管体制,理顺金融科技影响下金融资源配置中的政府与市场的关系,旨在进一步优化金融调控与监管体系、防范和守住不发生系统性金融风险的底线、推动金融高质量发展,从而为系统总结中国特色金融科技发展的成功经验、科学完善中国特色金融科技发展的总体框架与实施方案提供科学依据。

第二节　研究目标与内容

具体来看,本研究的研究目标和主要内容包括以下四个部分:

第一部分:金融科技发展的理论基础与逻辑进路。

理论基础与事实依据一道为解决问题或做出决策提供依托和根据,该部分是本研究的逻辑起点,旨在通过金融科技创新理论渊源的探析和理论逻辑的梳理,对中国金融科技发展水平的测度及其时空特征分析,为中国金融科技发展的实践创新成效研究提供理论支持和现实依据,具体包括以下三个方面的内容:一是金融科技创新:理论基础、技术依赖与集成表现。主要针对金融科技发展相关理论的演化逻辑和发展情况探寻,从理论层面为中国金融科技健康发展和金融有效服务实体经济,最终为促进包容性发展提供方向指南和行动坐标。二是金融科技发展:指数编制、总体态势与时空特征。基于更加全面、更具有代表性的百度搜索指数,编制了一套包含直接关键词、技术支持和金融中介服务的金融科技发展指标体系,科学测算了2011—2020年中国31个省份和332个城市的金融科技发展指数,并对其总体态势和时空特征进行了全面探索。三是金融科技区域差异化发展的内在逻辑与路径检视。基于演化经济地理理论阐述了传统金融与金融科技发展的关系,利用地级城市数据系统地探讨我国金融科技区域差异化发展的逻辑,并从创新驱动、政府引导两个方面为我国金融科技区域协调发展提供了路径支持。

第二部分:金融科技创新的包容性实践:微观视角。

加快金融科技发展步伐,打通数字化赋能金融创新路径,通过推进金融改革和提升金融服务效率来支撑推进共同富裕,是强化金融发展的使命担当,也是现代金融体系建设的关键驱动。作为一种新型金融模式,数字普惠金融将数字技术等金融科技手段应用到普惠金融领域,能够补齐传统金融服务的短板。该部分重点基于中国居民家庭的微观跟踪调查数据,从城乡居民家庭金融资产组合有效性、农村居民主观幸福感提升、农村居民消费内需动力提升、农户家庭收入增长和缓解家庭财富不平等四个方面,考察了数字普惠金融创新的实践成效,有助于明确中国特色金融科技实践创新的重点范围与难点突破。具体包括以下五个方面的内容:一是数字金融、数字鸿沟与家庭金融资产组合。聚焦数字金融发展对城乡居民家庭金融资产组合有效性的影响差异,并重点基于一级和二级数字鸿沟展开了异质性讨论。二是数字金融使用与农村居民主观幸福感提升。全面地分析和评估数字金融使用对农村居民幸福感的影响效应、作用机制和群体差异,能够更好地认识数字金融使用对于不断满足人民日益增长的美好生活需要的现实意义和价值。三是数字金融使用与农村居民消费内需动力提升。从数字支付、数字借贷和数字理财三个维度考察农村居民家庭数字金融使用情况,并据此检验数字金融对农村居民家庭消费的影响效应、作用机制和个体差异。四是数字金融与农户家庭增收:影响效应与传导机制。从数字金融需求方的视角刻画了农户家庭数字金融使用情况,并据此研究了数字金融对农户家庭增收的影响效应及传导机制。五是数字金融使用如何缓解家庭财富不平等。通过对家庭数字金融的使用和地区家庭财富不平等水平的测算,直接分析了数字金融对家庭财富不平等的影响,丰富了数字金融对家庭经济不平等方面的研究。

第三部分:金融科技创新的包容性实践:中观视角。

基于中观视角的金融科技发展的实践成效是系统揭示成功经验、客观规律、改进方向的重要组成部分,力图通过金融科技发展的典型案例解析和实证分析,科学凝练金融科技缓解企业融资成本、支持企业创新和高质量发展的可复制可推广经验,为确立金融有效支持实体经济、防范和化解金融风险提供全新的战略思路和政策指导。该部分具体包括以下四个方面的内容:一是金融科技发展与商业银行经营绩效。重点考察金融科技发展对商业银行经营绩效的影响效应、传导机制及其异质性。二是金融科技与中小企业融资成本。检验金融科技的快速发展和泛化应用是否有效化解了中小企业传统的"融资难、融资贵"问题,考察金融科技发展对中小企业融资成本的影响及其作用机制。三是金融科技与制造业创新结构特征。探究了金融科技对制造业探索性和开发性创新的影响,以及科技和金融结合试点政策在金融科技影响制造业创新上的作用。四是金融科技、金融监管与企业高质量发展。以金融监管为切入点,探究了金融科技对中国企业高质量发展的影响。

第四部分:金融科技创新的包容性实践:宏观视角。

基于宏观视角的金融科技发展的实践成效是确保科学完善中国特色金融科技创新发展具体措施的关键性环节,力图通过宏观政策演变比较与基于城市面板数据的经验验证的有效结合,客观反映新时期中国金融科技发展在推动城乡收入差距缩小、城市碳排放降低和经济高质量发展方面的实际成效以及实践偏差,从而为系统总结中国特色金融科技发展的成功经验、科学完善中国特色金融科技发展的总体框架与实施方案提供实证支持。该部分具体包括以下三个方面的内容:一是智慧为民:金融科技与城乡居民收入差距。主要基于城市的面板数据,探讨金融科技发展对城乡收入差距的影响效应、作用机制和区域差异。二是智慧降碳:金融科技发展的城市碳减排效应。主要从区域内和区域间两个方面,检验金融科技发展对城市碳排放量的影响效应及作用机制。三是金融科技驱动经济高质量发展的实践成效评价。首先从理论的维度揭示金融科技主要通过发挥资源配置效应和创新效应推动经济高质量可持续发展,然后通过构建中国经济高质量发展的指标体系并进行测度,最后通过实证分析验证金融科技推动经济高质量发展的实际效应和作用路径。

理论基础与逻辑进路

| 理论脉络与理论渊源 | | 理论渊源 | 理论基础 | 理论创新 | 现实逻辑 | 路径探索 |

技术依赖与集成表现

指数编制与统计测度

实践成效:微观视角

数字普惠金融创新效应

金融科技创新的普惠效应

财富增值　幸福感提升　消费内需释放　收入与财富增长

实践成效:中观视角

整体成效与阶段性评估

创新成效与异质性分析

银行绩效　企业融资　制造业创新　企业高质量发展

实践成效:宏观视角

区域差异与实践偏差

作用机制与政策调整

智慧为民　缩差共富　智慧降碳　企业高质量发展

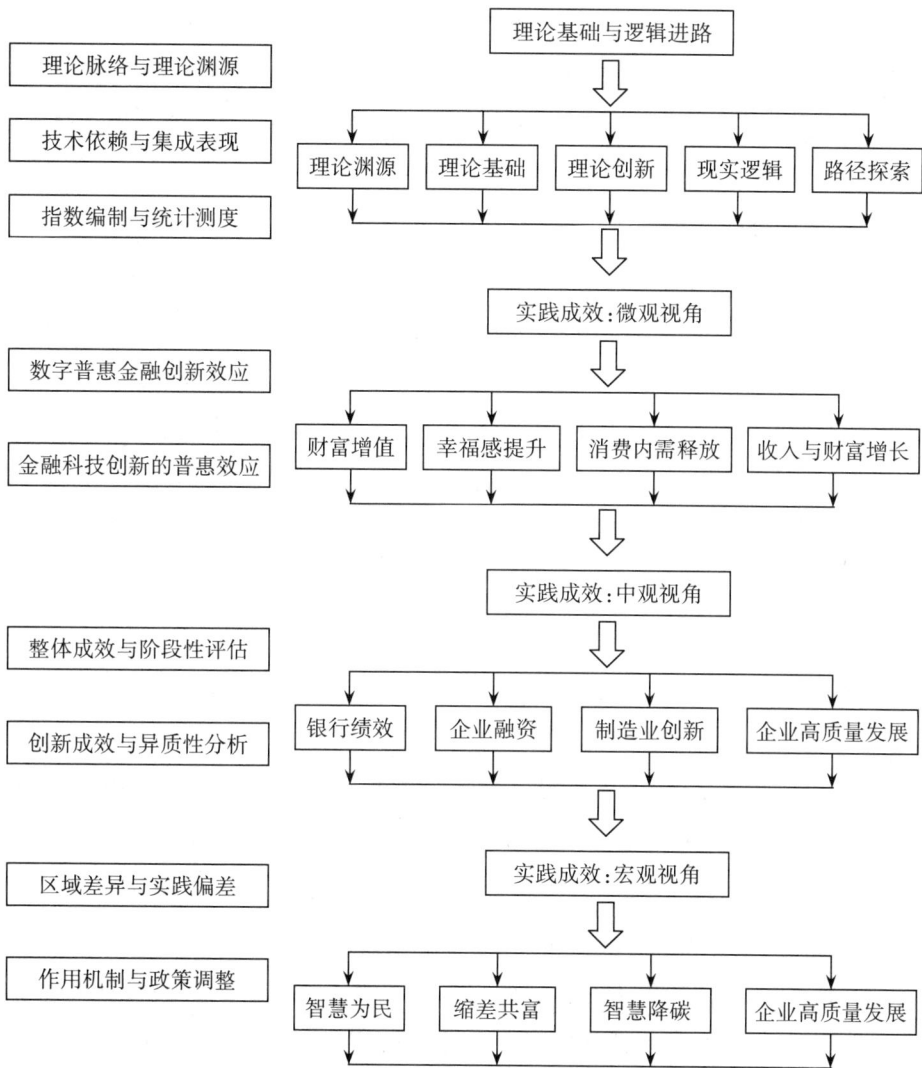

本研究的总体框架与内容结构图

第三节　研究思路与方法

第一章,金融科技创新:理论基础、技术依赖与集成表现。本章将在金融科技发展相关理论回顾与文献分析的基础上,重视对现代西方经济理论、金融发展理论及其哲学思想的吸收,深入解析金融科技创新的理论源泉,梳理金融科技创新的理论脉络,从运动的、历史的、系统的和辩证的角度认识既有理论的形成与发展,并充分把握相关模式以及不同模式的理论逻辑,从而更好地对中国特色金融科技发展的理论探索与实现机理展开研究,为中国金融科技健康发展和金融服务实体经济提供方向指南和行动坐标。

第二章,金融科技发展:指数编制、总体态势与时空特征。本章首先运用网络爬虫技术获取了百度搜索指数中与金融科技话题相关的文本内容,据此编制了一套中国金融科技发展指标体系;然后综合运用熵值法和层次分析法测算了2011—2020年中国31个省份和332个城市的金融科技发展指数;最后运用描述性统计分析法、σ收敛、绝对β收敛、空间统计分析法对中国金融科技发展的总体态势和时空特征进行了全面探索。

第三章,金融科技区域差异化发展的内在逻辑与路径检视。本章首先基于演化经济地理理论阐述了传统金融与金融科技区域差异化发展的内在逻辑关系;然后基于中国291个地市级城市数据,利用工具变量法、空间计量模型系统地探讨了我国金融科技区域差异化发展的逻辑,并从创新驱动、政府引导两个方面为我国金融科技区域协调发展提供了路径支持。

第四章,数字金融、数字鸿沟与家庭金融资产组合。针对数字金融普及过程中利益的分配有可能存在不均匀的问题,本章首先基于北京大学数字普惠金融指数和中国家庭金融调查数据,主要运用Tobit模型、工具变量法对数字普惠金融发展与城乡居民家庭金融资产组合有效性进行了实证检验;然后重点基于一级和二级数字鸿沟展开了异质性讨论,旨在通过金融科技发展改善居民财富管理现状,平等地帮助中国城乡居民家庭实现金融资产组合优化,缩小城乡居民家庭财产差距。

第五章,数字金融使用与农村居民主观幸福感提升。本章基于中国家庭金融调查(China Household Finance Survey,CHFS)数据,从第三方支付、互联网理财和网络借贷三个方面对家庭是否使用数字金融进行了刻画,全面地分析和评估了乡村数字金融发展的幸福效应,主要采用Ordered Probit模型、倾向得分匹配法、工具变量法、CMP估计法、中介效应模型实证分析数字金融使用对农村居民幸福感的影响效应、作用机制和群体差异,有助于更好地认识数字乡村建设和推动乡村数字金融发展对于不断满足人民日益增长的美好生活需要和构建和谐社会、推进共同富裕的现实意义和价值。

第六章,数字金融使用与农村居民消费内需动力释放。数字金融与农村居民生活高度融合、深度渗透,为金融支持农村消费提质升级提供了新思路和新手段,为促进农村内需动力释放带来了新的曙光和希望。本章基于中国家庭金融调查数据,从数字支付、数字借贷和数字理财三个维度考察了农村居民家庭数字金融使用情况,并据此运用最小二乘法、分位数回归法、倾向得分匹配法、工具变量法、调节效应模型实证分析了数字金融对农村居民家庭消费的影响效应、作用机制和个体差异,对在畅通国内大循环中如何进一步加强"内需驱动"、激发和释放农村消费内需潜力具有一定的启示意义。

第七章,数字金融与农户家庭增收:影响效应与传导机制。本章首先利用中国家庭金融调查数据,从微观层面讨论了农户数字金融使用对家庭收入以及收入结构的影响,并从农户创业及非农就业的视角讨论内在机制;通过引入社区数字金融水平这一变量,讨论了其他农户的数字金融行为对不使用数字金融农户的家庭增收、创业行为及非农就业的影响,旨在探索农户数字金融行为的外溢效应;最后通过分位数回归、分组估计的方法讨论了数字金融影响农户家庭增收效应的多维特征。

第八章,数字金融使用与居民家庭财富不平等缓解。本章同样基于中国家庭金融调查数据,首先结合数字金融支付、融资和投资三方面来定义了家庭对数字金融的使用情况,同时使用相对剥夺指数测算出每个家庭的财富不平等程度,从微观角度具体分析了数字金融使用对家庭财富不平等的影响;最后以金融知识和数字鸿沟为切入点,分析了在数字金融使用影响家庭财富不平等的过程中存在的调节效应。

第九章,金融科技发展与商业银行经营绩效。本章首先利用文本挖掘方法构建金融科技关键词初始词库,再通过因子分析法合成2013—2018年我国金融科技发展指数,然后使用2013—2018年118家商业银行的年报数据,选取了不良贷款率和资产收益率分别衡量商业银行经营风险和盈利水平,据此运用SYSGMM、中介效应模型考察了金融科技发展对商业银行经营绩效的影响效应、传导机制及其异质性。

第十章,金融科技、影子银行与中小企业融资成本。为了检验金融科技的快速发展和泛化应用是否有效化解了中小企业传统的"融资难、融资贵"问题，本章利用2011—2019年中国中小板上市公司数据，运用固定效应模型、中介效应模型、广义矩估计法、工具变量法考察了金融科技发展对中小企业融资成本的影响及其作用机制。

第十一章，金融科技与制造业创新结构特征。本章以中国A股制造业上市公司2012—2020年数据作为样本，运用固定效应模型、倾向得分匹配法、Logit和Probit模型考察了金融科技对制造业创新的影响效应，并基于创新质量的逻辑，进一步分析了金融科技对制造业创新的驱动作用，探究了金融科技对制造业双元创新的影响差异，并基于不同所有制和高管团队不同金融背景的情况进行了差异性分析；此外，把科技和金融结合试点政策纳入微观研究框架，运用双重差分模型对"科技和金融结合试点"政策能否推动企业创新进行了验证。

第十二章，金融科技、金融监管与企业高质量发展。本章基于2012—2020年中国A股上市公司数据，同时采用LP法和OP法对企业全要素生产率进行了测算，运用固定效应模型、工具变量法、调节效应模型探究金融科技对中国企业高质量发展的影响，并从影子银行、金融监管等多个角度实证了如何提高金融科技促进企业高质量发展的有效性。

第十三章，智慧为民：金融科技与城乡居民收入差距。本章首先利用泰尔指数来衡量了城乡收入差距，并阐述了与城乡居民收入比的差别，同时对城乡收入差距空间演化特征进行了分析；其次基于2011—2020年中国276个地级市及以上城市的面板数据，采用固定效应模型、工具变量法和中介效应模型分别检验了金融科技对城乡收入差距的影响效应及其作用机制，并从城市群等多个角度进行了异质性分析。

第十四章，智慧降碳：金融科技发展的城市碳减排效应。本章基于2011—2019年中国264个城市的面板数据，采用固定效应模型、工具变量法和中介效应模型从区域内和区域间两个方面检验了金融科技发展对城市碳排放量的影响效应、作用机制及空间溢出效应。

第十五章，金融科技驱动经济高质量发展的实践成效评价。本章首先构建了评价指标体系并使用熵值赋权法测算了各省和各城市经济高质量发展水平,使用社会网络分析法探究了各城市高质量发展的空间关联网络及关联发展特征;其次主要采用固定效应模型进行金融科技促进高质量发展的基准回归,并通过工具变量法、延长观测窗口等方法进行了稳健性检验,采用空间计量模型检验了金融科技赋能经济高质量发展的空间效应;最后主要通过分组回归和中介效应探究了金融科技对经济高质量发展的促进机制,并采用fsQCA方法对高质量发展进行了组态分析。

第四节　研究创新与价值

第一,该项成果编制了一套包含直接关键词、技术支持和金融中介服务的金融科技发展指标体系,以百度搜索指数为基础,综合运用熵值法和层次分析法测算了2011—2020年中国31个省份和332个城市的金融科技发展指数,并对其总体发展态势和时空特征进行了全面探索。

在借鉴现有互联网金融、数字普惠金融和金融科技指数编制的代表性文献基础上,本研究充分考虑了金融科技的本质属性和基本特征,同时为了保证金融科技发展指标体系构建的多层次性、代表性与综合性,提取出了包含直接关键词、技术支持和金融中介服务在内的3个一级指标、6个二级指标、27个具体关键词,据此编制了一套可以准确刻画中国金融科技发展现状的金融科技发展指标体系,并通过网络爬虫技术获取了百度搜索指数的原始数据,以百度搜索指数为基础,同时利用熵值法和层次分析法测算了2011—2020年中国31个省份和332个城市的金融科技发展指数。在此基础上,重点对中国的金融科技发展水平进行了定量刻画和时空特征分析,有效识别了各地区在推动金融科技发展进程中所具备的优势和面临的障碍,进而为各地区促进金融科技健康可持续发展以及进一步高质量服务实体经济提供了现实依据。

第二,该项成果基于演化经济地理理论,以金融科技与传统金融的关系作为分析起点,揭示了中国金融科技区域差异化发展格局形成的内在逻辑,并进一步从创新驱动、政府引导两个方面探索了未来金融科技发展路径,即摆脱传统金融发展这一固定路径依赖进而实现路径创造的可行路径。

金融科技发展的"去中心化"使其具有超地理特征,因而表现出明显的区域差异化发展格局,主要源于传统金融和经济发展的路径依赖,导致金融科技发展不均衡不充分,传统金融经济欠发达地区因此面临着金融科技发展的路径依赖困局,但同时也为这些地区未来金融科技发展留下了广阔的空间,据此奠定了潜在的比较优势与后发优势。实证分析发现,城市创新能力的提升和地方政府增加创新资金投入对金融科技发展具有显著的促进作用,有助于传统金融欠发达地区摆脱路径依赖,实现金融科技发展的路径创造,即传统金融欠发达地区若要摆脱路径依赖困局,需要科技创新和"有为"政府的"双轮驱动",为各地区引导金融科技发展摆脱传统金融发展的路径依赖与锁定、实现潜在比较优势转化为现实效能、助推金融科技的区域协调发展指明了方向。

第三,该项成果基于微观、中观和宏观视角,全面探讨了中国金融科技赋能包容性发展的实践成效与偏差,为科学完善中国金融科技发展的总体框架与实施方案和高质量推进包容性发展提供了实证支持,为世界各国推动金融更好服务实体经济、有效促进包容性发展提供了切实可行的中国特色理论思考与经验证据。

尽管现有关于中国金融科技发展研究的文献十分丰富,但并未同时基于微观、中观和宏观层面的证据进行总体成效与阶段评估、创新成效与作用机制、区域差异与实践偏差等多维度的经验验证,在研究上既缺少交叉学科研究的规范性,也未能有效透过金融科技发展的现象看本质,推动金融科技健康发展和金融科技助力高质量发展与包容性发展的政策建议也因此无法具体。在中国经济社会发展的现实背景下,金融科技发展问题既是经济学、管理学关注的焦点,也是社会学研究的重点,更是政治学致力于突破的关键环节。因此,本成果在规范的经济学、管理学、心理学、社会学和政治学交叉融合的研究范式内对中国特色金融科技创新发展的理论逻辑及实践经验进行了全面探索和系统总结,不仅具有研究范式上的创新,而且也是对这一问题在上述学科领域的有益探索。一方面可以为相关政策研究提供有效的技术支撑,另一方面可以为其他国家或地区的金融科技健康发展提供中国经验与中国方案。

第一篇

金融科技创新的理论基础与逻辑进路

第一章
金融科技创新：理论基础、技术依赖与集成表现

2023年，中央金融工作会议指出："坚定不移走中国特色金融发展之路，推动我国金融高质量发展，为以中国式现代化全面推进强国建设、民族复兴伟业提供有力支撑。"走中国特色金融发展之路，必须坚守服务实体经济的天职，切实提升服务理念、能力和质效，同时应更加注重金融发展的普惠性，让广大人民群众共享金融发展成果，是金融工作政治性、人民性的充分体现。纵观近年来金融行业的最新发展实践和创新发展路径，金融科技作为技术手段和应用场景，将在中国特色金融发展之路中扮演重要角色和发挥重大作用；将有助于破解金融发展难题，不断提高金融发展质量，不断开创新时代新征程金融事业发展的新局面。所以，有必要从中国经济金融问题角度看，总结中国金融科技发展的实践经验，系统梳理和探究中国金融科技发展史进程与变迁逻辑，同时系统梳理中国金融科技思想发展史，不断总结和提炼中国金融科技领域的一般规律和典型化事实，寻找基于中国金融科技创新发展实践构建中国特色金融学理论的着力点，为构建中国特色金融发展的理论逻辑和实践创新打下坚实的基础。

第一节 相关概念界定与内涵特征

一、金融的概念内涵与外延

"金融"作为一个舶来词,是从英文Finance翻译过来的,金融的词根Fin来自拉丁语finish,也即是结束和终结的意思,然后慢慢地引申成了债务的终结。因此,"金融"从一开始考虑的就是和生命最接近的问题——时间的跨期和不确定性。《辞海》对"金融"的释义为:货币资金的融通,一般指与货币流通和银行信用有关的一切活动,主要通过银行的各种业务来实现。如货币的发行、流通和回笼,存款的吸收和提取,贷款的发放和收回,国内外汇兑的往来以及资本主义制度下贴现市场和证券市场的活动等,均属于金融的范畴。《中国金融百科全书》对金融的定义指出了金融也包括信用活动。事实上,信用是金融的立身之本,是金融的生命线,正所谓人无信不立。《新帕尔格雷夫经济大辞典》(第三版)指出新古典金融理论主要基于以下四个方面的研究:①有效市场,即市场中价格包含了全部有效信息;②收益与风险的权衡;③期权定价与无套利原则;④公司理财,即公司发行债券的结构。20世纪80年代中期以来,金融涉及金融市场如何有效促进资本或资产优化配置,也即对金融资产或金融有价证券进行定价的一系列问题。当然,金融学并非仅限于上述定义,其涵盖的内容极为广泛,况且不管是金融学科还是金融市场的发展都非常迅猛。所以,如今存在的任何有关金融的定义,都有可能带有时间和空间上的局限性,都很难精确或者令人信服。基于此,对于金融这一概念的理解,我们就必须带着时代的背景,不断以发展的眼光去进行合理的追溯和必要的完善。

从远古文明到近现代世界,金融一直以不同的形式贯穿在人类生产和生活的方方面面。即便是远古时代的人们只能以狩猎为生,但为了降低生存的不确定性,人们不得已而实行了公有共享,这其实就是一种隐性的金融安排,是个体之间将物品或者说猎物进行跨期、跨空间的价值交换转移。特别是在农耕社会的传统文化和儒家文化当中,人们约定俗成的"养儿防老"本质上其实也是一种金融安排。对于天底下的父母亲而言,"养儿防老"既是对未来的投资,也是为自己的未来购买保险。如此一来,儿女在这个过程中就成为了人格化的金融产品,父母因此既是投保人也是受益人,这里的"养儿防老"就是保险和投资的经济概念。所以,父母天然就是债权人,儿女自然就成了债务人。在儒家文化下,这种感情就会被世人看成是比山高比海深,并且作为儿女,或者说作为合格的儿女,永远都应该想到和做到的就是还债报恩。在儿女的成长过程中,不管父母是否倾注了所有的爱或者是否有过疼爱儿女的表现,关键是儿女长大后一定要回报他们或者向他们还债,这里的回报也即是"孝",不回报即为"不孝","孝"则是儿女履行隐形"契约"的概念。所以,父母也许爱子女,也许不爱,但这并不是最重要的,关键是儿女长大后要"孝"(和平,2017)。"孝"就是保证父母过去投资、买的保险有所回报的关键,"孝"就是儿女履行隐性"契约"的直接表现。

与此同时,儿女孝顺与不孝就等同于履约和违约,所以就是讲信用和不讲信用了,特别是在一个以"孔孟仁政"治国的传统社会,倡导"老吾老以及人之老"的文化传统,子女如果不孝顺父母将承受社会舆论的压力,而孝顺者则会受到乡亲称赞和社会肯定(罗玉峰等,2015)。如此一来,在没有市场提供的各类保险、借贷、股票、投资基金、养老基金等非人格化金融产品的前提下,老有所依、老有所养就必须要依靠"养儿防老",这也是传统社会"多子多福"的根源,因为"多子多福"自然而然就意味着风险可以更为分散,不确定性就会大大降低,收益自然就会提高。从某种意义上说,历史上正是有了上述隐形的金融安排,才得以使人类社会生生繁衍不息,也即是这一金融安排就成为了人类繁衍的最重要工具之一,因此可以看出金融对于人类社会的休戚相关性。因为在人类历史上的很长一段时间,在并没有一个市场可以提供诸如存款、贷款、保险、养老金等一系列金融产品的前提下,从"成家立业"这个成语就可以看出来成家是人生第一步且是最重要的一步,成了家便要生儿育女,成了家也就意味着要生儿育女,并且最好是多生儿女,这样有助于人们可以更为直接地规避未来所面临的物质风险和精神风险。

相反,"养儿防老"在那个特殊的时代也容易成为这个民族的一种隐性约束,既然这里称之为"约束",也就是说这种文化容易让很多人都直不起腰来,更不用说远离故乡（离开父母）和追逐梦想与自由了。①即便是有那么一些人真是一生放荡不羁爱自由，想去外面的世界看看，自然也是"携乡愁以赴千里，赴千里而带乡愁"，这种约束是与生俱来的。与此同时，对于天底下的父母亲来说，越是内心认可养儿防老，或者期待儿女时刻都要孝顺，他们就越容易觉得自己是吃亏的一方，心里就越苦；对于长子和长子的弟妹来说，他们在"三纲五常"和社会伦理的裹挟下，第一目标只能是保证父母的投资目的和维系长兄的威严，如此便只能守本分，失去自我，永远没有自我。

不过，随着人类社会的进步和现代金融的发展，金融需求自然也就越发多元化，金融创新便呼之欲出。自然而然地，越来越多的金融工具就迫切需要被快速地创造出来，然后又被更快速的模仿，如存款、支票、贷款、股票、债券、基金、期货、信托、期权、保险等；越来越多的金融机构和金融市场也伴随着不同金融工具的出现应运而生，如意大利的威尼斯银行（1171年）、英国的英格兰银行（1694年）、美国联邦储备委员会（1913年12月23日成立）等等，再比如欧洲城邦国家征战中的国债发行、地理大发现之后的股票发行、金融产品的交易场所产生、金融基础制度的产生等等。这些金融产品和金融机构的出现以及金融市场的迅速发展，快速打破了资源和资金在区域（空间）、人口和时间上的各种限制，人类社会的经济发展由此出现了质的飞跃，据此走出了长久的"匮缺经济"，打破了因资本匮乏导致的"贫困恶性循环"②；同时也使得利益交易可以从"家庭"功能中剥离并由金融市场取代，这当然能减轻因经济利益交换给家庭带来的压力，但也要求一种全新的社会政治制度，一种新文化。有了满足生活需要的收入的同时又利用保险品种、投资基金等把夫妇未来的一些经济风险安排好之后，他们更多把"家"看成是感情交流、满足精神需要的社会单元，原来由"家"胜任的经济功能逐渐由金融市场承担，"孝道"责任逐渐由"爱"来取代，经济与金融发展正在改变这些社会文化（和平，2017）。

---

① 关于劳动力转移或者劳动力流动对经济增长与发展的影响，可参考李勋来和李国平（2005）、李扬和殷剑峰（2005）、刘秀梅和田维明（2005）、张广婷等（2010）、程名望等（2018）。

② 现代农业经济学的系统研究，是随着资本主义生产方式的建立而逐步形成的，其代表人物是18世纪法国的重农主义者魁奈。18世纪末到19世纪初，农业经济学研究重点转移到了德国。在这个时期出现了银行的集中，信用社在德国也有较快的发展，信用机构的扩展，为农业经济学的研究开拓了新的领域，有关农村金融的课题开始引起了人们的注意。

可以说，"金融的外部化"是在人类发展历史上的一次重大转折。它深刻地改变了世界范围内的经济增长路径和人类生存的状态，并且人类社会的每一次重大进步，都离不开金融的广泛参与。一方面，外部化、标准化的现代金融市场几乎渗透到社会发展的所有环节，演化出各种复杂的产业生态，前所未有地提高了人类经济活动的效率和复杂程度；另一方面，通过外部化、标准化的金融工具（如存贷款、股债、保险、基金、信托、期货、期权等），个人得以更好地"未雨绸缪"，从而拥有了对"不确定性未来"的更多自主权。正如陈志武教授所指出的那样，金融的核心是跨时间、跨空间的价值交换，所有涉及价值或者收入在不同时间、不同空间之间进行配置的交易都是金融交易（陈志武，2011）。

如此，我们可以进一步从以下三个方面来理解和认识金融：

一是货币金融，即金融发展的初级阶段或基础阶段。货币是金融的基础和灵魂，没有货币就没有金融的进一步发展。因为货币的产生，使得商品世界直接分离成了商品与货币两极，商品生产和商品销售过程就必然离不开货币，进而使得商品经济因为货币的存在而得到空前发展（王小华和雷捷，2019）。这一阶段的金融主要是以货币的自身演变为特征，所以货币总体上仍保持"有形货币"这一状态，货币支付流通保持"现金清算"的方式，货币经营也只涉及与货币流通有关的技术性处理，诸如货币的印制、鉴别、保管、结算、称量、兑换等等，因此货币发挥的只能是价值尺度、流通手段、贮藏手段、支付手段等基本功能。

二是资本金融，也即是我们熟知的金融资本，是金融发展的成熟阶段。"金融资本"（Financial Capital）这一概念最早由拉法格在1903年提出的，拉法格指出随着工业资本的持续扩张，产业部门的资本就会迅速集中，最终推动银行资本集中，这两类资本相互渗透和相互结合便形成了金融资本。此后，希法亭明确提出了金融资本这一概念，他指出：现代资本主义的特点体现在资本的不断集中，并且银行资本与产业资本之间的关系越来越密切，由于这种关系，资本便采取自己的最高和最抽象的表现形式，即金融资本形式。同时，希法亭还认为信用的发展进一步起到了积累全社会资本的效果，银行作为最主要的一种金融中介，通过支付利息的方式向社会购买资金使用权利，于是社会的闲散资金便大量集聚于银行,就产生了金融资本,然后再通过资产业务将资本的使用权卖给资本家。也即是说,"金融资本"是归银行支配,并由产业资本家使用的资本(王小华和雷捷,2019)。

三是交易金融,即金融发展的高级阶段。在商品交换和资金融通的基础上,进一步发展出将各类资产的权益或者现金流证券化,并通过其交易实现社会资源的高效流通和灵活配置,甚至达到风险的分散和转移,推动金融的主体功能进一步上升为广泛的金融交易。

二、金融机构的社会责任

金融的本质是突破人类社会向前发展过程中面临的约束条件,帮助我们在不确定性的未来中追求更大程度的自由和价值。这是金融的初心,也是金融的社会责任。金融机构的社会责任是指金融机构在追求经济效益的同时,还应当承担相应的社会责任。事实上,金融机构(银行、基金、保险、信托等)在经营的过程中,首先要考虑的并非服务社会,而是自己怎么样才能活下来的问题。因此,金融机构在向客户提供金融服务时首先需要考虑的就是资金安全性,也即是必须优先考虑经营成本和控制风险,因为金融机构的资金也是客户的。自然而然地,金融机构在做出需要金融服务的客户选择时,资金雄厚的个体(企业)自然而然被视为"有信用",金融资源天然地会向这些个体(企业)倾斜,没有信用或者信用较低的个体天然地会被排除在金融机构门外。也正因为此,在很长一段时间里,金融被称为"富人的游戏",而中小微企业、农户、低收入群体的"融资难、融资贵、融资慢"问题在全球范围内一直都是个无解的难题。特别是2008年的金融危机后,全球对金融的口诛笔伐直接达到了顶峰。法国前总统萨科齐就说:"金融体系本质上是一个不负责任的、不道德的体系。"英国前首相布莱尔也说:"金融体系偏离了本质,而且它也无法回归本真了。"相信《金钱永不眠》中的经典台词"Greed is good"应该被大家熟知,这是对金融最直接的描述,并且在诸多文学作品中的金融家们永远以"贪婪、算计"的反面形象出现。比如一个普通公司的高管的薪酬就是一个普通员工的成百上千倍,基金经理把投资人的钱亏损了却仍然可以拿到巨额的管理费,复杂衍生品市场的投机者和炒客们，VC、PE市场上疯狂的击鼓传花游戏。这些极端的案例经常就发生在我们每个人的身边，人性的贪婪和欲望被金融杠杆无限放大，投机性繁荣和危机也更频繁地出现，甚至直接影响到了社会的稳定和居民的幸福感，本应为人类进步赋能的金融却不知不觉中偏离了绝大部分人而走向高度集聚。

事实如此，金融的确有能力为人类谋福利，它能数十倍百倍地放大社会财富的累积。然而，在现代金融行业发展的过程中，这种呈几何级数放大的财富却并没有为所有人类共享，甚至都不能说对大部分人有所贡献，通常只能为极少数人谋利。所以，现实情况反而是金融的"嫌贫爱富"和"锦上添花"导致了"穷者越穷，富者越富"的马太效应局面。按照皮凯蒂的说法，因为资本的回报率(r)超过了经济的增长速度(g)，所以有钱的人可以通过资本增殖更快实现财富的增长而变得越来越富有，而穷人的相对社会经济地位会越来越低，社会的不平等就此加剧。皮凯蒂在他的《21世纪资本论》一书中将不平等分化或者不平等的加剧根源归结为一个公式：$r>g$。因为这一不等式成立，就直接意味着一个人靠继承财产获取的资本增殖要远远快于仅仅依靠劳动力的人。

然而，金融机构虽然具有一般企业的属性，但又并非一般的企业，而是作为一种特殊的企业存在，因此对社会经济发展有着深远的影响。作为经济社会各种利益的中心，金融机构对利益相关者必须绝对负责，其生存与发展也因此依赖于对利益相关者利益诉求的及时有效回应，而不仅仅是为股东利益服务（Steiner and Steiner，1997）。在利益相关者的视野下，金融企业社会责任产生的核心是利益相关者与金融机构之间围绕专用性资源而形成的契约关系。这一契约关系的存在将金融机构承担社会责任的对象从股东扩展到利益相关者，构成了当下金融企业社会责任正当性研究的主流学说。所以与传统的企业理论不同，金融企业社会责任的层级理论认为在经济责任之外，金融机构还应承担多种社会责任，各种责任之间存在着一定的层次性。

金融所要服务的目标都源自民众，这些目标反映了我们每一个职业上的抱负、家庭生活中的希望、生意当中的雄心、文化发展中的诉求，以及社会发展的终极理想；金融并非"为了赚钱而赚钱"，而是为了帮助实现其他的目标，即社会的目标(Shiller,2012)。金融企业社会责任的实现,要求金融机构在制定经营方针政策时应充分考虑对弱势群体的保护,以使其免受信贷市场滥用和信贷配给的损害(Honohan,2004);金融供给不足是欠发达国家乡村贫困产生的根源,金融机构应当有助于提升乡村贫困人群的金融可得性,缓解乡村的贫困问题(Burgess and Pande,2005);金融包容作为金融企业社会责任的内在属性(Mukherjee,2012),必须明确其在消除贫困中的角色与定位(Rewilak,2017)。

　　显然,增强金融服务实体经济的能力,扎实推动共同富裕和经济高质量发展,不仅仅需要从供给侧创新金融服务,还需要促进需求侧的创新,更需要通过金融履行社会责任本位价值导向,通过金融功能的充分发挥,使金融回归为经济与社会服务的本位,增进整体社会福利。从社会责任视角切入,金融机构应深入学习贯彻习近平新时代中国特色社会主义思想,提高政治站位,守好金融的初心、勇担经济发展使命,必须立足实践需求,在坚持人民至上、坚持自信自立、坚持守正创新、坚持问题导向、坚持系统观念、坚持胸怀天下的基础上,进一步深化金融体制机制改革、健全金融服务体系,使金融成为推进中国式现代化的战略着力点与现实突破口。同时深化对金融科技本质和发展规律的认识,系统布局金融科技发展战略。用好用足金融科技这个动力引擎和基础平台,提高服务实体经济质效,着力解决发展不平衡不充分问题,维护社会公平正义,增进人民福祉,走中国特色社会主义共同富裕道路(王志强,2021)。推动金融科技健康发展,更好服务实体经济,就需要明确新发展阶段金融服务需求的综合化发展趋势,既要通过金融服务方式的创新,加大金融资金的直接支持力度;又要从金融机构履行社会责任的视角出发,进行制度创新和转型,让金融机构主动担当新使命,并不断完善相关辅助机制和配套措施,为金融服务实体经济谋求新合力。具体应筑牢科技发展底座,促进金融科技向上向善;力争取得全球金融科技领先地位,获取国际金融规则话语权;提高金融服务质效,提升服务国家建设能力;引领普惠金融发展,有效推进乡村振兴;利用信息技术提高融资效率,缓解企业"融资难、融资贵"问题,让金融创新发展成果公平惠及人民群众,助力全民共同富裕。

三、金融科技的内涵与外延

金融科技（Financial Technology），英文简称 FinTech，可以简单理解成为 Finance（金融）+Technology（科技），但又不是两者的简单结合，同时与 Technology（科技）+Finance（金融）也存在直接差异。简单来讲，金融科技是借助各种先进的科技手段，对传统金融行业所提供的产品和服务进行改革与创新，从而丰富金融产品与业务（周仲飞和李敬伟，2018），提高信贷资源的配置效率（宋敏等，2021），有效降低金融机构提供服务的成本（何婧和李庆海，2019），提升金融监管的质量（杨东，2018）。

目前，金融科技已成为国内外学者的研究热点，但尚无统一规范的定义。全球金融稳定理事会（Financial Stability Board，FBS）在 2016 年发布的《金融科技的描述与分析框架报告》中指出[①]，金融科技主要是指大数据、区块链、云计算、人工智能等新兴前沿技术，对金融市场以及金融机构产生重大影响的新型业务模式、新技术应用、新产品服务等。2019 年 8 月，中国人民银行印发的《金融科技（FinTech）发展规划（2019—2021 年）》中明确了国家层面对金融科技的定义，即"金融科技是技术驱动的金融创新"。随后，中国人民银行在 2022 年印发的《金融科技发展规划（2022—2025 年）》中提出了"十四五"时期金融科技发展愿景，要坚持"数字驱动、智慧为民、绿色低碳、公平普惠"的发展原则，明确了发展目标和重点任务，推动我国金融科技从"立柱架梁"全面迈入"积厚成势"新阶段。

科技是指科学和技术的结合，而金融科技则是金融和科技的结合。随着金融和科技融合深入，产品和服务迭代的深入，金融科技也逐渐成为未来数字经济的引擎。在金融科技所覆盖的范围与领域，巴塞尔银行监督委员会区分出四个核心应用领域：存贷款与融资服务、支付与清结算服务、投资管理服务以及市场基础设施服务。而中国更多强调前沿技术对持牌合规的金融业务的辅助、支持和优化作用，技术的运用仍需遵循金融业务的内在规律，侧重点在市场基础设施服务。具体而言，我国金融科技通常被概括为"ABCDE"：A 是指人工智能（Artificial Intelligence，AI），B 是指大数据（Big Data），C 是指云计算

---

① 参见 FSB.Fintech：Describing the Landscape and a Framework for Analysis，2016。

(Cloud Computing)、云存储(Cloud Storage)，D 是指分布式记账(Distributed Accounting)，E 是电子商务(Electronic Commerce)(王小华等，2022)。其中，人工智能广泛运用于智能风控、量化投资、信用款还款、智能投顾等方面，借助机器学习、深度学习等算法可以实现信息的集成与情景模拟，使管理摆脱有限知识、精力和时间的束缚，做出更为科学、合理的战略决策(Edwards et al.，2000)。大数据能带来大量数据种类和格式丰富、不同领域的大量数据，基于大数据的分析能够有效提取有价值的信息，有利于金融机构突破空间、土地等有限资源的约束，降低金融服务成本以及提高服务效率(戚聿东和肖旭，2020；肖静华等，2021)；云计算、云存储主要应用在 IT 设施的管理方面，帮助资源有效合理分配，以及时有效地提高运维效率，降低银行的 IT 基础设施成本；分布式记账通过数字化信任机制，实现金融资产交易的自动化，可降低市场参与者的信任成本、实现点对点的交易，提高金融系统交易的支付清算效率、业务流程的透明度，有效降低风险(胡才龙和魏建国，2022)。区块链技术能够有效节约金融机构间的清算成本，提升交易处理效率，增强数据安全性；电子商务突破物理空间限制而向全球消费者销售产品，实现商品销售和消费方式的颠覆性变革，促进居民消费，释放国民经济需求端活力(王定祥等，2023；唐学朋等，2023)，具体应用于网络银行、手机银行、网上支付等金融领域。

金融科技是当前全球金融发展一个普遍且重要的趋势。金融科技的应用能突破地区限制的障碍，实现金融业务的降本增效，提升金融服务质量(王小燕等，2019)，不断推动金融服务门槛下移(王小华等，2022)，有利于以更低的成本解决"融资难、融资贵、融资慢"的问题，并能够对主要金融业态产生深远影响，重塑金融市场结构(吕承超和何加豪，2023)。金融科技正逐渐成为未来金融稳定分析和管理中一个不容忽视的因素。

综上，为进一步理解和把握金融科技的内涵与外延，我们将其发展分为以下三个阶段：

第一阶段为金融科技 1.0，也被称为金融 IT 阶段，重点在于 IT 技术的信息化应用。该阶段主要由政府主导科技与金融的融合发展。20 世纪 80 年代初开始诸多国家相继实施金融自由化政策，金融管制的放松与市场准入门槛的降低，催生了大量的金融服务需求，也诱导了金融服务供给水平的提升，金融机构纷纷设立 IT 部门，基于 IT 系统的软硬件设施应用，金融机构实现了电子信息化，使得部分金融业务得以化繁为简、金融部门运作效率直线上升，更能满足瞬息多变的市场需求。该阶段 IT 公司通常并没有直接参与金融机构的业务环节，IT 系统在金融体系内部是一个很典型的成本部门，现在银行等金融机构中还经常会讨论核心系统、信贷系统、清算系统等，就是这个阶段的代表。

第二阶段为金融科技 2.0，也可以界定为互联网金融阶段，聚焦于金融架构的互联网化。该阶段由互联网技术（或者数字技术）驱动金融行业不断丰富产品形态。在这个阶段，主要是金融业搭建在线业务平台，利用互联网或者移动终端的渠道来汇集海量的用户和信息，金融服务由后台系统支撑向前端金融业务延伸发展，从而减少信息不对称，拓宽产品的销售渠道，实现金融业务中的资产端、交易端、支付端、资金端的互联互通。对于我国而言，互联网金融经历了飞跃式发展，特别是以余额宝问世为起点，使得第三方支付、众筹、P2P 等概念变得家喻户晓，金融业的运营环境因受其冲击发生了巨大变化，迫使传统金融体制进行了深刻的变革，据此成为了信息共享与技术融合的助推力。

第三阶段为金融科技 3.0，可以概况为"智能+金融"阶段，是金融与科技深度融合阶段。新兴科技（大数据、云计算、人工智能、区块链和大模型等）的进步将数字革命、通信革命和金融革命有机结合起来，给金融创新提供了源源不断的新动力，从商业模式、业务模式、运作模式全方位变革金融业，掀起了金融新一轮的创新浪潮。此时，金融科技初创公司强势崛起，尝试重构金融业务体系、商业模式和风险防控体系，传统金融机构主导优势渐失，两者从竞争中走向协同合作，大大提升金融服务效率和推动普惠金融发展，从而赋能经济高质量发展（薛莹和胡坚，2020）。

第二节　金融科技创新的理论基础

一、金融发展理论

关于金融发展的研究可追溯到 20 世纪之前，学者们主要关注的是货币因素对经济的影响，但是还没有深入研究金融对经济增长和经济结构的影响。

直到20世纪50年代,金融发展理论开始流行起来,金融开始被广泛应用于经济生活中,许多经济学家也开始探究发展中国家金融发展差距的根源,包括经济体制、发展水平等方面,并逐渐建立起一套完整的金融发展理论。

Gurley和Shaw(1955)认为金融发展对一个国家的发展至关重要,金融的发展可以通过改善金融机构结构、促进资本形成、提高储蓄率和促进资本流动来实现。如果说Gurley和Shaw的研究只是金融发展理论的早期阶段,那么Goldsmith(1969)的金融结构论则为金融发展理论奠定了基础。Goldsmith认为金融发展是一个复杂的过程,受到许多因素的影响,包括国家政策、社会文化、技术进步和市场结构等。金融发展理论的核心是金融体系的组织结构和功能,它可以为经济提供资金、信息、机会和技术,从而改善经济效率,提高经济发展的水平。Goldsmith(1969)通过对数十个国家和地区的金融发展史和现状的纵向比较研究,指出金融理论研究的重要目标是探究直接影响一国金融结构、金融工具和金融交易的经济原因,并提出了衡量金融发展程度和深度的指标,为金融理论和实证研究带来了重大突破。此外,Goldsmith(1969)提出了一个新的研究领域,即金融对国民经济的影响。他指出,在特定的工业生产技术条件下,只要人们的投资倾向和风险保持不变,那么银行和信用就越充足,金融对国民经济的渗透性就越强,国民经济水平增长也就越快。然而,不可否认的是,金融发展与经济增长的相互作用是非常复杂的,在各种各样的假设前提下,它们相互之间的关系或许会各有不同。

Mckinnon(1974)和Shaw(1973)发现,发展中国家普遍存在金融抑制,如二元金融结构和严格的政府金融控制,并认为金融发展要消除这些金融抑制现象,需要通过开放金融市场、利率自由化等措施实现金融深化,最终实现金融的自由化。Mckinnon(1974)的金融抑制论认为,金融限制会限制企业获得资金,从而限制企业投资和生产,这将导致低经济增长。此外,金融限制还可能限制个人投资,从而减少个人消费,降低经济增长速度。Shaw(1973)的金融深化论认为,金融深化可以为投资者提供更多的投资机会,可以提高金融市场的效率,增加投资者的收益,提高资源的配置效率,减轻财政负担,提高经济增长率,加强金融稳定性。另外,金融深化还可以更好地满足企业和家庭的融资需求,改善金融服务质量,增加金融服务的便捷性,减少金融服务的费用,减少金融风险,提高金融服务的安全性,提高金融服务的可靠性。当然,金融制度与国民经济相互之间有着密切的联系,一个发达的金融系统能够有效地汇集储蓄,并将资金导引至生产项目中,以此推动国民经济增长。

总的来说,金融发展理论是我们深入了解金融市场和金融机构的运作机制以及金融产品的设计和创新的理论基础。金融发展理论为本研究宏观视角的实践成效部分的理论机制分析提供了理论基础,在金融结构方面,金融发展理论提供了多种组织形式和治理结构的选择,以满足金融机构差异化发展的需求和特点;在金融功能方面,金融发展理论提供了多种金融产品的分类和设计方法,以满足不同经济主体的融资需求和金融服务需求;在效率与公平方面,金融发展理论强调了市场竞争、信息透明度和金融监管等方面的重要性。本研究的政策启示部分涉及金融科技风险治理体系建设的重要性,而金融发展理论同样为我们提供了借鉴和支持。根据金融约束理论,金融的深化与自由化政策的实施需要充分考虑所在经济体发展的阶段性特征。金融发展理论鼓励技术创新的运用,包括金融科技在内,可以提高金融市场的效率和竞争力,同时也需要建立有效的风险治理体系,以避免技术创新带来的风险和不确定性。

二、金融包容理论

早期的金融包容理论研究中,并未明确金融包容的定义,而是将金融包容作为金融排斥的一种对立概念(Leyshon and Thrift, 1995)。2005年,联合国提出"包容性金融体系"概念,旨在突出金融系统的包容性,使社会各阶层和群体(特别是贫困群体)能够负担得起金融服务成本,从而来改善被排斥在原有金融体系之外的弱势群体的生活状况。随着研究的拓展,学者们开始对金融包容进行定义。金融包容是指向所有人(特别是穷人)和其他被金融机构排除在外的人提供金融服务(Ozili, 2018);金融包容也可以定义为金融机构向广大弱势群体和低收入群体提供可负担的银行服务(Dev, 2006)。这些定义有一个共同点,那就是它们强调社会中每个人都应该有机会获得可用的金融服务。

金融包容概念的提出与推行基于理论原因和现实原因(王修华等,2014)。

理论上,金融包容的理念源于人权原则,它强调每个人都有机会获得金融服务,以改善他们的生活水平,并且提倡金融机构应该为所有人提供公平的服务,不管他们的社会经济地位如何(Yunus,1999)。因为小额贷款不仅能够帮助贫困人口脱贫,而且还能够激发他们的创业活力,从而有机会自立自强。现实中,金融包容有助于促进经济发展和提高社会福祉。从经济增长的角度看,金融包容有助于更有效地分配金融资源,从而提高投资回报(Mohan,2008);从金融发展的角度看,金融包容性的提高意味着依赖利率的经济活动的比例增加,使得利率在货币传导中的相关性提高,这往往会提高货币政策的有效性,有益于经济和金融系统的稳定运行(Ozili,2018)。从减贫的角度看,日益增长的金融包容性使家庭更容易获得储蓄和借贷产品,帮助贫困群体获得金融服务,改善他们的生活水平,从而提高社会福祉(Bhandari,2018)。

总的来说,金融包容理论以实现全社会的共同利益为目标,强调所有社会群体应当公平、合理地获得金融服务。建立包容性金融体系,不仅可以有效提高金融市场的流通效率,而且有助于促进欠发达地区的经济发展,消除地区或群体间的收入差距,实现社会的公平和正义。金融包容理论为本研究各大部分的理论机制分析提供了理论基础,金融科技的功能使它具有显著的金融包容效应和普惠特征,产品和服务主要面向"低端市场",服务于"低端客户",受众群体多元化(皮天雷等,2018),即缓解信息不对称、降低交易成本等金融市场摩擦,平衡金融包容公益属性和商业属性之间的矛盾,培养社会诚信意识,有效扩大金融服务覆盖率等(粟勤和魏星,2017)。金融包容理论为本研究的实证过程中金融包容性指数的测度及金融包容效应的机制检验提供了理论基础。此外,金融包容理论对相关政策建议中关于深化金融科技赋能农村和中小微企业金融服务具有借鉴意义。因此,在金融科技的应用过程中,需要强调金融服务的普及和公平,为城乡居民和中小微企业提供平等的金融服务。同时,需要通过金融产品的设计和创新,满足不同经济主体的需求,从而实现金融服务的可持续发展。

三、金融功能理论

总体来看，金融专业学者认为金融带来的好处远远高于社会所意识到的，这一点将会在下一节金融与经济的关系分析中详细论述。即便如此，但是大部分人可不这么认为，比如57%的经济学人（The Economist）读者并不同意"金融创新促进了经济增长"这样的观点（Zingales，2015）。即便是那些一心搞学术的人有无视这一"乌合之众"观点的倾向（Sapienza and Zingales，2013），但是，我们绝对不能否定金融对社会起到积极的作用非常依赖于公众对金融的认知（Zingales，2015）。因此，一提到有关金融的研究，就离不开对金融功能进行探讨以及金融与经济社会到底有着什么样的联系。

截至目前，已经有很多理论研究从不同的角度解释了金融对经济起到了关键的作用：从风险管理（Froot et al.，1993）到提供有价值的价格信息（Hayek，1945；Holmstrom and Tirole，1993），从监管（Diamond，1984）到设计可以降低信息不对称的证券（Myers and Majluf，1984）。此外，更重要的是，还有大量的实证研究结果表明金融可以促进增长（Levine，2005；Fagiolo et al.，2020）、促进企业家精神（Guiso et al.，2004；Mollica and Zingales，2008）、有益于教育（Flug et al.，1998；Levine and Rubinstein，2014）、减轻贫困和减少不平等（Beck et al.，2007；Nadia and Teheni，2014；Meniago and Asongu，2018；Prete and Anna，2018；Botta et al.，2021），进而持续改善人类的福利水平。

从古典经济学家对金融功能的探讨来看。虽然总体上大致认为货币是中性的，但却同时认为银行的建立和发展对经济发展具有积极促进作用，如亚当·斯密在《国富论》中就指出，货币是流通的大轮毂，是商业上的大工具；谨慎的银行业活动，可增进一国产业发展，可促使死资财变成活资财，既有利于个人，也利于国家。熊彼特（Schumpeter）对金融与经济结构转换进行了论述，他指出，"与其说一个银行家主要是商品'购买力'的中介人，倒不如说是这种商品的生产者。银行家已经替代了私人资本家，或者是变成了他们的代理人。他在本质上属于一种发展的现象，使新组合的实现成为可能"。总体而言，古典经济学家的观点主要指的是金融部门能够为经济发展提供适当的流动性，并保持物价的稳定。此外，不难看出，熊彼特的意思还包括金融服务在某种程度上可以看作是经济创新的要素之一,也即从侧面说明了金融这一先导要素对于经济发展的重要作用。

起源于麦金农和肖的现代金融发展理论。现代金融理论认为,健全的金融体系能够有效地动员储蓄、合理地配置金融资源、有助于企业家创新,从而更好地促进经济发展;相反,受压抑和缺乏效率的金融体系,则会束缚金融发展,最终不利于经济增长。根据 Mckinnon(1973)的界定,金融抑制是指发展中国家政府所实行的压抑金融发展的政策,如通过规定存贷款利率和实施通货膨胀人为地压低实际利率;采取信贷配给的方式分配稀缺的信贷资金;对金融机构实施严格的控制,设定较高的法定准备金率;实行资本管制等(Mckinnon,1973;Shaw,1973)。事实上,这种人为的干预在很大程度上是因为政府出于财政亏空压力,并希望动用有限的金融资源来最快地推动经济发展。然而,麦金农和肖这种干预或压抑金融体系的措施却并不能有效动员和分配储蓄资源,最终会导致金融资源的使用效率低下,金融发展受阻,经济增长下滑。这一传统理论说明了实施金融抑制政策的发展中国家要想发展经济,应该积极推进金融深化,逐步解除对金融部门的控制和不合理干预,实行以市场利率为核心的金融自由化政策(王小华等,2014)。此外,有关金融体系(包括金融机构)功能的概括,更全面的论述可见于莫顿的研究,他认为金融体系的功能包括:①清算和支付,即为商品、劳务以及资产交易提供支付清算手段。②资金融通,即通过提供各种机制,汇集分散小额的资金并投向大型项目。③为经济资源在时空上的转移提供渠道,即金融体系提供了经济资源跨区域、跨时间、跨产业转移的一种机制。④风险管理,即提供应对不确定性和控制风险的途径。⑤提供信息,即通过提供价格信号,为不同经济部门的非集中化决策提供重要参考。⑥解决激励,即帮助解决金融交易中双方信息不对称及委托代理过程中有效激励的问题。值得强调的是,上述6项金融功能的指向均是而且只能是实体经济,更重要的是,上述功能为我们如今正确理解"金融服务实体经济"这一命题的内涵和外延提供了极好的参考,为农村金融服务"三农"提供了有力借鉴。

"互联网+金融"的科技金融迅速发展。金融与科技始终相互促进、共同发展,历次重大科技革命都极大地推动了金融业的进步。所以,一部金融发展史,同样也是一部科技进步史,科技创新历来都是金融行业不断向前发展过程中不可或缺的创新要素。事实上,金融科技在中国是一个伴随"互联网+"与金融行业深度结合而快速兴起的产业概念,因此与互联网金融联系紧密甚至内涵基本一致(赵昌文,2017),主要是指将新的科学技术应用于金融领域,通过改造和创新,融合产生的金融领域新产品、新服务、新模式等,使金融成为具有金融功能的信息产业或信息科技产业。在传统金融业遭遇全社会信用危机的同时,中国迅速兴起了一波"互联网+金融"的浪潮。2013年6月,余额宝的推出将理财和支付全线打通,直接影响了中国的资管行业业态,甚至有倒逼利率市场化的作用;2014年春节微信红包横空出世,创造了一夜绑定上亿个人银行账户的历史纪录。截至今天,支付宝和微信覆盖了几乎全部的中国百姓,包括偏远地区。在互联网的普及下,移动互联网能够以较低成本快速有效地触达用户[①],金融、商业、消费、社交在内的各种生活场景的边界彻底被模糊,因为金融是为商业和生活服务的,所以随着"触达"这些场景能力的改变,金融产品定价、风险甄别和管理控制的逻辑也随之改变。金融场景为风控提供了实时数据,与此同时,这个正向的循环过程又会累积巨量数据。有了场景、海量的数据和超强的算力,金融机构得以有效克服传统金融模式中的信息不对称、激励等问题,金融在技术的加持下,进一步推动金融走向普惠,技术与金融的结合让偏远、欠发达地区和现代世界的距离终于不再遥远。因为每个场景的"信用"可度量、可采集、可流动、可交易,从而与人类的生活形成良性闭环,最终实现"人人有信用"、"人人讲信用"、"信用有价值"。"信用"不再是少数人的奢侈品,它和普通人的每个生活场景紧密联系。

　　总体来看,金融一直朝着专业化、独立化的方向迈进,就算技术飞速进步和金融机构不断调整,金融的功能也并没有发生根本的变化,金融的功能也不是技术或其他可以轻易取代的。尽管如今的互联网和技术的飞速发展与金融深度融合,催生的金融科技不断为人类更快和更多地创造价值,让金融的表现

①据统计,目前网络信息源占有优势的是腾讯、阿里巴巴、百度、京东等几家大的互联网企业。2019年,腾讯微信月活跃用户达9.91亿;阿里巴巴移动端月活跃用户达7.85亿;支付宝月活跃用户已经超过6.5亿;百度月活跃用户达3.16亿;京东活跃购买用户达3.34亿;抖音月活跃用户达到了6.5亿。而手机信息源占有优势的是中国移动、中国联通和中国电信,它们的手机用户分别达到9.47亿、3.21亿和3.34亿,分别占全国手机用户的59.2%、20%和20.8%。

形式和运行方式以及金融市场格局都发生了深刻的变化,而金融的核心功能、金融运行的基础机制、金融监管的最终目标并没有因金融科技的介入而发生改变(胡滨和任喜萍,2021)。毫无疑问,技术进步是永不停止的,未来金融的表现形式势必也会再次因为技术进步而发生变化。新兴科技与金融的融合正成为一种不可逆的潮流,用科技的力量降低金融的交易成本和提高交易效率,使金融可以为更广大人群提供更优质的服务,让金融创新真正聚焦实体经济、回到金融的初心——帮助人类突破自己面临的约束条件,在不确定性的未来中追求更大程度的自由——这是我们大家都期望并乐于看到的金融的未来,也是我们可见的金融的未来。因为通过技术的赋能,金融创造更好的社会并非只是个梦想。而"科技+金融"可能并不会像有些人预言的那样夸张,科技会彻底颠覆现有的金融体系,其发展只会再一次充分印证诺贝尔经济学奖得主莫顿的"金融功能论"——金融功能比金融机构更为稳定。

四、金融创新理论

关于金融创新理论的内容,涵盖了金融创新的动机和驱动因素、金融创新对金融市场的影响以及对金融监管的影响等方面。金融创新是一个复杂的动态过程,它既是金融资本追求超额收益的必然结果,也是外部环境变化所带来的被动选择。金融创新可以被广泛地定义为"引入新的金融产品、服务、技术或流程,这些产品、服务、技术或流程有可能提高金融市场的效率,增加金融服务的可用性"(Gubler,2011)。

金融创新的核心目标是减少交易成本,所以从本质上来看金融科技创新属于技术推动性的金融创新范畴。根据交易成本理论,企业和个人在从事经济交换时产生成本,而这些成本可以通过使用金融工具和其他形式的金融创新来降低。金融创新的核心目标是降低交易成本,这一总体目标不仅可以体现金融创新的价值,而且也是现代金融机构不断追求的目标(Hicks,1981)。金融创新理论的发展历史较长,在不同的历史时期,产生了不同类型的金融创新理论。其中,技术推动型金融创新理论认为,新兴技术的出现是金融创新的主要驱动力(Hannan and McDowell,1984)。科技创新的出现为金融服务和产品质量带来了巨大的改善，它不仅能够提高资金循环的效率，还能够降低金融市场及金融中介的成本，从而极大地提升资本配置的效率。金融科技的发展已经深刻地影响了金融业的运作方式，但并没有改变传统的金融商业逻辑，即资本融资，也没有改变金融服务的性质，而是改变了技术在金融业务流程中的重要性，促进了金融行业在金融产品和服务、商业模式等方面的创新发展，所以本质上属于金融创新的范畴。在降低成本上，金融科技可以构建消费者信用评价体系，降低了金融服务中介收集和处理的成本费用，并且人工智能计算和智能化流程可以降低人力资源成本。此外，区块链信息技术可以提高金融市场的数据透明化程度，降低资金结算成本，进而助力金融市场进行价值提升。

金融创新理论还从经济发展、政策管理和社会制度变革方面展开讨论。货币促成论认为，金融体系中的通货膨胀和利率的频繁波动导致人们利用创新的金融工具来对冲金融风险，以获得相对稳定的收益，保护自己的利益，降低金融市场的风险（Friedman，1996）。财富增长理论认为，随着经济的快速发展和人口的迅猛增长，社会财富和金融服务需求也不断攀升，以应对风险防范、资产管理、保值等多种金融服务需求，人们持有金融资产的动机也变得更加多元化，这就促使金融机构不断创新，以满足日益增长的金融需求。这也是金融创新的主要动力（Greenbaum and Haywood，1971）。约束诱导论认为，金融机构作为利润最大化者，应通过金融创新，充分利用内部及外部资源，积极探索新的工具和模式，以克服内部流动性限制等约束，并应对政府管制等外部环境变化，以达到最优利润（Silber，1983）。制度改革论认为，金融创新与经济体制密不可分，任何来自制度变革的新商业模式和流程都应被视为金融创新，它们既能够改善金融服务的可获得性和可用性，又能够提高金融机构的效率，提高金融产品的质量，增强金融市场的流动性和活力，从而实现经济发展和社会进步（Davies and North，1971）。

总的来说，现有的金融创新理论涵盖了金融创新的动因、驱动因素、金融市场和金融监管的影响以及金融创新的产生机制等多个方面。金融创新理论为金融科技总体发展态势和城市级金融科技指标测度提供了理论基础，能够更加清晰了解金融科技的发展现状。金融创新理论对各部分的理论机制分析提供了借鉴，技术驱动金融创新理论指出，金融创新的核心目的在于降低交易成本,而金融科技则是实现这一目标的重要手段。金融科技的应用可以改善传统金融市场的运营情况,如降低成本、提高效率、提供更便捷的服务、扩大客户群体等。因此,要充分发挥金融科技的作用,就应当坚持以金融创新理论为指导,将金融创新理论与金融科技有机结合起来,从而形成金融创新理论与金融科技相互促进、协同发展的新格局。

第三节　金融科技创新的技术依赖

一、人工智能技术

进入21世纪以来,随着信息通信技术和自动化生产的蓬勃发展,人工智能技术在生产生活领域得到广泛应用,其标志性事件是2016年智能机器人AlphaGo击败了世界顶级围棋选手,此后便掀起了新一轮人工智能技术热潮。

人工智能是研究、开发用于模拟、延伸和扩展人的理论、技术及应用系统的一门新技术科学。人工智能分为计算智能、感知智能、认知智能三个阶段。其中,计算智能是三个阶段的基础,感知智能是当前国内外人工智能技术所处阶段,而认知智能是人工智能的最高形态。人工智能技术是信息技术高度发达的产物,其在金融领域的应用主要是通过开发掌握业务操作技能的终端程序,部分或全部替代原有的手工劳动,并逐步演化为可以实现人类大脑无法完成的高阶运算处理功能。

在数据、模型和算力三大因素的推动下,人工智能发展迅速、内涵广泛,成为科技革命和产业革命的重要驱动力量。人工智能在金融领域的应用使得金融与人工智能深度融合,驱动金融领域的发展逐渐向智能化迈进。

人工智能越来越深刻地改变着银行业格局,帮助银行实现从"跟跑"到"领跑"的超越。当前,商业银行数据级别都是海量单位,同时大量数据又是非结构化的形式存在,对数据的利用能力有限。通过人工智能技术,商业银行可以在建立客户标签体系的基础上实现智能获客,并通过广泛获取内外部数据和风控大数据,形成对客户多维度的画像,辅助建立客户预测模型,包括信用评分、反洗钱侦测、违约预测等功能,动态调整客户信用额度和利率,在风险可控的前提下获取目标客户(Frey and Osborne,2017;Agrawal et al.,2019)。此外,机器学习技术还可以帮助建立客户画像与产品匹配度的营销预测模型,通过个性化的渠道推荐、消息推送、场景触发等精准营销行为,提升对客户销售服务的精准度,实现全渠道智能精准营销(Wang et al.,2021)。

人工智能也为保险业的价值链重构发挥着重要的作用。在核保、理赔、投顾等领域,运用智能算法及投资组合优化等理论模型,为客户提供最合适的投资参考,指导客户更恰当地购买保险。在核保环节,可根据筛查规则先进行在线核保,再对筛查后的保单进行人工核保,这既可以简化核保流程,提高核保效率,又能相对使承保条件更宽松,提升了常见非标人群的投保便捷度。在理赔环节,采用智能理赔风险输入、加工和预警输出,能够定义风控规则进行筛查,快速查勘、核损、定损和反欺诈识别,完善理赔风险闭环管理机制。

二、区块链技术

区块链(Blockchain),是比特币的一个重要概念,它本质上是一个去中心化的数据库,同时作为比特币的底层技术,是一串使用密码学方法相关联产生的数据块,每一个数据块中包含了一批次比特币网络交易的信息,用于验证其信息的有效性(防伪)和生成下一个区块。区块链技术是互联网发展的产物,本质是分布式账本系统,是一种弱中心化的数据库(张礼卿和吴桐,2019)。

区块链技术所具有的数据不可篡改性、去中心化以及对数据加密保护等特性(陈加友,2021),正好与金融行业的本质需求有着高度契合。首先,区块链技术使得金融业务数据不可随意篡改,大幅度提高了数据质量(生吉萍等,2021),保证交易的真实性、可靠性。区块链技术在金融交易过程中,通过非对称加密算法,为交易双方建立了信用基础,促使交易双方达成共识,这不仅无需依靠第三方机构的担保,还能确保交易历史是可靠的、没有被篡改的,相当于提高了系统的可追责性,降低了系统的信任风险。例如,蚂蚁金服区块链技术试水保险,助力某人寿相互保险社上线国内保险业首个爱心救助账户,区块链技术让每笔资金流向都公开透明,每笔资金流转数据都不可篡改,每笔资金的去处和用途都有迹可查。其次,区块链技术使用智能合约和点对点的交易方式,不需要第三方中介机构提供服务,这大大优化了金融机构业务流程,提升了金融交易效率和效益,降低了交易成本,进而促进经济高质量发展(余东华和王梅娟,2022)。例如,微众银行联合上海华瑞银行投入试运行基于联盟型区块链技术的银行间联合贷款清算平台,用于优化两家银行"微粒贷"联合贷款的结算和清算。通过引入这个区块链系统,所有的信息都记录在区块链网络上,交易过程中同时清算,实现实时清算,节省了大量人力物力。

此外,区块链技术通过分布式系统,使得所有的信息就好像一个个独立的节点,而且每个节点都保存了区块链数据副本,即使有单个节点出现信息缺失,也不会影响整个系统的正常运行,这使得区块链所涉及的金融业务拥有着极高的可靠性与容错性。区块链上储存的记录具有透明性、可追踪性、不可改变性的特征,任何交易双方之间的交易都是可以被追踪和查询的(薛熠和张昕智,2022)。同时,各个节点之间可以进行一定的权限管理,将个人隐私和匿名性应用到用户信息系统设计当中,只有通过授权才可以进行登录和访问相关信息,解决了监管与安全的问题。

综上而言,区块链技术与金融业的有效融合,可以从制度根本上降低金融业风险控制与监管成本、提高数据可靠性、稳定性和安全性,为金融业效率的提升贡献不可或缺的力量。

三、云计算技术

云计算是一种能够对可配置的共享计算资源池进行普遍存在的、方便的、按需的网络访问的服务供给模型,这些资源包括计算资源、网络资源、存储资源等。云计算作为底层基础类技术,具有增强合作、敏捷性、扩展性和可用性的潜力,并且可能通过优化和效率计算减少费用。在数字经济高速发展的大背景下,受服务实体经济角色定位、传统IT架构升级、业务模式数字化转型、顶层政策标准指引、金融信创需求驱动等因素的影响,金融行业上云进程不断加速,我国金融云行业步入到应用深化发展的中期阶段。根据《云计算白皮书(2023年)》,2022年,我国云计算市场规模达4550亿元,较2021年增长40.91%,相比于全球19%的增速,我国云计算市场仍处于快速发展期,预计2025年我国云计算整体市场规模将超万亿元。

云计算通过将计算、存储、网络虚拟化，并建立相应的资源池进行负载均衡管理，使计算资源像水、电一样弹性供给，大大提升了金融机构对IT资源的利用效率。当前，我国凭借IT系统的领先性，积极实践并采纳前沿科技，从非核心应用出发，逐步向集中式和分布式有机融合的架构体系转型。金融云计算作为新型前端技术，可以提供灵活集约、弹性扩容、传输、计算能力，为金融业务规模的高并发、客群数据的深度挖掘、产品服务的敏捷开发提供稳定底层支撑。

云计算技术赋予了金融机构在经营业务中的诸多优势。对于现代化金融企业而言，了解客户需求变化并提供相应的金融产品及服务是开展金融业务的第一要义。借助云计算和数据挖掘技术，金融机构能够更好地了解、分析客户信息，评估客户自身的综合价值，并根据客户各方面信息的变化，及时感知、洞察、准确预判客户需求，使业务开展由过去的被动处理和按产品进行的业务推送，转变为实时精准、个性化的主动营销（蔡岑等，2023）。例如，中国出口信用保险公司（简称"中国信保"）与云轴科技（ZStack）达成深度战略合作，搭建满足公司兴创战略与云融合战略的大规模多中心信保云平台，充分满足了中国信保公司内部日益增加的数字化转型需求，为提升其服务效能，赋能业务创新提供重要底层动力。此外，相较于传统数据平台而言，拥有云计算平台的商业银行，通常具有更大的信贷规模，它可以有效地解决传统商业银行IT中存在的不足，为商业银行提供强大的云计算功能，从而大幅度提升计算机系统的效能，降低数字金融的运行成本（陆岷峰，2020）。通过云计算而增强的数据处理分析能力和实现的资源整合，使商业银行能够在短时间内对不同系统、不同信息来源的海量数据进行汇总及处理，并从中提取对业务有价值的信息，为业务人员提供强有力的数据分析支持。

四、大数据技术

随着新兴信息技术以及应用模式的涌现，全球的数据量也呈现出前所未有的爆发增长趋势。全球知名咨询公司麦肯锡最早在2011年提出了"大数据"

时代的来临,其指出:数据已经渗透到每一个行业和业务职能领域,已成为一个重要的生产因素,并且海量数据可以通过多种方式产生价值,那么对于海量数据的运用,就成为了企业今后参与竞争以及获得发展的基础。

金融科技特别是大数据技术的发展,使得资金供给者可以更多元、更全面地获取信息,令过去难以获得和利用的非结构化数据具有了被挖掘的可能。邹永广等(2023)认为,通过对接大数据公司平台,借助大数据互通功能,能够有效降低信息不对称,提高企业风险感知能力和环境警觉能力。Philippon(2019)指出,近年来信贷公司开始使用手机账单、购物和订阅记录或浏览历史等有关消费者行为的新数据,这些数据的结构化程度低于传统数据,而新型贷款机构依赖机器学习算法可以有效利用这些数据。Lin等(2013)利用美国Prosper借贷平台数据研究发现,借款人的社会网络关系信息可以用于信贷审核,并提高其借款成功的概率,降低事后违约的风险。

特别是大数据技术的发展推动了另类信息的出现和使用,挖掘另类数据的价值成为金融科技企业的重要工作,而另类信息的挖掘和利用对解决信息不对称问题具有越来越明显的作用。另类信息的使用有助于投资者发掘新的投资机会,机器学习等新型算法模型赋能则提升了投资者处理大数据的能力。由于金融市场具有嘈杂性、动态性及非参数特点,传统的计量方法或含参数的方程在分析预测时不同程度上体现出一定的不适应,难以实现对复杂的数据进行准确建模的目标。以大数据技术为基础,通过机器学习等算法则可以处理相对于标准估计方法来说维度更高的数据,帮助金融从业者从音频、文本、图像等非结构化数据中提取具有经济意义的信息,满足金融业处理复杂信息的需求。

大数据金融业务主要包括信息交互的便利化、资金融通的便捷化和交互行为的智能化。从金融大数据前台场景来看,利用大数据结合人工智能技术实现精确用户画像,有效提高客户服务的水平和质量;从中台业务场景看,大数据分析能建立覆盖全流程的数据标准,搭建前中台联动的一体化管理体系;从后台业务场景看,大数据叠加算法分析能为金融企业的管理决策提供数据支持与决策参考。总的来看,金融业对于大数据技术的应用,大致可以分为四大方面:用户画像、精准营销、风险控制以及运营优化。目前,国内不少银行也已经开始尝试通过大数据来驱动业务运营。例如,中信银行信用卡中心使用大数据技术实现了实时营销,光大银行建立了社交网络信息数据库,招商银行则利用大数据发展小微贷款等。

五、物联网技术

美国麻省理工学院的KevinAshton教授早在1991年就提出物联网的概念,1995年微软创始人比尔·盖茨在《未来之路》中也提到了物联网概念,但由于技术限制等原因,当时并没有得到业界的广泛关注。直到1999年美国麻省理工学院提出了物联网的基本概念:"万物皆可通过网络互联。"这个时候物联网才开始逐步有了基本原型。

物联网是互联网和通信网的网络延伸和拓展应用,实现物物、人物之间的信息交互和无缝对接,达到对物理世界实时控制、精确管理和科学决策的目的。简单来看,物联网最终要打造物物相联的网络。物联网作为新的实用技术,在"互联网+金融"的背景下,物联网可延伸银行网络连接范围、使数字化虚拟金融与真实物理世界相互交融,为银行提供更丰富、客观、真实的数据,真正实现资金流、信息流、实体流"三流合一",可促进产品创新,防范金融风险,提升管理效能和客户体验等。

物联网金融的发展为金融业建立起客观信用体系,推动金融业的降本增效(张明喜等,2018)。物联网所有的信息都是在实体世界镜像感知的信息,这个差别将导致互联网金融和物联网金融的商业模式、架构体系、思维方式存在根本不同。客观信用模式可以极大降低信用风险,为金融机构的风险控制以及动产质押和浮动质押等业务的发展带来广阔前景。物联网为金融提供了构建客观信用体系、防范金融风险的抓手,这将为构建中国的金融信用体系奠定基础。

物联网技术能够有效缓解金融业中的信息不对称问题(孙新波等,2019;叶兴庆,2016)。在物联网的连接下,世界上的主要物质有可能会形成一种物质信息系统,信息的需求者可以随时随地地了解所需物品的位置、种类、形状、品质等关键信息,这些信息还可以通过网络有效地进行共享,从而解决了"信息孤岛"的难题。这对于传统金融业的抵押贷款,金融授信有着革命性的影响,更可以通过大数据长时段的收集,更加有效地解决保险过程中的信息阻碍,让骗保无处遁形。例如,在物联网等技术的支持下,可穿戴设备、智能家居和移动终端等能够实时获取被保险人的步数、心率和锻炼行为等健康数据,帮助保险机构监测被保险人的健康状况,从而防范保险欺诈,提高风险管理的精确性(战明华等,2023)。物联网金融的快速发展,甚至可能达到经典经济学中所论述的"完全信息"状态,实现对传统金融革命性的颠覆。

物联网开放云平台未来将朝着"五化"方向发展,即功能模块组件化、数据分析智能化、应用使能开放化、云边协同一体化、安全防护立体化。相应地,物联网开放云平台与产业的融合应用将进一步推动物联网金融的成熟发展。同时,生态融合与生态共生的发展模式将全面推动物联网技术的产业化应用,各方联合促进技术创新,共同探索商业模式,协同促进产业发展,在此基础上亦能有效驱动金融机构全面且深度地为产业提供物联网金融服务。

第四节　金融科技创新的集成表现

一、支付科技

货币支付清算体系是现代金融系统的重要组成部分,是国民经济运行的主动脉。近年来,移动互联网、云计算、大数据、人工智能和区块链等新兴技术与金融行业深度融合,新科技对于金融业务的影响愈发深远,逐渐形成新时期的金融科技。

目前,我国的支付清算行业进入新发展阶段。根据《中国支付产业年报2023》,截至2022年底,我国从事支付清算结算服务的各类持牌机构4775家,主要包括银行业金融机构、支付机构、基础设施运营机构等。其中,2022年全国银行共办理非现金支付业务4626.49亿笔,金额4805.77万亿元,同比分别增长5.27%和8.84%,业务金额增速较上年放缓1.19个百分点;非银行支付机构共完成网络支付业务11278.19亿笔,同比增长2.42%,金额364.21万亿元,同比下降1.79%。在非现金支付方式快速发展的同时,"普遍适用"的现金使用长效机制持续完善，现金全年净投放量高达1.39万亿元。

金融科技的发展可以提升货币支付清算业务的处理效率（谢平等，2015）。一方面，利用互联网、物联网打造平台经济模式，可以充分整合产业链上下游优势资源，简化供需双方的交易中间环节，便利资金供需匹配，提升资金通效率；另一方面，利用云计算技术构建跨层级、跨区域的分布式支付体系，可按需分配、弹性扩展资源，最大限度地提高支付业务的响应速度和支撑效率。

大数据和人工智能在支付领域的应用使得支付系统能够更为容易地控制成本。首先，引进人工智能技术，通过生物识别、机械学习和智能运算能够将大量人工和半自动的环节转化为全自动化运行，长期来看会显著降低支付系统的运行成本。其次，大数据在支付清算领域主要应用于用户行为分析和交易欺诈防控，可以利用账户基本信息、交易历史、位置历史、历史行为模式、正在发生行为模式等，结合智能规则引擎进行实时的精准营销和交易反欺诈分析，降低整个系统的交易成本，从而达到控制成本的目的。

在经济和科技的迅速发展下，各个国家的各经济主体之间的资金业务往来越加频繁，对于交易支付也有了更高的追求，在需求推动和技术进步下，出现了电子货币、网络虚拟货币和数字加密货币三种新型货币形态。新型货币是相对于真实货币而言的，是没有实物形态的以电子数字形式存在的货币，但仍然可以充当支付、储存和交易的工具。例如由我国央行发行的数字人民币、网络虚拟空间中使用的Q币、使用加密技术的比特币等，虚拟货币与电子货币同样都是以非实物形态存在的货币，最大的不同在于，虚拟货币不是由货币当局发行，与法定货币没有必然的联系，但是在某些时候可以充当法定货币使用。而随着金融科技的发展，为了保证支付交易的安全性，开始在用虚拟货币进行交易的过程中使用加密技术以保证交易的安全。这种货币则被称为加密货币，加密货币以比特币为代表，是一种基于密码学和网络P2P技术，由计算机产生，并在互联网上发行和流通的虚拟货币，在货币支付和存储过程中均使用密码技术来保证安全。

二、信贷科技

金融科技改变了金融体系基本要素的搭配和组合,提供了新的金融功能,在保证安全性、收益性和流动性的情况下,金融科技可以使金融更好地服务于社会。信贷科技作为金融科技的一个重要分支,有效地将金融的信贷服务范围扩大,降低了金融服务的风控成本和服务模式成本,是符合"服务于社会"的创新。

信贷科技开启了金融行业的专业化分工、要素快速整合之路,整个金融行业为之"焕然一新"。随着大数据征信、智能风控、智能反欺诈、自动化审批、纯线上营销与智能语音等方面的发展,信贷科技正在成为金融行业高质量发展的新引擎。借助人工智能、区块链、云计算、大数据与物联网等技术,信贷科技通过打造一个集触达用户、贷款申请、信用评价与还款管理于一体的生态闭环,有效地降低借贷人信息不对称程度(黄益平和邱晗,2021)。

信贷科技能够精准筛选出具有信贷需求的客户,提高客户触达性。不同于传统信贷企业的被动触达(用户提出贷款申请),拥有信贷科技的企业一般都是借助电商、社交、支付等服务,主动触达传统商业银行信贷无法触及到的"增量"下沉市场,从而促进消费升级和普惠金融发展(宋科等,2023)。具体而言,通过自身建立的电商平台、移动终端应用等渠道,与客户直接交互积累大量账户活动数据,对已有数据进行分析生成客户画像,从而在信用评分上更加精准和完善;同时,利用网络效应拓展其他用户服务,形成数据网络的反馈循环。这些数据大多包括社交软件记录、数字足迹等实时更新的信息,使得信用评分得以动态地快速调整。

根据市场需求和实际发展需要,信贷科技能够有效推动传统信贷产品和金融服务转型。一是拓展系统业务服务能力,通过完善融资产品、审贷流程、限额管理等系统架构,支撑场景化融资需求,增强对重点产业链、行业的信贷服务力度。二是重塑传统业务经营模式,通过光学字符识别(OCR)、自然语言处理(NLP)等新技术运用,以机器替代人工,提升业务办理效率。三是扩展线上渠道,持续迭代提升企业网银、移动端(e信贷)、网点通等产品的适配场景,优化用户体验和综合服务能力。

信贷科技能够有效获取实时的用户数据,为信用风险评估和监控提供基础。借助一体化的移动App,信贷科技企业可以从多个维度获取用户的信息。例如网商银行就能通过线下商户的地理位置、商圈、收入流水、盈利状况、财富管理等信息;中国工商银行基于财报、舆情、工商等数据,运用财务风险分析、客户舆情分析、贡献度测算等分析模型,刻画用户真实情况,充分揭示潜在风险,为审查审批人员提供丰富的辅助决策信息,节省人工收集信息的工作量,缩短近20%审批耗时。

三、资管科技

资管业态与金融科技的有机融合,对整个资管行业起到了重要的催化作用,并促成资管业态发生重大裂变,显示出磅礴的生机和巨大发展前景。同时,通过将资管行业的资源从过去的"影子银行"转变为直接融资,将对中国的金融体系变革带来巨大影响。那么资管科技是什么呢?简单理解就是通过人工智能、区块链、云计算、大数据以及物联网等新基建技术全方位赋能资管机构,以提升资管机构各方面业务能力。凭借新基建技术的应用,资管结构将在产品设计、销售交易、研究分析等领域产生变革,优化服务方式及内容。

随着资管科技成为银行、券商、基金、信托、保险等各机构转型的重要抓手,资管科技在多个领域效果喜人,借助资管科技,资管机构可以解决三方面的问题。

打破数据孤岛,实现前中后台一体化。目前,资管行业面临着业务模块功能分割,交易、投研、风控、运营等领域难成一体的问题,部门墙及数据孤岛急需打破。而想要真正实现数据驱动的一体化,就要借助资管科技,将客户服务流程中的投前、投中、投后和公司业务流程中的前中后台集合成同一系统,以客户为中心重构业务模式和业务流程。

优化资产配置,助力资管机构应对需求变化。近年来,资管领域除了外部环境正在发生巨大变化外,用户需求也在悄然发生变化。随着互联网的发展,社会的财务格局也正在改变,因此行业对于更先进的科技接受能力正在逐年提高。而金融可以更好地为互联网用户提供服务,比如可以成为个人的资产管理顾问,针对用户的需求进行个性化的资产管理建议和服务。例如,借助大数据金融机构可以为用户提供涵盖养老、教育和优选等场景的资产管理和分配建议。并且针对用户的个人真实情况,进行最佳的方案推荐,满足不同阶段的资产管理需求,从而实现利益最大化。

扩展业务模块,实施多元化资产管理。随着我国金融市场持续开放,资管机构的业务模块也将更加丰富,资产管理模式与管理方式也将随之发生变化,需要更新或增加相应的模块。此外,一些机构在海外资产管理的比重持续提升,资产配置的种类也随之增加,资管公司需要增加海外资产管理的业务模块。资管科技可以实现对增加业务模块的管理,完成系统集成,帮助资管机构实现对资产管理组合的全面管理,及时对资产管理组合进行风险评估及调整操作。例如,京东数科通过打造企业级大数据平台,利用自身领先的资管科技技术优势,为用户提供了业务全景视图,并且进行有效分析,帮助其工作做出决策。

四、智能风控

《金融科技发展规划(2022—2025年)》中明确指出,要高质量推进金融数字化转型。其中,风控作为金融业中极为重要的环节,率先开始了数字化、智能化转型,已成为金融机构提升自身经营效率、满足监管要求的必要措施。风险管理是金融活动的核心,随着机器学习、自然语言处理、知识图谱等技术的发展,算法、数据、硬件处理能力的不断提升,各类智能金融应用出现,金融科技产业从电子化时代、信息化时代、移动化时代已经步入到了智能阶段。

智能风控是指通过大数据、人工智能等技术手段,对金融风险进行预测、识别、评估和管理的过程。它能够帮助金融机构提高风险管理效率,降低风险损失,从而提升金融服务的质量和效率。相较于传统风控模式,智能风控侧重大数据、算法和计算能力,强调数据间的相关关系,常见形式就是覆盖在信贷业务中贷前、贷中、贷后三个阶段全流程中,依托智能风控技术和传统风控模型的互补,从而对客户风险进行更为及时有效的识别、预警,同时实现全链条自动化、智能化。

贷前智能风控,保障信息数据真实性。贷前收集和整合的数据信息越准确、越充分,越有利于信贷审核以及做出正确决策。智能风控通过线上线下结合,将非结构化数据建立联系,利用机器代替人工,消除主观判断带来的二次风险,实现自动化的同时降低成本、提高效率。目前智能风控技术创新主要集中在反欺诈和征信两大环节。

贷中智能风控,防范欺诈交易威胁。智能风控能够实现对在线交易进行仿冒和欺诈识别,对借款人进行实时管控,有效防范和控制欺诈交易等贷中风险威胁。由于互联网数据具有更新周期短、反馈及时等特点,所以大数据接入可以协助借贷方实现动态监控、异常行为预警等风险管理。智能化手段可以对信贷交易进行风险判定,对以借款人为核心关系的人际关系网络,通过对借款人的交易行为、还款行为、设备使用行为等各方面关键信息项的交叉侦测,提前发现风险,进行预警并对借款人账户进行实时管控。目前,智能风控技术创新主要集中在信用评分和交易反欺诈两大环节。

贷后智能风控,打造信贷风控闭环。作为信贷管理的最终环节,确保贷款安全,案件防控和业务管理质量往往取决于贷后风控的精细化管理。利用机器学习处理多维弱变量数据,可以精准估计违约风险,制定风险管理策略、风险偏好、风险限额、风险管理政策和程序,通过自动监控策略执行情况及时优化调整,提升业务端风险管理体系的有效性。相比贷前调查和准入手段的风险,贷后管理虽然目前在各类金融机构还未取得行之有效的应用效果,但是加强贷后管理,有效防范和控制贷后环节风险,会成为促进信贷业务持续健康发展的必要因素。

五、监管科技

监管科技(RegTech)是监管与科技的融合,国际金融协会将其定义为能够高效解决监管与合规性要求的新技术。监管科技不仅是可以提高监管效率的技术手段,更是金融监管未来变革的重要方向,其本质在于应用科技以高效率、低成本地满足金融监管和合规要求的创新监管模式,一方面指监管当局运用科技完善监管方法、提升监管效能,另一方面还指金融机构用科技降低合规成本、提升合规运营能力,即应用于金融机构端的合规科技(CompTech)。

监管科技在金融监管领域的应用,大体可以分为以下三大方向:

在监管端,监管科技赋能非法金融活动与经济金融风险监测预警。监管科技未来将持续赋能金融监管端,通过搭建金融风险监管领域专业大模型,提升各相关金融监管部门对经济金融、非法金融活动等重点领域的监管能力,包括事前前置风险审批、事中监测预警及事后风险化解处置。具体而言,监管科技可以搭建企业风险问答、领域政策法规问答、理财合同风险识别等功能模块。借助企业风险问答模块,监管部门可以了解辖区内重点行业领域风险情况及具体某家企业的风险情况;而领域政策法规问答模块可以支持监管部门快速获取相关法律条款,为进一步化解风险提供依据支撑;通过理财合同风险识别模块可以针对具体合同内容进行自动风险评估,识别出疑似违法违规条款。

在机构端,监管科技赋能金融机构的智能化合规。金融机构内控合规管理范畴广泛、合规要素众多,包括存款业务、理财业务、代理业务、关联交易与公司治理、信贷业务等20多个大项、1000余个小项的内容,因此内控工作亟需进一步加强监管科技手段进行赋能。一方面是实现外部监管政策及处罚、内部制度、违规问题要素库的关联优化,通过实时监控分析监管政策变化及同业处罚情况,指导内部规章制度的同步调整及问题要素库的更新,提升内控合规治理能力;另一方面是打通内部各类数据库、行为日志及现场审计检查等数据,建立多个风险预警模型及时挖掘潜在违规行为,结合预警指标进行合规风险提示。

在金融消费者端,监管科技赋能消费者保护和金融素养提升。目前银行等金融机构,关于消保审查、投诉管理等系统由分行或业务部门各自建设和使用,没有完整覆盖事前审核、投诉、反馈和跟踪全业务流程,难以对消保工作进行全过程的监控和管理。利用监管科技打通消保事前、事中、事后环节,构建统一消保智能管控平台。事前重点是对金融产品及服务进行智能审核,自动识别敏感内容,并根据内外部政策规章进行智能意见生成,实现事前智能审查,事中重点监控投诉、审查信息,实现自动清分,自动识别恶意投诉,而针对真实投诉自动提取问题类别及涉及的产品服务内容、责任单位等关键信息,进行高危预警;事后重点聚焦问题化解,建立类似事件图谱库,自动推送补救及处置方案,规避违规及声誉风险。

第二章
金融科技发展：指数编制、总体态势与时空特征

　　金融科技作为技术驱动的金融创新，旨在运用现代科技成果改造或创新金融产品、经营模式、业务流程等方式推动金融发展提质增效，进而有效服务实体经济。运用网络爬虫技术获取了百度搜索指数中与金融科技话题相关的文本内容，据此编制了一套中国金融科技发展指标体系，并综合运用熵值法和层次分析法测算了2011—2020年中国31个省份和332个城市的金融科技发展指数，并对其总体态势和时空特征进行了全面探索。研究发现：①得益于互联网金融的跨越式发展、现代科技的应用推广和监管层既鼓励创新又守牢底线的积极审慎态度，中国的金融科技发展水平实现了显著增长，其中技术支持对金融科技发展有着举足轻重的作用。②金融科技发展的地理穿透性较弱，2017年以前呈现一定的发散趋势，地区二元结构特征明显，2018年及以后呈现明显的收敛趋势，但是金融科技的发展在各地区之间同样存在明显的"马太效应"，使得东部与中西部地区之间的差距逐渐增大，未来需要密切关注欠发达地区金融科技的技术红利与潜力释放问题。③金融科技发展水平存在总体上的分散性和区域内的空间集聚性，重点表现为沿海与中西部地区之间的巨大差异和发展水平相近的地区存在空间依赖性，这与我国地区经济发展、传统金融的空间集聚特征相似，并且金融科技发展水平呈现出明显的东南沿海向内陆的阶梯性变化，而"胡焕庸线"成为了梯队之间的明显分界线。

第一节　引言

金融科技(FinTech)是 Finance 和 Technology 的合成词,最早于20世纪90年代由花旗银行发起的一个发展项目"金融服务技术联盟"(Financial Services Technology)而提出(Puschmann,2017),此后又被简称为 Financial Technology,即 FinTech。全球金融稳定委员会(Financial Stability Board,FSB)于2016年发布的《金融科技的描述与分析框架报告》首次对金融科技进行了定义,即技术推进的金融创新,使金融与科技相互融合,创造新的业务模式、新的应用、新的流程和新的产品,进而对金融市场、金融机构及金融服务的提供方式产生重大的影响。2019年,中国人民银行印发的《金融科技(FinTech)发展规划(2019—2021年)》中指出金融科技旨在运用现代科技成果改造或创新金融产品、经营模式、业务流程等,推动金融发展提质增效。这份引领性文件的发布实施,逐步消退了市场往日的纷乱嘈杂,有力推动了金融科技良性有序发展。中国人民银行接着在2022年印发了《金融科技发展规划(2022—2025年)》,明确了2025年金融科技发展的愿景、原则和重点任务,表明我国金融科技将从"立柱架梁"全面迈向"积厚成势"新阶段,实现金融科技整体水平与核心竞争力跨越式提升。现如今,金融科技的加速应用已成为行业共识和现实趋势,金融行业的格局正在迎来深刻变革(袁康,2021),需继续在构建新发展格局中重塑金融发展新优势,更高质量为实体经济提供金融服务。

金融与科技始终相互促进、共同发展,历次重大科技革命都极大地推动了金融业的进步。所以,一部金融发展史,同样也是一部科技进步史,科技创新历来都是金融行业不断向前发展过程中不可或缺的创新要素。事实上,金融科技在中国是一个伴随"互联网+"与金融行业深度结合而快速兴起的产业概念,因此与互联网金融联系紧密甚至内涵基本一致(赵昌文和付剑峰,2017),主要是指将新的科学技术应用于金融领域,通过改造和创新,融合产生的金融领域新产品、新服务、新模式等,使金融成为具有金融功能的信息产业或信息科技产业。如此一来,市场一般将金融科技概括为"ABCDE":A是指人工智能(Artificial Intelligence,AI),B是指大数据(Big Data),C是指云计算(Cloud Computing)、云存储(Cloud Storage),D是指分布式记账(Distributed Accounting)①,E是电子商务(Electronic Commerce)。其中,大数据在"ABCDE"中最为重要,是所有科技的支点,也是金融服务的基础(易刚,2020)。这一系列技术创新日新月异飞速发展,如今,科技创新已经逐渐应用于支付清算、借贷融资、生物识别、电子货币、智能投顾、智能合同、保险等领域,对银行业、保险业、证券业和支付领域的核心功能产生了前所未有的深远影响(巴曙松,2017;侯志红,2020)。

虽然金融科技主要从互联网金融衍生而来,但是与互联网金融相比,金融科技的内涵更为丰富,且更加侧重于信息技术和现代科技与金融发展的深度融合。目前,学术界研究主要集中于金融科技发展与商业银行风险(李学峰和杨盼盼,2020;王小华等,2022a)、商业银行资产管理(McKinsey,2012;Kondratyev and Giorgidze,2017)、银行业竞争(孟娜娜等,2020;汪洋等,2020)、企业创新(李春涛等,2020)、金融市场分析师(丁娜等,2020)等方面的研究。其中,McKinsey(2012)发现机器学习算法的运用可以助力商业银行优化资产配置,机器学习算法对于商业银行管理过程中的精确计算已经必不可少(Kondratyev and Giorgidze,2017)。丁娜等(2020)从市场效率的角度进行了深入验证,发现对金融科技的关注显著降低了分析师在股票交易市场的有效信息贡献。在实践层面,起初金融科技发展最快、运用最多的只是极个别的金融科技企业,如蚂蚁金服、腾讯金融、度小满金融、京东数科等。近年来,随着金融科技逐步实现对银行、保险、证券等各项金融市场业务的覆盖和对金融服务主体的渗透,金融业也积极拥抱以大数据、人工智能、云计算等技术为依托的金融科技开展行业变革。但是,在金融科技与金融业深度融合的过程中,除了带来更便利的获取方式、更高效的市场创新外,也必然会带来更多的风险和不确定性,因此为金融监管当局的政策制定和制度设置提出了更高的要求,进而产生了有关金融监管的新问题(杨松和张永亮,2017;许多奇,2018;周仲飞和李敬伟,2018;杨东,2018;张永亮,2020)。Arner等(2016,2017)强调了金融和科技在业态上的密切相关性,并对全球金融科技演进做了阶段划分,探讨了监管科技对

---

① 也有学者将分布式记账与区块链等同。值得注意的是,每个区块链都是分布式账本,但不是每个分布式账本都是区块链,只是二者都需要节点间的分散和共识。

金融科技产生的深刻变革式影响。杨东（2018）认为必须在审慎监管、行为监管等传统金融监管维度之外，增之以科技维度形塑双维监管体系，从而更好地应对金融科技所内含的风险及其引发的监管挑战。张永亮（2020）认为在金融科技时代，监管机构应洞察金融科技的本质与风险，调整监管原则，坚守适应性、包容性、实验性、协调性的监管原则，充分发挥金融科技对我国金融转型升级的引领作用。

　　金融科技是互联网金融发展的下一个阶段或者说更高级的阶段，近些年来受到了理论界和实务界的广泛关注。党的十九届五中全会中首次提出了"坚持创新在我国现代化建设全局中的核心地位"，同时提出"构建金融有效支持实体经济的体制机制"。金融科技作为科技驱动的金融创新，是以科技为支撑点，是技术化、数字化、智能化的金融服务解决方案，其核心在于如何将"技术"行之有效地应用于金融服务之中，旨在用"技术"改进"金融"（张永亮，2020）。如此一来，金融科技发展打破了时空、数量和成本制约，提高了金融服务实体经济的覆盖范围、效率和精确度。另一方面，科技创新在推动传统金融行业技术变革中引发了"鲶鱼效应"，通过竞争优化传统金融机构服务能力，帮助改进现有金融体系（王一鸣，2018），使我们可以借助科技创新的力量为金融插上强有力的翅膀，确保金融可以更好地发挥媒介交易、动员资金、优化配置、分散风险等重要作用，提升金融资源配置的整体效率，更快地实现金融业高质量发展，更有效地引导金融回归服务实体经济，进而推动经济高质量发展。

　　2021年是"十四五"开局之年，是中国共产党成立100周年，是中国现代化建设进程中具有特殊重要性的一年，也是落实《金融科技（FinTech）发展规划（2019—2021年）》的收官之年。"十四五"时期构建新发展格局，重点要增强自主创新能力，加快科技自立自强。经过前两年的良好布局，金融科技如今正在成为金融高质量发展的"新引擎"，金融科技服务能力稳步增强，金融风控水平明显提高，金融监管效能持续提升。但是现有金融科技的相关研究中，往往根据自己的研究方向来编制特定的金融科技指数，并未在学术界和实务界形成统一的金融科技指数编制标准。所以，本研究在梳理关于金融科技指标体系构建和指数测算的研究基础上，旨在以百度搜索指数为基础，编制一套可以准确刻画中国金融科技发展现状的中国金融科技发展指数，并据此对中国的金融科技发展进行定量刻画和时空特征分析,识别各地区金融科技发展所具备的优势或者面临的障碍,进而为各地区促进金融科技健康可持续发展和高质量服务实体经济提供现实依据。因此本研究具有很好的现实意义和学术价值,对后续相关研究也具有借鉴价值。

第二节 文献回顾与评述

由于互联网金融和金融科技发展的特殊关系,在梳理金融科技发展水平测度的文献时,互联网金融的概念界定和互联网金融指标体系的构建为我们提供了很好的借鉴。在其概念界定方面,由于互联网金融既不同于商业银行的间接融资,也不同于资本市场的直接融资,属于第三种金融融资模式(谢平和邹传伟,2012),因而是一种新的金融业态(吴晓求,2014,2015)。所以互联网金融是具有互联网精神、以互联网为平台、以云数据整合为基础而构建的具有相应金融功能链的新金融业态,也称第三金融业态(吴晓求,2015)。在其指标体系构建方面,沈悦和郭品(2015)依据金融功能观最早确定了支付清算、资源配置、风险管理和网络渠道四个维度20个关键词的互联网金融关键词库,且选用十大常用成语的新闻数目作为新闻总数的代理变量。刘忠璐(2016)、申创等(2017)在进行互联网金融指数测算的时候,同样借鉴了沈悦和郭品(2015)关于关键词的确定方法,从中国重要报纸全文数据库(China Core Newspaper Databases,CCND)中获取相关关键词的原始数据,该数据库的数据相对于以往数据更加全面且更具代表性。基于互联网金融发展指数测度的经验,于波等(2020)在进行金融科技指数测算时,在沈悦和郭品(2015)确定的支付清算、资源配置、风险管理和网络渠道四大维度基础上加入了金融科技底层技术,形成了五大维度的25个与金融科技相关的关键词,其词频数据同样来源于CCND。

通过对以上文献的初步梳理可以看出,当前对互联网金融进行测度的文章很好地对其发展维度进行了刻画,但互联网金融毕竟不完全等于金融科技,两者在诸多方面仍有一定的区别。根据金融稳定委员会对金融科技的定义,即技术推进的金融创新,进而形成对金融市场、机构及服务影响重大的商业模式、技术应用及流程创新的新产品服务，这便与互联网金融有着本质的区别。孟娜娜等（2020）、邱晗等（2018）利用郭峰等（2016）编制的数字普惠金融指数来代表金融科技发展水平，均分析了金融科技对银行业的影响。这一指数的确能够在一定程度上体现金融中介服务的使用水平，但其编制理念更加侧重于体现金融的普惠性，缺乏对金融科技的直接指标和底层技术等维度的全面刻画，故而对金融科技发展水平的代表性相对有限。

金洪飞等（2020）在进行金融科技指数测度时，从毕马威发布的中国金融科技研究报告中提取了"大数据、云计算、人工智能、区块链、物联网"五个金融科技关键词来合成金融科技发展指数，他们打破了原有金融科技测度的数据来源限制，同时利用网络爬虫技术，从网页中爬取了大量含有"名称+关键词"的相关新闻结果来构成初始数据库，这一做法在一定程度上克服了原有互联网金融或者金融科技指数测度方法的数据库体量小、涉及范围小等缺点。李春涛等（2020）根据《"十三五"国家科技创新规划》、《大数据产业发展规划（2016—2020 年）》、《中国金融科技运行报告（2018）》以及相关重要新闻和会议，从中提取了与金融科技相关的 48 个关键词，然后将这些关键词与中国所有地级市或直辖市进行匹配，并在百度新闻高级检索中分年份搜索"地区+关键词"，最后运用网络爬虫技术，爬取百度新闻高级检索页面的网页源代码并提取出搜索的结果数量，并将同一地区层面的所有关键词搜索结果数量加总，得到总搜索量（也即是金融科技指数）。利用网络爬虫技术的优点在于能获得大量、准确的原始数据，就数据源头而言具有较强的说服力。盛天翔和范从来（2020）构建了包含基本技术、资金支付、金融中介服务和直接称呼在内的四大维度 22 个金融科技关键词，他们的数据来源不再是百度新闻发布次数，而是百度搜索指数，收集网民对某一关键词的搜索频次作为原始数据，所涉及的数据体量更大，更具有代表性。除此之外，丁娜等（2020）将金融科技企业发布的报道定义为金融科技关注，然后按季度汇总作为金融科技的发展水平。

通过初步梳理金融科技指标体系构建和测度的相关文献可以看出，金融科技的指标选择和指数测度很大程度上仍然受限于关键词原始的数据库，现有研究主要存在以下三个不足之处：第一，在文本挖掘数据库方面，现有文献的关键词数据要么来源于百度网站或者相关新闻发布的数据量，要么来源于

CCND数据库和相关研究报告,而此类数据来源存在数量体量有限、发布内容良莠不齐、涵盖范围狭窄、在一定程度上存在新闻信息噪声等问题,缺乏代表性,难以真正有效反映一个地区的金融科技发展水平。第二,现有的金融科技发展水平测度要么直接运用数字普惠金融指数代替,要么在关键词的选择上为了满足特定实证研究的需要,使得指标选择都具有一定的倾向性,由于金融科技相关关键词复杂且繁多,没有形成统一的判断标准,并且指数测度的时间跨度较窄、具体年限的分散性问题和地级市的金融科技指数测度欠缺,导致难以对我国金融科技发展的总体趋势和地区差异、地区收敛性和空间关联性等方面进行深入研究。

本章的创新主要在于以下几个方面:第一,本研究的金融科技指数选择了数据体量更大、更加全面、更具有代表性的百度搜索指数,在金融科技关键词选择方面也充分考虑了金融科技的含义和维度刻画,并在数据可获得性的基础上化繁为简,选择了最本质的金融科技关键词,避免了关键词过多所带来词义互相涵盖的问题;同时考虑到金融科技的多维度与多层次发展情况,最终编制了一套包含直接关键词、技术支持和金融中介服务的3个一级指标、6个二级指标、27个具体指标的金融科技发展指标体系。第二,综合运用熵值法和层次分析法对2011—2020年中国31个省份和332个城市的金融科技发展指数分别进行了科学测度,进一步全面分析了中国金融科技发展总体趋势和地区差异、地区收敛性和空间关联性。进行指数测度过程中确定关键词和选择合适的数据库是两个核心环节。指数编制关键词的确定也即是筛选能够有效代表金融科技发展水平的关键词,选择合适的数据库的主要原因在于数据库的数据体量、库内数据年限都是影响最终测度指数结果的重要因素。所以,本研究综合考虑这两方面,所测算的金融科技发展指数具有较好的代表性和进一步使用价值。

第三节　中国金融科技发展指数的测算

一、指标体系构建

金融科技指数科学构建的前提是设计一个完整、准确的金融科技指标体系。参考郭峰等（2019）数字普惠金融指标体系构建的经验，借鉴了以下指标体系的构建原则：第一，兼顾纵向和横向可比性。金融科技的发展作为一个动态过程，同一个地区不同年份的金融科技发展状况会有所不同，不同地区同一年份的金融科技发展也会有所差异。因此所编制的金融科技指数应该同时具备纵向（时间维度）和横向（空间维度）的可比性。第二，体现金融科技发展的多层次性。金融科技的发展不仅仅体现在金融科技技术的进步上，还应表现为对传统金融的赋能、促进作用。因此，从金融科技技术以及对传统金融的推动两方面来刻画金融科技发展水平更能体现金融科技水平的综合性、层次性与科学性。立足于以上原则，延续已有研究，同样根据《金融科技（FinTech）发展规划（2019—2021年）》《"十四五"国家科技创新规划》《中国银行业转型20大痛点问题与金融科技解决方案》、相关重要新闻和会议以及现有互联网金融、金融科技领域的代表性文献（沈悦和郭品，2015；盛天翔和范从来，2020；李春涛等，2020），从中提取出与金融科技相关的三大维度27个具体关键词，如表2-1所示。

表2-1　金融科技指标体系

一级指标	二级指标	具体指标	具体权重
直接关键词	直接关键词	互联网金融	2.68%
		金融科技	4.81%
技术支持	技术支持	大数据	3.03%
		人工智能	2.45%
		云计算	1.93%
		区块链	1.87%
		物联网	2.40%
		生物识别	3.68%

续表

一级指标	二级指标	具体指标	具体权重
金融中介服务	资金支付	第三方支付	2.96%
		在线支付	4.08%
		移动支付	2.64%
		二维码支付	4.98%
		指纹支付	3.64%
	资源配置	网贷	2.27%
		网络投资	4.96%
		网络贷款	1.56%
	信息渠道	网银	3.64%
		网络银行	3.84%
		电子银行	5.38%
		互联网银行	1.77%
		手机银行	5.78%
		直销银行	3.65%
	风险管理	网上理财	4.95%
		互联网理财	5.79%
		网上保险	4.89%
		互联网保险	5.93%
		在线理财	4.44%

多个维度的指标选择是为了保证金融科技发展指标体系构建的多层次性、代表性与综合性。相比于李春涛等(2020)选用的48个金融科技关键词而言,本研究只提取出了与金融科技直接相关的三大维度27个具体关键词,主要原因如下:第一,该论文涉及48个关键词,基本上2/3都是偏技术性的关键词,虽然技术支持维度是金融科技发展最为核心的维度,但有关技术性关键词的选择,大数据、人工智能、云计算、区块链、物联网和生物识别这六大技术性指标事实上基本涵盖了所有的金融科技发展的底层技术。相反,选择过多的关键词反而使得研究趋于复杂化,并且容易导致各关键词之间的交叉现象,导致金融科技发展水平的测度不够精确。不过,该文的关键词选择比较适合企业创新技术的研究。第二,该文将基于网络爬虫技术爬取的百度新闻数据作为原始数据库,这会导致数据存在一定的信息噪声,但是他们没有进行较好的处

理，而且该文的数据年限较早。第三，因为基础数据库的选择不同，该文所选用的关键词对于我们而言，存在一些关键词难以获取的现象，从而难以保证我们数据的完整性与连贯性。

在直接关键词选择方面，我们主要选用了互联网金融和金融科技，因为从金融科技的定义和现有文献来看，虽然学者对金融科技与互联网金融、金融科技与科技金融等概念并未取得一致认识，但是却一直认为互联网金融只是金融科技的一个组成部分，或者说是金融科技的一个发展阶段（许多奇，2018；金洪飞等，2020），或者说，金融科技是互联网金融的较成熟阶段，它利用的技术、解决的问题都较互联网金融要更深入一个层次，不可忽视这种循序渐进的提升（杨松和张永亮，2017）。直接关键词之所以没有选择数字金融，数字金融和互联网金融、金融科技之间虽然存在细微差别（黄益平和黄卓，2018），但也有着密切联系。而数字金融类似于金融科技，只不过金融科技的重心在于"科技"，目的是用科技赋能金融（钱海章等，2020）。显然，直接关键词如果选择了数字金融，必然会与互联网金融和金融科技发生重叠现象。从金融中介服务维度方面来看，依据金融功能观（Mckinnon，1973；Shaw，1973；Merton and Bodie，1995；吴晓求，2014；沈悦和郭品，2015），最终选择了资金支付、资源配置、信息渠道、风险管理在内的四个方面19个指标。这样选择的原因主要有两个：第一，现有的主流文献主要注重金融科技技术方面，对金融科技发展水平的综合刻画有所不足，因为金融科技作为一种技术手段最终还是要作用于传统金融领域，因此融合传统金融领域的发展也能一定程度上反映金融科技的发展水平。第二，金融科技作为"金融"与"科技"的融合，二者单方面的发展都难以对金融科技发展水平形成完整、全面的刻画。

为了保证指标体系的纵向和横向可比，首先需要保证原始数据的连贯性，最好为时间跨度较长的面板数据。因此我们通过网络爬虫技术获取了百度搜索指数的原始数据，百度搜索指数反映的是民众对某一关键词或热点事件的搜索关注程度，是基于需求导向的数据，并且能较好地处理数据的信息噪声问题，可以用于进行现状追踪和趋势预测（Eysenbach，2009；Ripberger，2011；刘涛雄和徐晓飞，2015），得到学术界的广泛认可。

二、指数计算

为了使指数测算结果更加科学准确,我们采用了主观赋权与客观赋权相结合的方法来确定权重。具体而言,先利用熵值法求各具体指标对上一层准则层的权重,再通过层次分析法求各准则层指标对上层目标的权重,最后求得总指数。

1. 熵值法

熵值法是一种客观赋权法,其根据各项指标观测值所提供的信息的大小来确定指标权重(权重详细参考表2-1),既可以克服主观赋权法无法避免的随机性、臆断性问题,又可以有效解决多指标变量间信息的重叠问题。本研究对熵值法进行了相关改进,加入时间变量,以此实现不同年份之间的比较,具体步骤如下:

步骤一:对各指标进行无量纲处理。设有 r 个年份,n 个省市,m 个指标,则 $x_{\theta ij}$ 为第 θ 年省份 i 的第 j 项指标的原始数据($r=10,n=31,m=27$)。我们为了避免求熵值时对数的无意义,对数据进行了平移。同时为了保证指数的纵向可比,我们选定2011年为基准年,对不同年份不进行单独的分年无量纲处理。各具体指标均为正向指标。

$$X_{\theta ij}=\frac{x_{\theta nj}-\min\left\{x_{11j},\cdots,x_{\theta nj}\right\}}{\max\left\{x_{11j},\cdots,x_{\theta nj}\right\}-\min\left\{x_{11j},\cdots,x_{\theta nj}\right\}}+1 \tag{2.1}$$

步骤二:确定在第 θ 年,第 j 项指标下,省份 i 的比重($p_{\theta ij}$):

$$p_{\theta ij}=\frac{X_{\theta ij}}{\sum_{\theta}\sum_{j}X_{\theta ij}} \tag{2.2}$$

步骤三:计算第 j 项指标的熵值 e_j:

$$e_j=-k\sum_{\theta}\sum_{i}p_{\theta ij}\ln p_{\theta ij},\text{其中}k>0,k=\frac{1}{\ln(m)} \tag{2.3}$$

步骤四:计算信息熵冗余度 d_j:

$$d_j=1-e_j \tag{2.4}$$

步骤五:计算各指标的权重:

$$w_j = \frac{d_j}{\sum_{j=1}^{m} d_j} \tag{2.5}$$

步骤六:计算金融科技各具体指标指数 H_i:

$$H_i = \sum_{j=1}^{m} w_j X_{\theta ij} \tag{2.6}$$

2. 层次分析法

层次分析法是一种系统分析与决策的综合评价方法,它较合理地解决了定性问题定量化的问题。层次分析法的主要特点是通过建立递阶层次结构,把人们的判断转化为若干因素两两之间的重要性比较,从而把难以量化的定性判断转化为可操作的定量判断。我们依据金融科技定义在一级指数权重的赋予顺序为技术支持>金融中介>直接搜索,二级指数的权重赋予依据金融服务门槛与普及程度由高到低赋予,越容易获得则赋予权重越低。具体权重设置如表2-2所示。

表2-2　金融科技指标体系各维度的权重

总指数	一级指数	二级指数
金融科技指数	技术支持(61%)	技术支持(100%)
	金融中介(27%)	资金支付(9.53%)、信息渠道(16.03%)、风险管理(27.76%)、资源配置(46.68%)
	直接搜索(12%)	直接关键词(100%)

在确定各具体指数权重(见表2-1)与各维度指数权重之后,就可以进行指数合成了。在进行指数合成时,方法是由下往上逐层汇总而成,先计算各层分组指数,然后由各层分组指数加权汇总得到综合指数。根据上述金融科技指数的指标体系和指数编制方法,我们编制了中国31个省份、332个城市两个层级的金融科技发展指数,其中指数时间跨度均为2011—2020年。

第四节　中国金融科技发展的总体趋势
与地区差异分析

一、中国金融科技发展的总体趋势分析

计算出金融科技指数之后,将在所有指数扩大100倍的基础上,进一步详尽介绍中国金融科技发展的总体趋势。2011—2020年中国31个省份、332个城市的金融科技指数逐年均值和中位值分别如图2-1所示。从图中可以得出,2011—2020年中国省份和各地级市金融科技发展实现了较快速增长,2011年各省份的金融科技指数中位值为15.89,到2020年增长到18.15,指数平均每年增长1.42%,其中2017年为最高值19.14;2011年各地级市的金融科技指数中位值为17.51,到2020年增长到18.46,平均每年增长0.5%,其中2017年为最高值18.80。总体来看,省级金融科技指数与城市级金融科技指数增长趋势相似,2013年前金融科技增长变化不明显,2013年后金融科技呈现较快速增长,2017—2018年达到极值,而2019—2020年相对有所下降。2013年后,我国互联网金融迎来快速发展时期,随后几年金融科技技术也逐渐孕育发展,金融科技指数增长变化与我国互联网金融、金融科技发展现实较为一致。但与互联网金融相比,金融科技发展速度相对较慢,金融科技发展潜力有待进一步释放。而2019年和2020年金融科技发展水平在2018年的基础上有明显的下降,可能的原因有两点:一是监管机构出于对金融风险防范的深刻认识,自2017年起成立互联网金融风险专项整治工作领导小组,不断加强对互联网现金贷业务、P2P网贷等相关业务的监管力度,让人们对金融科技的发展有了更加清醒、理性的认识,对金融科技的追求热度相对有所下降,从而反作用到本研究的搜索数据源。二是金融科技兴起之后,尤其是2017年后,金融科技的相关书籍和其他网络媒体的普及效果较好,对百度搜索获取这方面知识的行为产生了一定的“替代作用”,也体现为百度搜索指数下降,进而使得以该指数为基础的金融科技指数有一定程度的下降。总的来说,金融科技数据的变化趋势是符合现实依据的,这也从侧面论证了本研究数据以及测算的科学性与可靠性。

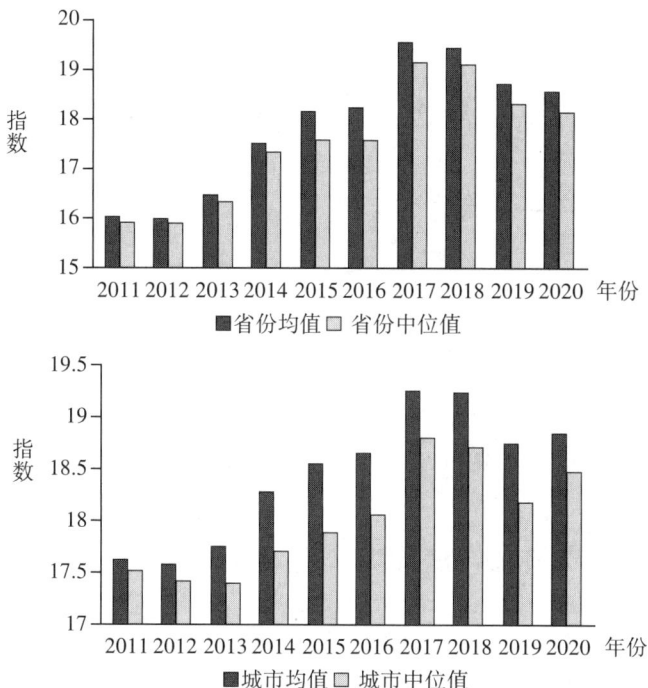

图 2-1　2011—2020 年省级和城市级金融科技指数的均值和中位值

　　从金融科技分指数来看（结果选用各年度的中位值），如图 2-2 所示，2011—2020 年间，技术支持指数几乎一直保持正向增长的趋势，但每一年的增长变化幅度相对较小；而金融中介服务指数变化不太明显，增长较为缓慢。原因主要有以下几点：第一，在层次分析法中赋予了技术支持层更多的权重，而金融中介服务的权重相对较小，且对金融中介服务的下一级指标进行了赋权，这就导致金融中介指数相对于技术支持指数、总指数而言有较大的差距。第二，依托于百度搜索指数数据库，该数据库数据主要反映的是某一地区网民对于某一关键词在一定时间内的搜索频次以及关注程度。就金融中介服务而言，相关关键词出现较早，网民对于其较为了解，不同时间段的搜索词频数据变化较小，数据增长趋势不太明显，而技术支持层的相关关键词属于新颖词汇，且出现时间较短，网民对其追捧热度较大，不同时间段的搜索词频数据变化较大，有较明显的增长趋势。就 2020 年而言，由于受到疫情的影响，各大金融机构纷纷开展"零接触式"服务，积极运用大数据、物联网、人工智能等金融科技技术来服务广大消费者，导致技术支持关键词关注热度相对于 2019 年有较为明显的上升趋势。

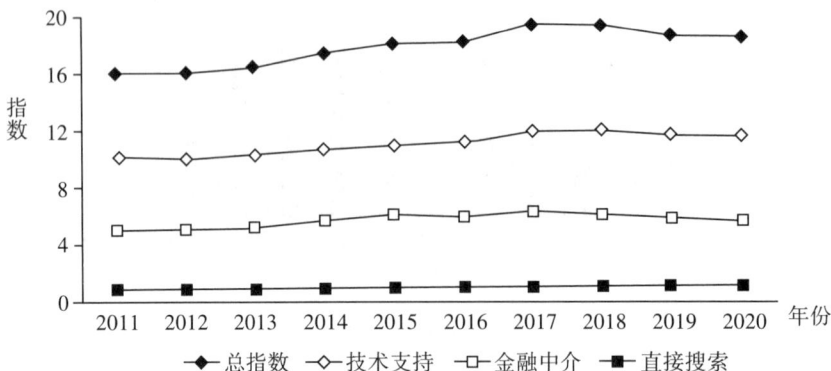

图 2-2　2011—2020年金融科技指数及其一级分指数

二、中国金融科技发展的地区差异分析

2019 年，中国人民银行印发的《金融科技（FinTech）发展规划（2019—2021 年）》明确指出，我国金融科技发展不充分、不平衡的社会现状，需要进一步深化金融科技发展。该部分将重点基于2011年至2020年中国31个省份的金融科技发展指数变动趋势对金融科技发展的地区差异进行详细分析（具体参考表2-3）。从2011年的情况来看，排名前十的省份中，中西部地区仅有四川；东、中、西部地区的金融科技指数均值分别为16.77、15.90、15.47，地区之间的发展表面看来较为均衡，但东部地区金融科技指数最高的北京与西部地区指数最低的西藏相差3.42，说明各省份之间差异显著。将当年金融科技指数排名前十、后十的省份分别划分为第一、三梯队，其余为第二梯队，经计算得三大梯队的金融科技指数均值分别为16.96、15.89和15.30，可以进一步看出各梯队之间的差距明显。2018年排名前十的省份中，广东于2017年超越北京，位居第一且遥遥领先；东、中、西部的指数均值分别为21.66、19.07和17.63，地区之间的差距相较于2011年都有显著的增长，其中东部地区增长速度最快，排名第一的广东与西藏的金融科技指数相差12.33，区域、省际之间的发展差距快速拉大；该年第一、二、三梯队的均值分别为22.79、18.82和16.75，与2011年相比，排名越靠前的梯队发展速度越快，排名靠后的梯队发展速度明显较慢，说明金融科技发展的过程中存在明显的"马太效应"。2020年排名前十的省份中，广东、

北京、江苏、浙江、上海始终位居前列,属于领先梯队;东、中、西部的指数均值
分别为20.28、18.44和17.12,广东与西藏的金融科技指数差值降低至9.58,三
大梯队的均值分别为21.20、18.12和16.46,相比于2018年都有合理的回落,且
降幅基本与均值相匹配。

表2-3 2011年至2020年中国31个省份金融科技发展指数变动趋势

地区	2011		2013 排名	2015 排名	2016 排名	2018		2019 排名	2020	
	指数	排名				指数	排名		指数	排名
北京	18.36	1	1	2	2	25.74	2	2	22.13	2
广东	17.96	2	2	1	1	27.64	1	1	24.82	1
浙江	17.44	3	3	4	3	23.07	4	4	21.77	4
江苏	17.15	4	4	3	4	23.51	3	3	22.03	3
上海	16.91	5	5	5	5	22.75	5	6	20.34	7
山东	16.78	6	6	6	7	22.03	7	5	21.14	5
河南	16.41	7	7	7	8	21.26	7	8	19.97	8
湖北	16.21	8	10	9	9	20.34	9	9	18.99	11
四川	16.20	9	8	8	6	21.26	8	7	20.43	6
河北	16.18	10	11	10	11	20.30	10	10	19.73	9
福建	16.16	11	9	11	10	19.81	11	12	18.85	12
天津	16.13	12	14	18	21	17.82	21	21	17.23	22
辽宁	16.13	13	13	13	12	19.19	15	14	18.63	13
陕西	16.04	14	12	15	13	19.13	16	15	18.16	15
湖南	15.97	15	16	12	14	19.49	12	13	18.60	14
安徽	15.89	16	15	14	15	19.37	14	11	19.62	10
山西	15.72	17	17	16	16	18.24	18	18	17.68	18
黑龙江	15.69	18	18	20	20	17.77	22	22	17.35	20
广西	15.68	19	19	21	18	18.11	19	20	17.54	19
重庆	15.68	20	21	17	17	19.43	13	17	18.08	17
江西	15.68	21	20	19	19	18.58	17	16	18.15	16
吉林	15.65	22	22	22	22	17.48	23	24	17.13	23

续表

地区	2011		2013 排名	2015 排名	2016 排名	2018		2019 排名	2020	
	指数	排名				指数	排名		指数	排名
云南	15.53	23	23	23	24	17.85	20	19	17.30	21
内蒙古	15.43	24	24	25	25	17.33	25	25	17.03	24
贵州	15.36	25	25	24	23	17.44	24	23	16.98	25
新疆	15.32	26	27	27	27	17.13	26	27	16.47	27
甘肃	15.31	27	26	26	26	16.91	27	26	16.68	26
海南	15.26	28	28	28	28	16.39	28	28	16.36	28
宁夏	15.17	29	29	29	29	15.95	29	29	15.88	29
青海	15.01	30	30	30	30	15.75	30	30	15.62	30
西藏	14.94	31	31	31	31	15.31	31	31	15.24	31
均值	16.04	—	—	—	—	19.43	—	—	18.58	—

注:部分年份数据已省略。

从2020年排名变动的具体情况来看,中部地区的安徽和西部地区的四川排名相比于2018年有了显著提高,前者是因为长三角一体化的规划和落地过程中,安徽积极参与相关产业链和城市群的建设,建立了与金融科技发达地区的利益分享机制,聚焦金融科技前沿领域发展;四川则是以成都为代表的城市率先跟进领先梯队的金融科技发展步伐,在全国范围内领先出台了《关于推进普惠金融发展的实施意见》《网络信息安全产业发展规划(2018—2022)》和《关于支持金融科技产业创新发展的若干政策措施》等一系列政策安排,通过多项举措稳妥积极推进金融科技的发展。而以重庆为代表的部分地区金融科技排名与2018年相比出现了明显下滑,可能原因是其在早期的发展过程中,在诸如现金贷的业务中出现了"套路贷"等不良现象,监管机构深入相关领域开展整顿监督工作,范围不断扩大,整顿力度不断加强,对于金融科技和创新的态度相对谨慎,严控潜在的风险和不确定性。另外,无论是2011年还是2018年,排名前六的省份均位居东部沿海地区,唯有西部的四川地区在2011年和2018年分别排名第九和第八,2020年则进一步上升到了第六,自始至终都是西部地区中唯一入选前十的省份,这一结果与《2020天府·中国金融科技指数》汇报的结果大致相同,因为该指数从行业基础环境、科学技术资源、金融科技市场三个维度全面考察了当前国内金融科技行业的发展情况,具有一定的代表性,这进一步反映了本研究有关的金融科技指数编制的科学性与测算的可行性。与此同时,各年度排名最靠后的地区并未发生变化,顺序出奇地一致。

金融科技快速发展的同时,与中国大多数地区的经济发展特征一样,金融科技发展程度在地区间也存在一定的差异。2018年中国金融科技指数得分最高的广东是得分最低的西藏的1.81倍,得分最高的深圳市是得分最低的果洛藏族自治州的1.83倍,这充分说明了中国各省份之间、各地级市之间的差距相对较大,也即是金融科技发展具备较弱的地理穿透性。

此外,将样本按照东、中、西、东北四大不同区域进行划分,并取区域内省份均值探讨四大区域金融科技的变化情况(参考图2-3)。四大区域中的东部地区金融科技发展水平始终遥遥领先于其他三个区域,中部地区次之,西部地区发展水平最低,东北地区位于中部地区和西部地区之间。显然,金融科技发展水平的区域差异表现出与经济发展水平的区域差异明显趋于一致的情况,因为对于中西部地区而言,其金融、经济、科技发展水平以及人口集聚程度都要明显低于东部地区。对于东北地区而言,辽宁同样属于东部沿海地区,并且辽宁的金融科技发展水平一直处于较高水平且极为稳定(参考表2-3),再加上党的十八大以来,党中央出台了一系列支持东北振兴的政策,加快推动东北全面振兴不断取得新突破,金融科技发展自然受到积极影响。

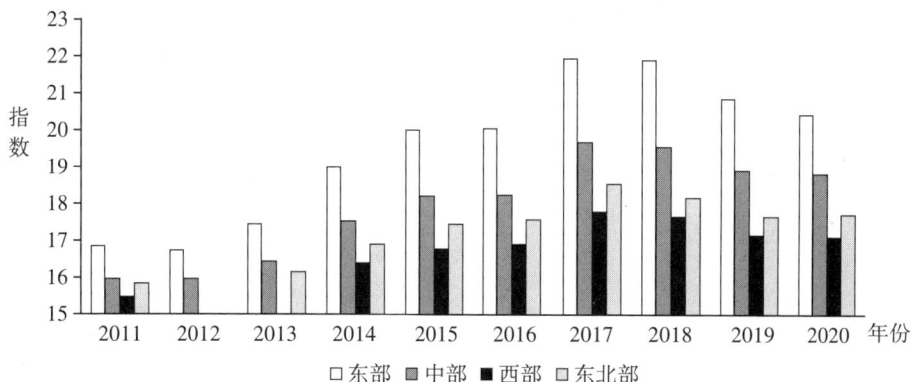

图2-3　四大区域金融科技发展水平对比

第五节　中国金融科技发展:空间特征分析

一、中国金融科技发展的地区收敛性分析

为了更加严谨论证地区金融科技指数发展差距的时间趋势,我们利用 σ 收敛、绝对 β 收敛对金融科技发展的地区收敛性进行检验(Barro and Sala-i-Martin,1992;Sala-i-Martin,1996)。σ 收敛是针对存量水平的刻画,是指不同地区金融科技发展水平的离差分布状况及其动态变化过程。如果地区金融科技发展水平的离差随时间的变化逐渐缩小,则可以认为地区金融科技发展水平存在收敛性,即不同地区的金融科技发展水平会越来越接近,地区差距逐渐减小。绝对 β 收敛指每一个地区的金融科技发展水平最终都会达到一个完全相同的稳态增长速度和增长水平。绝对收敛的回归系数显著为负就说明存在绝对收敛。

有关收敛性的检验一般采用变异系数计算的统计指标(Rezitis,2010;刘兴凯和张诚,2010),变异系数计算结果与熵值法结果基本相似,因此我们也将采用金融科技发展水平的变异系数计算结果来检验收敛性。具体的 σ 收敛、绝对 β 收敛模型如下(彭国华,2005;郭峰等,2020):

$$\sigma_t = \sqrt{\frac{1}{n}\sum_{i=1}^{n}(\ln x_{it} - \frac{1}{n}\sum_{i=1}^{n}\ln x_{it})^2} \tag{2.7}$$

其中,i 代表地区(省、城市),n 代表地区数量,t 代表年份,x_{it} 代表 t 年 i 地区的金融科技指数对数值,σ_t 代表 t 年时金融科技指数的 σ 收敛检验系数。

为了方便计算和克服商业周期的影响,我们专门划分了三个时间段:2011—2013年、2014—2017年、2018—2020年。y_3、y_1 分别对应2011—2013年和2018—2020年的平均值,两个时间段中间点相隔7年,用对数值的差除以7换算成每年的平均增长速度。

$$\left(\ln y_t - \ln y_0\right)\Big/\tau = \alpha + \beta \ln y_0 + \varepsilon \tag{2.8}$$

$$\left(\ln y_3 - \ln y_1\right)\Big/\tau = \alpha + \beta_y \ln y_1 + \varepsilon \tag{2.9}$$

$$\beta = -\frac{(1 - e^{-\lambda\tau})}{\tau}, \ \tau = 7 \tag{2.10}$$

绝对 β 收敛速度指欠发达地区金融科技发展水平追赶先进地区金融科技发展水平的速度,通常用百分比表示,比如1%,它指的是地区每年能够缩小实际金融科技发展水平与稳态水平之间差距的百分之一,也就是说实际金融科技发展水平每年向稳态金融科技水平靠近的幅度是百分之一。绝对 β 收敛的收敛速度 λ 根据Mankiw等(1992)计算得来。

在表2-4中,我们分别汇报了2011—2020年的省级和城市级金融科技指数的逐年 σ 收敛系数,从中可以得出,2018年以前的省级和城市级中国金融科技指数的 σ 收敛系数逐渐变大,说明不存在 σ 收敛,各地区之间的差异在逐渐变大;但是2019年和2020年省级城市级收敛系数在2018年的基础上有明显的下降,地区之间的发展差异有明显缩小的趋势。可能原因有以下几点:第一,金融科技是技术推动的金融创新,经济越发达的地区对人才的吸引力度越大,相关金融科技人才精英也就聚集越多,地区的金融科技发展水平也就相对较高,对于经济欠发达地区而言,由于经济较弱和人才欠缺、金融体系发展不完善等因素,金融科技发展水平相对较低。第二,金融科技发展时间相对较短,相关金融科技的技术红利与潜力还没有完全释放,地区之间潜力释放差异较大,导致金融科技发展水平差异较大。第三,随着经济的不断发展、技术的溢出效应进一步凸显和金融科技热的逐渐消散并进入理性认知阶段,2018年之后,金融科技发展水平不高的省份和城市得到了进一步发展,所以收敛系数相对有所下降。

表2-4　2011—2020年省级和城市级金融科技指数 σ 收敛系数

年份	2011	2012	2013	2014	2015	2016	2017	2018	2019	2020
省份	0.0012	0.0011	0.0017	0.0035	0.0052	0.0056	0.0090	0.0095	0.0074	0.0059
城市	0.0302	0.0302	0.0478	0.0714	0.0797	0.0788	0.0885	0.0922	0.0846	0.0764

我们对绝对 β 收敛模型进行了OLS回归,回归结果如表2-5所示。结果显示2011—2020年省级和城市级的 β 系数均显著为正,说明省份和城市的金融科技发展水平是显著发散的,不存在绝对 β 收敛,与上文 σ 收敛检验一致,侧面说明了我们检验结果的准确性。同时从 λ 的结果可以得出,省级的发散速度为每年16.13%,城市的发散速度为每年11.69%。但是,从表2-4中 σ 收敛系数的

变化趋势和图 2-1 中金融科技的中位数、均值来看,不管是省份还是城市的系数,抑或是金融科技的中位数和均值,都在 2018 年后出现了明显的下降,所以在讨论 β 收敛时有必要将 2011—2020 年进行阶段性划分。从表 2-5 的结果来看,不管是省级和城市级的 β 系数还是 λ 的结果,在两个阶段表现出了截然不同的情况。其中,省级和城市级金融科技的 β 系数在 2017 年以前都是显著为正,但是 2018 年之后都变成显著为负了;省级和城市级金融科技的 λ 结果在 2017 年以前均为负,2018 年之后都为正。这说明 2018 年之后的省级和城市级金融科技发展水平是显著收敛的,其中省级金融科技的收敛速度为 24.97%,城市级金融科技的收敛速度为 20.58%。

表 2-5　绝对 β 收敛检验 OLS 回归

指标	省级			城市级		
	2011—2020	2011—2017	2018—2020	2011—2020	2011—2017	2018—2020
β	0.299*** (0.0280)	0.284*** (0.0236)	−0.221*** (0.0243)	0.181*** (0.0047)	0.328*** (0.0086)	−0.186*** (0.0084)
R^2	0.7937	0.8330	0.7408	0.8159	0.8160	0.5968
_cons	0.236*** (0.0202)	0.515*** (0.0403)	−0.381*** (0.0372)	0.320*** (0.0081)	0.576*** (0.0147)	−0.320*** (0.0138)
λ	−0.1613	−0.1768	0.2497	−0.1169	−0.1942	0.2058

注:*** 表示系数在 1% 的水平显著;括号内为稳健标准误。

　　从上述中国金融科技发展的地区收敛性分析可以发现,不管是针对省级数据还是城市级数据,其绝对 β 收敛检验与 σ 收敛检验结果基本趋于一致,也即是说中国金融科技的发展在 2017 年以前是明显发散的,地区之间的差距在逐渐扩大。刘传明等(2017)对中国八大城市群互联网金融发展的收敛性研究发现一部分城市的互联网金融发展水平是发散的,这与本研究 2017 年的金融科技发展的收敛性结果相同。显然,2018 年及以后的金融科技发展在地区间又表现为明显的收敛,这与国内近年来各地区 P2P 被取缔、金融科技创新日趋规范、人们对金融科技的认识逐渐理性都是密不可分的。

二、中国金融科技发展的空间关联性分析

上一小节讨论了中国金融科技发展的地区收敛性,发现金融科技发展总体上是发散的,具备较弱的地理穿透性,说明其发展变化受到一定的地理区位影响而明显存在空间相关性。另一方面,金融科技与数字金融有着必然的联系,而数字金融的发展仍然要依赖于实体经济和传统金融(姚耀军和施丹燕,2017;郭峰和王瑶佩,2020)。所以,金融科技发展也与实体经济和传统金融发展相似,存在一定的空间相关性。结合以上两方面的考虑,研究金融科技发展的空间特征具有一定的理论价值与实践价值。和大多数研究一样,我们主要采用空间 Moran 指数对省域金融科技的空间相关性进行检验。计算 Moran 指数的过程中,主要采用地理距离矩阵,即空间权重矩阵的元素为两地区距离平方的倒数,表示金融科技发展随着地理距离的扩大,各地区间金融科技发展的影响程度将逐渐减小。

表 2-6 展示了我国 2011—2020 年金融科技发展水平的全域 Moran 指数值,分别基于省级和城市级层面的数据计算得出。总体而言,我国金融科技发展水平在省级层面和城市级层面的全域 Moran 指数均为正值,说明我国金融科技在 2011—2020 年始终表现为空间正自相关关系,不存在明显的交叉分布或均匀分布的特征,即相邻区域之间的金融科技发展具有相似属性,金融科技发展水平高的城市或省份集聚在一起,发展水平低的城市或省份集聚在一起。从显著性上来看,省级数据计算的全域 Moran 指数只有 2016 年和 2017 年不显著,而城市级数据计算的全域 Moran 指数均显著。指数数值越大说明空间分布的正自相关性越强,集聚的强度也就越强,说明金融科技发展在省份之间和城市之间具有显著的空间集聚效应,但是各省份内部城市之间的发展水平和省份之间的发展水平程度不一,即金融科技具备较弱的地理穿透力,城市之间的辐射能力较强,而省份之间的辐射能力较弱。当然,为了能够进一步考察各具体地区金融科技发展的空间依赖性,更加清晰地识别地区之间的空间相关性,需要通过在二维平面上绘制 Moran 指数散点图展开进一步分析。

表2-6　2011—2020年中国金融科技集聚的全域Moran指数

年份	省级金融科技集聚					城市级金融科技集聚				
	Moran'I	E(I)	SD	Z	P	Moran'I	E(I)	SD	Z	P
2011	0.169	−0.033	0.090	2.254	0.012	0.258	−0.003	0.025	10.248	0.000
2012	0.122	−0.033	0.090	1.734	0.041	0.223	−0.003	0.025	8.893	0.000
2013	0.139	−0.033	0.090	1.920	0.027	0.136	−0.003	0.025	5.452	0.000
2014	0.142	−0.033	0.090	1.938	0.026	0.161	−0.003	0.025	6.439	0.000
2015	0.103	−0.033	0.090	1.511	0.065	0.190	−0.003	0.025	7.591	0.000
2016	0.070	−0.033	0.090	1.143	0.126	0.164	−0.003	0.025	6.581	0.000
2017	0.065	−0.033	0.090	1.097	0.136	0.200	−0.003	0.025	8.046	0.000
2018	0.090	−0.033	0.090	1.367	0.086	0.183	−0.003	0.025	7.363	0.000
2019	0.113	−0.033	0.090	1.628	0.052	0.175	−0.003	0.025	7.028	0.000
2020	0.130	−0.033	0.090	1.801	0.036	0.219	−0.003	0.025	8.747	0.000

1. 中国省级金融科技发展的空间关联性分析

图2-4给出了2011年和2018年省份金融科技指数Moran指数的散点图，图2-5是2020年的散点图。不难看出，各个省域的金融科技的分布特征可分为4种空间相关模式：第1象限表示金融科技高发展水平省份被其他金融科技高发展水平省份所包围（HH模式），代表正的空间自相关关系的集群（即空间依赖性）；第2象限表示金融科技低发展水平省份被其他金融科技高发展水平省份所包围（LH模式），代表负的空间自相关关系的集群（即空间异质性）；第3象限表示金融科技低发展水平省份被其他金融科技低发展水平省份所包围（LL模式），代表正的空间自相关关系的集群（即空间依赖性）；第4象限表示金融科技高发展水平省份被其他金融科技低发展水平省份所包围（HL模式），代表负的空间自相关关系的集群（即空间异质性）。不难发现，2011年、2018年和2020年中国31个省份的金融科技发展水平的空间相关模式大致相同，都是大部分位于第1、3象限，即金融科技发展呈现出HH和LL两种模式的分化，只有少数省份位于第2象限和第4象限。

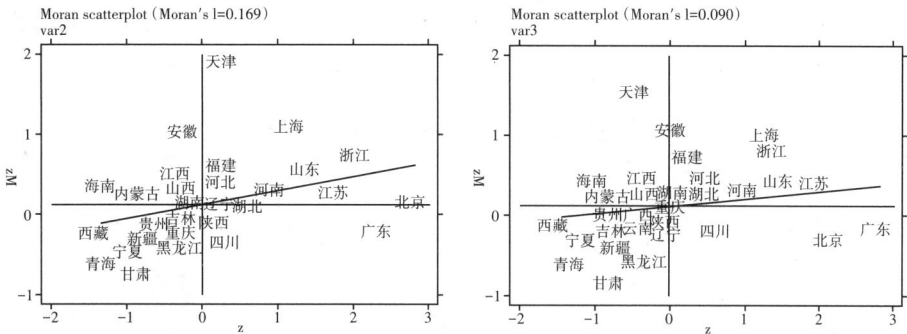

图 2-4　2011年(左图)和2018年(右图)省份金融科技指数 Moran 指数散点图

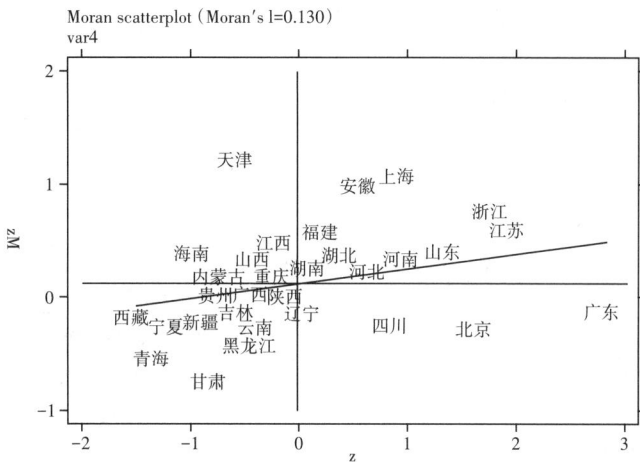

图 2-5　2020年省份金融科技指数 Moran 指数散点图

　　为了更清晰地展示不同象限的省份分布情况,分别将图 2-4和图 2-5的相关情况在表 2-7中进一步汇总。以 2020年为例,金融科技各省份分布的67.74%显示出正的空间相关性,其中10个省份位于第1象限(HH),11个省份位于第3象限(LL)。因此可以进一步认为,中国金融科技发展水平存在着明显的地理空间分布上的依赖性,也就是说往往存在金融科技发展水平高的省域与其他金融科技发展水平高的省域和金融科技发展水平低的省域与其他金融科技发展水平低的省域分别发生集聚,呈现出明显的正向空间依赖性,而较少表现出空间异质性。另外,从表 2-7中还可以看出,东部地区发达省份除北京、广东外的省份全都位于第1象限,这些省份本身与周边省份都有较高的金融科技发展水平;中部地区的省份除山西以外,则主要分布在第1象限当中;西部地区的省份则集中分布于第3象限,也就是说西部地区的省份本身与周边省份都处于较低的金融科技发展水平。

表2-7 中国金融科技发展的空间相关模式

时间	象限	空间相关模式	地区
2011年	第1象限	HH	上海、浙江、江苏、山东、天津、河南、河北、福建、湖北
	第2象限	LH	安徽、江西、山西、海南、内蒙古、湖南
	第3象限	LL	吉林、重庆、黑龙江、广西、贵州、新疆、云南、西藏、宁夏、青海、甘肃、陕西
	第4象限	HL	北京、辽宁、四川、广东
2018年	第1象限	HH	上海、浙江、江苏、山东、河南、湖北、福建、湖南、河北
	第2象限	LH	天津、江西、山西、海南、内蒙古、安徽
	第3象限	LL	广西、陕西、辽宁、贵州、云南、新疆、吉林、黑龙江、西藏、宁夏、青海、甘肃、重庆
	第4象限	HL	北京、广东、四川
2020年	第1象限	HH	上海、浙江、江苏、山东、福建、河南、河北、安徽、湖南、湖北
	第2象限	LH	天津、江西、重庆、山西、海南、内蒙古
	第3象限	LL	贵州、广西、陕西、云南、吉林、黑龙江、新疆、宁夏、西藏、青海、甘肃
	第4象限	HL	北京、广东、四川、辽宁

2. 中国城市级金融科技发展的空间关联性分析

图2-6至图2-9分别给出了2011年和2020年的中国城市金融科技指数、技术支持指数、金融中介服务指数和直接搜索指数的Moran指数散点图。首先,从图像可以看出,城市金融科技指数、技术支持指数、金融中介服务指数和直接搜索指数的Moran指数的绝大多数城市都位于第1、3象限,Moran指数显著为正,说明中国的城市金融科技发展水平同样存在空间正自相关。其次,空间自相关现象以集聚在第3象限为主,即大部分城市的金融科技发展呈现出低—低集聚的形态,说明我国城市金融科技的总体发展水平仍有待提高。最后,从具体的城市分布来看,落在第1象限高—高集聚板块的大部分都是东部沿海城市,如深圳、广州、南京、杭州等沿海发达城市,因为这些城市经济发达,

对金融科技人才吸引力大,金融科技发展水平高,且集聚效应显著。而落在第3象限低—低集聚板块的大部分都是中西部的内陆城市,这些地区的经济发展水平相对较弱,城市本身以及周边城市金融科技发展水平都较低。较少一部分落在第4象限高—低集聚板块的城市主要为中西部省份的省会城市,如兰州、成都、武汉、昆明等城市,同样说明中西部省份内部和城市之间的金融科技发展水平差距相对较大,主要表现为金融科技相关建设与投入更多地集中于省会城市,周边城市金融科技发展水平低,省域内城市之间分布不均衡。

对省份和城市进行空间集聚性检验的结果基本相似,这有力地说明了金融科技发展水平存在一定的空间集聚性与空间相关性(郭峰等,2017;刘传明等,2017),主要体现为沿海地区与中西部地区的差异,与我国经济发展、传统金融的空间集聚相似。在下一节的金融科技发展的空间异质性与空间分布中,将对空间集聚的特点进一步展开分析。

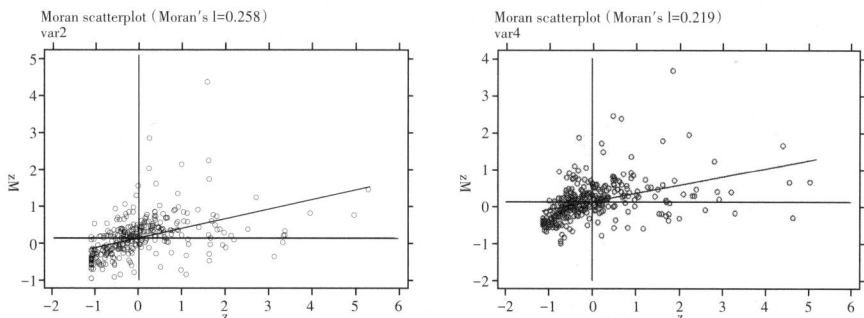

图2-6 2011年(左)和2020年(右)城市金融科技指数局部Moran指数散点图

注:横坐标和纵坐标分别代表(标准化后)的本地区和周边其他地区平均的金融科技发展水平,下同。

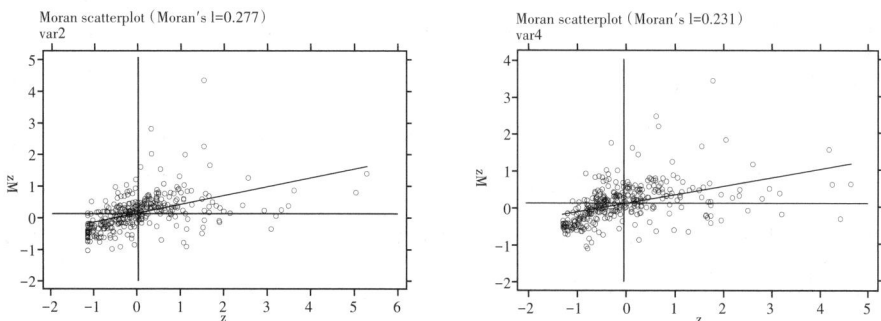

图2-7 2011年(左)和2020年(右)城市金融科技技术支持指数局部Moran指数散点图

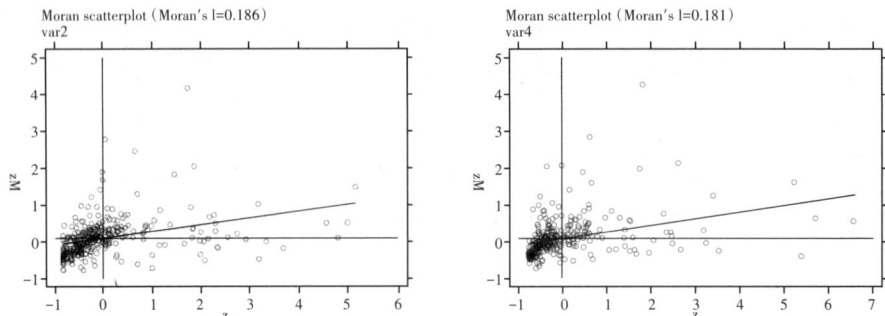

图2-8 2011年(左)和2020年(右)城市金融科技金融中介服务指数局部Moran指数散点图

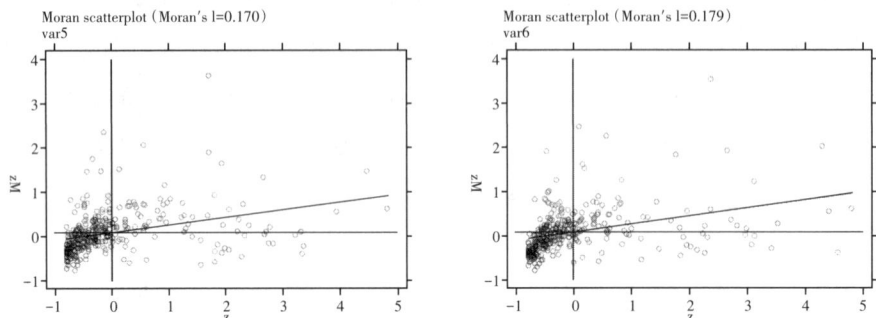

图2-9 2014年(左)和2020年(右)城市金融科技直接搜索指数局部Moran指数散点图

注:2011—2013年直接搜索指数各城市之间差距较小,因此我们选用2014年直接搜索指数与2020年进行对比。

三、中国金融科技发展的空间异质性

在前面两节的分析中,我们发现中国金融科技的发展存在明显的差异,不同区域之间的金融科技发展水平差距较大。为了更加直观地观察金融科技发展的空间异质性、空间分布特征和时空演化特征,一方面,我们运用ArcGIS基于省级数据和城市级数据绘制了2011年、2018年及2020年三个代表性年份的省级和城市级金融科技发展情况;另一方面运用Python自带的Pyecharts模块,分别基于省级数据和城市级数据绘制了2011—2020年间金融科技发展的动态地图,由于Pyecharts绘制的图形以离线网页格式显示,我们将不会在书中展示具体动态图像,感兴趣的读者可向作者索取。

依照郭峰等(2020)的做法,将其进行了梯队划分。2011年和2020年的梯队分类标准都以当年指数最高的城市指数值为基准,将排序在基准值80%及

以上的城市列为第一梯队；70%—79%为第二梯队；60%—69%为第三梯队；59%以下的为第四梯队。等级越高，相关城市颜色点越深。从城市的动态变化图可以发现，2011年的金融科技指数最大值与最小值的差距只有3.84，由于城市之间的差距太小，所以没办法通过颜色进行明显的梯队划分，可以粗略地认为2011年的城市金融科技发展水平基本都属于第一梯队。而发展到2018年（因为2020年的金融科技指数比2018年有明显的下降，通过颜色进行梯队划分不再能看出明显的差别，所以在此重点分析2018年情况），不管是省份还是城市金融科技指数都表现出了明显的梯队划分情况，并且不同省份之间和不同城市之间的金融科技发展水平差距明显扩大。城市金融科技指数最大值与最小值的差距达到了14.14，其中第一梯队主要集中在长三角、珠三角以及其他个别大城市，第二梯队主要集中在浙江、江苏、山东、广东沿海地区的城市和中西部地区的一些省会城市，其他大部分城市主要分布于第三梯队和第四梯队。

从空间变化趋势中我们可以得出以下结论：第一，无论是从省级层面还是城市层面来看，各地区的金融科技发展水平之间的差距都在随着时间的变化而逐渐扩大，呈现出明显的东南沿海向内陆的阶梯性变化。截止到2020年，金融科技发展的高水平区主要还是集中于东部沿海地区，对内陆地区的渗透作用十分有限，内陆地区的发展潜力还有待进一步释放，且省份之间的差距相对于城市之间的差距更加显著。第二，从省级层面和城市层面金融科技发展水平的梯队图趋势来看，"胡焕庸线"成为地区金融科技发展分异的分界线。"胡焕庸线"以东的地区，也就是经济实力相对更强的区域，金融科技的发展水平明显更高且发展速度较快。截止到2020年，前三梯队几乎都位于"胡焕庸线"的东侧；而"胡焕庸线"以西的地区则金融科技发展水平相对较低且发展速度缓慢，体现为第四梯队的城市始终分布于该线西侧。这说明金融科技发展的触达性和地理穿透性主要适用于经济较发达地区，而经济欠发达地区就相对较弱，往往被地理区位以及经济区位所限制，因此发展水平低的地区呈现出更强的空间集聚性，经济发达程度不同的地区之间金融科技发展呈现出空间异质性。第三，从梯度指标的颜色变化来看，随着时间的变化，不同区域之间的差距在逐渐扩大。沿海到内陆的颜色在随时间逐渐加深，金融科技发展水平也在逐渐提高，但是此变化过程到"胡焕庸线"左右截止，该线以西地区的颜色变化较小,与该线以东地区的差距在随时间逐渐扩大。总的来说,动态趋势演变图更加直观地显示出我国金融科技发展的空间分布与空间异质性,沿海发达地区与内陆主要城市的金融科技水平明显高于其他地区,且随着时间变化,区域间差异也在扩大,这给我们上文的结果提供了强有力的检验与证明。

第六节 研究结论与展望

金融科技的未来在于提高金融资源配置效率,降低交易成本和金融风险,从而发展壮大中小企业和提升金融消费者福利,只有这样金融科技企业才能真正发展壮大,最终才能有效服务实体经济和推动经济高质量发展。近年来,中国金融科技实践飞速发展,学界对金融科技的关注度也迅速上升,但是有关金融科技指数编制标准在学术界和实务界并未达成一致,相关研究甚至并不多见,直接限制了相关领域的深入研究。在借鉴现有互联网金融、数字普惠金融和金融科技指数编制的文献基础上,本研究充分考虑了金融科技的本质属性和基本特征,同时为了保证金融科技发展指标体系构建的多层次性、代表性与综合性,提取出了与金融科技相关的三大维度27个具体关键词,编制了一套可以准确刻画中国金融科技发展现状的金融科技发展指数,并以百度搜索指数为基础,据此综合运用熵值法和层次分析法测算了2011—2020年中国31个省份和332个城市的金融科技发展指数。在此基础上,重点对中国的金融科技发展进行定量刻画和时空特征分析,主要得到了以下几个结论:①2011—2020年中国的金融科技发展水平实现了显著增长,尤其是得益于互联网金融的跨越式发展,金融科技发展水平在2013年后增速进一步加快,其中技术支持指数增长最为迅速,并且对金融科技的发展贡献突出。②金融科技发展的收敛性在2017年前后表现出明显的阶段性特征。其中,2017年以前表现为发散的趋势,地理穿透性弱,二元结构特征明显,地区之间的差距在逐渐扩大;2018年及以后表现为明显的收敛性,发达地区之间地理穿透性变强,地区之间的差距明显缩小。③经济发达的地区天然地具备了发展金融科技的先行优势,其发展过程存在明显的"马太效应",特别是中西部地区仍然受限于地理或经济因素,与东部地区之间的差距逐渐增大,未来需要密切关注欠发达地区金融科技的技术红利与潜力释放问题。④金融科技发展水平存在明显的空间相关性,重点表现为沿海地区与中西部地区之间的巨大差异和发展水平相近的省份存在空间依赖性,这与我国地区经济发展、传统金融的空间集聚相似,并且金融科技发展水平呈现出明显的东南沿海向内陆的阶梯性变化,而"胡焕庸线"成为了各梯队之间的明显分界线。

本研究力求以科学客观的方法编制中国金融科技发展的指标体系,并运用科学的测度方法和可靠的基础数据从省域和城市层面分别测度中国金融科技发展水平,以期为后续相关研究提供基础测度数据。同时,初步探讨了中国近年来金融科技发展的总体态势和时空特征,我们相信后续加入更多理论和实证层面的研究后,可以得到更多有价值的研究结论。但是,由于目前各界对于金融科技并未形成统一的定义,往往是金融科技的实践远远快于理论研究,在实践和理论方面与相近概念的边界也尚有不明晰之处。就本研究而言,虽然在选择关键词和指数编制方法等关键流程上进行了反复推敲,但不得不承认在构建指标体系的时候,确实很难真正做到全面、准确地描述中国金融科技发展的全貌和细节,其实这也是各大类指标体系构建的共同问题。例如,考虑到关键词过多很容易带来词义互相涵盖的问题,本研究依据《金融科技(Fin-Tech)发展规划(2019—2021年)》等权威报告和代表性文献,仅选择了最本质的27个金融科技关键词,同时考虑到基于百度搜索指数这一基础数据库的数据可得性,所以在关键词的个数和涵盖方面难免存在一定缺陷,并不能做到全面反映中国金融科技发展的完整图景和细节。又如本研究在关键词筛选的时候保留了区块链,但是去除了"分布式计算",二者之间的含义基本上是可以互换的,有些人喜欢用"区块链",有些人喜欢用"分布式计算",如果只包含了"区块链"就会导致那些使用"分布式计算"的新闻报道无法被代表。综合来看,如果对这些同义的关键词都进行保留处理,会导致关键词过于繁杂,必然会存在部分词义互相涵盖、重复计算的情况,也会得到不准确的结果。所以,本研究最终在关键词的选择和精简的过程中尽可能选择更加本质、更有代表性的关键词或新闻中使用更多的词汇,其主要目的在于更好地平衡各个关键词的代表性,避免重复计算的问题。

　　当然,我们有理由相信本套指数可以为中国金融科技的发展趋势和地区差距等问题的研究提供有益借鉴,也可为后续相关研究提供必要的参考,并且随着金融科技的认识加深、数据处理技术持续进步和数据的可得性进一步保证,有关金融科技的研究必然日臻完善。更重要的问题在于,我们需要清楚地看到金融科技在过去十年迅猛的发展过程中,既取得了可喜的成就,同时也遭遇了很大挑战,甚至产生了严重的问题,并导致了困惑、争议乃至误区。未来有关金融科技的相关研究,应该更加关注什么是真正意义上的金融科技,科技和金融的关系到底应该是什么样的,金融科技在未来的"新金融"中如何定位,如何避免金融科技发展再次陷入"雷区",金融科技在提升企业发展能力和信用水平方面如何更有效地发挥作用,金融科技如何破解普惠金融发展悖论而更好地服务中小微企业和弱势群体,在高质量发展中推进共同富裕迈出更坚实步伐。

第三章
金融科技区域差异化发展的内在逻辑与路径检视

与传统金融发展相似,我国金融科技发展也大体表现出东部城市领先、中西部部分城市落后的区域差异化发展格局。那么,金融科技区域差异化发展格局形成的内在逻辑是什么?基于演化经济地理理论,利用我国291个地市级城市数据进行实证研究发现,金融科技发展所呈现出的区域差异化发展格局,主要源于传统金融发展的路径依赖。进一步分析发现,城市创新能力的提升和地方政府增加创新资金投入对金融科技发展具有显著的促进作用,有助于传统金融欠发达地区超越路径依赖,实现金融科技发展的路径创造。因此,地方政府可以因势利导,大力促进大数据、云计算、区块链、人工智能等创新科技在金融行业的推广应用,积极打造金融科技发展高地,通过自主科技创新和"有为"政府双轮驱动,引导金融科技发展摆脱传统金融发展的路径依赖,实现金融科技区域协调发展的路径创造。

第一节 引言

全球正步入一个全新的"数字文明"时代,数据已成为驱动"数字经济"发展的核心。在大数据、云计算、区块链等新兴"数字"科技的不断冲击下,传统金融体系发生了重大变革,金融科技应运而生。"金融科技"一词最早由花旗集团在20世纪90年代初提出。德意志银行认为,金融科技主要是金融领域的信息化,是应用于金融行业的基于互联网、云计算和大数据等前沿技术手段的总称。全球金融稳定委员会(Financial Stability Board)于2016年发布的《金融科技的描述与分析框架报告》,首次对金融科技进行了定义。该报告指出,金融科技是技术推进的金融创新,通过金融与科技的相互融合,创造出新的业务模式、新的应用、新的流程和新的产品。金融科技对金融市场、金融机构及金融服务的提供方式产生了重大影响。

作为技术驱动的金融创新,金融科技通过推动金融发展提质增效,进而有效服务实体经济(王小华等,2022a)。2019年,中国人民银行印发了《金融科技(FinTech)发展规划(2019—2021年)》。该文件指出,金融科技的主要目标是运用现代科技成果改造或创新金融产品、经营模式、业务流程等,推动金融发展提质增效。这份引领性文件的实施,有力推动了金融科技良性、有序地发展。2022年,中国人民银行印发《金融科技发展规划(2022—2025年)》,明确提出2022年到2025年金融科技发展的愿景、原则和重点任务。这一规划的颁布,标志着我国金融科技从"立柱架梁"全面迈向"积厚成势"的新阶段,金融科技将实现整体水平与核心竞争力的跨越式提升(王小华等,2023b)。现如今,金融科技的加速应用已成为行业共识和现实趋势,金融行业的格局正在迎来深刻变革。

一般来说,在没有银行网点等硬件设施的情况下,金融科技可以凭借手机等终端设备,将金融服务渗透到经济相对落后的中西部地区、三四线城市,乃至农村偏远地区。金融科技发展弥补了金融机构营业网点覆盖不足的缺陷,有助于各地区金融资源的协调发展(谢平等,2015)。也就是说,金融科技发展的"去中心化"使其具有超地理特征。然而,我国金融科技发展水平在各地区之间却存在明显的"马太效应",具体表现为:东部与中西部地区之间的差距逐渐增大,呈现出明显的东南沿海向内陆的阶梯性变化,"胡焕庸线"成为梯队之间的明显分界线(王小华等,2023a)。那么,我国金融科技区域差异化发展格局是怎样形成的?和传统金融发展有什么关系?如何摆脱路径依赖并实现路径创造?本研究基于问题导向,以金融科技与传统金融的关系作为分析起点,揭示了我国金融科技区域差异化发展背后的逻辑,并基于地级城市数据展开了实证验证。本章的创新点在于：第一，基于传统金融与金融科技发展的关系，系统地探讨了我国金融科技发展区域差异化的逻辑，拓宽了现有的研究领域；第二，在理论分析的基础上利用我国城市数据进行实证研究，有助于识别金融科技发展的决定因素，并从创新驱动、政府引导两个方面为我国金融科技区域协调发展提供了路径支持；第三，基于金融技术的外部性特征，利用空间计量模型探讨了空间邻接性和经济相关性对金融科技区域差异特征的影响，详细刻画了金融科技演化路径的空间差异性。

第二节 文献回顾与评述

要想厘清我国金融科技发展的区域差异化逻辑，首先要测度金融科技发展水平。然而，学术界对于金融科技发展水平的测度并未形成统一的标准。现有文献主要利用北京大学的数字普惠金融指数作为金融科技水平的替代变量（邱晗等，2018），该指数更多体现了金融发展的普惠性。关于金融科技的相关研究，主要集中在金融科技的本质和金融科技的应用上。部分研究指出，金融科技并未改变金融本质，金融科技只是强调了数据的重要性，并将其应用到金融产品和服务中，以此提高了用户的体验感（Chen et al.，2017）。也有部分研究基于互联网金融探讨金融科技的本质，认为金融科技主要从互联网金融衍生而来。但互联网金融毕竟不是金融科技，与互联网金融相比，金融科技更加侧重信息技术与金融发展的深度融合。针对金融科技的应用，现有研究主要探讨金融科技对创新（李春涛等，2020）、传统银行（邱晗等，2018）、资本市场信息效率（杨松令等，2021）、企业投资（辛大楞，2021）等的影响。这些研究虽未涉及金融科技区域差异化发展，但为探讨传统金融与金融科技的关系、区域创新与金融科技的关系提供了理论参考。

关于传统金融与金融科技关系的研究，大部分研究认为，金融科技的快速发展加速了利率市场化进程，从而影响了传统金融行业（战明华等，2018）。邱晗等（2018）探讨了金融科技与传统银行业的竞争关系，认为金融科技影响传统银行体系主要源自金融科技的存款利率市场化。反过来，传统金融是金融科技发展的基础。演化经济地理学认为，区域倾向于发展与本地产业结构存在较强技术关联的产业(贺灿飞,2018)。传统金融机构会积极引入金融科技公司的技术,即传统金融机构与金融科技公司的关系是合作互补的关系。传统金融机构拥有长期合作的客户数据,而金融科技公司可以运用新型数据处理技术对客户数据进行优化,两者合作会提高彼此的竞争力。Hofnuf等(2020)指出,在面临数字化挑战时,传统金融机构与金融科技公司合作的可能性更大。因此,在金融科技区域差异化发展中探讨传统金融与金融科技的关系显得尤为重要。

关于区域创新与金融科技的相关研究,现有文献主要集中在金融创新发展和金融科技影响企业创新两个方面。在金融创新发展方面,Goldstein等(2019)指出,金融科技改变了传统金融行业的"生产函数",也带来了信息通信技术在金融行业推动金融创新的新范式。Hasan等(2020)发现,金融驱动金融创新发展的影响机制包括缓解金融市场信息不对称、降低金融交易成本、提高金融运行效率、实现金融普惠、改善金融交易安全性、拓展金融功能等。在金融科技影响企业创新方面,李春涛等(2020)基于上市公司的数据发现,金融科技主要通过缓解企业融资约束、提高税收返还的创新效应两个渠道促进企业技术创新。以上研究为理解区域创新与我国金融科技发展的关系提供了诸多有益的启示,但未直接指出区域创新是否推动了金融科技发展。

综上,现有研究虽讨论了金融科技发展趋势,金融科技与传统银行业、企业创新的关系,但鲜有文献关注金融科技区域差异化发展问题。因此,本研究从直接关键词、技术支持、金融中介服务三个维度,构建各城市层面基于百度搜索指数的金融科技指标体系,测算得到我国金融科技发展指数,并讨论金融科技与传统金融、政府、科技创新的关系,以此揭示我国金融科技区域差异化发展的逻辑。

第三节　金融科技区域差异化发展的理论逻辑

技术关联理论指出,区域现有知识、技术、能力与制度结构会影响未来新产业的空间(Kogler,2015)。于是,演化经济地理学提出了产业演化升级的两种路径:一种是路径依赖,即区域倾向于发展与原有产业结构技术关联较强的产业;另一种是路径创造,通过新技术的研发或外部高端技术的引进替换原有生产技术,解除原有生产技术带来的关联束缚,从而打破路径依赖锁定实现产业的演化升级。若将金融科技发展与传统金融发展视为两种产业,根据演化经济地理学理论,区域产业演化发展也遵循路径依赖和路径创造两种途径。因此,金融科技区域差异化发展格局形成的逻辑是:金融科技发展遵循传统金融的路径依赖性,并通过技术创新的自发创造性实现路径创造。

一、传统金融与金融科技发展

关于金融科技与传统金融的关系,目前学术界存在"颠覆论"和"补充论"两种观点。金融科技"颠覆论"认为,金融科技会给传统金融行业带来颠覆性影响,甚至会影响传统金融行业的生存基础(Lee and Shin,2018)。金融科技"补充论"则认为,金融科技作为金融的新业态,并不会改变金融本质,也不会颠覆传统金融行业的地位和作用,是对传统金融行业的一种补充。因此,若要探讨金融科技与传统金融的关系,就需要明确金融科技与传统金融的区别。在数据处理方面,传统金融把小数据和结构化的数据转化为信息(李扬,2017),既降低了交易成本,又减少了因信息不对称引发的道德风险和逆向选择。而金融科技则利用大数据技术把数据转化为信息,通过建立有效的预测模型,实现对不可观测因素的预测。在供给与需求方面,传统金融主要体现为供给端,传统金融只关注现有客户及已被证明的市场面,让消费者被动选择、购买金融产品和服务;相反,金融科技主要体现为需求端,金融科技以客户需求为重心,不断挖掘新客户、新市场,帮助客户以简便、低成本的方式获取资金和服务,从而实现消费者价值的最大化(许多奇,2018)。在驱动力方面,传统金融的驱动力是利润,通过实现规模经济,创造更高利润。而金融科技的驱动力则是价值创造,包括个体层面让客户在使用金融消费的同时创造新价值,以及社会层面通过现代科学技术让金融服务大众化、普惠化、民主化。

虽然金融科技与传统金融大相径庭,但金融科技发展的基础在于传统金融发展,金融科技发展的区域差异化也必然源于传统金融的区域差异化。一方面,与金融科技相比,传统金融更能获得客户的青睐。客户对传统银行具有较强的信任感,他们能在传统银行获得低成本低风险的融资渠道。比如,P2P平台的贷款风险要高于银行,银行经过风险调整后的利率实际上要低于P2P贷款(刘少波等,2021)。另一方面,传统金融机构与金融科技公司的合作能提升两者在市场中的竞争力,两者具有较强的合作效应潜能。传统银行储存了大量客户数据和交易数据,金融科技正好可以通过机器学习、大数据等新技术,对这些数据进行优化、模拟、预测等,为客户提供优质且符合需求的金融服务。金融科技下的大数据能够改善传统银行企业的市场营销方式和风险管理等,利用大数据分析可以增强市场竞争力(Trelewicz,2017)。基于上述分析,提出研究假说H1。

H1:金融科技是对传统金融的补充,其发展路径遵循传统金融发展的路径依赖。

二、创新驱动与金融科技发展

金融科技主要经历了三个阶段,分别是金融IT阶段、互联网金融阶段和金融科技阶段。自2015年起,我国金融科技的发展逐渐向以大数据、人工智能和区块链为核心技术的金融科技时代迈进。在强大核心技术下衍生出来的金融科技,自然属于金融创新。一是金融科技是一种技术驱动的金融活动或金融创新,它主要通过技术创新对传统金融行业产生影响。刘少波等(2021)认为,金融科技的本质是技术,金融科技利用大数据等现代信息技术解决了传统金融服务机构中产品供给方式不足的问题。金融科技利用现代信息技术提供新产品,改善金融供给服务,实际上属于金融创新进化过程(Thakor,2020)。二是金融创新的驱动力在于新兴技术的创新变革。创新理论认为,生产技术的革新和生产方式的变革是经济发展的重要影响因素。金融科技作为新的生产技术和生产方式,通过技术创新变革改变了传统金融的生产运行方式,包括支付模式、产品供给方式、业务流程等,为客户定制独特的金融产品和服务,提升了金融行业运行效率(廖凯诚,2021)。三是金融竞争力发展的关键在于科技创新。新兴科技为金融科技发展提供支撑力,促使传统金融行业产生了一系列的金融创新活动,包括新金融产品、新金融服务、新金融业务模式等。这些金融创新活动都将全面革新传统金融范式,重塑传统金融的服务模式和发展格局,从而提升金融服务效率。

反过来,金融科技又会服务于城市创新活动。金融科技为城市创新活动提供的平台保障包括创新资源投入和创新成果转化两方面。比如,金融科技为知识产权质押融资扩宽了渠道,也缓解了信息不对称问题,在一定程度上提升了创新资源的利用效率。金融科技作为技术进步驱动的金融创新,其发展也会受到城市创新力的影响。基于上述分析,提出研究假说H2。

H2:创新驱动能促进金融科技实现路径创造,即创新能力越强的城市,金融科技发展得越好。

三、政府引导与金融科技发展

一方面,金融科技的发展离不开政府这只"看得见的手"。地方政府对金融科技的影响主要体现在宏观和微观两方面。在宏观层面上,我国分税制改革削弱了地方政府的财政能力,于是地方政府转而利用金融资源来缓解自身财政压力(姚耀军和彭璐,2013),而金融科技的出现加剧了地方政府对金融资源的竞争。在微观层面上,金融科技的普惠性发展满足了大部分底层客户的金融需求,能够解决小微企业融资难的问题,有利于缓解政府项目融资的"燃眉之急"(姚耀军和施丹燕,2017)。另一方面,创新活动的正外部性使得经济体内难以获得全部的创新收益,若没有政府来配置创新资源,该经济体内的创新投入将很难达到最优水平。尤其是在市场经济条件下,若没有政府引导,金融科技会因技术的区域不平衡传播而产生数字鸿沟,使国家内部群体出现"信息穷人"和"信息富人"(张勋等,2021)。并且,不同区域的创新活动所产生的效果也不同。因此,金融科技的创新活动需要政府引导。为提升行业自主创新能力,地方政府倾向于对特定战略行业实施创新补贴政策,以缓解外部技术封锁对这些行业造成的桎梏。也就是说,金融科技的发展会受到政府创新补贴政策的影响。基于上述分析,提出研究假说3。

H3:政府引导能促进金融科技实现路径创造。

第四节 实证研究设计

一、模型设计

基于金融科技区域差异化发展的理论逻辑,为探究传统金融对金融科技的发展是否存在路径依赖,以及地方政府在其中扮演的角色,主要构造模型(3.1)进行基准回归。

$$Fintech=\varphi_0+\varphi_1 Fin+\varphi_2 Fin\times Gov+\varphi_3 Gov+\beta CV+g \qquad (3.1)$$

其中,$Fintech$ 表示金融科技发展指数,Fin 代表城市传统金融是否发达,Gov 代表地方政府财政压力,$Fin\times Gov$ 表示传统金融与政府财政压力的交互项,CV 表示所选择的一系列控制变量。考虑到内生性问题,本研究所有回归模型均选择下一期的金融科技发展指数作为被解释变量,且它们的控制变量保持不变。

二、变量定义与数据来源

1. 被解释变量:金融科技发展

首先,根据《金融科技(FinTech)发展规划(2019—2021年)》《"十四五"国家科技创新规划》《中国银行业转型20大痛点问题与金融科技解决方案》,以及相关重要新闻、会议和现有互联网金融、金融科技领域的代表性文献,本研究构建了包括直接关键词、技术支持、金融中介服务三个维度27个关键词的金融科技指标体系(见表2-1)。然后,参照郭峰等(2020)、李春涛等(2020)的做法,通过网络爬虫技术获取上述关键词百度搜索指数的原始数据。最后,利用熵值法和层次分析法求取权重,测算我国各地级市的金融科技发展指数衡量金融科技发展。考虑到自变量与因变量间双向因果关系的内生性问题,因变量采用2020年的金融科技发展指数。

根据测算得到的2020年金融科技发展指数,发现我国金融科技发展水平呈现出东部城市领先、中西部部分城市落后的区域差异化发展格局。图3-1展

示了2019年我国金融科技发展指数的城市排名。由图可知,在金融科技发展
第一梯队中(第1—73名),东部城市数量占比为69%,中部城市和西部城市分
别占比为16%和15%;在第二梯队中(第74—146名),中部城市领先,东部和西
部城市数量少于中部城市;在第三梯队中(第147—219名),中部城市较领先,
占总城市数量的比重为43%,东部和西部城市次之,各占比为27%和30%;在
第四梯队中(第220—291名),西部城市数量领先中部和东部城市,约占城市总
数量的69%,而东部城市仅有4个。

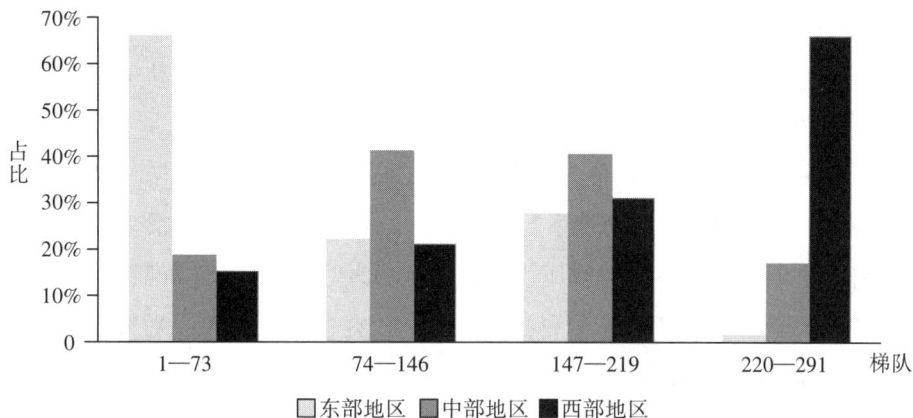

图3-1　2019年我国金融科技发展指数城市排名的区域分布

2. 解释变量

(1)城市传统金融是否发达

按照金融发展与经济发展的适配性研究,以及姚耀军和施丹燕(2017)对
传统金融的定义,将2019年银行人民币贷款余额占当年生产总值的比重作为
传统金融发展水平的代理变量,将测算得到的传统金融发展指数与该年人均
生产总值的对数作拟合线性回归。将拟合回归线以下的城市划定为传统金融
欠发达城市,反之,则归为传统金融发达城市。测算数据显示,选取的291个地
级市城市中有189个传统金融欠发达城市,其中东部地区有48个,中部地区有
73个,西部地区有68个。传统金融发展所表现出来的区域差异化发展格局,能
否解释金融科技发展的区域差异化格局,如果金融科技发展遵循传统金融发
展的路径依赖,预期该变量系数符号为负。

（2）政府财政压力

地方政府行为对金融科技的影响主要来自官员晋升和财政压力，政府官员晋升和政府财政压力越大，地方政府越有可能借助金融科技来弥补地方财政，导致金融科技越远离市场化演进方向。因此，采用2019年地方政府财政预算支出与财政收入的比重来衡量政府财政压力，并用政府财政压力与传统金融是否发达两个变量构造交互项，考察在传统金融欠发达地区内，地方政府基于财政压力对金融科技发展的影响，预期交互项系数符号为正。

（3）城市创新力

基于《国家创新型城市创新能力监测报告（2019）》《国家创新型城市创新能力评价报告（2019）》，将地级市城市分为两类，Inno=1表示创新型城市，Inno=0表示非创新型城市，以此作为城市创新能力的代理变量。若金融科技发展受到创新型城市的影响，预期该系数符号为正。另外，考虑到创新活动的正外部性，将城市创新力与政府财政压力构造交互项，以此判断在创新型城市，地方政府基于财政压力是否对金融科技发展产生影响，预期交互项系数符号为正。

（4）政府科技创新支出

鉴于数据的可获得性，利用2019年地方政府财政支出中科技支出比重来衡量地方政府对创新活动的支持，以此考察地方政府科技创新支出对金融科技的影响。

3. 控制变量

金融科技发展会受到数字经济发展的影响，借鉴赵涛等（2020）的研究，从互联网发展和数字金融两方面对数字经济发展水平进行测度，并采用熵权法测算得到2019年的数字经济发展指数。此外，借鉴姚耀军和施丹燕（2017）的研究，控制变量还包括：2019年金融科技发展水平、2019年人均生产总值增长率、2019年三次产业结构变化、2019年外商投资水平、2019年人力资本水平、各城市至杭州的地理距离、东中西部地区的区域虚拟变量、城市人口规模的虚拟变量。

各连续变量的描述性统计结果见表3-1所示。由于北京市、天津市、上海市和重庆市4个直辖市的经济体量较大，纳入模型中将影响回归系数的稳定性。因此,主要选取291个地市级城市(不包括4个直辖市)。数据主要来自《城市统计年鉴》《中国数字普惠金融指数》、百度新闻数据库等。

表3-1 变量的描述性统计

变量	均值	标准差	最小值	最大值	样本量
金融科技发展	0.19	0.02	0.17	0.27	291
政府财政压力	3.65	2.94	0.96	26.95	291
政府科技创新支出	0.02	0.02	0.00	0.12	291
数字经济	0.12	0.10	0.03	0.75	291
金融科技滞后项	0.19	0.02	0.17	0.29	291
三次产业结构	0.49	0.08	0.28	0.79	291
人均生产总值增长率	0.06	0.14	-0.47	0.60	291
外商投资	0.01	0.01	0.00	0.01	291
人力资本	199.47	249.42	10.00	1310.75	291
至杭州地理距离	1084.58	619.79	0.00	3445.13	291

第五节 实证结果分析与讨论

一、基准回归结果

如表3-2所示:其中,传统金融发展与金融科技发展的回归系数均为负,且至少通过了10%的显著性水平检验。这说明,金融科技在传统金融欠发达地区的发展相对较慢,金融科技发展遵循了传统金融发展的路径依赖,证实了研究假说H1。考虑到传统金融对金融科技发展的影响可能受到经济、地理区位等因素的干扰,逐一添加了相关控制变量后,传统金融对金融科技发展的回归结果始终保持稳健。从政府财政压力与金融科技发展的影响来看,回归系数均为负,且至少通过了10%的显著性水平检验。这表明,地方政府的财政压力会抑制金融科技发展,政府的过度干预使金融科技发展越来越偏离市场化运行轨道,从而不利于金融科技发展。从传统金融与政府财政压力的交互项系数来看,回归系数为正,随着控制变量的逐一加入,两者的交互项系数逐渐减小,甚至在加入地理区位因素和人口规模因素之后,回归系数未通过显著性检验。考虑到区域差异性和人口规模的因素,在传统金融欠发达地区内,地方政府财政压力对金融科技发展产生的助推效应不显著。因此,地方政府基于财政压力适时引导金融科技发展的行为,能够在传统金融欠发达地区内推动金融科技发展,促使金融科技发展摆脱传统金融的路径依赖。

表3-2 基准回归结果

解释变量	模型			
	(1)	(2)	(3)	(4)
传统金融欠发达城市	−0.23*** (0.04)	−0.16*** (0.04)	−0.07** (0.03)	−0.04* (0.02)
传统金融欠发达城市×政府财政压力	0.31*** (0.09)	0.24*** (0.08)	0.14** (0.06)	0.06 (0.04)
政府财政压力	−0.46*** (0.08)	−0.36*** (0.07)	−0.27*** (0.06)	−0.08 (0.05)
数字经济		0.54*** (0.20)	0.24 0.23)	0.40* (0.21)
金融科技滞后项		0.86*** (0.01)	0.86*** (0.02)	0.79*** (0.02)
三次产业结构			0.45*** (0.15)	0.16 (0.11)
人均生产总值增长率			0.04 (0.04)	−0.03 (0.03)
外商投资			8.07** (3.93)	4.42 (3.60)
人力资本			0.19*** (0.07)	0.22*** (0.06)
中部地区				−0.05*** (0.01)
西部地区				−0.03 (0.02)
特大城市				−0.08* (0.04)
大城市				−0.21*** (0.04)
中等城市				−0.27*** (0.06)
小城市				−0.30*** (0.06)
至杭州地理距离				−0.30** (0.12)

续表

解释变量	模型			
	(1)	(2)	(3)	(4)
常数项	2.14*** (0.04)	2.02*** (0.05)	1.71*** (0.08)	1.99*** (0.06)
R^2	0.38	0.45	0.57	0.78

注:括号内为稳健标准误,***、**和*分别表示1%、5%和10%的显著性水平。

控制变量的结果显示,数字经济发展对金融科技发展的影响系数为正,这表明数字经济发展对金融科技发展具有促进作用,信息技术的广泛渗透推动了金融科技的快速发展。金融科技的滞后项的回归系数显著为正,这表明金融科技发展不仅受到传统金融的路径依赖影响,也会受到上一期金融科技发展的累积效应的影响。三次产业结构、外商投资水平和人力资本水平的回归系数均显著为正,表明产业结构服务化越强、对外开放力度越大、人力资本水平越高,越有利于金融科技的快速发展。人均生产总值增长率对金融科技发展的影响暂不显著。区域虚拟变量结果显示,中部地区的回归系数为负,至少通过了1%的显著性水平检验,西部地区的回归系数不显著。因此,相对于东部地区城市而言,中部地区金融科技发展较慢;而金融科技发展趋势较好的城市主要位于东部地区,这也印证了金融科技发展的区域差异化特征。城市人口规模虚拟变量的回归系数均为负,且至少通过了10%的显著性水平检验,并且人口规模越小的城市的回归系数越小,这表明人口规模越大的城市的金融科技发展优势越好。至杭州地理距离的回归系数为负,且至少通过了5%的显著性检验,表明距离杭州越远的地区金融科技发展的优势越不突出,这与姚耀军和施丹燕(2017)的研究结果类似。

二、内生性讨论

为避免某些影响被解释变量、不可观测的遗漏变量,以及金融科技发展水平的测量误差等对模型估计的影响,采用工具变量法缓解上述问题带来的内生性问题。借鉴李春涛等(2020)的做法,使用接壤城市的传统金融发展指数的均值,以及同省份经济规模最为接近的三个城市的传统金融发展指数的均值,分别作为城市传统金融是否发达的工具变量。工具变量的选取主要基于两点考虑:一方面,由于不同银行机构在进行选址决策时,会考虑其他地区银行机构的选址决策,因此邻近城市传统金融发展水平会影响本地区的传统金融发展,满足工具变量的相关性要求;另一方面,由于借贷双方之间的信息不对称和抵押担保贷款的本地化要求,传统金融机构具有很强的地域分割性,大部分银行机构只为本地企业提供金融服务,因此,邻近地区或经济相邻地区传统金融发展难以影响到本地区的金融科技发展,满足工具变量的外生性要求。

利用两阶段最小二乘法(2SLS)对模型进行内生性检验,结果见表3-3。其中,Durbin检验和Wu-Hausman检验的P值均小于0.1,过度识别检验显示P值为0.86,一阶段F统计值为17.12且P值为0,说明所选的变量符合工具变量相关性和外生性假设。比较工具变量估计结果与OLS估计结果不难发现,传统金融欠发达城市、政府财政压力、传统金融欠发达城市×政府财政压力的回归系数均显著提高,显著性水平也有所提高。这表明,如果忽略模型中存在的内生性问题,将低估传统金融对金融科技发展的影响。

表3-3 内生性检验结果

被解释变量	OLS	工具变量(2SLS)
传统金融欠发达城市	−0.04*(0.02)	−0.15**(0.07)
传统金融欠发达城市×政府财政压力	0.06(0.04)	0.21*(0.12)
政府财政压力	−0.08*(0.05)	−0.21**(0.10)
控制变量	控制	控制
Durbin检验P值		0.08
Wu-Hausman检验P值		0.09
过度识别检验		0.03(P=0.86)
F值		17.12(P=0.00)

注:括号内为稳健标准误,***、**和*分别表示1%、5%和10%的显著性水平。

三、稳健性检验

1. 变换被解释变量

用金融科技发展指标体系的直接关键词、技术支持和金融中介服务等一级指标,作为本章被解释变量的替代变量,回归结果见表3-4所示。其中,直接关键词的回归系数为-0.04,通过了5%的显著性水平检验;技术支持的回归系数为-0.02,未通过显著性检验;金融中介服务的回归系数为-0.01,通过了5%的显著性水平检验。以上结果表明,金融科技发展的金融中介服务也遵循路径依赖,传统金融发展落后地区的金融中介服务也欠缺,导致金融科技发展落后。另外,依托百度搜索指数数据库,该数据库主要反映某一地区网民对某一关键词在一定时间内的搜索频次以及关注程度。由于金融中介服务相关关键词出现较早,网民了解较多,因此,相对于技术支持,传统金融发展对金融中介服务的影响也就更明显。

表3-4　更换被解释变量的稳健性检验结果

解释变量	(1)	(2)	(3)
	直接关键词	技术支持	金融中介服务
传统金融欠发达城市	-0.04**(0.02)	-0.02(0.01)	-0.01**(0.00)
传统金融欠发达城市×政府财政压力	0.05(0.03)	0.04(0.03)	0.01*(0.01)
政府财政压力	-0.04(0.04)	-0.07**(0.03)	-0.01(0.01)
控制变量	是	是	是
R^2	0.74	0.79	0.68

注:括号内为稳健标准误,***、**和*分别表示1%、5%和10%的显著性水平。

2. 基于空间计量的稳健性检验

技术溢出理论认为,技术具有空间溢出作用,即技术可以传播到其他地区,从而带动其他地区的技术创新。郭峰等(2017)的研究表明,金融科技产业呈现地区集聚效应,金融科技产业通过竞争效应既会影响本地区的金融科技发展,也会对邻近地区金融科技带来潜在影响。因此,将采用空间计量模型排除空间相关性特征对基准回归结果的影响。模型设定如下:

空间滞后模型:$y=\alpha+\lambda W \times y+\beta_1 x+\beta_2 CV+\varepsilon$ （3.2）

空间误差模型:$y=\alpha+\beta_1 x+\beta_2 CV+\delta, \delta=\lambda W \times \delta+\varepsilon$ （3.3）

其中,y表示金融科技发展指数,x表示城市传统金融是否发达、地方政府财政压力、传统金融与政府财政压力的交互项等核心解释变量,CV表示一系列控制变量。

基于空间计量模型的稳健性检验结果见表3-5。可见,无论是估计参数值符号,还是参数的显著性情况,表3-5的结果与表3-2的结果基本一致。上述结果表明,考虑空间相关性特征后,金融科技发展遵循传统金融的路径依赖的结论依然稳健。

表3-5 基于空间计量模型的稳健性检验结果

解释变量	空间邻接权重矩阵		空间经济权重矩阵	
	SAR	SEM	SAR	SEM
传统金融欠发达城市	-0.04*(0.02)	-0.04**(0.02)	-0.04**(0.02)	-0.04*(0.02)
传统金融欠发达城市×政府财政压力	0.05(0.04)	0.07**(0.04)	0.06*(0.04)	0.06(0.04)
政府财政压力	-0.08**(0.03)	-0.11***(0.04)	-0.08**(0.03)	-0.09**(0.03)
控制变量	控制	控制	控制	控制
λ	0.12**(0.06)	0.35***(0.09)	0.25***(0.06)	-0.02(0.12)
Wald检验	4.00**	16.23***	17.46***	0.04
LR检验	3.94**	13.39***	16.67***	0.04
LM检验	3.82*	8.74***	17.87***	0.03

注:括号内为稳健标准误,***、**和*分别表示1%、5%和10%的显著性水平。

四、进一步分析

为检验创新驱动和政府引导能否促进金融科技实现路径创造,设定如下回归模型:

$$Fintech=\varphi_0+\varphi_1 Inno+\varphi_2 Inno\times Gov+\varphi_3 Gov+\beta CV+\varepsilon \tag{3.4}$$

$$Fintech=\varphi_0+\varphi_1 Govinno+\beta CV+\varepsilon \tag{3.5}$$

其中,$Fintech$表示金融科技发展;$Inno$表示是否为创新型城市,Gov代表地方政府财政压力,$Inno\times Gov$表示创新型城市与政府财政压力的交互项;$Govinno$表示政府科技创新支出比重;CV表示一系列控制变量,与模型(3.1)所选的控制变量一致。

　　创新驱动能否促进地方金融科技发展实现路径创造的回归结果如表3-6
的列(1)和列(2)所示。其中,城市创新力的回归系数显著为正,即金融科技在
创新型城市中发展较好。依次加入数字经济发展、地理区位等一系列控制变
量,回归结果依然不变,研究假说H2得到验证。政府引导能否促进金融科技实
现路径创造的回归结果如表3-6的列(3)和列(4)所示。其中,政府科技创新支
出的系数显著为正,且在1%的水平上通过了显著性检验,表明政府增加科技
创新资金投入对金融科技发展具有显著的促进作用。依次加入数字经济发
展、地理区位等一系列控制变量,回归结果依然不变,研究假说H3得到验证。

　　上述结果表明,创新驱动和政府引导能够快速推动金融科技发展,促进金
融科技发展摆脱传统金融发展滞后的路径依赖困局,可以通过路径创造实现
金融科技发展的追赶,最终有助于推动金融科技的区域协调发展。政府在面
临财政压力时会不利于金融科技发展,而政府增加科技创新资金投入却能显
著促进金融科技发展。那么,在推动金融科技发展摆脱路径依赖中的政府如
何实现"有为"？这说明,如若政府采取引导科技创新发展和金融资源有效配
置的针对性措施,而非直接对金融科技发展进行过度干预,将有助于实现科技
创新和"有为"政府的"双轮驱动",共同推动金融科技发展,实现金融科技发展
的路径创造。

表3-6　回归结果

解释变量	创新驱动		政府引导	
	(1)	(2)	(3)	(4)
城市创新力	0.38*** (0.06)	0.15*** (0.05)		
城市创新力×政府财政压力	−0.84*** (0.29)	−0.35* (0.19)		
政府财政压力	−0.13*** (0.02)	−0.03 (0.02)		
政府科技创新支出			5.27*** (0.67)	2.34*** (0.58)
控制变量	否	是	否	是
R^2	0.54	0.80	0.40	0.81

注:括号内为稳健标准误,***、**和*分别表示1%、5%和10%的显著性水平。

第六节　结论与政策建议

　　金融科技的未来在于提高金融资源配置效率,降低交易成本和金融风险,有效服务实体经济和推动经济高质量发展。金融科技发展极具"超地理"特征,但依旧表现出东部城市领先、中西部部分城市落后的区域差异化发展格局。基于此,首先依据演化经济地理理论,认为金融科技发展所呈现出的区域差异化发展格局,主要源于传统金融发展的路径依赖。其次运用网络爬虫技术获取百度搜索指数中与金融科技话题相关的文本内容构建了金融科技指标体系,并通过熵值法测算了中国各城市的金融科技指数。最后利用291个地级市城市数据实证检验了金融科技区域差异化发展的逻辑,研究发现金融科技发展所呈现出的区域差异化发展格局,主要源于传统金融发展的路径依赖,传统金融欠发达地区面临着金融科技发展的路径依赖困局,但同时也为这些地区未来金融科技发展留下了广阔的空间,据此奠定了潜在的比较优势。进一步研究发现,城市创新能力的提升和地方政府增加创新资金投入对金融科技发展具有显著的促进作用,有助于传统金融欠发达地区超越路径依赖,实现金融科技发展的路径创造,即传统金融欠发达地区要摆脱路径依赖困局,需要科技创新和"有为"政府的"双轮驱动"。

　　基于上述研究结论,提出如下政策建议:

　　第一,加大中西部地区金融科技产业扶持和人才引进培育的力度,不断增强金融科技竞争力,摆脱传统金融发展的路径依赖。经济金融发达的地区天然地具备了发展金融科技的先行优势,其发展过程存在明显的"马太效应"。特别是中西部地区仍然受限于地理或经济因素,与东部地区之间的差距逐渐增大,未来需要密切关注欠发达地区金融科技的技术红利与潜力释放问题,帮助中西部地区金融科技发展摆脱传统金融发展滞后的路径依赖。具体应在中西部地区推行金融科技创新试验区,加大金融科技产业的扶持力度,鼓励金融科技公司与传统金融机构开展深度合作,创新智能金融产品与服务,并为其合作积极营造良好的外部环境;引导更多金融科技企业与项目从东部地区向中西部地区转移,促进经济不发达区域金融科技的快速发展,以实现中西部地区金融科技的"弯道超车";加大对金融科技高层次人才的吸引力度,鼓励中西部地区的金融科技企业、高等院校引进金融科技相关人才,政府可以在金融科技人才的落户优惠、住房补贴、子女教育、医疗保障等方面提供便利化支持,促进金融科技人才高质量发展,摆脱金融科技发展的路径依赖。

第二,拓宽区域间金融科技技术的溢出通道,引导金融科技联动发展。金融科技发展水平表现为沿海地区与中西部地区之间的巨大差异,以及发展水平相近的省份存在空间依赖性。这与我国地区经济发展、传统金融的空间集聚相似,并且金融科技发展水平呈现出明显的东南沿海向内陆的阶梯性变化。应加快构建金融数据和金融科技技术有效共享平台,搭建网络化金融科技基础研究体系,为金融科技创新人才交流和资金流动提供平台;强化金融科技发展较好城市的辐射带动作用,协同周边城市共建金融科技中心,加强各城市间的互联互通,引导和加速金融科技高水平与低水平地区间金融科技要素的充分流动,向欠发达地区金融科技企业引入新技术、新思路以及管理模式、激励机制等,发挥科技引领、政府引导和市场主导作用,摆脱路径依赖。

第三,加强金融科技创新发展,完善金融科技创新驱动政策。鼓励金融科技产业的创新发展,促进金融科技产品和服务的创新,将这些创新应用到传统金融服务无法触及的长尾群体中;加快完善金融科技创新驱动政策,增加财政对于金融科技发展的基础设施建设资金投入,鼓励金融科技的创新研发与成果转化,给予金融科技相关行业更多的创新优惠政策支持;这样既加快了金融科技创新成果的转化,也为金融科技创新成果有效服务实体经济部门"保驾护航",更有利于提高金融服务实体经济质量和效率。同时,地方政府可以因势利导,大力鼓励发展区块链、人工智能、大数据平台等金融科技技术,积极打造金融科技发展高地,倒逼金融部门的技术乃至体制机制的改革优化,通过自主科技创新和"有为"政府的双轮驱动,引导金融科技发展摆脱传统金融发展的路径依赖锁定,实现潜在比较优势转化为现实效能,助推金融科技的区域协调发展。

第四,地方政府要适时适度引导金融科技发展,并加强金融科技的监督管理。在引导金融科技发展的同时,政府需要营造一个有序竞争的金融市场环境,加强市场对金融科技资源的有效配置作用,构造良好的激励机制推动企业之间的合理竞争,加快技术创新。另外,为了弥补金融科技迅速发展所触发的金融监管缺口,银行可以利用区块链、大数据、云计算和人工智能等数字技术,逐步构建与金融科技发展相匹配的智慧监管模式。结合各行业征信对企业信用进行全面分析,同步深化金融科技监管方式的数字化改革,建设企业信用黑名单系统,降低由于信息不对称所带来的金融科技风险。也可以借鉴国外"监管沙盒"等方法,降低可能存在的交易风险、数据泄露风险等技术风险,维护金融科技市场的有序发展。

第二篇

金融科技创新的包容性实践：微观视角

2019年10月24日,习近平总书记在中共中央政治局就区块链技术发展现状和趋势进行第十八次集体学习时指出,"当前,区块链正在成为全球技术发展的前沿阵地,区块链技术应用覆盖到数字金融、物联网、智能制造、供应链管理、数字资产交易等多个领域,全球主要国家都在加快布局区块链技术发展","要推动区块链和实体经济深度融合,解决中小企业贷款融资难、银行风控难、部门监管难等问题"。这是中央高层第一次使用"数字金融"这一概念。

数字金融是金融与科技在基因层面上进行深度融合的产物(唐松等,2020),所以是金融与科技结合的高级发展阶段,是金融创新和金融科技的发展方向。可以赋能市场主体借助大数据、云计算、人工智能等底层技术,增强对数字金融供给方和需求方的监管有效性(潘爽等,2021),促使金融业要素资源实现网络化共享、集约化整合、精准化匹配,实现金融业高质量发展,推动数字经济和实体经济深度融合。目前,数字金融主要包括数字货币、数字支付、互联网贷款、数字信贷、智能投顾、数字证券、数字保险、数字理财等金融业态,本篇则重点讨论数字支付、数字信贷、数字理财对微观家庭的影响。

第四章

数字金融、数字鸿沟与家庭金融资产组合

作为一种新型金融模式,数字普惠金融将数字技术等金融科技应用到普惠金融领域,能够补齐传统金融服务的短板。数字普惠金融发展正因为有助于克服长期以来"三农"金融服务中面临的缺乏标准抵押物的"痛点"和信息不对称的"堵点",有望加快弥合城乡数字鸿沟,让广大农民得以共同享受改革发展成果。本研究利用中国数字普惠金融发展指数和中国家庭金融调查数据,检验了数字金融发展对城乡家庭金融资产组合有效性的差异,进而基于不同等级的数字鸿沟展开异质性讨论。研究表明:①数字金融发展显著提高了城乡居民家庭金融资产组合有效性,但明显更有利于城镇家庭,即城乡间存在因家庭金融资产组合有效性差距的加速拉大而发生断裂的危险。这一结论对于数字金融的覆盖广度、使用深度、数字化程度同样成立。②数字鸿沟是制约数字金融发展提高居民家庭金融资产组合有效性的关键因素,在城乡家庭都逾越一级数字鸿沟和二级数字鸿沟后,数字金融发展平等地促进了城乡家庭金融资产组合提升,相对而言带来了城乡间有效性差距弥合的可能性。因此,缓解城乡发展不平衡和农村发展不充分、推动农民农村共同富裕,避免"内卷"和"躺平",首先应重点加快推进农村地区互联网基础设施建设,不断弥合城乡间数字基础设施断裂的"鸿沟";其次应不断提升农村居民数字素养和金融素养,通过城乡居民数字金融应用鸿沟的破解而有效弥合这种断裂。

第一节　问题的缘起

党的二十大报告提出了新时代新征程的目标任务、实现路径、实践要求，明确了到2035年基本实现农业现代化，基本公共服务实现均等化，农村基本具备现代生活条件，社会保持长期稳定，人的全面发展、全体人民共同富裕取得更为明显的实质性进展。共同富裕是社会主义的本质要求，是中国式现代化的重要特征。促进共同富裕，最艰巨最繁重的任务仍然在农村。促进共同富裕，"要防止社会阶层固化，畅通向上流动通道，给更多人创造致富机会，形成人人参与的发展环境，避免'内卷'、'躺平'"[1]。尤其需要帮助农民增强致富本领，为农民创造更多致富机会，为乡村振兴注入强大动能，进而弥合城乡间发展差距。然而，当前我国城乡居民收入比仍处于高位，农村内部收入差距扩大的趋势目前仍未得到遏制，[2]城乡家庭的金融市场参与、资产组合多样性等方面的差异全面凸显。[3]从中国的现实国情和乡情来看，城乡发展不平衡、农村发展不充分问题依然存在。这些事实赋予了新时代金融发展的使命担当，因为有生命力的金融一定是深刻服务于国家经济战略转型的金融。

中国"三农"问题的体制性根源在于城乡二元结构，该结构的表现之一即城乡金融资源的结构性错配。立足新发展阶段，面对新时代新征程的使命任务和新形势新要求，必须抓紧抓实"三农"工作，把更多金融资源配置到"三农"重点领域和薄弱环节，增强金融服务实体经济的能力，在必须坚持人民至上、坚持自信自立、坚持守正创新、坚持问题导向、坚持系统观念、坚持胸怀天下的基础上，进一步深化农村金融供给侧结构性改革，从而使其成为推进中国式现代化的战略着力点与现实突破口。

受到城乡和区域发展差异的限制，传统金融服务的覆盖面低、融资成本高等问题一直没有得到彻底解决，导致金融对"三农"发展的促进作用难以有效发挥，这就需要依赖金融技术进步和金融创新，克服长期以来"三农"金融服务

---

[1] 习近平：《扎实推动共同富裕》，《共产党人》2021年第20期。

[2] 从城乡居民可支配收入比来看，2020年仍然高达2.56；按人均可支配收入五等份分组，2020年农村居民高收入组和低收入组的倍差为8.23，显著高于城镇居民的6.16。

[3] 基于2019年中国家庭金融调查数据，城乡家庭参与风险金融市场的比例分别为62.44%和34.29%，城镇家庭平均持有0.74种风险性金融资产，是农村家庭的2.11倍。

中面临的缺乏标准抵押物的"痛点"与信息不对称的"堵点"（王小华等，2022b）。近年来，数字经济浪潮正以势不可挡之势席卷全球，数字经济的爆发式增长及其与实体经济的深度融合，已经成为中国经济高质量发展的强大动能（刘淑春，2019）。但相较于实体经济，数字技术嵌入金融领域的程度尤甚，由此推进了金融交易的便捷化，不断推动金融服务门槛下移，也因此在一定程度上为农村家庭带来更多样化的金融选择，多渠道增加城乡居民财产性收入，为缩小城乡居民收入差距带来了全新曙光。同时，顶层设计为数字金融发展提供了指导：2021年中央一号文件提出"发展农村数字金融"，2022年中央一号文件提出"大力推进数字乡村建设"。数字金融最贴近人民群众和市场主体，是践行以人民为中心发展理念和金融为民思想的重要体现，是服务乡村振兴和扎实推进共同富裕的有力抓手。随着科技创新和技术发展，数字金融正逐渐改变传统金融业的运营模式，必将成为未来金融发展的普遍趋势。

快速发展的数字技术为人们的日常生活提供了充分的便利条件，然而过快发展的数字技术也容易进一步导致城乡分割，城乡之间的数字鸿沟逐步扩大，[①]让农村和城市的部分群体沦为技术的"囚徒"。如果农村居民相较城镇居民难以接触或使用互联网和数字金融产品，自然也相对更难通过数字金融使用优化家庭金融资产组合而提升财产性收入，在数字鸿沟广泛存在的情况下，数字金融发展很可能会扩大城乡之间家庭金融资产组合有效性差距扩大，进而导致城乡间的断裂难以有效弥合。因此，数字鸿沟的存在让数字金融推进城乡共同富裕更为复杂（何宗樾等，2020）。数字鸿沟又可以区分为一级数字鸿沟和二级数字鸿沟，前者通常指由无接触互联网带来的个体间或群体间差异，后者指因互联网信息的利用和鉴别能力高低造成的个体间或群体间区别（Attewell，2001；许竹青等，2013）。虽然我国城乡居民的通信基础设施的可获得性已得到改善，城乡间"一级数字鸿沟"也因此有所缩小，但只有更为广大的群体真正会使用数字金融相关程序，城乡居民逐级跨越一级数字鸿沟和二级

---

① 2017年第三次农业普查数据显示，全国乡村可上网的设备，如电脑和手机，分别只占全国总数的32.2%和47.8%；第49次《中国互联网络发展状况统计报告》显示，截至2021年12月，我国网民城乡结构中城镇地区和农村地区的互联网普及率分别为81.3%和57.6%，二者相差23.7个百分点，城乡差距较2020年有微弱下降；中国社会科学院发布的《乡村振兴战略背景下中国乡村数字素养调查分析报告》显示，城乡居民之间的数字素养差距已达37.5%。

数字鸿沟,数字金融发展才能助力家庭金融资产组合有效性提升。党的二十大报告指出,"着力维护和促进社会公平正义,着力促进全体人民共同富裕,坚决防止两极分化","加快发展数字经济,促进数字经济和实体经济深度融合"。所以,研究数字金融发展对城乡家庭金融资产组合有效性的影响,在城乡家庭面临一级数字鸿沟和二级数字鸿沟的情况下具有重要的现实意义。

基于此,拟使用2019年中国家庭金融调查数据和中国数字普惠金融发展指数,就数字金融发展对城乡家庭金融资产组合有效性的影响及其差异展开研究。创新点和贡献主要体现在以下三个方面:①将2019年中国家庭金融调查数据和数字普惠金融指数相匹配,据此全面考察数字金融发展对城乡家庭金融资产组合有效性的影响及其差异性,有助于拓展居民投融资渠道、引导居民进行理性投资,更好地满足人民群众日益增长的金融需求,让更广大居民得以共同享受经济发展和金融改革成果,夯实共同富裕的基础。②为进一步剖析数字金融在影响家庭优化金融资产组合中所饰角色,将数字鸿沟进一步分解成一级数字鸿沟和二级数字鸿沟进行讨论,据此探索通过不同层级数字鸿沟的跨越,数字金融发展弥合城乡间家庭金融资产组合有效性断裂的可能性。③从数字金融使用层面量化二级数字鸿沟,并进一步将二级数字鸿沟区分为数字理财鸿沟和数字信贷鸿沟,详尽探索了城乡家庭面临不同数字金融服务使用障碍的情况下,跨越数字理财鸿沟和数字信贷鸿沟对城乡家庭金融资产组合有效性提升的作用和区别,拓宽了数字金融的研究范围和政策内涵。

第二节　文献综述和假说提出

一、文献回顾与述评

家庭风险金融市场参与不足、金融资产配置效率低是微观金融领域研究的经典命题(Shi et al.,2020;周弘等,2018)。多年来,学者们探讨了金融危机(Vu et al.,2021)、家庭财富特征(吴卫星等,2015;周弘等,2018)、人口特质(Grinblatt et al.,2011)、金融素养(吴卫星等,2018)等多种因素对家庭金融资产配置的影响。现有研究表明,金融发展可以通过提升金融可得性、缓解金融约束两个渠道改善家庭金融资产配置。值得指出的是,传统金融发展往往伴随着城乡资源错配问题(Kempson and Whyley,1999;Berger,2003;唐松等,2020),因此农村家庭难以凭借金融服务来优化金融资产组合。而具有低成本、广覆盖和可持续的数字金融为农村地区实现经济赶超提供了可能(Kapoor,2014;郭峰等,2020)。

关于数字金融发展与家庭金融资产组合的研究通常在标准的资产组合理论框架下展开。如周雨晴和何广文(2020)、吴雨等(2021)分别探讨了数字普惠金融发展对提升农户家庭金融市场参与率、农户家庭风险金融资产配置比例和家庭金融资产组合有效性的积极作用。总的来看,上述文献对于数字金融改善家庭资产组合配置的作用未存争议。然而,学者们对于数字金融发展能否畅通金融服务的"最后一公里"进而缩小城乡间差距莫衷一是。互联网基础设施的发展使得接入鸿沟缩小、应用覆盖性增强,也触发了互联网红利的差异(邱泽奇等,2016),导致数字技能较差的家庭不能享受到数字化教育、参与金融投融资决策,带来新的机会不平等。已有研究主要从一级数字鸿沟的视角切入讨论数字金融发展的经济效应。部分学者认为"数字贫民"难以享受数字经济带来的"信息福利",如何宗樾等(2020)认为,在数字鸿沟存在的条件下,数字金融发展会使位于贫困线附近和贫困线以下的居民愈加贫困。其他学者则认为随着互联网普及率和渗透率的不断增加,处于数字鸿沟中"弱势群体"的一方也能享受到数字金融发展带来的溢出效应,如张勋等(2021)强调,即便是深陷数字鸿沟的农村家庭,数字金融发展也能通过促进就业结构转型、提升工资性收入和农业经营性收入为其带来福利。

综上所述,尽管现有文献分别对家庭金融资产组合配置的影响因素和数字金融发展的经济效应进行了深入研究,也有部分研究关注到数字金融发展对家庭金融资产组合的优化作用,但仍存在有待补充的内容。现有研究将数字金融发展影响的城乡异质性部分归因于数字鸿沟的广泛存在,但并未进一步量化数字鸿沟并对该猜想进行实证检验,也尚未有文献从数字鸿沟视角探讨数字金融对家庭金融资产组合有效性的影响。需要指出的是,现有研究已就一级数字鸿沟的量化给出答案(何宗樾等,2020;张勋等,2021;王修华和赵亚雄,2022),但有关二级数字鸿沟的量化讨论仍在继续。张勋等(2021)曾量

化二级数字鸿沟,该指标能在一定程度上反映个体对互联网的综合使用能力,
但未聚焦到数字金融使用上。针对数字金融使用而言的二级鸿沟应该是"缺
乏使用数字金融相关程序的能力"。本研究延续吴雨等(2021)家庭金融资产
组合配置有效性的思路,考虑数字鸿沟在数字金融发展中的影响,补充了目前
关于数字金融与家庭金融资产配置有效性的研究。

二、研究假说的提出

数字金融发展一方面降低了金融准入门槛,改善了金融服务的包容性、便
捷性和性价比(谢绚丽等,2018);另一方面冲破了物理网点对传统金融服务的
桎梏,降低金融市场交易成本,使更多家庭能够随时随地通过数字设备使用金
融服务(黄益平和黄卓,2018),优化资产组合。

首先,数字金融能提升家庭投资便利,增加家庭参与金融市场的可能性。
数字金融发展除了会带给居民更丰富的金融产品、更低的成本和更便捷的渠
道外(路晓蒙等,2019;吴雨等,2021),还会对居民收入具有显著的正向影响
(张勋等,2021)。由此,无论城乡家庭,数字金融都能提升家庭投资效率,提高
居民参与金融市场的可能性。其次,数字金融能提升家庭金融信息获取能力,
提高家庭投资收益。数字金融发展为城乡家庭提供了更全面的产品信息(廖
婧琳和周利,2020),各类数字金融业务所提供的网络信息互动的平台提升了
城乡家庭的社会互动水平(Bachas et al.,2018),进而对城乡家庭参与正规金融
市场产生正向影响,提升家庭投资收益(Hong et al.,2004)。最后,数字金融降
低家庭风险厌恶程度,增加其风险承担水平。作为风险承担的主体,无论城乡
家庭,在金融投资过程中的风险厌恶程度均较高,存在金融排斥现象(廖婧琳
和周利,2020),这制约了家庭合理参与金融市场和优化金融资产组合(段军山
和崔蒙雪,2016)。在中国政府首次提出鼓励"互联网金融发展"的指导方针
后,诸如移动支付、网购等各类数字化的金融使用场景融入了大众生活,使家
庭拥有更多机会使用数字金融产品和服务,从而降低家庭风险厌恶程度,提高
其风险承担水平(Hong et al.,2020),最终促进家庭金融资产组合优化。

基于此,提出如下假说:

H1:数字金融发展有助于提升城乡家庭金融资产组合有效性。

数字技术扩散可能会带来不同程度的数字鸿沟(Scheerder et al.,2017;Song et al.,2020),如信息接入鸿沟、数字技能鸿沟,甚至扩散到个体收入、教育程度的差异。当一级数字鸿沟存在时,即存在"接入鸿沟",数字弱势群体由于缺乏互联网设备而丧失接触数字金融的机会。当二级数字鸿沟存在时,即存在"技能鸿沟",掌握数字技能较好的家庭可能通过数字设备和服务,进而通过线上平台跨越时间和空间参与到金融活动中,数字鸿沟"劣势"一方可能受到一定的投融资排斥(陈梦根和周元任,2022)。

城乡家庭由于受潜在的收入因素、受教育程度等影响,家庭互联网接入以及使用互联网技能转化的收益存在明显区别(陈梦根和周元任,2022)。一方面,城镇家庭享有更优越的电信基础设施,更容易接入互联网(Vicente and López,2011),更有可能接触数字金融、参与金融市场。另一方面,城乡间横亘着二级数字鸿沟的情况下,数字金融发展对城乡家庭金融资产有效性是否会产生包容性影响也难以判断。城镇地区较农村地区的人均收入、受教育水平更高,而受过良好教育的、收入较高的人群一般拥有较高的互联网技能(Gold-farb and Prince,2008),因此在参与金融市场过程中,更可能调整资产配置,优化金融资产组合,提升其投资组合有效性。

基于此,提出如下假说:

H2:相对于农村家庭,数字金融发展对城镇家庭金融资产组合有效性提升更大。

在跨越不同层级数字鸿沟后,数字金融发展有助于弥合城乡间家庭金融资产组合有效性差距。首先,跨越"接入鸿沟"后,互联网接入以及使用机会变得均等;跨越"技能鸿沟"后,城乡家庭能较好地掌握数字技术,城乡间数字使用技能差异被缩小,数字金融发展有助于弥合城乡间家庭金融资产组合有效性差距。数字鸿沟的跨越能缩小城乡信息差,提高城乡家庭投资效率、投资收益。其次,无论是在城镇地区还是农村地区,当难以享受到金融服务的低收入和弱势群体跨越了一级和二级数字鸿沟,数字金融发展可提供满足这些群体金融需求的条件,体现了普惠金融的应有之义(郭峰等,2020)。最后,数字金融尤其能破除农村金融排斥,使农村家庭享受到全面的金融产品与服务(孙学涛等,2022),同时大幅提高其参与金融投资的可能性(王修华和赵亚雄,2022),刺激其优化金融资产组合。总体来看,跨越数字鸿沟后,数字金融发展带来了缩小城乡间家庭资产组合有效性差距的可能性。

基于此,提出以下研究假说:

H3:跨越不同层级数字鸿沟后,数字金融发展有助于弥合城乡间家庭金融资产组合有效性差距。

第三节 实证设计:数据、变量与模型

一、数据来源

2019年中国家庭金融调查和北京大学数字普惠金融指数是本章数据主要来源。此外,利用国泰安数据库中证综合全债指数的月收益率数据、上证指数和深成指数收益率数据和Wind数据库的无风险收益率数据计算夏普比率用于衡量家庭金融资产组合有效性。囿于二级数字鸿沟指标相关数据的可得性,本章最终选取了2019年中国家庭金融调查与2018年地级市数字金融指数进行匹配,在剔除户主年龄小于16岁和关键变量数据缺失的样本后,共获11116户家庭样本。

二、变量设置

1.被解释变量

参考Pelizzon and Weber(2008)和路晓蒙等(2017)的做法构建夏普比率来衡量家庭金融资产组合有效性。结合2019年中国家庭金融调查问卷中对金融资产的划分,将家庭的金融资产分为存款类、债券类和股票类三类,相关城乡家庭金融资产描述性统计见表4-1。其中存款类的年收益率设定为央行公布的一年期的定期存款利率,风险设定为0;债券类资产的年收益率和风险设定为中证综合全债指数的年收益率和标准差;上证指数和深成指数的加权年收益率和标准差则被设定为股票类资产的年收益率和风险。

表4-1　城乡家庭金融资产描述性统计

金融资产分类	金融资产名称	城镇		农村	
		均值	标准差	均值	标准差
存款类资产	定期存款	35500	119000	11800	68512.25
债券类资产	债券	781.491	20123.26	17.557	852.783
	债券型基金	254.784	5811.649	20.065	923.354
	互联网理财产品	3904.561	47706.41	470.974	5739.145
	银行理财产品	25100	130000	1364.268	21866.28
股票类资产	股票	7801.707	56844.22	119.019	4349.509
	偏股型基金	918.557	15704.14	20.447	923.767
	衍生品	42.082	2648.173	0	0
	非人民币资产	224.315	12106.21	1.199	64.274
	黄金	159.7	4691.141	3.762	177.047
	其他金融资产市值	216.286	9905.913	0	0
	股票理财产品	4974.686	56975.13	458.018	7420.441
债券类资产/股票类资产	混合型基金	626.626	11220.88	12.817	792.044

鉴于问卷中仅记录了家庭持有某种金融资产的种类和金额,未记录每类金融资产的投资收益率,因此需要以每类金融资产的平均收益率代替家庭持有该类金融资产的收益率(Grinblatt et al.,2011;吴卫星等,2015)。参考吴卫星等(2018)的做法,结合2019年中国家庭金融调查完成的时间,选择2003年1月至2019年8月的平均收益率作为2019年家庭各类金融资产收益率。夏普比率的具体计算公式如下:

$$Sharpe\_ratio_i=\frac{E(R_{pi})-R_f}{\sigma_{pi}},\ i=1,2,3,\cdots,n$$

$$E(R_{pi})=\sum_{j=1}^m w_j R_j \tag{4.1}$$

$$\sigma_{pi}=\sqrt{\sigma_{pi}^2}=\sqrt{\sum_{i=1}^m\sum_{k=1}^m w_i w_k \sigma(R_i,R_k)}$$

式(4.1)中,$E(R_{pi})$为第i个家庭金融资产组合的期望收益率,σ_{pi}为金融资产投资组合的标准差,R_f为无风险利率,采用一年期存款整存整取的利率衡量;w_j和R_j分别表示第j类金融资产在投资组合中所占比重和投资收益率,

$\sigma(R_j, R_k)$ 为各资产收益率之间的协方差,若 $j=k$,则表示该类金融资产的方差。n 为样本家庭个数,m 为家庭所投资的金融资产的种类数。$Sharpe\_ratio_i$ 表示家庭金融资产组合的夏普比率,即单位风险的超额收益率。为了便于实证分析,本研究的家庭金融资产组合有效性采用其原始指标乘以100来量化。如表4-2所示,农村样本的夏普比率均值为1.513,标准差为6.201;城镇样本的夏普比率均值为4.797,标准差为9.859。总体来看,城镇家庭金融资产组合有效性明显高于农村家庭,但城镇内部家庭资产组合有效性的差异更明显。

2.核心解释变量

数字金融主要指传统金融机构和互联网公司利用数字技术实现融资、支付、投资和其他新型金融业务的模式(黄益平和黄卓,2018)。为平衡数量级和缓解内生性问题,数字金融发展水平替代变量选取了滞后一期的数字普惠金融指数及其子维度的对数值(何宗樾等,2020;张勋等,2021)。如表4-2所示,样本家庭所在地级市数字普惠金融指数的对数均值为5.503,标准差为0.112;数字普惠金融覆盖广度得分的对数均值为5.449,标准差为0.135;数字普惠金融使用深度得分的对数均值为5.501,标准差为0.129;数字化程度得分的对数的均值为5.683,标准差为0.063。

3.控制变量

为了减轻遗漏解释变量问题而导致的估计偏误,本章的实证研究中还加入了一系列户主个体层面、家庭层面、地区层面的控制变量。具体内容见表4-2。

表4-2 变量定义与描述性统计

变量名称	定义	均值	标准差
农村家庭金融资产组合有效性	夏普比率×100	1.513	6.201
城镇家庭金融资产组合有效性		4.797	9.859
数字金融发展水平	地级市数字普惠金融指数的对数	5.503	0.112
数字金融覆盖广度	地级市数字普惠金融覆盖广度得分的对数	5.449	0.135
数字金融使用深度	地级市数字普惠金融使用深度得分的对数	5.501	0.129

续表

变量名称	定义	均值	标准差
数字化程度	地级市数字化程度得分的对数	5.683	0.063
年龄	户主年龄(单位:岁)	58.606	12.988
性别	户主性别:男=1,女=0	0.755	0.430
婚姻状况	户主婚姻状况:已婚=1,其他=0	0.950	0.219
受教育年限	户主受教育年限(单位:年)	9.332	3.797
政治面貌	户主是否是党员:是=1,否=0	0.184	0.388
金融知识	分别通过利率问题、通货膨胀问题、投资风险3个问题来测度,答对一题得一分,金融知识水平为受访者正确回答问题的个数	0.700	0.769
不健康成员比重	身体状况不好的成员在家庭成员中的比例	0.171	0.297
风险偏好	是=1,否=0	0.060	0.237
风险厌恶	是=1,否=0	0.791	0.407
拥有自有住房	家庭是否拥有自有住房:是=1,否=0	0.920	0.271
总收入	家庭当年总收入(单位:万元)	9.567	23.673
非金融资产	家庭当年非金融资产总值(单位:万元)	105.363	186.301
是否从事工商业生产	家庭是否从事工商业生产经营:是=1,否=0	0.108	0.310
生产总值增长率	地级市生产总值增长率	6.850	1.673
城镇化水平	城镇居住人口占总人口之比	68.846	1.668
人力资本水平	地级市普通中学在校学生与总人口之比	0.048	0.010

三、模型选择

由于中国家庭广泛存在金融市场参与有限的现象,即并非所有样本家庭都持有存款类资产、债券类资产或股票类资产,当家庭持有上述任意一类资产时,金融资产组合有效性是一个可观测变量,反之相应的因变量是不可观测的潜变量,因此涉及不同程度的数据截取问题,建立 Tobit 模型进行分析,具体模型设定如下:

$$Sharpe\_ratio_i = \alpha_1 + \beta_1 DF_i + \beta_2 X_i + \varepsilon_i \tag{4.2}$$

$$Sharpe\_ratio_i = \begin{cases} Sharpe\_ratio_i^* & Sharpe\_ratio_i > 0 \\ 0 & Sharpe\_ratio_i < 0 \end{cases} \tag{4.3}$$

其中,$Sharpe\_ratio_i^*$为家庭i的金融资产组合有效性的夏普比率的潜在真实值,$Sharpe\_ratio_i^*$为家庭i金融资产组合有效性的夏普比率的观测值,DF_i为家庭所在地区的滞后一期的数字金融发展程度,X_i为控制变量,α_1和ε_i分别表示常数项和随机误差项,β_1和β_2为待估计系数。

第四节 基准结果分析

一、数字金融与家庭金融资产组合有效性

表4-3报告了基准回归的回归结果,初步验证了数字金融发展对城乡家庭金融资产组合有效性的影响。列(1)至列(6)为逐步加入户主、家庭和地区相关控制变量的分样本回归结果。首先,无论是对农村家庭还是城镇家庭来说,数字金融发展的系数均在1%的水平上显著为正,即数字金融发展能够显著提升城乡家庭金融资产组合有效性,假说H1得到验证。其次,由列(5)和列(6)可知,数字金融对农村、城市家庭金融资产组合有效性回归结果分别为3.542和6.851,即数字金融发展对城镇家庭金融资产组合有效性提升的作用远大于农村家庭,假说H2得以验证。虽然数字金融凭借其得天独厚的优势为农村家庭获取金融服务提供了可选途径,但农村家庭可能由于存在金融知识相对不足、投资理财意识相对淡薄、互联网接入和使用困难等问题(吴雨等,2021),数字金融发展对城镇家庭的促进作用更大。这与王修华和赵亚雄(2022)的研究结论相悖。

控制变量估计结果与预期基本相符,无论是城镇地区还是农村地区,户主年龄均在1%的水平上显著为负,可能的原因是随年龄增长,投资者的预期平均寿命和投资期限变短,会逐步减持风险较高的金融资产(Gollier and Zeckhauser,2002),转而持有房产和风险较低的银行资产(王聪等,2017);户主的金融知识、受教育程度均在1%的水平上显著为正向,一定程度上反映了拥有丰富金融知识、受过良好教育的投资者更容易克服金融市场存在的信息成本(尹志超等,2014;Mankiw and Zeldes,1991);在家庭特征中,非金融资产的系数均在1%的水平上显著为正,可能是因为较富有家庭的投资更为分散(Tracy et al.,1999);风险偏好系数均在1%的水平上显著为正,可能与偏好风险较高的户主倾向于积累更多财产和增加投资广度有关(Campbell,2006)。家庭不健康成员比重负向显著影响城乡家庭金融资产组合有效性,表明农村家庭成员健康状况较差不利于防范风险,进而拒绝或不能够进行风险金融资产的配置(Edwards,2010);从事工商业生产正向显著影响城乡家庭金融资产组合有效性,可能的原因是从事工商业生产有利于家庭开拓社会网络,而社会网络为家庭进行投资决策提供了缓冲机制(Weber and Hsee,1999),有助于家庭参与金融市场和配置金融资产。

表4-3　数字金融发展与家庭金融资产组合有效性

名称	(1) 农村样本	(2) 城镇样本	(3) 农村样本	(4) 城镇样本	(5) 农村样本	(6) 城镇样本	(7) 农村样本	(8) 城镇样本
数字金融发展	4.773***	14.784***	4.924***	13.238***	3.542***	6.851***	3.116***	6.852***
	(0.988)	(1.957)	(1.025)	(2.021)	(0.979)	(1.377)	(1.116)	(1.482)
年龄			−0.067***	−0.100***	−0.049***	−0.062***	−0.049***	−0.062***
			(0.010)	(0.010)	(0.010)	(0.010)	(0.010)	(0.010)
性别			0.234	−0.151	0.174	−0.215	0.179	−0.224
			(0.233)	(0.261)	(0.227)	(0.251)	(0.229)	(0.248)
婚姻状况			0.676	0.626	0.295	0.124	0.294	0.123
			(0.445)	(0.568)	(0.445)	(0.564)	(0.442)	(0.569)
受教育年限			0.157***	0.502***	0.095***	0.301***	0.096***	0.300***
			(0.032)	(0.038)	(0.030)	(0.032)	(0.030)	(0.033)
政治面貌			−0.039	−0.351	−0.205	−0.469*	−0.189	−0.472*
			(0.288)	(0.276)	(0.292)	(0.263)	(0.294)	(0.264)
金融知识					0.612***	1.613***	0.610***	1.611***
					(0.159)	(0.157)	(0.161)	(0.156)
不健康成员比重					−0.654***	−0.674**	−0.646***	−0.668**
					(0.179)	(0.311)	(0.179)	(0.310)
风险偏好					1.356*	1.628***	1.352*	1.627***
					(0.724)	(0.583)	(0.724)	(0.582)
风险厌恶					−0.316	−2.376***	−0.340	−2.374***
					(0.409)	(0.334)	(0.408)	(0.336)
拥有自有住房					0.073	0.102	0.093	0.104
					(0.303)	(0.418)	(0.305)	(0.411)

续表

名称	(1) 农村样本	(2) 城镇样本	(3) 农村样本	(4) 城镇样本	(5) 农村样本	(6) 城镇样本	(7) 农村样本	(8) 城镇样本
总收入					0.005	0.008	0.005	0.008
					(0.009)	(0.007)	(0.009)	(0.007)
非金融资产					0.005**	0.006***	0.005**	0.006***
					(0.002)	(0.001)	(0.002)	(0.001)
是否从事工商业生产					2.143***	0.924**	2.151***	0.924**
					(0.601)	(0.393)	(0.607)	(0.396)
生产总值增长率							0.065	−0.067
							(0.049)	(0.090)
城镇化水平							0.016	0.024
							(0.020)	(0.028)
人力资本水平							−12.238	6.418
							(13.038)	(17.526)
Constant	−24.560***	−76.884***	−23.221***	−67.806***	−16.339***	−32.919***	−15.463***	−35.117***
	(5.389)	(10.728)	(5.452)	(11.198)	(5.108)	(7.406)	(5.437)	(7.598)
观测值	3987	7129	3987	7129	3987	7129	3966	7129
经验P值	0.000***		0.000***		0.033**		0.034**	

注:括号内为聚类到地级市层面的稳健标准误,***、**和*分别表示1%、5%和10%的显著性水平;经验P值用于检验组间系数差异的显著性,下同。

二、数字金融子维度与家庭金融资产组合有效性

同样采用Tobit模型探讨数字金融发展子维度对城乡家庭金融资产组合有效性的差异。表4-4报告了农村和城镇样本的数字金融的三个子维度与家庭金融资产组合有效性的回归结果。所有回归结果中数字金融发展各子维度的影响系数均显著为正,即数字金融三个子维度发展均有利于城乡家庭金融资产组合有效性提升,但城镇家庭回归结果中数字金融使用深度和数字化程度系数较农村家庭更大,总体而言,数字金融发展更有利于城镇家庭提升金融资产组合有效性。

表4-4 数字金融发展子维度与家庭金融资产组合有效性

维度	(1)农村样本	(2)城镇样本	(3)农村样本	(4)城镇样本	(5)农村样本	(6)城镇样本
数字金融覆盖广度	0.563**	1.891***				
	(0.285)	(0.486)				
数字金融使用深度			1.004***	3.334***		
			(0.242)	(0.538)		
数字化程度					1.676***	6.908***
					(0.608)	(1.046)
控制户主特征	是	是	是	是	是	是
控制家庭特征	是	是	是	是	是	是
控制地区特征	是	是	是	是	是	是
观测值	3966	7129	3966	7129	3966	7129
经验P值	0.163		0.001***		0.000***	

三、内生性讨论

数字金融发展影响家庭金融资产组合有效性的同时,家庭对参与数字金融使用以提高金融资产组合有效性的要求,包括更多支付宝账号的注册,更多线上交易、理财、贷款等的参与,会反过来成为数字金融发展总体水平提高的推动力之一。为进一步缓解微观家庭变量与数字金融之间可能存在的逆向因果问题,选取家庭所在地级市与杭州的球面距离作为数字金融发展水平的工具变量(张勋等,2019)。该工具变量一方面满足相关性:以支付宝为代表的数字金融在杭州诞生并蓬勃发展,预期在地理上距离杭州越近,数字金融的发展水平越高。另一方面满足外生性:它作为客观存在的距离难以直接影响家庭的金融资产配置行为。表4-5汇报了基于工具变量的回归结果。结果显示,农村、城镇样本中数字金融发展水平系数分别为47.777、67.515,均在1%的水平上显著,说明数字金融发展确实能提高城乡家庭金融资产组合有效性,但对城镇家庭效果更突出,前文回归结果可靠。该工具变量选取合理:其Wald检验值分别为4.34和13.17,拒绝解释变量为外生的假设,同时AR检验值分别为16.17和84.57,说明无弱工具变量问题。综上,估计结果是稳健的,没有受到内生性的过多干扰。

表4-5 IV Tobit 回归结果

名称	（1）	（2）
	农村样本	城镇样本
数字金融发展	47.777***	67.515***
	（17.533）	（14.288）
控制户主特征	是	是
控制家庭特征	是	是
控制地区特征	是	是
观测值	3966	7129
AR检验	16.17***	84.57***
Wald检验	12.23***	2.79*
经验P值	0.076*	

四、稳健性检验

1.替换被解释变量

中国金融市场和经济周期存在很强的相关性（赵鹏和曾剑云，2008），体现在2003年至2013年间，中国经济发展和中国金融市场均表现出了明显的周期性（吴卫星等，2015）。基于此考虑到历史的重演性，选取2003年1月至2013年12月的平均收益率计算的夏普比率进行重新回归。此外，同样考虑到2019年中国家庭金融调查完成的时间，选取2003年1月至2018年12月的平均收益率计算的夏普比率重新进行回归。从表4-6汇报的结果来看，数字金融发展明显有助于提升城乡家庭金融资产组合有效性，结论可靠。

表4-6 周期收益率和历史收益率所构建夏普比率的回归结果

变量名称	（1）	（2）	（3）	（4）
	周期收益率		历史收益率	
	2003年1月至2013年12月		2003年1月至2018年12月	
	农村样本	城镇样本	农村样本	城镇样本
数字金融发展	4.987***	10.508***	0.656**	2.869***
	（1.812）	（1.761）	（0.272）	（0.550）
控制户主特征	是	是	是	是
控制家庭特征	是	是	是	是
控制地区特征	是	是	是	是
观测值	3987	7129	3987	7129
经验P值	0.008***		0.001***	

2.替换解释变量

数字金融的测度方法不止一种,为保证结论的可靠性,参考何婧和李庆海(2019)的研究,使用微观数据考察数字金融使用进行重新回归。实证结果如表4-7所示,列(1)和列(2)中数字金融发展的系数仍在1%水平上显著,假设仍成立。

表4-7　数字金融发展与家庭金融资产组合有效性:替换解释变量

变量名称	(1)	(2)
	微观数字金融使用	
	农村样本	城镇样本
数字金融发展	2.024**	6.735***
	(0.895)	(1.437)
控制户主特征	是	是
控制家庭特征	是	是
控制地区特征	是	是
观测值	3966	7129
经验P值	0.003***	

第五节　基于数字鸿沟差异的异质性讨论

继城乡差别、工农差别、脑体差别"三大差别"之后,数字鸿沟造成的差别正在成为中国的"第四大差别"(尹志超等,2021)。数字金融发展切实提高了城乡家庭金融资产组合有效性,但对城镇家庭提升效应更明显,这可能是因为欠发达地区"数字鸿沟"的存在抑制了数字金融积极作用的发挥(吴雨等,2021)。相较于城镇地区,乡村互联网基础设施、居民受教育程度和数字素养均较低,因此农村地区有更多家庭面临一级数字鸿沟和二级数字鸿沟,而处于数字劣势的家庭难以享受数字金融发展所带来的红利(许竹青等,2013),进而使得农村地区家庭的金融资产组合有效性难以提升。为精准刻画数字金融发展所带来的经济效应,将延续上文城乡分样本讨论的思路,在此基础上根据家庭面临一级数字鸿沟和二级数字鸿沟的情况,进一步考察数字金融发展对城乡家庭金融资产组合有效性影响的异质性。所谓一级数字鸿沟,是指互联网技术"是否接入"在不同地区、群体之间的差异(Dewan and Riggins,2005),因缺少数字设备而未能接入互联网的家庭难以直接参与到数字金融的使用浪潮中(何宗樾和宋旭光,2020)。基于这一逻辑,按照"是否拥有数字设备"将家庭样本分为两个群体。2019年中国家庭金融调查中关于操作数字金融相关程序的能力的问题为:"目前,您家拥有下列哪些类型耐用品?""请问您目前使用的手机是哪一种?"若受访者家庭拥有电脑、智能手机等任意一种数字设备,则认为该家庭未面临一级数字鸿沟,即一级数字鸿沟取0,否则认为其面临一级数字鸿沟,取1。

所谓二级数字鸿沟,具体是指互联网技术技能在不同地区、群体之间的差异(Van Dijk,2005)。因为缺少互联网使用相关技能,尤其是不会使用数字金融相关程序,部分居民接入了数字设备却难以直接受益于数字金融发展。基于这一逻辑,按照"是否存在技能鸿沟"将未面临一级数字鸿沟的家庭样本分为两个群体。2019年中国家庭金融调查中使用数字金融相关程序的操作能力的问题为"您家目前不打算通过互联网平台借款的原因是? 1.有其他借贷方式;2.不符合平台贷款条件;3.利息比较高;4.身边没有人尝试,不信任(担心有风险);5.不会在网上操作;6.P2P爆雷、暴力催贷等事件的负面影响"和"您家为什么没有持有余额宝、微信零钱通之类的互联网理财产品? 1.没有相关知识;2.购买程序复杂/不知道如何购买;3.产品风险高;4.收益低;5.没兴趣;6.存在网络安全问题;7.流动性差;8.没有上网的设备;9.资金有限",其中,当家庭不面临一级数字鸿沟时,前一个问题选择5,或者后一个问题选择1或2,均会被认定为在一定程度上面临二级数字鸿沟。具体而言,前者相当于在数字信贷使用方面存在二级数字鸿沟,而后者则对应于数字理财使用方面的二级数字鸿沟。

一、基于一级数字鸿沟差异的异质性讨论

为考察一级数字鸿沟的存在是否会对数字金融的经济效应产生影响,先根据一级数字鸿沟对样本加以划分,并进行城乡分样本回归,结果如表4-8所示。由表4-8列(1)、(2)可知,无论是农村还是城镇,对于面临一级数字鸿沟的家庭,数字金融的回归系数均不显著,数字金融促进作用受阻。由列(3)、(4)

可以看出,当不存在"接入鸿沟"时,数字金融对城乡家庭金融资产组合配置有效性的系数分别为4.948和7.720,均在1%的水平上显著为正。以上结果表明:对于城乡家庭来说,"互联网可接入"是借由数字金融发展提高家庭金融资产组合有效性的门槛。此外,当城乡家庭都跨越一级数字鸿沟后,数字金融发展平等地促进了城乡家庭金融资产组合有效性,相比基准结果带来了城乡家庭之间的有效性差距弥合的可能性。

表4-8　基于一级数字鸿沟差异的异质性讨论

名称	(1)	(2)	(3)	(4)
	面临一级数字鸿沟		未面临一级数字鸿沟	
	农村样本	城镇样本	农村样本	城镇样本
数字金融发展	−0.574	1.010	4.948***	7.720***
	(0.841)	(0.925)	(1.543)	(1.781)
控制户主特征	是	是	是	是
控制家庭特征	是	是	是	是
控制地区特征	是	是	是	是
观测值	1573	1176	2393	5953
经验P值	—	—	0.196	

二、基于二级数字鸿沟差异的异质性讨论

除了数字设备接入方面的差异,城乡家庭间的互联网技能差异也不可忽视。即农村居民虽然拥有数字设备,但可能因缺乏有效利用数字金融程序的能力,从而无力优化家庭金融资产组合,而城镇居民整体相对较少为上述情况所困。基于此,根据家庭是否面临二级数字鸿沟进行分样本回归分析,具体结果如表4-9所示。列(1)、(3)和列(2)、(4)分别表明,面临"技能鸿沟"时,数字金融对农村家庭和城镇家庭的金融资产组合有效性促进作用受阻,而在跨越"技能鸿沟"之后,数字金融发展系数分别为5.188和8.920,在1%的水平上显著。此外,当城乡家庭都跨越二级数字鸿沟后,数字金融发展平等地促进了城乡家庭金融资产组合有效性,同样相比基准结果带来了城乡家庭间有效性差距弥合的可能性。至此,假说H3得到验证。

表4-9　基于二级数字鸿沟差异的异质性讨论

名称	（1）	（2）	（3）	（4）
	面临二级数字鸿沟		未面临二级数字鸿沟	
	农村样本	城镇样本	农村样本	城镇样本
数字金融发展	3.337	1.239	5.188***	8.920***
	（2.248）	（1.604）	（1.683）	（2.098）
控制户主特征	是	是	是	是
控制家庭特征	是	是	是	是
控制地区特征	是	是	是	是
观测值	860	2930	1550	3023
经验P值	—	—	0.133	

三、基于数字信贷鸿沟差异的异质性讨论

前文分析了二级数字鸿沟存在时数字金融发展所扮演的复杂角色,本部分进一步从数字信贷鸿沟和数字理财鸿沟两个维度进行分析,以探讨不同技能鸿沟下,数字金融发展改善家庭金融资产组合有效性的差异。表4-10考察了数字信贷鸿沟影响下,数字金融与家庭金融资产组合有效性的城乡差异,当城乡家庭面临数字信贷鸿沟时,列(1)和列(2)显示数字金融的系数均不显著;跨越数字信贷鸿沟后,列(3)和列(4)显示数字金融的系数均在1%的水平上显著为正。这说明跨越数字信贷鸿沟是城乡家庭有效性提升的契机,同时,在城乡家庭都跨越数字信贷鸿沟的情况下,数字金融发展会平等地促进城乡家庭金融资产有效性提升。

表4-10　基于数字信贷鸿沟差异的异质性讨论

名称	（1）	（2）	（3）	（4）
	面临二级信贷鸿沟		未面临二级信贷鸿沟	
	农村样本	城镇样本	农村样本	城镇样本
数字金融发展	3.542	−5.121	5.010***	8.386***
	（5.326）	（4.128）	（1.484）	（1.797）
控制户主特征	是	是	是	是
控制家庭特征	是	是	是	是

名称	(1)	(2)	(3)	(4)
	面临二级信贷鸿沟		未面临二级信贷鸿沟	
	农村样本	城镇样本	农村样本	城镇样本
控制地区特征	是	是	是	是
观测值	158	168	2235	5785
经验P值	—	—	0.106	

四、基于数字理财鸿沟差异的异质性讨论

表4-11基于数字理财鸿沟考察数字金融的城乡异质性。表4-11考察了数字理财鸿沟影响下,数字金融与家庭金融资产组合有效性的城乡差异,其中列(1)和列(3)分别为农村家庭是否面临数字理财相关程序困难的估计结果,当家庭面临二级理财鸿沟时,数字金融发展水平的系数不显著,而跨越二级理财鸿沟后,系数在1%的水平上显著为正,即对于农村家庭来说,跨越二级理财鸿沟是受益于数字金融发展的前提;而列(2)和列(4)是城镇家庭是否面临数字理财鸿沟的估计结果,数字金融发展的系数均在1%的水平上显著为正,这说明数字理财鸿沟并不能成为影响数字金融发展提高城镇居民家庭金融资产组合有效性的因素,只不过当跨越数字理财鸿沟后,数字金融发展于城镇居民家庭更有利。此外,在城乡家庭都跨越数字理财鸿沟的情况下,数字金融发展会平等地促进城乡家庭金融资产有效性提升。

表4-11 基于数字理财鸿沟差异的异质性讨论

名称	(1)	(2)	(3)	(4)
	面临二级理财鸿沟		未面临二级理财鸿沟	
	农村样本	城镇样本	农村样本	城镇样本
数字金融发展	2.359	3.102*	5.139***	8.211***
	(1.491)	(1.640)	(1.762)	(2.053)
控制户主特征	是	是	是	是
控制家庭特征	是	是	是	是
控制地区特征	是	是	是	是
观测值	1504	2867	906	3086
经验P值	—	—	0.221	

第六节　结论和政策含义

依托数字技术蔚起的好风,数字金融发展波澜壮阔,深刻影响着无数的普通家庭。但由于城乡二元结构的存在和数字鸿沟的悄然形成,数字金融发展在城乡之间和不同家庭之间翻起的浪花起伏不一。基于此背景,本研究采用北京大学数字普惠金融指数和2019年中国家庭金融调查数据进行实证检验,聚焦数字金融发展对城乡家庭金融资产组合有效性的影响差异,重点基于一级和二级数字鸿沟展开异质性讨论,主要得出以下三个结论:①数字金融发展显著提升了中国城乡家庭金融资产组合有效性,且明显更有利于城镇家庭,进而扩大了城乡差距,存在城乡家庭金融资产有效性差距扩大以至于断裂的危险。该结论对于数字金融的覆盖广度、使用深度、数字化程度同样成立。②异质性分析表明,数字金融发展的主要受惠者是能够接入数字设备和能更好使用数字金融的家庭,当逾越城乡间一级数字鸿沟后,数字金融发展能平等地提升城乡家庭金融资产组合有效性,相对城乡间存在一级数字鸿沟时的情况弥合了城乡间金融资产组合有效性差距。③在数字金融发展的浪潮中,一旦跨越二级数字鸿沟,数字金融发展对城乡家庭金融资产有效性的提升均有着直接推动作用。其中,对于城镇家庭来说,跨越数字信贷鸿沟和数字理财鸿沟是其享受数字金融发展成果的重要条件;对于农村家庭而言,数字信贷和数字理财鸿沟的跨越是其受益于数字金融的前提。同样,在城乡家庭都跨越二级数字鸿沟后,数字金融发展带来了弥合城乡间金融资产组合有效性差距的可能性。

综上所述,在数字金融普及的过程中,利益的分配并不均匀。但无可否认的是,就算是在数字金融发展中相对担任"被剥削者"角色的农村地区,也在该过程中大幅发展。尤其在实现两级数字鸿沟的跨越后,加快数字金融发展就能平等地帮助中国城乡家庭优化金融资产组合。因此,欲在整体优化中国家庭金融资产组合有效性的同时缩小城乡家庭金融资产有效性差距,需要更快推动农村数字普惠金融发展水平提升,填补城乡数字金融"生态鸿沟"和"知识鸿沟",以更好提高农村居民家庭金融资产组合有效性,防止城乡家庭金融资产组合有效性断裂。据此,提出如下建议:

第一,加快建设新型数字基础设施,实现数字化转型,弥合城乡间一级数字鸿沟。首先,需要加大乡村基础设施建设投资,加快推进第四代移动通信(4G)在农村地区全覆盖,定期进行设备更新,同时探索千兆光网、第五代移动通信(5G)、移动物联网在农村地区的应用,确保网络信号质量。其次,建立偏远农村数字化服务普惠机制。推动适应农业农村发展特点的智能终端和软件研发,将普惠服务的"毛细血管"数字化,尤其鼓励民族语言视频应用技术的研发;同步建设专属网络资费优惠补贴机制,同时支持各地采用政府补贴、免费提供等方式促进农村地区数字化服务终端普及。最后,尤其要引导搬迁撤并类村庄完善网络基础设施和信息服务,谨防"数字返贫"出现。

第二,充分激发农民通过数字金融使用实现优化金融资产组合的"内生动能",打破部分农民"不敢用"数字金融的思想樊笼,弥合城乡间二级数字鸿沟。首先,为农民提供用得上、用得起、用得好的数字金融服务。要建立完善激励机制,引导传统农村金融机构开展数字化转型,推动更多涉农金融产品和服务上线,提升其数字化服务能力。其次,专注提升农民金融素养和数字素养,培育数字农民。通过合理利用传统纸媒和新媒体进行宣传教育,将互联网使用、金融常识、金融案例纳入义务教育体系等措施强化互联网教育和金融教育,尤其要注重农民高阶互联网技能的培训。

第三,抓住不同等级的数字鸿沟形成的根本原因,通过集中解决城乡间收入不平等和教育不平等问题助推各级数字鸿沟缩小。首先,要积极实施"乡贤回归"工程。通过优化乡村创业环境,鼓励精英回村发展乡村产业,增强乡村对信息化人才的吸引力,形成良性循环。其次,要促进城乡间教育公平,统筹城乡教育基础设施建设,对农村教育体系建立差异化的激励补偿机制。最后,积极推进双向互动、深度融合的城乡融合发展,为此要广泛吸收科技革命的先进成果,积极应用互联网平台展开教育扶贫、金融扶贫等,同时利用技术手段促进城乡间生产要素流通、地区经济一体化等。

第五章
数字金融使用与农村居民主观幸福感提升

提高农村居民的获得感、幸福感是乡村振兴战略的重要目标之一,也是不断满足人民日益增长的美好生活需要的应有之义。数字金融的蓬勃发展为纾解农户金融抑制、助力农业农村经济高质量发展、实现包容性增长提供了新的动力。基于中国家庭金融调查数据,旨在考察乡村数字金融发展的幸福效应,主要采用 Ordered Probit 模型实证分析了数字金融对我国农村居民幸福感的影响效应、作用机制和群体差异。研究结果显示:①数字金融能够显著提升农村居民家庭幸福感,相较于没有使用数字金融的家庭,使用了数字金融的家庭感到"非常不幸福"、"不幸福"和"一般"的概率会分别下降了0.3%、0.7%和1.7%,而感到"幸福"和"非常幸福"的概率会上升0.3%和2.4%;同时经过样本筛选检验和运用倾向得分匹配法(PSM)、工具变量缓解内生性问题等一系列处理之后,所得结论依然稳健。②机制分析发现,数字金融主要是通过提高农村居民绝对收入水平、降低收入不平等、促进消费升级和加强金融市场参与来提高农村居民家庭幸福感。③异质性分析发现,数字金融对农村居民幸福感的提升效果主要发生在中西部地区、女性高比例家庭、受过教育的家庭和低收入水平群体。本章的研究较为全面地分析和评估了乡村数字金融的社会福利效应,为认识数字乡村建设和推动乡村数字金融发展提供了新的视角,对于实现农村经济高质量发展、构建和谐社会、推进共同富裕有一定的启示意义。

第一节 引言与文献回顾

幸福感往往是人们基于自身的获得感、满足感和安全感而主观产生的一系列欣喜和愉悦的情绪,也可称之为幸福效应。人民的美好生活起步于安全感,发展于获得感,落脚于幸福感。在社会生活中,安全感可以为美好生活提供坚实保障,获得感能够为美好生活提供根本动力,幸福感能够为美好生活提供方向指引。习近平总书记强调:"要不断满足人民日益增长的美好生活需要,不断促进社会公平正义,形成有效的社会治理、良好的社会秩序,使人民获得感、幸福感、安全感更加充实、更有保障、更可持续","不断增强人民群众获得感、幸福感、安全感,促进人的全面发展和社会全面进步"。这既明确了中国经济增长与政策努力的最终目的都在于提高人民的幸福感(罗必良等,2021),也充分体现了中国共产党是为中国人民谋幸福的政党,坚持不断满足人民日益增长的美好生活需要。可见,幸福感是经济高质量发展中增强包容性的根本要求,也是从共同富裕角度彰显社会主义制度优越性的根本需要。当然,人们获得幸福感的美好生活不单纯是指物质上的富裕,更重要的是指精神上的富裕。而人类社会物质和精神富裕程度(或称文明)的演进历来都离不开技术这一重要推动力。工业革命以来,科技进步带来的强大动力,促进了经济、社会、文化等各方面的迅速发展,而这种发展,也与金融的协同支持密切相关。从远古文明到现代世界,金融一直都以不同的形式贯穿在人类经济生活之中,金融技术的进步对于人类福利的增进具有极大的影响力(陈志武和巴曙松,2005)。特别是互联网等信息技术的出现和飞速发展,极大地推动了金融创新步伐,快速打破了金融资金在区域(空间)、人口和时间上的各种限制,人类社会的经济发展由此出现了质的飞跃,金融发展水平较高的国家逐渐走出了长久的"匮缺经济",打破了因资本匮乏导致的"贫困恶性循环",人们的幸福感得到显著增强。

20世纪90年代以来,互联网逐渐成为人类经济社会发展的纽带,与经济社会的融合持续加深,推动了互联网经济与金融的蓬勃发展。而今以此为基础,催生了人工智能、区块链、大数据、云计算、5G等前沿数字技术,并迅速融入经济社会各领域,推动着互联网经济向数字经济迭代嬗变。近年来,数字经济浪潮正以势不可挡之势席卷全球,数字经济与实体经济深度融合已经成为中国经济新的增长点和高质量发展的强大动能。但相较于实体经济,数字技术嵌入金融领域的程度尤甚,由此催生的数字金融极大地降低了传统金融服务的成本和风险,提高了金融资源配置效率,成为金融助力经济高质量发展和增强人民幸福感的有力支撑(封思贤和宋秋韵,2021)。

在数字金融服务实体经济的高质量发展中,"三农"领域是重中之重。不仅因为"三农"领域是我国国民经济的基础,也是共同富裕目标能否实现的最大短板,还在于建立在传统金融技术基础上的"三农"金融服务始终无法有效克服农村更为严重的信息不对称和抵押物不足等问题,而导致"融资难、融资贵"成为"三农"发展的巨大痛点。从我国的现实国情和乡情来看,我国已经步入"后小康"时代(魏后凯,2020),但城乡发展不平衡、农村发展不充分仍然存在,在由脱贫攻坚转移到全面推进乡村振兴的道路中,城乡金融发展不平衡和金融服务"三农"不充分尤其突出(王小华等,2021a)。要实现乡村振兴战略目标,不仅需要大量的财政投资,更需要大量的金融资金支持。这就需要依赖金融技术进步和金融创新,克服长期以来"三农"金融服务中面临的缺乏标准抵押物的"痛点"与信息不对称的"堵点"。而数字金融的出现和在农村的广泛使用,则为解决长期以来"三农"金融服务难题,提升金融的普惠性和农村居民的幸福感带来了新的曙光和希望。

幸福感作为"隐藏的国民财富"(陆方文等,2012),既是人们生活质量的一种现实衡量,又是经济发展质量的重要指标,因此日益成为人们关注的问题。那么,数字金融的迅猛发展真能给农村居民带来幸福效应吗?会表现出怎样的特征?数字金融又是通过何种机制对农民的幸福效应产生影响?影响程度在不同群体之间是否存在差异?谁会从乡村数字金融发展过程中谋得更多幸福?

显而易见,当前从理论与实证角度回答好这些问题,不仅有助于我们加深对数字金融支农的理论认识,而且有助于政府改善数字金融支农政策环境,更有助于金融机构利用数字技术加快金融支农创新,让金融活水公平惠及更为广大的农村地区和更广泛的农民,确保农民可以共享数字金融发展的成果,拥有更多的幸福感,推进农村经济持续包容性增长。

针对上述问题,目前学术界的相关讨论极为罕见,主要集中在以下两方面:

一是农村居民幸福感的影响因素。早期关于居民幸福感的研究主要集中于社会学和心理学领域,自 Easterlin(1974)将收入引入居民幸福感研究后,从经济学角度研究居民幸福感成为一大热点。Easterlin(1974)利用美国等19个国家数据研究发现,个人收入增长能提升居民幸福感,但国家整体经济增长并不一定能提升国民幸福感。也有学者得出了收入与居民幸福感呈正相关(Hagerty,2003)、负相关(Ng,2003)、倒 U 型关系(Easterlin,2010)和相互影响(Diener,2007)等不同结论。裴志军(2010)从相对收入的角度探讨了收入与居民幸福之间的关系,肯定了收入对于提升幸福感的重要性。此外,李江一等(2015)研究发现住房负债与工商业负债对幸福感均有显著负面影响,陈屹立(2017)认为家庭负债对幸福感的负面效应主要作用于低收入家庭。休闲消费的增加能有效提升农村居民幸福感(宋瑞,2014),同时越幸福的家庭往往拥有更高的消费意愿(李树和于文超,2020),拥有房产、汽车等家庭资产对农村居民具有幸福感促进效应(李江一等,2015),婚姻也能显著增加幸福感(Stutzer and Frey,2006)。受教育程度越高的人,其幸福感也越强(Easterlin and Ange-lescu,2009),只是这种影响随教育水平的提高会不断减小(MacKerron,2012)。拥有健康身体的个体往往拥有更高幸福感(MacKerron,2012),而高压、悲伤、抑郁等不健康的心理状况对幸福感存在负面影响(Case and Deaton,2015)。除个体和家庭特征因素以外,官员腐败(陈刚和李树,2013)、社会关系网络(李树和陈刚,2012)、生态环境(Van and Baarsma,2005)等也被证明会影响农村家庭幸福感。

二是数字金融对农村居民福利的影响。既有文献主要从收入、消费和创业等方面进行了研究。从收入方面来看,周利等(2020)认为数字普惠金融可通过增加金融可得性、降低门槛效应机制显著缩小城乡收入差距;家庭金融资产组合越有效,其保值增值甚至提升收入的可能性也越高,而数字金融发展有助于提高家庭金融资产组合有效性(吴雨等,2021)。张勋等(2021)研究表明,即使家庭由于不能接触到互联网而面临一级数字鸿沟,数字金融也能通过就业结构转型,提高家庭农业经营收入和工资收入,进而对农民福利水平提升起到了促进作用。从消费层面看,数字金融因为具有支付便利和消费平滑的特性(Grossman and Tarazi,2014),因此可以通过缓解信贷约束和提高风险控制能力等方式,对农村居民家庭消费产生直接的促进效果(易行健和周利,2018;王小华等,2022b),特别是对于那些能够接触到互联网的家庭,数字金融发展是促进其消费的主要渠道(张勋等,2021),Suri和Jack(2016)在研究其他发展中国家时也得出类似结论;何宗樾和宋旭光(2020)研究发现数字金融主要增加了与生活相关的基础性消费,江红莉和蒋鹏程(2020)则认为数字金融通过提高发展型与享受型消费优化了居民的消费结构。从创业的角度来看,数字金融及其覆盖广度、使用深度和数字化程度都显著促进了企业创业,并且这种影响在城镇化率较低的省份和微型企业中表现出更强影响(谢绚丽等,2018);数字金融主要是通过缓解信贷约束、增加信息可得性、提高农户社会信任感三种途径促进农户创业,并且这种促进作用主要表现在非农创业和生存性创业中(何婧和李庆海,2019),进而提升居民的生活质量和农民福利水平。

综上可见,尽管学界研究了影响农村居民幸福感的经济和非经济因素以及数字金融对农村居民福利的影响途径,在一定程度上证明了数字金融有助于改善农村居民的生活质量,但关于数字金融与农村居民幸福感之间的逻辑关系、作用机理、异质性及作用路径的研究较为欠缺,无法系统回应上述问题。因此本章采用了2017年中国家庭金融调查数据,从微观视角分析数字金融对农村居民幸福感的影响效果与作用机制。与现有研究相比,其贡献主要体现在:①不同于以往研究直接选取北京大学数字普惠金融指数对数字金融进行量化,而从宏观(省域和县域)层面考察数字普惠金融对农村居民生产与生活的影响,选取更具有全国代表性的CHFS数据,从中获取了微观家庭层面的数字金融使用情况,据此讨论数字金融对农村居民主观幸福感的影响,探索其对农村居民的福利效应。由于使用省域或者县级数据的潜在假定是同一区域内所有单位的数字普惠金融发展程度相同,直接忽略了不同家庭数字金融使用行为的巨大差异。相反,微观家庭数据则可以更细致地刻画微观家庭层面数字金融使用的异质性,所得到的结论更具有说服力和代表性。②从提高绝对收入水平、降低收入不平等、促进消费升级和加强金融市场参与四个方面检验数字金融使用影响农村居民家庭主观幸福感的机制,系统讨论数字金融与农

村居民主观幸福感之间的关系,丰富了数字金融对农民家庭主观幸福感影响
的传导机理方面的研究。③为进一步检验数字金融的普惠效果和幸福效应,
通过异质性分析考察了数字金融对农村地区尤其是欠发达地区农民、低收入
农民和未接受教育家庭等农村弱势群体幸福感的作用,为正确认识数字金融
的普惠效果和进一步提高农村家庭幸福感、获得感提供了现实证据。

第二节 理论分析与研究假说

一、数字金融对农村居民幸福感的直接影响

金融与科技始终相互促进、共同发展,历次重大科技革命都极大地推动了
金融业的进步。所以,一部金融发展史,同样也是一部科技进步史,科技创新
历来都是金融行业不断向前发展过程中不可或缺的创新要素。作为科技驱动
的金融创新,金融科技是以科技为支撑点,是技术化、数字化、智能化的金融服
务解决方案,其核心在于如何将"技术"行之有效地应用于金融服务之中,旨在
用"技术"改进"金融"(张永亮,2020),推动金融发展提质增效,进而有效服务
实体经济。中国金融科技在过去十年的迅猛发展,特别是以大数据、云计算等
为代表的底层技术的不断升级换代和在金融领域的广泛应用,有效推动了金
融组织形态的多样化(王小华等,2022a),不断重构着金融业的服务边界和生态
格局。金融与科技的深度耦合,为数字金融创新提供了良好的技术支撑,数字
金融在农村地区的广泛运用,打破了农村金融服务的时空、数量和成本制约,
提升了农村金融资源配置的整体效率,有助于促进农村普惠金融可持续均衡
发展,真正将农民共享发展成果落到实处。

首先,数字金融可以通过脱离物理金融网点的非现金式移动支付等便捷
性的基础金融服务,为农村家庭带来便利,满足其需求,从而提升农村家庭幸
福感。由于我国农村与城镇相比,大多相对偏远、交通不便,存在银行网点少、
覆盖率低的金融供给性约束问题,农村居民在办理存取现金、汇款等各类金融
业务以及进行水费、电费、保险费等缴费业务时,在传统物理金融营业网点主
要集中在乡镇的情况下,往往需要耗费大量的时间成本与资金成本,农村普惠

金融体系的"最后一公里"并未真正打通。而数字金融凭借其技术和应用领域的优势,能够帮助农村居民打破地理限制,通过手机客户端等方式轻松快捷完成各类基础金融业务和支付缴费服务(易行健和周利,2018),极大地便利了农业生产经营和农村居民的日常生活,从而提升了农村家庭的幸福感。其次,凭借手机银行、互联网金融(如互联网信贷、众筹)等形式,快捷的数字信贷技术,数字金融可以为难以获得金融服务的包括农村居民在内的长尾客户群提供更多更便捷的信贷和筹资机会,使农村居民最终能够及时获得成本低廉的金融资本,投入到创业与投资等项目中去(谢绚丽等,2018),并通过自身的生产经营活动增强农村居民的幸福感。同时,在农村居民遭遇重大疾病或自然灾害而陷入极度贫困状态时,可以借助互联网众筹等数字互助金融模式,将风险分担社会化,从而减轻农村居民的痛苦和悲伤,带来新的生产生活希望,增强其幸福感。综上可见,从功能上来看,数字金融不仅可以为农村居民提供基础金融服务,而且可以为其生产生活提供资本融通和风险分散服务。同时,相比传统物理金融服务,数字金融在时效性、广覆盖性、普惠性等方面更加具有比较优势,能够覆盖包括农村居民在内的广大弱势群体。数字金融在营造更加公平的社会氛围和提高对社会弱势群体关注的同时,也提高了农村居民的获得感,增强了农村居民获得金融服务的自尊心、社会地位与自我激励,最终提升了农村居民的幸福效应。

故提出假说H1:

H1:数字金融对农村居民幸福感具有显著的促进作用。

二、数字金融通过改变收入影响农村居民幸福感

关于收入水平对幸福感的影响,重点聚焦于绝对收入和相对收入两部分。需求层次理论将人的需求分为五大需求,其中绝对收入在生理需求、安全需求的实现中发挥基础作用。数字金融对农村居民绝对收入的提升效果主要体现在三方面:首先,数字金融有效缓解了由于信息不对称而带来的流动性约束、金融排斥和门槛效应(周利等,2021)。数字金融借助建立在生产生活大数据沉淀基础之上的社会信用体系,使金融机构通过模型和算法等数字信贷技术,

能够对农村居民进行精准画像和信用价值挖掘,最终为长期以来缺乏标准抵押物的农村居民进行精准授信,从而有助于解决困扰其发展的融资难题。同时,数字金融还可以帮助农户利用网络借贷等方式拓宽融资渠道,满足生产经营的资金需求,从而通过生产经营带动其收入和财富的增长,最终增强其幸福感。其次,数字金融便于农村居民通过线上金融理财获得更多的资本利得收入。移动手机、互联网、5G等数字技术和设施在乡村的推广普及,不仅推动了数字乡村的发展,也为数字金融在农村的生根提供了必要的物质技术基础。乡村数字技术的快速普及将倒逼具有一定文化水平的农村居民强化学习,以提高自身的数字金融素养。以此为基础,越来越多的农村居民家庭选择网络理财等方式,来更好地配置家庭资产,获得资本利得收入,从而优化收入结构,促进收入更快速增长。最后,数字金融能够通过提升农户的信息可得性、社会信任感等方式,激发农村居民的创业意识,提高其创业水平,最终帮助农户在非农创业与生存型创业等创业中实现收入增长(何婧和李庆海,2019)。由于我国农村地区居民收入水平较城市而言总体偏低,故农村居民绝对收入水平的提高对幸福感提升的边际效果依然显著(程名望等,2015)。

有关相对收入对居民幸福感的影响研究主要集中于收入差距和收入不平等上,社会比较理论认为人的幸福感往往来自与他人进行比较,当农村居民收入水平增长速度低于其所比较的人群时,此时收入增长依然不能给其带来幸福感的提升,所以收入差距的扩大会导致居民幸福感和获得感降低(Clark and Oswald, 1996; Blanchflower and Oswald, 2004; Ferrer-I-Carbonell and Ramos, 2014),因为收入分配的恶化,对于那些相对不富裕的人群来说,会使其产生被剥夺感,从而导致幸福感的下降(Oshio and Kobayashi, 2010; Easterlin et al., 2012)。与此相反的是,也有一部分研究认为贫富差距可能会提升人们的收入预期,从而增加低收入者的幸福感(Tomes, 1986; Knight et al., 2009; Jiang et al., 2012; Rözer and Kraaykamp, 2013)。

事实上,数字金融不仅因为有利于农民绝对收入提高而提升农民的幸福感,而且有利于更广大中低收入群体增收而降低农村内部不平等和缩小城乡居民之间的收入差距,进而提高农村居民相对收入水平和幸福感。同样由于数字金融更广泛的可触达性,居民可以通过网络享受到其带来的便利(张勋等,2019),如此,普惠金融数字化就会大大降低普惠金融的经营成本,拓展金融服务范围,提升金融服务效率,更容易满足那些通常难以享受到金融服务的低收入和弱势群体的需求(郭峰等,2020),特别是在农村地区,数字金融的普及运用会进一步体现出数字金融服务的低成本和低门槛优势,最终有效推动我国普惠金融的发展,真正体现金融普惠的应有之义。可见,数字化技术将克服传统普惠金融面临的信息、成本和风险障碍,推动金融服务向更广阔的弱势客户群覆盖,将长期被游离在传统金融服务之外的农村居民涵盖进来,使他们能够有同等机会获得金融资本,并通过自身较高的资本边际投资回报率,带动自身的收入增长,提高相对收入水平,增强其幸福感。

综上所述,提出假说H2:

H2:数字金融能够通过提高农村居民收入水平,进而增强农村居民幸福感。

三、数字金融通过促进消费升级影响农村居民幸福感

数字金融的发展不仅从供给端变革了金融服务渠道和方式,增强了金融服务的普惠性,也刺激了大量新型金融需求的衍生,催生了新型消费金融业态。伴随着平台经济和电子商务的迅猛发展,多样的线上消费、服务形式,消费行为、消费市场逐渐发生变化,不仅促成了国民经济产消循环新机制与新模式,也推动了农村居民消费升级。

众所周知,家庭消费支出的提升会丰富人们的物质和精神文化生活,满足人们不同层次的需求,增加农村居民的幸福感(Wang et al.,2019)。同时,家庭消费结构的改善,意味着交通、教育、文娱和保健等高层次消费需求得到满足,在为农村居民带来愉悦满足的同时,也说明乡村家庭生活质量不断增强,在更高层次需求被满足后,家庭幸福感必然会得到显著提升(胡荣华和孙计领,2015)。整体来看,我国农村家庭生活质量不断提高,当前进行消费结构调整是一个良机,必须顺应消费升级趋势,引导农村居民从生理需求转向精神需求、从温饱转向享受和自我发展,实现人民生活高质量发展和居民福利水平的全面改善(王小华等,2020)。而数字金融在一定程度降低了农村居民的高层

次消费门槛,使农村消费者将消费重心由生存型消费逐渐向发展型消费和享受型消费转移,从而通过消费升级提升其幸福感。首先,数字金融带来的收入增长在一定程度上满足了农村居民消费升级的资金需求,而各类金融风险管理工具诸如数字农业保险、网络众筹等,也通过降低农村消费者对未来不确定性的担忧增强了即期消费的信心(何宗樾和宋旭光,2020)。其次,数字支付作为新型支付方式,凭借其独有的便携性、低成本性和安全性代替了传统的现金支付,使农村居民足不出户便可以通过手机接触到各类产品与服务并进行支付,降低了消费的接触成本、交易成本和时间成本,为农村居民消费质量的提升提供了便利(封思贤和宋秋韵,2021)。最后,数字金融凭借更便捷的支付方式、更低的借贷成本、更低的借贷门槛等优势,利用较成熟的信用体系为更多的消费资金不足的"长尾人群"提供诸如家庭耐用消费品、教育、汽车等消费信贷,提升了家庭消费体验,刺激了家庭消费需求(谢家智和吴静茹,2020),增强了农村居民的幸福感。

于是,提出假说H3:

H3:数字金融能够通过促进农村居民消费升级,进而提升农村居民幸福感。

四、数字金融通过促进家庭金融市场参与影响农村居民幸福感

从家庭资产配置来看,居民借助数字金融技术可以促进居民家庭金融市场参与。主要通过增加投资便利性、促进金融信息获取和提升风险承担水平等路径,提升家庭金融资产组合有效性(吴雨等,2021)。在农村地区,数字金融通过提高居民数字金融素养、扩大金融服务范围和降低参与门槛等方式,促进农村居民金融市场参与,助力农村家庭有实现收入和财富的保值增值的可能。首先,数字金融依托互联网技术通道有效解决了由城乡二元结构带来的地理排斥问题,扩大了金融服务的供给范围与农民接触金融服务的可得性,使农村居民可以通过互联网通道参与金融市场投资和理财,从而获得家庭财富保值增值的机会。其次,数字金融相较于传统金融拥有巨大的成本优势(封思贤和宋秋韵,2021),互联网模式下的数字金融几乎为零的边际供给成本和农户极低的使用成本,可以帮助金融机构获取更为广阔的客户群体,降低了农村

居民使用金融服务的门槛,增加了农村居民选择合适的金融服务机构进而参与金融市场的概率。最后,数字金融在向移动终端消费者提供金融服务的同时,往往伴随着更加详细的产品介绍与金融知识普及(李晓等,2021),这能有效提升农村金融服务消费者的金融知识水平和金融素养。当农户金融素养更高时,数字金融对其参与金融市场的影响更大。

总体而言,农村居民家庭金融市场主要从两方面提升幸福感:一方面,家庭所拥有的金融资产,能够带来比传统储蓄更多的财富增值,而财富的增长能够为居民提高生活质量提供新的资本(封思贤和宋秋韵,2021),同时金融资产的风险性和收益性可以满足农村家庭的金融投资需求,金融资产的流动性可以满足农村居民的消费需求,从而影响居民幸福感。但也有研究表明,家庭只有参与低风险金融投资时家庭幸福感才会提高(尹志超等,2019)。2017年中国家庭金融调查数据表明,农村家庭参与股票等高风险投资的家庭仅占0.7%,即大多数农村家庭仅投资于较低风险金融资产,尤其是数字金融为用户提供的各类兼具灵活性和收益性的金融理财产品,促进了家庭金融资产的持有比例上升(汪莉等,2021),提升其幸福感。另一方面,参与金融市场带来的社交网络拓展(李晓等,2021),现有研究表明社交网络可以帮助居民明确感知到社会支持、社会资本,帮助其降低心理压力,促进问题解决并提高居民的幸福感(Verduyn et al.,2017;Brailovskaia and Margraf,2019;Lian et al.,2020)。

综上所述,提出假说H4:

H4:数字金融能够通过促进家庭金融市场参与,进而提升农村居民幸福感。

第三节　实证设计:数据、变量与模型

一、数据来源

本章使用的数据主要是2017年中国家庭金融调查数据。2017年中国家庭金融调查数据是西南财经大学在全国范围内开展的第四轮中国家庭金融调查微观数据,该轮调查覆盖全国29个省份的40011户城乡家庭样本,调查涵盖了家庭成员基本信息和收入、消费、金融与非金融资产拥有等各类金融信息,并访问了每户家庭受访者的主观态度如幸福感等,这为本研究提供了强有力的数据支撑。由于农民幸福感在一定程度上受受访者个体特征因素影响,且CHFS不同期追踪的各户家庭受访者并未保持一致,为了最大限度避免样本选择偏误,本章采取了截面数据进行相关检验。在数据代表性和准确性上,中国家庭金融调查采取了科学设计、规范抽样、数据清理等多项控制误差的措施。基于研究目的,文本对问卷中的12732个农村受访者家庭样本进行了删除无效数据处理,最终保留农村受访者家庭样本11846户。此外,在实证研究过程中还结合了国家统计局相关数据。

二、变量选取与描述性统计

1.被解释变量

农村居民家庭幸福感是本研究的被解释变量。关于该变量的衡量主要来源于2017年中国家庭金融调查问卷中的调查问题:"总的来说,您现在觉得幸福吗?"该问题由每户家庭的受访者进行回答。为提高幸福感这一变量测度的有效性,该问题设置于CHFS问卷的最后,是受访者回答了家庭资产与负债、收入与支出、保险与保障等一系列问题后,基于自身与家庭长期变化的感受所做出的主观评价。参考李树和于文超(2020)的做法,分别以数字"1"、"2"、"3"、"4"、"5"代表"非常不幸福"、"不幸福"、"一般"、"幸福"和"非常幸福"的回答,数值越高表明受访者幸福感越强。在2017年中国家庭金融调查样本中感到五种不同程度幸福的占比分别为1.61%、5.15%、23.62%、45.83%和23.79%,幸福感均值为3.85,介于"一般"与"幸福"之间,表明农村居民家庭幸福感有较大提升空间。

2.核心解释变量

数字金融为本章的核心解释变量。该指标在尹志超和张号栋(2018)的基础上从第三方支付、互联网理财和网络借贷三个方面对家庭是否使用数字金融进行判断。具体而言,是否使用第三方支付判定来源于问卷问题:"您和您家人在购物时（包括网购），一般会使用下列哪些支付方式？"若用户选择信用卡、电脑支付、移动终端支付等其中至少任意一项，则认为家庭使用第三方支付；是否参与互联网理财来源于问卷问题"目前您家购买的互联网理财产品余额是多少？"和"过去一年，您家从这类互联网理财产品上实际得到多少收入？"，若受访者当前或过去一年家庭互联网理财产品余额不为0或从互联网理财产品中获得收入或亏损，则认为参与了互联网理财；是否参与网络借贷来源于问卷问题中"这笔借款从哪借的？"以及"您家计划从哪一渠道借入所需资金？"，若受访者选择了网络借贷则认为参与了相关行为。在以上三类行为中，若家庭至少参与了其中任意一种，则判定该家庭使用了数字金融，取值为1，否则为0。处理后数据显示，在11846个农村家庭样本中，数字金融使用数为1529户，占农村总样本比重为12.9%，而在27279个城市家庭样本中，数字金融使用占比高达到45.53%。总体而言，我国农村地区数字金融使用情况与城镇居民相比存在较大差距，农村居民数字金融使用情况仍处于较低水平，城乡居民之间"数字鸿沟"明显。

3. 控制变量

为了控制其他可能影响农村居民家庭幸福感的因素，参考相关研究（李树和陈刚，2012；万广华和张彤进，2021），分别选取了户主性别、年龄、教育年限、婚姻状况等4个户主特征变量，家庭人口规模、家庭不健康人员比例及家庭收入水平等3个家庭特征变量和家庭所在城市经济发展水平、城市医疗状况、居民生活环境等地区特征变量三类控制变量，其中个体特征变量和家庭特征变量由2017年中国家庭金融调查数据整理得到，地区层面数据来源于《中国城市统计年鉴》以及各地区统计年鉴。具体指标选取方式如表5-1所示，其中家庭总收入为负时，先取其总收入的绝对值，再取自然对数，最后对该自然对数取负数处理。统计结果显示，户主因素方面，受访者年龄均值约为57.2岁，有87.7%为已婚状态，且男性占比为89.0%。受教育年限均值为7年左右，总体处于小学教育水平。家庭方面，受访者家庭人口规模均值约为3.45，大部分为三口之家与四口之家，家庭总收入取对数均值约达9.4，标准差约为3.18，收入差异较大，家庭中不健康人员占比为25.6%。地区方面，调查所覆盖到的169个市区的生产总值增长率约为7.2%,标准差约为4.0,医疗水平约为48.3,标准差约为22.5,地区生活垃圾无害化处理率均值约为95.3%,标准差约为9.7,各地区经济发展、医疗水平以及生活环境差异较大。

表5-1 变量定义与描述性统计

变量名称	变量说明	平均值	标准差	最小值	最大值
农村居民家庭主观幸福感	非常不幸福=1;不幸福=2;一般=3;幸福=4;非常幸福=5	3.850	0.896	1	5
数字金融	使用数字金融=1;不使用数字金融=0	0.129	0.335	0	1
户主性别	性别:男=1;女=0	0.890	0.313	0	1
户主年龄	年龄/周岁	57.221	12.228	16	117
户主年龄平方	年龄平方项/100	34.235	14.113	2.560	136.890
户主教育水平	教育年限(年)	6.987	3.453	0	19
户主婚姻状况	是否已婚:是=1;否=0	0.877	0.329	0	1
家庭规模	家庭成员数量(人)	3.453	1.679	1	8
不健康人员比例	家庭不健康成员数量占比	0.256	0.330	0	1
家庭收入水平	收入为正取其对数,收入为负取其绝对值对数后进行负号处理	9.434	3.189	-8.606	12.787
城市医疗状况	每百万人医疗床位数	48.269	22.531	18.309	130.050
城市经济发展水平	家庭所在城市生产总值增长率	7.185	4.027	-19.000	12.400
居民生活环境	城市生活垃圾无害化处理率	95.254	9.687	51.130	100.000
绝对收入	家庭人均收入(万元)	1.269	1.587	-0.175	9.738
相对收入-城乡	家庭总收入/该区县城乡居民家庭总收入	0.750	0.980	-0.340	12.035
相对收入-农村	家庭总收入/该区县农户家庭总收入	0.974	1.244	-0.547	20.641
消费升级指数	各类消费占比×相应乘数,取对数	0.166	0.141	0	1.041
家庭金融市场参与	参与金融市场=1;不参与金融市场=0	0.590	0.492	0	1

4.中介变量

为进一步检验使用数字金融对家庭幸福感的影响机制,本研究选择了家庭绝对收入、家庭相对收入、家庭消费升级指数和家庭金融市场参与作为中介变量,选取方式如下:一是绝对收入,该指标主要由2017年中国家庭金融调查得到的家庭总收入除以家庭规模得到的家庭人均收入(万元)获得;从统计结果来看,农村居民人均收入平均值约为1.3万元,且居民之间存在一定差距。二是相对收入,由于2017年中国家庭金融调查中缺乏关于受访者对于收入差距的主观评价,故采用由农村每户家庭总收入除以该户家庭所在区县的家庭平均收入所得到的相对收入指标。其中,农户家庭所在区县的家庭平均收入又分为城乡居民家庭平均总收入和农村居民家庭平均总收入两种,统计结果显示城乡层级相对收入均值约为0.75,标准差约为0.98,农村层级相对收入均值约为0.97,标准差约为1.24。三是消费升级指数,该指标主要参考王小华等(2020)思路,首先将居民家庭消费划分为生存型消费(食品、衣服、日常用品、水电和暖气消费)、发展型消费(交通通信和教育培训)和享受型消费(保健品、雇佣劳动、旅游探亲、文化娱乐和购买奢侈品),然后对三大类消费进行不同的赋权,据此计算得到消费升级指数。计算公式为:消费升级指数=生存型消费占比+发展型消费占比×2+享受型消费×3。统计结果显示农户家庭消费升级指数均值为0.166,最大值为1.041,农村居民消费依然以生存型消费为主。四是家庭金融市场参与,定义拥有活期存款、定期存款、金融理财产品、股票、债券、非人民币资产、黄金、基金、金融衍生品、借出款等至少任意一项的家庭为金融市场参与家庭,取值为1;在11846个样本家庭中,金融市场参与占比为59.0%,仍有超四成农村家庭没有参与过金融市场活动。本章主要的变量说明及描述性统计如表5-1所示。

三、模型设定

本章主要检验数字金融使用对农村居民家庭幸福感的影响,故因变量为"农村家庭主观幸福感",该变量数据类型为有序离散型变量,这类数据又被称为排序数据。在以往实证研究中面对被解释变量为有序离散变量的研究,在进行回归分析的时候,通常使用排序模型。由于在大数据样本中,居民幸福感通常被认为服从正态分布(Levinson,2012),故使用Ordered Probit模型进行回归分析,即对于农民幸福感这种数据可以使用潜变量法来推导出MLE估计量。

具体而言,为探究数字金融对农村家庭主观幸福感的影响,构建如下模型:

$$Happiness_{i,j}^* = \alpha DF_{i,j} + \beta M_{i,j} + \gamma N_j + \theta_j + \varepsilon_{i,j} \tag{5.1}$$

上述模型中 $Happiness_{i,j}^*$ 表示 j 市第 i 户家庭受访者幸福感的潜变量, $DF_{i,j}$ 表示 j 市第 i 户家庭数字金融使用情况, $M_{i,j}$ 表示 j 市第 i 为户主和家庭控制变量, N_j 为市级层面控制变量,主要是 j 市的市级经济增长情况、医疗水平、居民生活环境, θ_j 为城市固定效应。 α、β 和 γ 为待估计参数, $\varepsilon_{i,j}$ 为随机误差项。

在本章中,我们将用户不同程度幸福感回答分别用数值"1"、"2"、"3"、"4"、"5"代替,但这些数字只能代表幸福感的排列顺序,并不能真实表达幸福感大小,因此需要使用不可观测的潜变量 $Happiness_{i,j}^*$ 来推测出 MLE 估计量。$Happiness_{i,j}^*$ 具体定义如下:

$$Happiness_{i,j}^* = \begin{cases} 1, 若Happiness_{i,j}^* \leqslant C_1 \\ 2, 若C_1 < Happiness_{i,j}^* \leqslant C_2 \\ 3, 若C_2 < Happiness_{i,j}^* \leqslant C_3 \\ 4, 若C_3 < Happiness_{i,j}^* \leqslant C_4 \\ 5, 若C_4 < Happiness_{i,j}^* \end{cases} \tag{5.2}$$

具体而言,当 $Happiness_{i,j}^*$ 小于等于 C_1 时,此时居民幸福感为非常不幸福, $Happiness_{i,j}^* = 1$;当 $Happiness_{i,j}^*$ 大于 C_1 且小于等于 C_2 时,此时居民幸福感为非常不幸福, $Happiness_{i,j}^* = 2$;以此类推,其中 $C_1 < C_2 < C_3 < C_4$ 为未知切点。

同时假设随机扰动项 ε_i 服从标准正态分布, X 表示所有解释变量, θ 为相应待估计系数, $\Phi(\cdot)$ 表示标准正态分布的累积分布函数,则可以得到农村家庭主观幸福感 $Happiness_{i,j}^*$ 的条件概率为:

$$\begin{cases} P\left(Happiness_{i,j} = 1 \mid X\right) = \Phi(C_1 - X\theta) \\ P\left(Happiness_{i,j} = 2 \mid X\right) = \Phi(C_2 - X\theta) - \Phi(C_1 - X\theta) \\ P\left(Happiness_{i,j} = 3 \mid X\right) = \Phi(C_3 - X\theta) - \Phi(C_2 - X\theta) \\ P\left(Happiness_{i,j} = 4 \mid X\right) = \Phi(C_4 - X\theta) - \Phi(C_3 - X\theta) \\ P\left(Happiness_{i,j} = 5 \mid X\right) = 1 - \Phi(C_4 - X\theta) \end{cases} \tag{5.3}$$

这样则可以写出样本的似然函数,并采用极大似然估计对模型回归系数进行估计。

第四节 基准回归与稳健性检验

一、数字金融对农村家庭幸福感影响的基准回归

采用 Ordered Probit 回归模型对数字金融以及其他因素是否影响农村居民家庭主观幸福感进行了实证检验,回归结果如表5-2中所示,其中第(2)—(6)列为各因素对农村家庭主观幸福感影响的边际效果。由列(1)可以看出,数字金融回归系数为0.082,并且在1%的水平上显著。这表明在控制其他影响农村家庭幸福感因素的情况下,数字金融为家庭带来了更高的幸福感。进一步分析第(2)—(6)列中的边际效果可以发现,使用数字金融的家庭,其感到"幸福"和"非常幸福"的概率会上升0.3%和2.4%,感到"一般"、"不幸福"和"非常不幸福"的概率会分别下降1.7%、0.7%和0.3%。这表明数字金融使用能降低农村居民家庭感到不幸福的概率和提升感到幸福的概率,进而给农村居民家庭的幸福感带来提升效果,假说H1得到了验证。

表5-2 数字金融对农村家庭主观幸福感影响的模型估计结果

名称	回归系数	边际效果				
	主观幸福感	非常不幸福	不幸福	一般	幸福	非常幸福
	(1)	(2)	(3)	(4)	(5)	(6)
数字金融	0.082***	-0.003**	-0.007***	-0.017***	0.003**	0.024***
	(0.032)	(0.001)	(0.003)	(0.007)	(0.001)	(0.009)
户主性别	0.017	-0.001	-0.002	-0.004	0.001	0.005
	(0.038)	(0.001)	(0.003)	(0.008)	(0.001)	(0.011)
户主年龄	-0.023***	0.001***	0.002***	0.005***	-0.001***	-0.007***
	(0.006)	(0.000)	(0.001)	(0.001)	(0.000)	(0.002)
户主年龄的平方/100	0.034***	-0.001***	-0.003***	-0.007***	0.001***	0.010***
	(0.006)	(0.000)	(0.000)	(0.001)	(0.000)	(0.002)
户主教育水平	0.005	0.000	0.000	-0.001	0.000	0.001
	(0.003)	(0.000)	(0.000)	(0.001)	(0.000)	(0.001)
户主婚姻状况	0.246***	-0.009***	-0.021***	-0.051***	0.010***	0.072***
	(0.036)	(0.001)	(0.003)	(0.008)	(0.002)	(0.011)

续表

名称	回归系数	边际效果				
	主观幸福感	非常不幸福	不幸福	一般	幸福	非常幸福
	(1)	(2)	(3)	(4)	(5)	(6)
户主家庭规模	−0.020***	0.001***	0.002***	0.004***	−0.001***	−0.006***
	(0.007)	(0.000)	(0.001)	(0.001)	(0.000)	(0.002)
不健康人员比例	−0.479***	0.018***	0.041***	0.100***	−0.019***	−0.140***
	(0.035)	(0.002)	(0.003)	(0.007)	(0.002)	(0.010)
家庭收入水平	0.020***	−0.001***	−0.002***	−0.004***	0.001***	0.006***
	(0.003)	(0.000)	(0.000)	(0.001)	(0.000)	(0.001)
城市医疗状况	0.574***	−0.022***	−0.049***	−0.120***	0.022***	0.168***
	(0.108)	(0.004)	(0.009)	(0.023)	(0.005)	(0.032)
城市经济发展水平	0.221***	−0.008***	−0.019***	−0.046***	0.009***	0.065***
	(0.035)	(0.001)	(0.003)	(0.007)	(0.002)	(0.010)
城市居民生活环境	0.100***	−0.004***	−0.009***	−0.021***	0.004***	0.029***
	(0.021)	(0.001)	(0.002)	(0.004)	(0.001)	(0.006)
城市固定效应	是					
观测值	11846					
LR chi^2	8896.97					
Pseudo R^2	0.037					

注:*、**、***分别表示10%、5%、1%的显著性水平;括号中的数值为稳健性标准误;下同。
资料来源:作者整理。

大部分控制变量的回归结果也与现有文献相一致。个体特征方面,户主年龄、年龄的平方/100、婚姻状况都能显著影响农村家庭幸福感。随着户主年龄的增加,家庭幸福感会逐渐降低,在到达某个年龄之后会表现为促进农村居民幸福感的增长,总体呈现U型变化,原因在于中年人大多需要承受来自工作、生活、家庭等多重压力,幸福感相对较低,而青少年和老年压力较小,幸福感相对较强。此外,户主已婚家庭相较于未婚家庭也具有更高的幸福感,户主处于已婚状态的家庭相较于其他家庭三类较低程度的幸福感概率会分别下降0.9%、2.1%和5.1%,而两类较高程度的幸福感的概率会分别上升1.0%和7.2%。而户主性别和户主受教育程度则对农村居民幸福感没有显著性影响,虽然男性户主和女性户主的性格特征和幸福体验、家庭活动分工存在差异,但其差异不会影响家庭整体幸福感;户主受教育程度对家庭整体幸福感不会产生影响,考虑到受教育程度是影响主观幸福感的重要因素(边燕杰和肖阳,2014),后文也将会对家庭教育情况进行分析。从家庭层面来看,收入水平的提升明显有助于受访者的幸福感提高。具体来看,家庭年收入每提高一个标准差,农民感到"非常不幸福"的概率就会下降0.1%,感到"不幸福"和"一般"的概率会分别下降0.2%和0.4%,并使农村居民感受到"幸福"和"非常幸福"的概率分别增加0.1%和0.6%。而家庭人口规模、家庭不健康人员比例会降低家庭主观幸福感。代表城市层面指标的人均生产总值增长率则对农村居民幸福感存在显著的促进作用。同时,城市医疗水平、居住环境也会正向影响家庭主观幸福感,即良好、便利的生活环境会给家庭带来更高的幸福感。

二、数字金融对农村家庭幸福感影响的稳健性检验

考虑到户主及其配偶往往是一个家庭的核心和实际金融使用者,能够更清晰地感受到数字金融给家庭带来的变化,同时年龄过大的受访者通常不是家庭数字金融的使用者,因此为得到更稳健的结论,参考李树和于文超(2020)的做法,对受访者年龄和身份进行了筛选,以剔除部分样本进行稳健性检验。在将样本限定为受访者年龄为18岁到60岁之间的受访家庭且剔除户主及其配偶为受访者以外的样本后,剩余5435个样本。使用该样本进行稳健性检验,具体模型估计结果如表5-3所示。在保留18岁至60岁样本和受访者为户主及其配偶样本后,数字金融对家庭幸福感的总回归系数为0.121,并在1%的水平上显著。同时从边际效果来看,仍然与上文结论相同,证实了前文研究的稳健性。

表5-3 数字金融对农村家庭幸福感影响的模型估计结果

名称	回归系数	边际效果				
	主观幸福感	非常不幸福	不幸福	一般	幸福	非常幸福
	(1)	(2)	(3)	(4)	(5)	(6)
数字金融	0.121***	−0.004***	−0.011***	−0.028***	0.012***	0.031***
	(0.040)	(0.001)	(0.004)	(0.009)	(0.004)	(0.010)
控制变量	控制					

续表

名称	回归系数	边际效果				
	主观幸福感	非常不幸福	不幸福	一般	幸福	非常幸福
	(1)	(2)	(3)	(4)	(5)	(6)
城市固定效应	是					
观测值	5435					
LR chi^2	3587.92					
Pseudo R^2	0.040					

三、数字金融对农村家庭幸福感影响的内生性讨论

1.采用倾向得分匹配法(PSM)的内生性讨论

为了有效解决使用Ordered Probit模型可能存在的选择性偏误问题,同时进一步论证数字金融对农村居民幸福感影响结果的一致性,本部分使用倾向得分匹配法(PSM)对结果进行内生性讨论。为了有效匹配使用数字金融和不使用数字金融的农村居民家庭,本部分以是否使用数字金融作为处理变量进行倾向得分匹配分析。在进行倾向得分估计以前,首先需要对倾向得分匹配效果进行平衡性检验,以保证实验组和控制组在可观测特征变量上没有明显差异,具体匹配平衡性假定检验结果如表5-4所示。可以看到,协变量匹配后的标准化误差绝对值都在10%的水平以下;另一方面协变量的T值和P值检验结果均不显著,这表明不能拒绝实验组和控制组不存在系统上差异的原假设。因此,在运用倾向得分匹配法以后,使用数字金融的样本和未使用数字金融的样本其特征差异得到较大程度消除,可比性增强。

表5-4 匹配平衡性假定检验结果

协变量	实验组	控制组	标准化偏差	T值	P值
户主性别	0.928	0.931	-1.1	-0.36	0.723
户主年龄	48.971	48.959	0.1	0.03	0.977
户主年龄平方	25.059	25.151	-0.7	-0.24	0.813
户主教育水平	8.742	8.714	0.9	0.28	0.783
户主婚姻状况	0.950	0.954	-1.4	-0.51	0.611

续表

协变量	实验组	控制组	标准化偏差	T值	P值
家庭规模	4.326	4.391	-4.2	-1.18	0.240
不健康人员比例	0.100	0.101	-0.1	-0.03	0.975
家庭收入水平	10.521	10.461	1.9	0.67	0.501
城市医疗状况	49.958	50.223	-1.2	-0.32	0.749
城市经济发展水平	7.291	7.306	-0.4	-0.11	0.913
居民生活环境	95.694	95.951	-2.6	-0.78	0,436

资料来源:作者整理。

表5-5汇报了倾向得分匹配后的回归分析结果,分别采取一对四近邻匹配、半径卡尺匹配、核匹配等多种匹配方法对样本进行匹配后回归,数字金融系数仍在5%水平上显著为正,假设仍然成立。

表5-5　农村居民家庭幸福感的PSM回归结果

名称	一对四近邻匹配	半径卡尺匹配	核匹配
	主观幸福感	主观幸福感	主观幸福感
	(1)	(2)	(3)
数字金融	0.081**	0.079**	0.080**
	(0.032)	(0.032)	(0.032)
边际效应	0.023**	0.023**	0.023**
	(0.009)	(0.009)	(0.009)
城市固定效应	是	是	是
控制变量	控制	控制	控制
观测值	11566	11563	11575
Pseudo R^2	0.038	0.038	0.038

注:表中边际结果汇报的是"非常幸福"(幸福感=5)的边际效用,下同。
资料来源:作者整理。

2.采用工具变量法的内生性讨论

关于检验数字金融影响农村居民家庭主观幸福感的模型,可能因存在反向因果、遗漏变量而产生内生性问题,导致估计结果的偏误。首先,幸福感越强的家庭往往对生活充满热情与期待,愿意接受新鲜事物的挑战,因此更容易导致其对数字金融的使用。其次,农村家庭幸福感受到许多因素的影响,这可能导致未考虑到部分重要因素而出现内生性问题。为此尝试使用工具变量解决内生性问题引起的估计偏误。关于工具变量的选择,借鉴何婧和李庆海(2019)的做法,选取"同县同年龄段农户数字金融使用平均水平"作为"数字金融使用"的工具变量。一方面,该平均水平与农户居民家庭幸福感之间没有直接关联性,具有外生性;另一方面,农户的数字金融使用水平会受到同年龄段数字金融使用平均情况的影响。从表5-6中两阶段最小二乘法的第一阶段回归结果来看,同县同年龄段农户数字金融使用平均水平对家庭使用情况具有显著正向影响,同时第二阶段回归结果显示数字金融对农村家庭幸福感依然具有显著促进效果,与前文结论一致。且第一阶段回归的F统计量约为1219.71,这表明所选的工具变量具有较强的解释力,不存在弱工具变量问题,不可识别检验LM值为558.76,对应的P值为0.000,说明工具变量能够有效识别内生变量。最后为了稳健起见,使用对弱工具变量更不敏感的有限信息最大似然法(LIML),结果发现LIML的系数估计值与2SLS一致,进一步从侧面说明不存在弱工具变量。

此外,还采用CMP估计法进一步解决内生性问题导致的估计偏差,从表5-6的第(4)、(5)列回归结果可知,atanhrho的P值都小于0.1,表明采取CMP估计比分别单独估计更为有效,CMP估计结果是可信的。第一阶段同县同年龄段农户数字金融使用平均水平与家庭使用情况正相关;第二阶段数字金融系数为0.200且在1%的水平上显著,且系数大于对应的结果。以上结果显示由于内生性问题,数字金融使用存在被低估的可能。CMP估计结果也表明数字金融使用提升了农村家庭主观幸福感。

表5-6 工具变量回归

名称	两阶段最小二乘法		有限信息最大似然法(LIML)	CMP	
	第一阶段	第二阶段		第一阶段	第二阶段
	(1)	(2)	(3)	(4)	(5)
数字金融		0.162**	0.162**		0.200***
		(0.083)	(0.080)		(0.065)

续表

名称	两阶段最小二乘法		有限信息最大似然法(LIML)	CMP	
	第一阶段	第二阶段		第一阶段	第二阶段
	(1)	(2)	(3)	(4)	(5)
同县同年龄段农户数字金融使用平均水平	0.875***			4.094***	
	(0.025)			(0.099)	
城市固定效应	是	是	是	是	是
控制变量	控制	控制	控制	控制	控制
第一阶段F统计量	1219.713				
Kleibergen–Paak rk LM统计量		558.76			
atanhrho				−0.093	
				[0.031]	
观测值	11846	11846	11846	11846	11846

注:atanhrho 是指 ivoprobit 模型中辅助估计参数 atanhrho 的估计结果,方括号内给出了对应的P值。

资料来源:作者整理。

第五节　机制分析与异质性检验

一、数字金融对农村居民幸福感影响的传导机制分析

1.中介效应模型

为了进一步检验数字金融提升农村居民幸福感的作用机制,采用温忠麟(2014)的逐步回归法分析数字金融使用对农村家庭幸福感的传导机制。构建的中介效应模型如下:

$$Happiness_{i,j}=\alpha_0 DF_{i,j}+\beta_0 M_{i,j}+\gamma_0 N_j+\theta_j+\varepsilon_{0i,j} \tag{5.4}$$

$$Medium_{i,j}=\alpha_1 DF_{i,j}+\beta_1 M_{i,j}+\gamma_1 N_j+\theta_j+\varepsilon_{1i,j} \tag{5.5}$$

$$Happiness_{i,j}=\alpha_2 DF_{i,j}+\delta Medium_{i,j}+\beta_2 M_i+\gamma_2 N_j+\theta_j+\varepsilon_{2i,j} \tag{5.6}$$

其中 $Happiness_i$ 为被解释变量,表示 j 市第 i 户家庭受访者幸福感; $DF_{i,j}$ 为核心解释变量,表示第 i 户家庭数字金融使用情况; $Medium_i$ 为中介变量,其他变

量定义与前文相同。在中介变量的选择上,基于前文理论分析与作用路径分析,分别从绝对收入、相对收入、家庭消费升级指数和家庭金融市场参与四条路径进行研究。

2.中介效应检验:数字金融、收入水平与农村居民幸福感

本部分主要从绝对收入和相对收入两方面进行中介效应检验,具体实证结果见表5-7与表5-8。绝对收入方面,表5-7中PanelA第(1)列为不考虑中介变量时,数字金融对农村居民幸福感影响的估计结果,此时数字金融在1%的显著性水平上提升了农村居民幸福感。第(2)列是数字金融对农村居民家庭绝对收入水平影响的估计结果,考虑到绝对收入水平为连续变量,该回归使用了OLS法,此时数字金融系数为0.707,且在1%的水平上显著,即数字金融能够显著提升农村居民的绝对收入水平。在方程(5.6)中同时引入数字金融和绝对收入变量进行回归后,第(3)列结果显示数字金融以及作为中介变量的绝对收入都显著正向影响农村居民幸福感,且数字金融系数较第一列有所降低,即通过提高农村居民绝对收入水平是数字金融增强农村居民幸福感的路径之一。

表5-7 绝对收入结构中介机制检验

PanelA	主观幸福感	绝对收入	主观幸福感	工资性收入	主观幸福感	农业性收入	主观幸福感
	(1)	(2)	(3)	(4)	(5)	(6)	(7)
数字金融	0.082***	0.707***	0.056*	0.240***	0.085***	0.070***	0.078**
	(0.032)	(0.053)	(0.031)	(0.031)	(0.032)	(0.026)	(0.032)
绝对收入			0.037***				
			(0.008)				
工资性收入					−0.011		
					(0.012)		
农业性收入							0.055***
							(0.015)
边际效应	0.024***		0.022**		0.024***		0.022**
	(0.009)		(0.009)		(0.009)		(0.009)
城市固定效应	是	是	是	是	是	是	是
控制变量	控制	控制	控制	控制	控制	控制	控制

续表

PanelA	主观幸福感	绝对收入	主观幸福感	工资性收入	主观幸福感	农业性收入	主观幸福感
	(1)	(2)	(3)	(4)	(5)	(6)	(7)
观测值	11846	11846	11846	11846	11846	11846	11846
Pseudo R^2 或 R^2	0.037	0.991	0.037	0.246	0.036	0.172	0.037
PanelB	主观幸福感	工商业收入	主观幸福感	资产性收入	主观幸福感	转移性收入	主观幸福感
	(1)	(2)	(3)	(4)	(5)	(6)	(7)
数字金融	0.240***	0.015***	0.077**	0.012***	0.081**	0.022***	0.078**
	(0.031)	(0.003)	(0.032)	(0.002)	(0.032)	(0.005)	(0.032)
工商业收入			0.354**				
			(0.157)				
资产性收入					0.083		
					(0.285)		
转移性收入							0.196***
							(0.058)
边际效应	0.024***		0.022**		0.023**		0.022**
	(0.009)		(0.009)		(0.009)		(0.009)
城市固定效应	是	是	是	是	是	是	是
控制变量	控制	控制	控制	控制	控制	控制	控制
观测值	11846	11846	11846	11846	11846	11846	11846
Pseudo R^2 或 R^2	0.037	0.033	0.036	0.048	0.036	0.105	0.036

为进一步研究数字金融通过绝对收入影响农村居民幸福感的具体路径，本章对农村居民收入进行细分以考察不同类型农民收入的中介效应，具体实证结果如表5-7所示。指标选择上，通过分析农村居民收入构成并结合2017年中国家庭金融调查问卷设计特征，本章从工资性收入、农业性收入、工商业收入、资产性收入以及转移性收入五个方面对农村居民人均收入进行了刻画。其中，工资性收入是指家庭成员在从事的主要职业以及其他职业、兼职等中获得的劳动收入；农业收入则指受访者家庭从事农业所获得的总收入；工商业收入是指受访者家庭从事工商业生产经营活动获得的收益；资产性收入则包括通过租售房屋、店铺以及参与股票、基金、债券等金融性活动获得的收入；转移

性收入则包括从政府等处获得的补助补贴等以及从非家庭成员等处获得的现金与非现金收入等,以上收入以人均收入(万元)做了处理。

　　表5-7中结果显示,数字金融在1%的显著性水平上提高了农村居民的工资性收入、农业性收入、工商业收入、资产性收入和转移性收入。在同时引入数字金融以及五类收入到方程(5.6)中后,表5-7中结果显示数字金融主要通过提高农村居民的工商业收入、农业性收入和转移性收入对农村居民幸福感产生促进作用。对于工商业收入来说,数字金融为农村居民提供了更多投资创业机会并有效缓解了融资约束,帮助农村居民更好地通过非农就业实现家庭收入的增长,在营造更加公平的社会氛围的同时增强了农村居民的参与感与自我认同,从而提升幸福感。对于农业收入来说,数字金融可为农村家庭提供农业生产设备所需资金,提高农业生产效率;为家庭提供农产品销售渠道,疏通流通环节,减少中间商差价,提高农村家庭幸福感。对于转移性收入来说,数字金融凭借时间、空间等方面的优势为补贴领取、红包接收等转移性收入的获得提供了便利,比如可以更方便快捷地申请和获得政府给予的补助金、抚恤金等补贴,也可以让家庭成员便于获得节日、喜事红包。从农民的收入结构来看,转移性收入具有暂时性、非传统收入的特点,在农民消费支出过程中却表现出相对宽松的状态,当作"意外之财"花掉,数字金融为这一类收入提供了支付的便利性,可以有效改善农村居民生活水平从而提升幸福感。

　　相对收入方面,表5-8中第(2)、(4)列为使用OLS方法分别从城乡总体层面和农村层面对数字金融影响农村居民相对收入水平效果检验的结果,其回归系数分别为0.344、0.329并且都在1%的水平上显著,这说明数字金融对农村居民相对收入水平也产生了显著的提升效果。将农村居民幸福感和农村居民相对收入水平同时纳入回归方程后,从表5-8中的第(3)列和第(5)列可以看出,此时数字金融以及相对收入水平对农村居民幸福感的影响均显著为正。因此可以得出结论,数字金融能够通过提升农村家庭相对收入水平而提升家庭幸福感。可能的解释是,数字金融凭借广触达、低成本与低门槛等优势有效拓宽了金融服务范围,提高了服务效率,满足了那些难以获得金融服务的农村低收入群体需求,显著提升了农村居民的获得感与公平感。因此数字金融一方面有效缩小了城乡居民收入差距,另一方面也缩小了农村居民内部的收入差距,而收入差距的缩小能够减小农村居民的相对自卑感和心理压力,从而有效提升了农村居民家庭整体幸福感。

通过对农村居民绝对收入水平和农村居民相对收入两个中介变量进行检验,假说H2得到验证,即数字金融能够同时通过提升农村居民绝对收入和相对收入两个方面提升农村居民幸福感。

表5-8 相对收入中介机制检验

名称	主观幸福感	相对收入-城乡	主观幸福感	相对收入-农村	主观幸福感
	(1)	(2)	(3)	(4)	(5)
数字金融	0.082***	0.344***	0.066**	0.329***	0.066**
	(0.032)	(0.033)	(0.032)	(0.040)	(0.032)
相对收入-城乡			0.048***		
			(0.006)		
相对收入-农村					0.040***
					(0.010)
边际效应	0.024***		0.019**		0.019**
	(0.009)		(0.009)		(0.009)
城市固定效应	是	是	是	是	是
控制变量	控制	控制	控制	控制	控制
观测值	11846	11846	11846	11846	11846
Pseudo R^2或R^2	0.037	0.324	0.037	0.277	0.037

3.中介效应检验:数字金融、消费升级与农村居民幸福感

为检验前文提出的数字金融能够促进农村居民家庭消费升级从而提升农村居民幸福感的假说,本部分选取了家庭消费升级指数作为中介变量进行有关检验。表5-9第(2)列为OLS回归结果显示,数字金融系数为0.065,并且在1%的水平上显著,该结果表明家庭使用数字金融能够改变农村居民家庭的消费结构,提高农民家庭消费升级指数。表5-9中第(3)列为同时引入数字金融和家庭消费升级指数的回归估计结果,此时家庭消费升级指数在1%的显著性水平上对农村居民幸福感产生促进作用,并且在引入消费升级指数后系数依然显著为正。这表明家庭使用数字金融能够通过提高农村居民家庭消费升级指数对提升农村居民幸福感产生部分中介效应,假说H3得到验证。

表5-9　消费升级中介机制检验

名称	主观幸福感	消费升级指数	主观幸福感
	(1)	(2)	(3)
数字金融	0.082***	0.065***	0.067**
	(0.032)	(0.004)	(0.032)
消费升级指数			0.209***
			(0.081)
边际效应	0.024***		0.019**
	(0.009)		(0.009)
城市固定效应	是	是	是
控制变量	控制	控制	控制
观测值	11846	11846	11846
Pseudo R²或R²	0.037	0.172	0.036

4.中介效应检验:数字金融、家庭金融市场参与农村居民幸福感

为了检验数字金融是否通过加强农村家庭金融市场参与从而提升农村居民幸福感,本章引入了第三类中介变量,即农户家庭金融市场参与,具体结果如表5-10所示。表5-10中第(2)列为数字金融对农村居民家庭金融市场参与影响的结果估计,由于被解释变量金融市场参与为二元变量所以采用了Logit模型,此时数字金融对农村居民家庭金融市场参与的影响在1%的水平上显著,这说明数字金融的确能够为农村居民提供更多参与金融市场的机会。在同时引入数字金融和家庭金融市场参与变量后,表5-10第(3)列结果显示金融市场参、数字金融都显著提升家庭幸福感。上述结果表明数字金融能够通过帮助农村家庭参与金融市场从而提升农村居民幸福感,假说H4成立。

表5-10　家庭金融市场参与中介机制检验

名称	主观幸福感	金融市场参与	主观幸福感
	(1)	(2)	(3)
数字金融	0.082***	1.161***	0.054*
	(0.032)	(0.080)	(0.032)
金融市场参与			0.138***
			(0.022)

续表

名称	主观幸福感	金融市场参与	主观幸福感
	(1)	(2)	(3)
边际效应	0.024***	0.264***	0.015**
	(0.009)	(0.016)	(0.009)
城市固定效应	是	是	是
控制变量	控制	控制	控制
观测值	11846	11846	11846
Pseudo R^2	0.037	0.097	0.037

二、数字金融对农村居民幸福感影响的异质性分析

在从全样本层面上考虑了数字金融对农村居民幸福感的影响后,还需进一步考虑数字金融对不同类型农村居民样本幸福感的差异影响,因此本部分通过如下因素展开了数字金融对农村居民幸福感影响的异质性分析,具体结果如表5-11所示。

1. 地区异质性分析

不同地区经济发展水平的明显差异在一定程度上也会体现在数字金融上,本部分把样本按所属地区分为东部和中西部两个子样本后,分别研究了数字金融的幸福感影响效果差异。结果显示,数字金融对中西部地区农村居民幸福感影响系数为0.107,并且在5%的水平上显著,而在东部地区,数字金融对农村居民幸福感的影响并未通过显著性检验。这说明数字金融对农村居民幸福感提升效应主要作用于中西部地区。这主要是因为东部地区农村家庭主观幸福感本身较高,并且已经具备较为完善的金融服务体系,幸福感提升效果不明显;而欠发达的中西部地区传统金融发展程度较低,数字金融有着巨大的发展空间,能更明显地提升农村家庭主观幸福感。

2. 家庭人口性别异质性分析

男性和女性性别存在差异,对数字金融的使用偏好也不同。按照家庭性别比例平均数把样本分为了男性比例高样本和女性比例高样本,分别检验数

字金融对幸福感的影响,结果表明数字金融仅在1%的显著性水平上提升女性高比例家庭感到幸福的概率。数字金融对幸福感的提升效果主要发生在农村女性身上,这可能与女性本身所固有的社会角色和社会期望有关(Blanchflower and Oswald,2004)。在农村家庭中,男性的金融地位往往高于女性,农村男性拥有更多接受正规金融的机会,而数字金融的出现则为农村女性提供了更多接触金融服务的机会,使得女性能更多地参与到家庭的活动中去,感受到了在家庭中的重要性与参与性,从而提升了幸福感。

3. 家庭教育水平异质性分析

数字金融的使用往往要求一定的文化基础与金融素养,不同受教育水平的人群在使用数字金融时也可能存在不同的使用方向和效果差异。本部分按家中是否有人上过学分为未受过教育以及受过教育家庭。回归后发现,若家庭未受过教育,数字金融对家庭主观幸福感影响不显著,但只要家庭中有一人接受过教育,数字金融则会提升家庭幸福感。数字金融的运用需要基本的金融知识与互联网技能(李晓等,2021),由于互联网技术技能在不同地区、群体之间存在差异,未接受教育的家庭会因为知识的缺乏和相关技能的欠缺而面临"二级鸿沟",即使能接触到数字金融,却难以像其他人一样受益于数字金融的发展,其幸福感提升不明显。而对金融需求不足,接受过教育的家庭对金融往往存在更大的需求。但在农村地区,居民能接触的传统金融服务机会并不多,此时数字金融的出现则为其金融需求的满足提供了机会,从而显著提升了其幸福感。

4. 相对收入水平异质性分析

按样本收入水平是否超过所在地区城乡总体平均值和乡村地区平均值分为负相对收入–城乡、正相对收入–城乡和负相对收入–农村、正相对收入–农村四个组,分别检验后发现数字金融对农村居民幸福感的提升效果主要体现了在两类负相对收入样本中,其中只考虑农村地区样本的负相对收入–农村组的显著性最强,系数为0.128。相对收入较低的农村家庭往往面临着更严重的金融排斥情况,而数字金融的普惠效果能够有效缓解农户所面临的金融排斥,如数字金融能够通过增加外源性融资的方式使低收入家庭在生产及消费过程中面临的流动性约束得到缓解(谢家智和吴静茹,2020),因此数字金融对这类家庭幸福感影响作用更大。由此可见,数字金融对家庭幸福感的提升效果主要作用于收入水平较低的农村群体。

表5-11 分样本回归结果

PanelA	区域		家庭性别比		家庭教育水平	
	东部	中西部	男性比例高	女性比例高	全家未上学	有人上过学
	(1)	(2)	(3)	(4)	(5)	(6)
数字金融	0.042	0.107**	0.068	0.106***	-0.013	0.094***
	(0.048)	(0.042)	(0.052)	(0.041)	(0.132)	(0.033)
边际效应	0.012	0.031**	0.019	0.031***	-0.033	0.027***
	(0.014)	(0.012)	(0.014)	(0.011)	(0.039)	(0.009)
城市固定效应	是	是	是	是	是	是
控制变量	控制	控制	控制	控制	控制	控制
观测值	4512	7334	3991	7855	2165	9681
Pseudo R^2	0.039	0.035	0.035	0.043	0.133	0.036

PanelB	相对收入-城乡		相对收入-农村	
	负相对收入-城乡	正相对收入-城乡	负相对收入-农村	正相对收入-农村
	(1)	(2)	(3)	(4)
数字金融	0.104**	0.013	0.128***	-0.018
	(0.047)	(0.046)	(0.047)	(0.045)
边际效应	0.029**	0.003	0.036***	-0.005
	(0.013)	(0.013)	(0.013)	(0.013)
城市固定效应	是	是	是	是
控制变量	控制	控制	控制	控制
观测值	8036	3810	7922	3924
Pseudo R^2	0.043	0.040	0.043	0.039

资料来源:作者整理。

总体来看,数字金融使用对农村家庭幸福感的提升效果并非固定的,不同样本类型下影响效果存在差异。其中,位于中西部、女性比例较高家庭,以及低收入水平群体等处于相对弱势地位的农村群体能够在数字金融的帮助下,实现幸福感的提升。但通过家庭教育水平异质性分析结果可知,全家都未接受过教育的情况下,家庭可能面临"技能数字鸿沟",数字金融提升家庭幸福感渠道受阻。

因此,进入新发展阶段,开启共同富裕新征程,应全面探索数字金融新路径,既要布局数字金融基建和深化数字金融应用,又要构建数字金融生态和严防数字金融风险,还应在纾解城乡之间"数字鸿沟"的同时破解农村内部群体的数字金融应用鸿沟,最终才能通过实现经济高质量发展和居民财富增长来创"富",才会通过提高服务的普惠性,让金融为更广大农民的利益谋大同,实现富裕"共"享,不断增加农民的获得感、幸福感、安全感。

第六节　研究结论与政策启示

本章基于2017年中国家庭金融调查问卷中的11846个农村受访者家庭样本,采用Ordered Probit模型实证探究了数字金融能否提升农村居民家庭幸福感及其作用机制,主要研究结论如下:①数字金融通过降低农村居民感到"非常不幸福"、"不幸福"与"一般"的概率和提高感到"幸福"与"非常幸福"的概率有效提升了农村居民幸福感,在通过删减样本数量进行稳健性检验和采用倾向得分匹配法与工具变量法缓解内生性问题后影响依旧显著。②采用中介效应模型进一步对数字金融影响农村居民幸福感的作用机制进行分析后发现,数字金融可以分别通过提高农村居民收入水平(包括绝对收入水平和相对收入水平)、促进消费升级以及加强金融市场参与三个途径提高农村居民的幸福感。③数字金融对农村居民幸福感的影响在不同群体中存在差异。数字金融对农村居民幸福感提升效应主要作用于经济较为不发达的中西部地区,而东部地区由于具有发达的传统金融市场以及较高的幸福感等原因未产生显著影响;家庭性别比例方面,数字金融对幸福感的提升效果主要发生在农村女性比例较高家庭,通过为农村女性提供更多接触金融服务的机会,数字金融提高了农村女性在家庭中的重要性与参与性,从而提升了幸福感;受教育方面,数字金融对从未接受教育家庭难以发挥作用,而对接受过教育的农村家庭能够有效提升幸福感;此外,数字金融对农村居民幸福感的提升主要发生在收入水平较低的家庭。

据此,本章提出以下几点政策建议:

第一,加强农村数字金融建设,实现数字金融区域协调发展。首先应扎实推进农村互联网宽带普及、加快农村信息基础设施升级改造与农村5G基站布局推进,扎实推进农村数字基础设施建设。其次,需要积极推进农村金融机构数字化转型。结合我国农村金融机构发展现状,农村金融机构一方面应采取线上线下融合模式,利用地缘人缘优势做好双线业务发展;另一方面可通过搭建核心系统与科技人才招募,提高机构数字化水平。最后,考虑到不同地区数字金融发展不协调的现实情况,应采取因地制宜的发展政策,结合各地区的优势明确自身发展定位,探索数字金融长期发展有效模式;不同地区之间应该加强交流协作,由数字金融发展较好的省份带动周边地区数字金融建设,加强资源配置与要素空间整合,实现数字金融协调发展。

第二,扩大农村基础教育覆盖,提升农村居民数字金融素养。"数字鸿沟"、"知识鸿沟"的存在,是阻碍农村数字金融有效使用的重要原因。为提高农村数字金融使用效率,必须着力提升农村居民的数字金融素养。从政府的角度来看,首先应加强对贫困地区农村基础教育的资金投入力度,以降低农村地区文盲率为目的,针对低收入、中老年等群体开展教育培训,提高农村地区总体受教育水平。同时,还可以通过广播、组织讲座、发放读物、访谈等方式普及金融基础知识和必要的理财知识,并通过建设服务站、体验区等方式在线下帮助农村居民掌握数字金融基本功能和使用程序。线上方面,政府部门与农村金融机构可利用微博、微信、抖音、官方网站等多种新兴媒体方式推送传播相关数字金融知识。

第三,优化数字金融政策设计,制定农民消费升级专属服务。脱贫攻坚取得全面胜利背景下,农村居民家庭消费结构调整迎来重大机遇。特别是加快建设数字乡村可以通过进一步完善数字金融基础设施建设,突破部分农民不能用的困境,进而扩大农民消费升级的幸福增加效应。首先,政府部门应优化数字金融支持农村居民收入增长的政策设计,为农村居民消费升级提供收入保障。其次,通过数字信贷、数字保险、数字理财等方面的产品服务优化与创新,多渠道鼓励农村居民参与金融市场,提高农村居民收入。最后,各大金融机构与互联网金融公司应加强农村数字金融消费场景建设,努力推进数字金融深化与改革,有针对性定制满足农村居民消费升级需求的数字金融服务内容与消费场景开发,实现数字金融与实体经济进一步融合。

第四,完善数字风险治理体系,促进数字金融健康有序发展。数字金融作为新兴产业,存在法律法规与监管机制不健全、金融机构风控能力不足等问题,一旦发生风险,将对农村数字金融用户来带众多负面影响。为规范数字金融健康发展,需要建立完善数字金融风险治理体系。一方面,需要提高数字金融监管能力。首先,政府部门应尽快完善健全相关法律法规,明确金融监管部门职责,做到有法可依。其次,强化地方金融局与一行两局的监管协调,构建相应监管指标体系,提升监管能力,加大不法行为处罚力度,维护良好数字金融市场秩序。另一方面,各类数字金融机构需要提高数字化风险防控能力,建立全流程的数字化风控体系,实现内部风险控制目标,通过提供安全的数字金融产品,让更多的农村居民享受数字金融发展成果。

第六章
数字金融使用与农村居民消费内需动力释放

数字金融的出现以及在农村地区的广泛使用,为解决长期以来困扰"三农"的金融服务难题、提升金融普惠性和释放农村消费需求带来了新的希望。本章利用2019年中国家庭金融调查数据,从数字支付、数字借贷和数字理财三个维度考察了农村居民家庭数字金融使用情况,并据此实证分析了数字金融对农村居民家庭消费的影响和作用机制。研究结果表明,数字金融使用促进了农村居民家庭消费水平提升,对生存型消费、发展享受型消费等的促进作用显著,并且对发展享受型消费的促进作用明显强于对生存型消费的促进作用,说明数字金融使用促进了农村消费内需动力全面释放。作用机制和异质性分析表明,传统信贷约束和预防性储蓄强化了数字金融使用对农村居民家庭消费的促进作用,数字金融使用对不同家庭消费的影响存在显著差异,其中对于女性户主、60岁以上的高龄户主家庭以及低收入家庭而言,数字金融使用对家庭消费的促进作用明显更强。本研究为全面认识数字乡村建设和推动乡村数字金融发展提供了新的视角,对进一步在畅通国内大循环中激发和释放农村消费内需潜力具有一定的启示意义。

第一节　问题的提出

以习近平同志为核心的党中央从统筹中华民族伟大复兴战略全局和世界百年未有之大变局出发,做出了推动形成以国内大循环为主体、国内国际双循环相互促进的新发展格局的战略抉择。党和国家提出构建新发展格局,是从国内外形势判断出发做出的长期重大战略部署(江小涓和孟丽君,2021)。2021年中央经济工作会议指出,中国经济发展面临需求收缩、供给冲击、预期转弱三重压力,"十四五"时期作为中国新发展阶段的开启阶段,迫切需要加强系统思维谋划全局,牢牢把握扩大内需这个战略基点,把满足国内需求作为发展的出发点和落脚点,畅通国内大循环(魏后凯,2020)。党的二十大报告指出,"增强消费对经济发展的基础性作用和投资对优化供给结构的关键作用","坚持以推动高质量发展为主题,把实施扩大内需战略同深化供给侧结构性改革有机结合起来,增强国内大循环内生动力和可靠性"。扩大内需、培育完整内需体系,农村是最广阔的增量空间(唐仁健,2021),必须以推动农业农村经济高质量发展为主题,充分挖掘和释放农村内需潜力。特别是在外部形势不稳定性和不确定性增加,中国经济发展又同时面临需求收缩、供给冲击、预期转弱三重压力的情况下,消费对中国经济发展的基础性作用越来越重要,内需市场规模持续扩张和消费结构优化升级能力愈发成为决定中国经济高质量发展模式形成的基础条件(张杰和金岳,2020)。将农村消费市场作为深挖消费潜力、促进消费转型升级的主攻方向显得尤为迫切,这也是形成强大国内市场和畅通国内大循环、应对激烈国际竞争的客观需要。

从中国的现实国情和乡村发展情况来看,城乡发展不平衡、农村发展不充分问题依然存在,特别是城乡金融发展不平衡和金融服务"三农"不充分仍然突出。传统金融发展受到城乡和区域发展差异的限制,金融服务的覆盖面窄、融资成本高等问题一直没有得到彻底解决,导致金融对消费的促进作用难以发挥,这就需要依赖金融技术进步和金融创新,克服长期以来"三农"金融服务中面临的缺乏标准抵押物的"痛点"与信息不对称的"堵点"。数字技术快速发展促使数字金融出现,推进了金融交易的便捷化,不断推动金融服务门槛下移,促进了农村居民消费支出提升,因此,数字金融与居民消费的研究逐渐得到学者们的关注。有研究发现,数字金融发展带来了中国居民收入和消费的显著增加(张勋等,2021),而易行健和周利(2018)的研究发现,数字金融对中国农村、中低收入和欠发达地区的家庭消费促进作用更加显著。数字金融在欠发达地区的发展速度更快,可以通过提高资源配置效率(郭峰等,2020),缓解经济发展中存在的不平衡问题,促进实现包容性增长(张勋等,2019),助力经济欠发达地区实现赶超,降低地区消费不平等程度(张海洋和韩晓,2022)。此外,数字金融对居民消费结构的影响也同样得到了学者们的重视,何宗樾和宋旭光(2020)发现数字金融促进了居民与生活相关的基础性消费,江红莉和蒋鹏程(2020)认为数字金融通过提高发展型与享受型消费优化了居民的消费结构。数字金融与农村居民生活高度融合、深度渗透,不但可以满足那些以往难以享受到金融服务的低收入和弱势群体的需求,惠及被传统金融排斥的大量农村居民(张勋等,2019),还可以极大地降低消费成本、改善消费体验、加速消费者的决策过程、提高消费支付频率、创造新消费需求。这为金融支持农村消费提质升级提供了新思路和新手段,为提高农村居民的幸福感和促进农村内需动力释放带来了新的曙光和希望。

现有研究对数字金融发展影响居民消费的效果进行了广泛而深入的讨论,证实了数字金融发展具有带动居民消费的积极作用,但仍然存在以下问题:第一,学者们在考察数字金融对居民消费影响的过程中,要么直接运用北京大学数字普惠金融指数进行宏观层面的实证分析,要么将这套数据与不同微观调查数据匹配之后进行实证分析,这两种做法都存在不同程度地忽略同一地区不同家庭数字金融使用行为差异的问题。第二,虽然学者们从便捷支付、流动性约束等方面对数字金融影响居民消费的过程进行了验证(易行健和周利,2018),但对其中的内在机理和可能存在的其他影响路径仍然探讨不足。第三,农村地区作为扩大内需、实现"双循环"新发展格局的重要一环(唐仁健,2021),想要充分开发农村地区消费市场,有必要将农村居民家庭消费进一步细化,探索数字金融对不同类型消费影响的差异,如此才能明确如何加强"内需驱动"、引领和创造新需求并充分挖掘农村居民家庭消费潜力。本章的主要贡献在于以下几个方面:第一,基于2019年中国家庭金融调查数据,从数字支付、数字借贷和数字理财三个维度考察农村居民家庭数字金融的使用情况,据此研究数字金融使用对农村居民家庭消费的影响,探索乡村数字金融发展是否能成为新发展阶段拉动农村消费内需的新引擎。第二,按照国家统计局划分标准将农村居民家庭消费分为八大类,然后将八大类消费分别合并为生存型消费和发展享受型消费两种类型,全面探讨数字金融使用对农村居民家庭消费结构的影响和推动农村居民消费转型升级的作用。第三,从传统信贷约束和预防性储蓄两个方面检验数字金融使用影响农村居民家庭消费的机制,丰富数字金融对消费影响传导机理方面的研究。

第二节　理论分析

在数字金融服务实体经济的高质量发展中,"三农"领域是重中之重。"三农"不仅是国民经济的基础,还是共同富裕目标实现的最大短板。然而,建立在传统金融技术基础上的"三农"金融服务由于农村地区严重的信息不对称和抵押物不足等问题,始终无法有效推进,导致"融资难、融资贵"成为"三农"金融发展的巨大痛点。这就需要依靠金融技术进步和金融创新,克服长期以来"三农"金融服务中面临的缺乏标准抵押物的"痛点"与信息不对称的"堵点",进而突破物理网点和人工成本的束缚,超越时间和空间的限制,扩大金融服务的覆盖面和受众范围,解决长尾人群缺乏金融服务的难题,为乡村发展寻找内生动力并提供发展新动能。

一、数字金融使用对农村居民家庭消费的直接影响

长期以来,农村地区的金融网点分布较少且分散,农村居民在日常的水电费缴纳、银行存取款等业务上需要耗费较多时间和精力到距离较远的网点办理。同时,传统金融服务覆盖面较小且门槛较高,导致农村地区金融排斥较为严重。20世纪90年代以来,数字经济浪潮以不可阻挡之势席卷全球,数字经济的快速发展及与实体经济的深度融合,已经成为中国经济高质量发展的强大动能(刘淑春,2019)。相较于实体经济,数字技术嵌入金融领域的程度尤甚。数字技术与金融行业不断融合,不但极大地降低了传统金融服务的成本和风

险,提高了金融资源配置效率,而且使得数字金融中的各类金融产品和服务更加贴合实际生活,满足了消费者的消费需求,改善了消费者的消费习惯,对消费者的生活产生了重大影响(何宗樾和宋旭光,2020)。一方面,数字金融具有极强的地理穿透性,极大程度地突破了物理网点的限制,农村居民仅需在手机APP或者网页上进行简单操作即可完成查询、存取、交纳等各项业务(易行健和周利,2018),大大节省了办理相关金融业务的时间和精力,因此,数字金融的迅猛发展带动了金融服务体系覆盖范围不断扩大,帮助更多农村居民参与到金融市场中,降低了农村金融排斥(李涛等,2016),提高了农村地区的金融可得性和普惠性(张勋等,2019)。另一方面,随着互联网和数字支付技术在农村的逐步普及,数字金融通过电子商务平台激发了新业态,拓展出更多的生产和服务模式,激发了农村居民的新兴需求。同时,农村居民在网络平台上购物由于不受时空限制,哪怕在偏远地区也可以购买到全国各式各样的产品,极大地丰富了消费的可选择性,满足了农村居民对不同产品的消费需求(徐晨和蒋艳楠,2021),推动了农村居民消费水平提升和消费结构优化。基于此,本章提出假说H1。

H1:数字金融使用对农村居民家庭消费具有促进作用。

二、传统信贷约束的调节效应

由于抵押物资产缺乏、个人征信信息缺失、农业生产经营风险大以及居住地分散,农村居民获得正规金融服务存在天然阻碍,他们生产、生活的金融服务需求往往不能很好地得到满足(黄益平等,2018)。许多中小银行为了降低信贷风险,其金融产品设有附加抵质押担保的要求,提高了农村居民的金融参与门槛(罗剑朝等,2019),使得许多农村居民从正规金融机构获取资金存在"申请难"问题。同时,正规金融机构存在的甄别失误和信息不对称带来的信息偏差容易导致信贷需求者的"无信心申贷"(李成友等,2019),从而面临严重的传统信贷约束,大量信贷需求无法得到满足,消费潜力难以有效激发。

在技术快速变革的背景下,数字金融作为互联网、大数据、云计算等现代科技与传统金融行业相结合的新兴产物应运而生,凭借低成本、广覆盖、可持续的巨大优势,使金融服务变得更加普惠,增强了金融可及性(尹志超和张号栋,2018),可以帮助受传统信贷约束的农村居民家庭更便捷地获得信贷支持,帮助农村居民突破传统信贷约束。与传统金融模式相比,数字金融依托互联网平台,一是可以减少不必要的线下网点和工作人员,突破了金融服务的成本约束,例如P2P网贷平台可以基于互联网直接将资金需求方和供给方连接起来,大幅降低搜寻匹配成本(谢绚丽等,2018);二是可以帮助金融机构更加精准地刻画用户画像并对其信贷风险进行精确评估,增强风控能力,降低潜在信用风险,有效缓解因信息不对称导致的流动性约束和金融排斥(周利等,2021);三是可以为不同类型的农村居民设计相应的信贷产品,提供个性化和定制化服务,进而降低申请信贷的门槛,减少"申请难"带来的传统信贷约束,推动普惠性金融目标的实现。此外,针对受到传统信贷约束的农村居民家庭,数字金融使用拓宽了其申请借贷的渠道。除了常规的金融机构借贷和民间借贷,互联网借贷的受众越来越广,例如蚂蚁花呗、京东白条等小额贷款,只需申请者信用良好、无不良记录,通过手机客户端简单操作即可完成申请,解决了农村居民"无信心申贷"的难题,缓解了农村居民的传统信贷约束,增加了信贷可得性,释放了消费需求。同时,根据心理账户理论,人们会在心理上对金钱建立不同的账户分别管理(Thaler,1985),申请贷款过程的便捷化会促使人们更容易将申请到的资金用于消费,尤其是蚂蚁花呗等数字贷款平台通过"先消费后还款"的方式,弱化了支付和消费之间的连接,大大减少了人们使用现金支付的疼痛感,进一步刺激了消费意愿,甚至诱导产生了很多非理性消费。鉴于此,本章提出假说H2。

H2:传统信贷约束在数字金融使用促进农村居民家庭消费中发挥正向调节作用。

三、预防性储蓄的调节效应

在面对未来较大的不确定性时,人们会偏向减少消费(Zeldes,1989)。Dardanoni(1991)证实了平均消费会随收入方差的变大而降低,且现期消费与现期收入呈正相关关系。居民家庭面对的冲击因素、缓冲能力等也显著影响家庭消费支出情况(邵秀军等,2009)。由于农村居民收入较低,他们对不确定性的厌恶程度更高(田岗,2005),因此在收入增加时农村居民更偏向储蓄而非当期消费(杭斌和申春兰,2005),导致农村居民的消费意愿和消费能力普遍低于城镇居民且提升缓慢。而稳定提高持久收入(刘兆博和马树才,2007)、加强医疗保险(白重恩等,2012)、增加非农就业(谢勇和沈坤荣,2011)等则有利于降低农村居民储蓄。随着数字金融产品的不断丰富和在农村的广泛应用,数字金融中的数字保险等服务,可通过分散风险减少农村消费者对未来不确定性的担忧,从而增强即期消费(何宗樾和宋旭光,2020)。此外,农户可利用大数据技术更便捷地获得准确度和透明度更高的信息(何婧和李庆海,2019),减少信息不对称带来的不确定性,降低家庭预防性储蓄动机,从而提高农村居民家庭消费水平,进一步释放农村消费潜力。鉴于此,本章提出假说H3。

H3:预防性储蓄在数字金融使用促进农村居民家庭消费中发挥正向调节作用。

第三节 实证设计:数据、变量与模型

一、数据来源

本章使用的数据主要来源于2019年中国家庭金融调查。该调查是西南财经大学在全国范围内开展的第五轮中国家庭金融调查微观数据,样本覆盖了全国29个省份,343个县(区、县级市),包含了34643户城乡家庭的微观数据,具体包括家庭人口特征、资产情况、支出与收入、风险偏好类型等方面的详细信息。这些详尽的调查资料为本章研究数字金融和居民家庭消费变动提供了有力的数据支持。基于研究目的,本章选择了数据库中的农村受访者样本,删除无效样本后剩余8481个样本。同时,本章还统计了地区经济发展水平,这部分数据来自国家统计局网站。此外,为排除极端值干扰,本章对数据进行了双侧1%缩尾处理。

二、变量设置

1.被解释变量

农村居民家庭消费为被解释变量,在实证分析时以农村居民家庭消费总支出衡量,并做取对数处理。除此之外,为了进一步分析数字金融使用行为对农村居民家庭消费结构的影响,本章一方面按照国家统计局的八大类消费(食品烟酒、衣着、居住、生活用品及服务、交通和通信、教育文化和娱乐、医疗保健、其他用品及服务)标准划分消费支出的类别;另一方面鉴于数据库中并未单独将教育、文化和娱乐三类消费分开统计,并不能将发展和享受型消费进行区分,因此借鉴王小华等(2020)的做法,将农村居民家庭消费划分为生存型消费(食品烟酒、衣着、居住)和发展享受型消费(生活用品及服务、交通和通信、教育文化和娱乐、医疗保健、其他用品及服务)两类。

2.核心解释变量

数字金融使用为核心解释变量。参照何婧和李庆海(2019)的做法,从数字支付、数字借贷和数字理财三个维度对家庭数字金融使用情况进行衡量。在问卷中,若受访者开通了支付宝、微信支付等第三方支付账户,则被认为使用了数字支付服务;若在互联网借贷问题中回答存在网络借款或借出款,即被视为参与了数字借贷活动;若在购买理财产品时渠道是通过APP、网页、第三方平台,则被判定为存在数字理财行为。在以上问题中,受访者若存在某一项的使用情况,则数字金融使用变量赋值为1,否则为0。此外,为测度数字金融使用多样化程度,本章进一步构建多元有序变量数字金融使用多样化程度,受访者每存在以上一项数字金融类型使用计1分,最多计3分,得分越高表明数字金融使用多样化程度越深。

3.调节变量

传统信贷约束和预防性储蓄为调节变量。首先,借鉴尹志超和张号栋(2018)的做法,从供给型信贷约束和需求型信贷约束两个方面对传统信贷约束进行衡量。若问卷中受访者存在"申请贷款被拒"的情况,则认为存在供给型信贷约束,变量赋值为1,否则为0;若受访者存在"有需求但未申请"的情况,则视为存在需求型信贷约束,变量赋值为1,否则为0。其次,参考 Chamon and Prasad(2010)的做法,将预防性储蓄变量定义为家庭可支配收入的对数除以家庭总消费支出水平的对数,并剔除储蓄率低于-200%的样本,以避免极端值的影响。

4.控制变量

参照以往研究家庭消费的相关文献(张勋等,2019),模型中控制了户主个体特征变量、家庭特征变量和地区特征变量。表6-1汇报了相关变量定义及描述性统计结果。

表6-1 变量定义与描述性统计

变量名称	定义	平均值	标准差
农村居民家庭消费	农村居民家庭消费总支出(元)	46299	46475
数字支付	有第三方支付账户:是=1,否=0	0.309	0.462
数字借贷	存在网络借贷:是=1,否=0	0.003	0.052
数字理财	通过网络渠道理财:是=1,否=0	0.026	0.159
数字金融使用	使用数字支付、数字借贷或数字理财=1,都不使用=0	0.310	0.462
数字金融使用多样化程度	数字支付、数字借贷和数字理财,每使用一种计1分,最多计3分	0.338	0.530
供给型信贷约束	存在申请贷款被拒情况:是=1,否=0	0.007	0.081
需求型信贷约束	存在有贷款需求但未申请情况:是=1,否=0	0.015	0.120
预防性储蓄	家庭可支配收入的对数/家庭总消费支出的对数	−1.812	5.776
年龄	户主年龄(岁)	59.620	11.320
性别	户主性别:男=1,女=0	0.841	0.366
受教育水平	户主受教育年限(年)	7.006	3.471
政治面貌	户主政治面貌:中共党员=1,其他=0	0.137	0.343
婚姻状况	户主婚姻状况:已婚=1,其他=0	0.830	0.376
社会保障	户主有社会养老保险或社会医疗保险:是=1,否=0	0.971	0.167
风险偏好类型	户主风险偏好类型:风险厌恶=3,风险中立=2,风险偏好=1	2.929	0.370
身体状况	户主身体状况:非常好=5,好=4,一般=3,不好=2,非常不好=1	3.034	1.050

变量名称	定义	平均值	标准差
家庭规模	家庭成员数(人)	3.063	1.050
少儿比例	家庭16岁以下人口/总人口	0.091	0.1557
老人比例	家庭60岁及以上人口/总人口	0.358	0.416
家庭总收入	家庭总收入(元)	41025	54593
家庭资产	家庭总资产(元)	363841	577454
人均地区生产总值	各省人均地区生产总值(元)	64331	22309

三、模型选择

本章首先建立数字金融使用与农村居民家庭消费之间的回归模型,以此考察数字金融使用对农村居民家庭消费的影响,模型设定如下:

$$\ln Consu_i = \alpha_0 + \alpha_1 Digfin_i + \alpha_2 X_i + \varepsilon_i \tag{6.1}$$

$\ln Consu_i$ 表示农村居民家庭消费的对数,$Digfin_i$ 表示数字金融使用,X_i 表示控制变量,α_0、α_1、α_2 表示待估计参数,ε_i 表示随机扰动项。

进一步地,为了研究数字金融使用影响农村居民消费的机制,本章在式(6.1)的基础上引入传统信贷约束和预防性储蓄变量,建立如下计量模型:

$$\ln Consu_i = \beta_0 + \beta_1 Digfin_i + \beta_2 Digfin_i \times Int_i + \beta_3 Int_i + \beta_4 X_i + \tau_i \tag{6.2}$$

Int_i 表示调节变量传统信贷约束或预防性储蓄,$Digfin_i \times Int_i$ 为数字金融使用和调节变量的交互项,β_0、β_1、β_2、β_3、β_4 为待估计参数,τ_i 表示随机扰动项,其他变量含义同式(6.1)。

第四节 实证结果与分析

一、基准回归结果

1.数字金融使用与农村居民家庭消费

表6-2报告了基准回归的估计结果,初步验证了数字金融使用对农村居民家庭消费水平的影响。前四列分别是数字支付、数字借贷、数字理财和数字金

融使用对农村居民家庭消费的回归结果,四个变量的回归系数分别为0.274、
0.340、0.233、0.274,其中只有数字借贷的系数在5%的水平上显著,其他变量的
系数均在1%的水平上显著,证明数字金融使用对农村居民家庭消费产生了显
著的正向影响,即使用数字金融的农村居民家庭比不使用数字金融的农村居
民家庭消费水平明显更高。最后一列结果显示,数字金融使用多样化程度回
归系数为0.239,变量在1%的水平上显著,说明数字金融使用多样化对农村居
民家庭消费同样具有刺激作用,农村居民使用数字金融的相关业务数量越多,
数字金融对家庭消费的促进作用越大。整体而言,数字金融使用确实促进了
农村居民家庭消费水平提升,且数字金融使用多样化程度越高的家庭,消费水
平越高。当前,越来越多的人选择使用线上支付进行消费,在支付过程中,数
字支付将现实中的现金交付转化为电子屏幕中的数字减少,降低了消费者的
心理损失(张美萱等,2018),有效降低了农村居民购买商品时的实际支付痛
感。同时,快速便捷的支付过程,缩短了购买支付时间,减少了消费者在购买
过程中可能存在的犹豫,这使得农村居民在原本就存在消费需求的情况下,在
购买商品和服务时更容易冲动消费,从而释放了农村居民的消费潜力。数字
借贷则降低了农村居民申请借贷的门槛,增强了借贷可得性,帮助农村居民更
快获取消费所需资金,进一步释放了原本受到抑制的消费需求。数字理财通
过向农村居民提供基金、保险等多样化的金融服务产品,提升了农村居民家庭
资产组合多样化程度,使投资渠道更加多样化,提高了资源配置效率,促进了
资金增长,为农村居民提供了消费基础。由此,假说H1得到了验证。

表6-2　数字金融使用对农村居民家庭消费影响的基准回归结果

名称	农村居民家庭消费	农村居民家庭消费	农村居民家庭消费	农村居民家庭消费	农村居民家庭消费
数字支付	0.274***				
	(0.019)				
数字借贷		0.340**			
		(0.150)			
数字理财			0.233***		
			(0.041)		

续表

名称	农村居民家庭消费	农村居民家庭消费	农村居民家庭消费	农村居民家庭消费	农村居民家庭消费
数字金融使用				0.274***	
				(0.019)	
数字金融使用多样化程度					0.239***
					(0.016)
年龄	−0.007	−0.021***	−0.020***	−0.007	−0.006
	(0.006)	(0.006)	(0.006)	(0.006)	(0.006)
年龄平方	0.000	0.000*	0.000*	0.000	0.000
	(0.000)	(0.000)	(0.000)	(0.000)	(0.000)
性别	−0.075***	−0.079***	−0.076***	−0.075***	−0.074***
	(0.021)	(0.021)	(0.021)	(0.021)	(0.021)
受教育水平	0.013***	0.017***	0.016***	0.013***	0.013***
	(0.002)	(0.002)	(0.002)	(0.002)	(0.002)
政治面貌	0.104***	0.116***	0.115***	0.104***	0.106***
	(0.021)	(0.022)	(0.021)	(0.021)	(0.021)
婚姻状况	0.132***	0.116***	0.116***	0.132***	0.130***
	(0.022)	(0.022)	(0.022)	(0.022)	(0.022)
社会保障	−0.037	−0.024	−0.029	−0.037	−0.038
	(0.048)	(0.048)	(0.048)	(0.048)	(0.048)
风险偏好类型	−0.068***	−0.076***	−0.075***	−0.068***	−0.067***
	(0.020)	(0.019)	(0.019)	(0.020)	(0.019)
身体状况	−0.029***	−0.022***	−0.022***	−0.029***	−0.028***
	(0.007)	(0.007)	(0.007)	(0.007)	(0.007)
家庭规模	0.167***	0.181***	0.180***	0.168***	0.168***
	(0.007)	(0.007)	(0.007)	(0.007)	(0.007)
少儿比例	−0.104*	−0.159**	−0.152**	−0.105*	−0.103*
	(0.060)	(0.060)	(0.060)	(0.060)	(0.060)
老人比例	−0.155***	−0.177***	−0.177***	−0.155***	−0.157***
	(0.028)	(0.028)	(0.028)	(0.028)	(0.028)
家庭总收入	0.004*	0.004**	0.004**	0.004**	0.004**
	(0.002)	(0.002)	(0.002)	(0.002)	(0.002)
家庭资产	0.128***	0.141***	0.140***	0.129***	0.128***
	(0.006)	(0.006)	(0.006)	(0.006)	(0.006)

续表

名称	农村居民家庭消费	农村居民家庭消费	农村居民家庭消费	农村居民家庭消费	农村居民家庭消费
人均地区生产总值	0.272***	0.288***	0.282***	0.272***	0.266***
	(0.025)	(0.026)	(0.026)	(0.025)	(0.025)
样本量	8481	8481	8481	8481	8481
R^2	0.424	0.410	0.411	0.424	0.425

注:括号内为稳健标准误,***、**和*分别表示1%、5%和10%的显著性水平。

2.数字金融使用与农村居民家庭消费结构

本章根据国家统计局对农村居民消费支出的划分方法,首先将农村居民家庭消费细分为八大类,旨在检验数字金融使用对农村居民家庭消费结构的影响,进一步探讨数字金融使用是否有助于提升农村居民家庭各项消费支出水平,进而全面促进农村消费内需动力释放。表6-3结果显示,数字金融使用的系数分别为0.198、0.658、0.841、0.264、0.298、0.575、0.188、0.475,变量均在1%的水平上显著,表明数字金融使用对八大类消费支出都有显著的正向促进作用,这进一步证实了数字金融使用会促进农村居民家庭各项消费的提升。一方面,随着支付宝和微信支付等移动支付服务的普及,大部分商户都相继开通了二维码支付模式,消费者只需用手机扫码就可完成购物,提升了支付便利性,缩短了购物时间,在边际上降低了购物成本(张勋等,2020);另一方面,网络购物和线上支付极大地丰富了农村居民的购物选择,农村居民足不出户即可方便快捷地购买到多样化的商品,直接降低了一直约束农村消费的物理耗能,满足了农村居民消费的多样性需求,扩大了农村居民家庭各方面的消费支出。

表6-3 分项消费的回归结果

名称	食品烟酒	衣着	居住	生活用品及服务	交通和通信	教育文化和娱乐	医疗保健	其他用品及服务
数字金融使用	0.198***	0.658***	0.841***	0.264***	0.298***	0.575***	0.188***	0.475***
	(0.021)	(0.065)	(0.096)	(0.031)	(0.032)	(0.038)	(0.074)	(0.101)
控制变量	已控制	已控制	已控制	已控制	已控制	已控制	已控制	已控制
样本量	8481	8481	8481	8481	8481	8481	8481	8481
R^2	0.278	0.227	0.314	0.133	0.223	0.376	0.110	0.046

注:括号内为稳健标准误,***表示1%的显著性水平。

　　进一步地,本章将农村居民八类消费合并为生存型消费和发展享受型消费两大类,探寻数字金融使用对两大类消费的影响差异。表6-4前两列结果显示,数字金融使用对于生存型消费和发展享受型消费的影响系数分别为0.215和0.372,变量均在1%的水平上显著,说明数字金融使用促进了农村居民家庭不同类型消费水平的增长。分维度来看,数字支付和数字理财对生存型消费和发展享受型消费的影响均在1%的水平上显著,数字借贷则在5%的水平上显著,即数字金融使用的三个维度对于农村居民消费均具有显著影响,这充分说明农村数字金融发展的各个维度均有利于刺激农村居民家庭消费欲望,提升消费水平,释放消费潜力。

表6-4　分类型消费的回归结果

名称	生存型消费	发展享受型消费	生存型消费	发展享受型消费	生存型消费	发展享受型消费	生存型消费	发展享受型消费
数字金融使用	0.215***	0.372***						
	(0.020)	(0.026)						
数字支付			0.215***	0.372***				
			(0.020)	(0.026)				
数字借贷					0.290**	0.466**		
					(0.142)	(0.221)		
数字理财							0.133***	0.376***
							(0.044)	(0.058)
控制变量	已控制	已控制	已控制	已控制	已控制	已控制	已控制	已控制
样本量	8481	8481	8481	8481	8481	8481	8481	8481
R^2	0.316	0.383	0.316	0.383	0.306	0.339	0.306	0.371

注:括号内为稳健标准误,***和**分别表示1%和5%的显著性水平。

　　为了进一步分析数字金融使用对两大类消费的影响及其差异,本章对数字金融使用对两大类消费的影响分别进行分位数回归,结果发现在所有分位点处,数字金融使用对生存型消费和发展享受型消费均具有显著的正向影响[1]。为了更直观地比较,在此对两大类消费的分位数回归结果图进行分析(见图6-1)。可以看到,随着分位数水平提高,数字金融使用对生存型消费和

---

[1]由于篇幅的限制,此处省略了数字金融使用对两大类消费影响的分位数回归结果。

发展享受型消费的影响均呈现出左高右低的下降趋势。与发展享受型消费相比,数字金融使用对生存型消费的影响在不同分位点处的变化幅度较小,表明对不同消费水平的农村居民家庭而言,数字金融使用对农村居民家庭生存型消费的促进作用明显小于发展享受型消费。但不管哪一类消费,对于低消费水平的家庭而言,数字金融使用对消费的促进作用明显更大。主要原因在于,生存型消费是农村居民保障日常生活最基础的消费,不同消费水平的家庭均要首先保证家庭基本的生活需要,加上国家对基本生活用品和食品价格的监管把控,使得各类产品的价格波动不大,并且日常生活消费品的需求弹性较小,因此不同消费水平家庭在生存型消费方面受数字金融使用的影响差异并不大。但随着农村居民收入水平的不断提高和物质生活的逐渐丰富,各种类型的商品和服务也不断增加,满足了不同消费群体的需求,特别是在基本生活需求得到满足的情况下,农村居民发展享受型消费的需求会快速提升,所以数字金融使用对发展享受型消费的促进作用明显高于生存型消费。另外,具有较高发展享受型消费水平的家庭本身已经具备了较高的消费能力和消费意愿,所以他们的消费受到的数字金融使用的促进作用较小。但对于发展享受型消费支出较低的家庭而言,其需求受到商品和服务价格的较大抑制,网络购物的普及可以帮助农村居民在网上挑选各类便宜实惠的商品和服务,极大程度地释放了原本被压抑的发展享受型消费需求,刺激家庭消费水平提升,数字金融使用也因此有助于推动农村居民家庭消费结构实现由以基础生存型消费为主向更高层次的以发展享受型消费为主的转型升级。

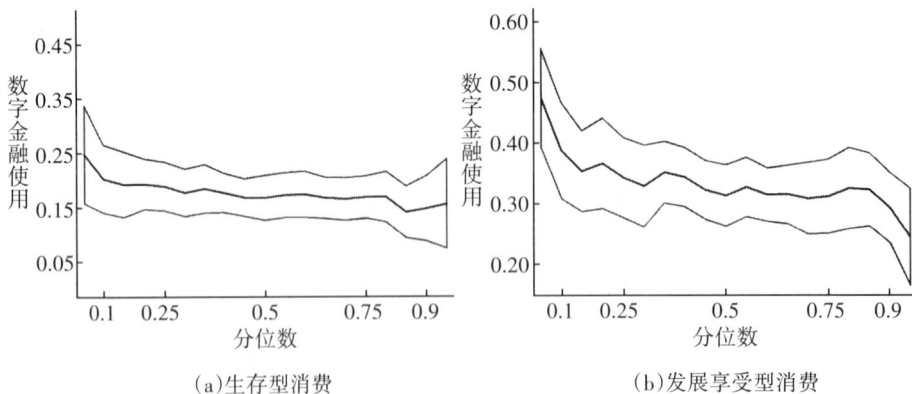

(a)生存型消费　　　　(b)发展享受型消费

图6-1　数字金融使用对不同分位点上两大类消费的影响

注:中间曲线表示不同分位数水平下数字金融使用对应的系数估计值,上下两条曲线之间表示系数的95%置信区间。

二、稳健性检验与内生性讨论

1.稳健性检验

考虑到实际调查中个体选择行为具有非随机性,居民在生活中使用数字金融与否存在一定的自选择偏差,本章采用以下方法对回归结果的稳健性进行检验:一是替换被解释变量。将前文中的被解释变量家庭消费总支出替换为家庭人均消费支出,结果如表6-5第一列所示,可以看出,数字金融使用变量依旧显著,证明了前文结果的稳健性。二是剔除特殊样本。考虑到四大直辖市可能会由于发展的特殊性,与其他省份存在较大差异,从而影响实证结果,本章将四大直辖市的样本剔除后重新回归,结果如表6-5第二列所示,数字金融使用变量依旧显著,再次证明了回归结果的稳健性。

表6-5 稳健性检验结果

名称	家庭人均消费支出	家庭消费总支出
数字金融使用	0.274^{***}	0.264^{***}
	(0.019)	(0.019)
控制变量	已控制	已控制
样本量	8481	7954
R^2	0.424	0.425

注:括号内为稳健标准误,***表示1%的显著性水平。

三是采用PSM方法回归。本章将数字金融使用作为处理变量,将年龄、性别、受教育水平、政治面貌、婚姻状况、社会保障、风险偏好类型、身体状况、家庭规模、家庭资产和人均地区生产总值作为协变量,进行PSM方法回归。样本的平衡性检验结果如表6-6所示,可以看出,匹配后的协变量标准化偏差绝对值均小于10%,且大多数T检验结果不拒绝处理组和控制组无差异的原假设,通过了平衡性检验。

表6-6 样本平衡性检验结果

名称	处理组	控制组	标准化偏差(%)	T值	P值
年龄	54.863	54.761	1.0	0.34	0.737
性别	0.870	0.873	−0.8	−0.26	0.797
受教育水平	7.719	7.895	−5.4	−1.72	0.085
政治面貌	0.137	0.145	−2.4	−0.69	0.489
婚姻状况	0.882	0.886	−1.2	−0.38	0.707
社会保障	0.975	0.974	0.7	0.22	0.827
风险偏好类型	2.933	2.934	−0.3	−0.10	0.924
身体状况	3.141	3.163	−2.1	−0.63	0.526
家庭规模	3.600	3.623	−1.5	−0.41	0.682
家庭资产	12.328	12.399	−5.3	−1.82	0.069
人均地区生产总值	11.013	11.015	−0.7	−0.19	0.850

本章采用一对一近邻匹配、一对四近邻匹配、半径卡尺匹配、核匹配方法对样本进行匹配,并计算数字金融使用的平均处理效应(ATT),结果如表6-7所示。根据一对一近邻匹配的结果,数字金融使用对于处理组和控制组的影响系数分别为10.911和10.625,相差0.286,差异在1%的水平上显著,与前文结果基本一致。使用其他匹配方法都得到了类似的结果,处理组和控制组的差异分别为0.242、0.245、0.250,且均在1%的水平上显著,进一步验证了假说H1,即在其他变量不变的前提下,数字金融使用对农村居民家庭消费水平提升起到了显著的促进作用。

表6-7 PSM回归结果

名称	处理组	控制组	ATT	T值
一对一近邻匹配	10.911	10.625	0.286***	7.81
一对四近邻匹配	10.911	10.670	0.242***	8.06
半径卡尺匹配	10.911	10.666	0.245***	8.40
核匹配	10.911	10.661	0.250***	9.04

注:*** 表示1%的显著性水平。

2.内生性讨论

农村居民的消费行为容易受到民族习惯、自然环境等难以直接观测的因素影响，数字金融使用与消费之间可能存在反向因果关系，这些都可能会造成实证结果偏误，因此需要采用工具变量进行处理，以缓解内生性问题。借鉴何婧和李庆海(2019)的做法，本章选取"同县同年龄段农村居民数字金融使用平均水平"作为"数字金融使用"的工具变量，工具变量法的回归结果如表6-8所示。根据回归结果可知，第一阶段工具变量的系数为正，在1%的水平上显著，且F统计量远大于10，说明符合相关性要求；第二阶段核心解释变量依旧在1%的水平上显著，表明在对内生性问题进行处理后，数字金融使用依然对于农村居民家庭消费具有显著的促进作用，这与基准结果一致。同时，Cragg-Donald Wald-F值和Kleibergen-Paak rk LM统计量分别为1363.879和1452.477，均远大于10，表明工具变量选择恰当，不存在弱工具变量问题。为保证工具变量选择严谨，本章又使用了有限信息最大似然法(LIML)估计，结果显示，数字金融使用的回归系数与前文结果一致，进一步证明了不存在弱工具变量问题。

表6-8　工具变量法回归结果

变量名称	两阶段最小二乘法(2SLS)		有限信息最大似然法(LIML)
	第一阶段	第二阶段	
数字金融使用		0.408***	0.408***
		(0.050)	(0.050)
数字金融使用平均水平	0.781***		
	(0.021)		
控制变量	已控制	已控制	已控制
F统计量	386.45		
Cragg-Donald Wald F统计量		1363.879	
Kleibergen-Paak rk LM统计量		1452.477	
样本量	8481	8481	8481
R^2	0.421	0.422	0.422

注:括号内为稳健标准误，***表示1%的显著性水平。

第五节 机制分析与异质性分析

一、影响机制分析

本章采用在回归中加入交互项的方法,主要从传统信贷约束和预防性储蓄的角度对数字金融使用影响农村居民家庭消费的机制进行检验,结果如表6-9所示。金融机构本身决策带来的信贷约束是信贷需求者被动接受的结果(李成友和李庆海,2016),即造成供给型信贷约束,而申请者自身的信贷需求被抑制则会产生需求型信贷约束,从而造成"信贷恐慌"(李成友等,2019)。相比于供给型信贷约束,需求型信贷约束的结果更加严重,因此需要更有针对性地分析影响的差异。从表6-9前两列结果可以看出,相比于存在供给型信贷约束的农村居民,数字金融使用对于受到需求型信贷约束的农村居民的影响更加显著,说明数字金融使用对存在需求型信贷约束的农村居民消费刺激作用更强,即需求型信贷约束在数字金融使用影响农村居民家庭消费过程中起到了正向调节作用,部分验证了假说H2。究其原因,这与申请信贷的门槛降低以及流程简化有关。以往农村居民申请信贷需要到正规金融机构的线下网点办理较为繁琐的手续,且农村地区网点稀少分散,使得申请贷款流程更为不便,获取贷款的可能性更低。同时,以往农村居民受到收入、抵押等门槛限制,对于申请贷款存在畏惧心理,因此申请贷款人数较少,导致大量需求型信贷约束存在,限制了农村居民的消费潜力。数字金融通过线上大数据完善信用评估体系,打破了传统信贷约束对消费的压抑,使得那些拥有良好信用且被传统金融排斥的农村居民可以通过手机端的简单操作申请贷款,极大地帮助了这类农村居民释放被压抑的潜在消费需求。

表6-9最后一列结果显示,数字金融使用变量在1%的水平上显著,系数为0.290,同时数字金融使用与预防性储蓄的交互项在5%的水平上显著,系数为正,即预防性储蓄越高,数字金融使用对农村居民家庭消费的刺激作用越强,说明在数字金融使用影响农村居民家庭消费的过程中,预防性储蓄起到了正向调节作用,验证了假说H3。其原因在于,随着金融市场的发展与完善,数字保险等风险管理工具可以帮助农村居民分散风险、减少风险,提高农村居民家

庭的抗风险能力,在预防性储蓄高的条件下,较多的储蓄为消费提供了坚实的经济基础,即数字金融的使用对于高储蓄的农村居民家庭消费刺激效果更好。同时,数字金融通过线上大数据,提升了农村居民的信息可得性,农村居民只需在手机上简单操作即可得到准确和透明的信息,进而减少预判抉择所带来的不确定性,增强农村居民的即期消费信心,推动他们的消费水平提升。

表6-9 影响机制检验的回归结果

名称	农村居民家庭消费	农村居民家庭消费	农村居民家庭消费
数字金融使用	0.274***	0.271***	0.290***
	(0.019)	(0.019)	(0.020)
数字金融使用×供给型信贷约束	0.055		
	(0.142)		
供给型信贷约束	−0.162		
	(0.111)		
数字金融使用×需求型信贷约束		0.189*	
		(0.108)	
需求型信贷约束		−0.155**	
		(0.065)	
数字金融使用×预防性储蓄			0.079**
			(0.038)
预防性储蓄			0.005
			(0.010)
控制变量	已控制	已控制	已控制
样本量	8481	8481	8475
R^2	0.424	0.426	0.427

注:括号内为稳健标准误,***、**和*分别表示1%、5%和10%的显著性水平。

二、异质性分析

1.性别差异

在深受儒家思想和传统性别文化观念影响的中国社会,"男主外,女主内"的传统家庭分工模式和性别角色观念仍占主流地位,特别是在农村地区,家庭内部的家务操持以及家庭日常采买仍以女性为主。因此,农村居民家庭消费行为可能受到户主性别的影响。为检验数字金融使用对不同性别户主的农村居民家庭消费的影响,本章在回归中加入数字金融使用与性别的交互项,结果如表6-10第(1)列所示。可以发现,数字金融使用在1%的水平上显著,系数为正,交互项在10%的水平上显著,系数为负,表明与户主为男性的农村居民家庭相比,数字金融使用对于户主为女性的家庭有更强的消费刺激作用。虽然受传统家庭分工模式和性别角色观念的影响,农村女性的生活半径可能受到限制,但数字金融使用可以缓解正规金融对女性群体的物理距离排斥,使得女性群体相比以往更加容易获得金融服务,增强了她们的金融可得性,为她们的家庭消费提供金融支持。此外,智能手机的普及、应用软件的日新月异以及移动支付技术的实现都为数字金融在中国农村地区的发展提供了条件,丰富了农村居民线上的购物选择,降低了消费成本,物美价廉的商品也满足了女性群体在采购家庭所需日用品时的消费需求,刺激了家庭消费水平的增长。

2.收入水平差异

绝对收入假说认为当期消费随收入变化而变化,而一般低收入和中等收入家庭的消费水平受到自身资源禀赋的限制,他们进行高水平消费时易存在缺乏资金支持的现象,为预防未知风险更是倾向于减少消费,选择储蓄以增强抵抗风险的能力。因此,为检验数字金融使用对农村不同收入水平家庭消费的影响,参考吴雨等(2021)的做法,本章将总样本根据平均收入水平划分为低收入组和高收入组,高于平均水平的家庭为高收入组,否则为低收入组。以低收入组为参照,在回归中加入数字金融使用与高收入组的交互项。结果如表6-10第(2)列所示,数字金融使用在1%的水平上显著,系数为0.356,与前文结果一致,交互项显著,系数为负,说明数字金融使用对低收入家庭的消费增长促进作用更大。与高收入家庭相比,低收入家庭消费受到资金和环境的约束更大,数字借贷、数字理财等服务可以使低收入农村居民更为便捷地获取资金,释放他们被压抑的消费需求。

3.生命周期差异

根据Modigliani and Brumberg(1954)提出的"生命周期假说"理论,消费者

在收入预算约束下,希望将自己一生全部收入在消费支出中进行最优分配,使
自身效用实现最大化,因此消费者会在不同年龄阶段表现出不同的消费行为。
本章参考李晓等(2021)的做法,将全部样本按户主年龄分为低、中和高年龄
组,其中30岁以下为低年龄组,30岁到60岁为中年龄组,60岁以上为高年龄
组。以低年龄组为参照,本章将数字金融使用分别与中年龄和高年龄的交互
项放入模型,结果如表6-10第(3)、(4)列所示,可以发现,数字金融使用对于中
年龄和高年龄家庭的刺激作用均显著,但中年龄交互项的系数为负,高年龄交
互项的系数为正。中年龄人群正处于人生中"上有老下有小"的特殊阶段,特
别是在农村社会保障水平较低的情况下,中年人不得不降低家庭消费而加大
预防性储蓄,所以数字金融使用在短期内对中年龄家庭的消费有明显的负向
影响。相反,对于高年龄家庭,往往拥有一定的储蓄,本身具备一定的消费基
础,同时随着年龄的增长,对即期消费的心理需求也会逐步增加,再加上数字
金融使用可以降低预防性储蓄而对消费产生促进作用,从而进一步释放潜在
消费需求。

表6-10 异质性检验结果

名称	农村居民家庭消费	农村居民家庭消费	农村居民家庭消费	农村居民家庭消费
	(1)	(2)	(3)	(4)
数字金融使用	0.339***	0.356***	0.337***	0.255***
	(0.039)	(0.029)	(0.032)	(0.022)
数字金融使用×性别	−0.071*			
	(0.040)			
数字金融使用×高收入		−0.060*		
		(0.034)		
数字金融使用×中年龄			−0.081**	
			(0.038)	
数字金融使用×高年龄				0.082**
				(0.038)
控制变量	已控制	已控制	已控制	已控制
样本量	8481	8481	8481	8481
R²	0.423	0.411	0.422	0.422

注:括号内为稳健标准误,***、**和*分别表示1%、5%和10%的显著性水平。

第六节　结论和政策建议

本章采用2019年中国家庭金融调查数据,实证分析了数字金融使用对农村居民家庭消费的影响,并进行了异质性分析和传导机制的讨论。研究结果表明,总体上看,数字金融使用对农村居民家庭消费具有显著的促进作用,在控制内生性问题以及进行多种稳健性检验之后,这一结论依然成立。进一步检验数字金融使用对农村居民各项消费的影响发现,数字金融使用显著促进了农村居民家庭的生存型消费、发展享受型消费以及八大类消费,且对发展享受型消费具有更大的促进作用,有助于推动农村居民的消费结构转型升级,有效释放农村消费内需潜力。研究数字金融使用对农村居民家庭消费的传导机制发现,传统信贷约束和预防性储蓄对于数字金融使用促进农村居民消费水平具有正向调节作用,即在农村居民家庭存在传统信贷约束或预防性储蓄较高的情况下,数字金融使用促进农村居民家庭消费的效果更强。异质性分析发现,数字金融使用对农村居民家庭消费的促进作用在不同群体之间存在显著差异,对于女性户主和60岁以上的高龄户主,数字金融使用对家庭消费的促进作用更强。同时,相对于高收入水平家庭,数字金融使用明显对低收入家庭的消费促进作用更强。

据此,本章提出如下政策建议:第一,鼓励各大金融机构、互联网金融公司和科技企业加大研发经费投入,以市场需求为导向加快数字金融技术的更新换代,简化数字金融服务应用程序,不断优化创新数字化产品服务,发展多样化、多层次、综合性的数字金融服务体系,提高金融服务效率,降低金融交易成本,从而提高数字金融的接受度和使用率,实现针对农村居民的基础金融服务不出村,重点金融服务不出镇。同时,通过建设村级金融服务站、数字金融服务体验专区,线下帮助农村居民掌握数字金融基本功能使用程序,打通普惠金融"最后一公里"。第二,政府部门与农村金融机构可利用微博、微信、抖音等多种新兴媒体向村民普及金融基础知识、必要的理财知识和数字金融产品,引导农村居民通过正规渠道了解数字金融相关知识和产品,提高金融知识与相关信息的传播效率,让金融知识走进千家万户。此外,通过应用数字化渠道、技术和大数据分析结果,提升机构运行效率、降低成本,推出更多普惠性的金融产品,让农村居民更有获得感、安全感。第三,金融机构运用数字技术实现风险管控、合规管理、运营决策等领域的数字化、智能化运营管理平台建设,为农村居民家庭的现金管理、数字借贷、数字理财等创新业务顺利开展创造条件。要坚持因人而异、因地制宜,打造适老化、民族版、关怀式移动金融产品,运用智能移动设备延伸金融服务触角,通过体验学习、尝试应用、经验交流、互助帮扶等手段切实增强用户数字素养和金融素养,不断提升农村金融服务深度、广度和温度,让守正向善的科技创新成果更多、更好、更公平地惠及更广大的农村居民。

---- · 第七章 · ----

数字金融与农户家庭增收：影响效应与传导机制

随着宏观经济转型及增速减缓，促进农民持续增收面临严峻挑战，急需寻求促进农民增收的新动力。数字金融作为数字技术与金融服务高度融合的产物，有望通过金融组织与金融服务等方面的创新，解决农村普惠金融发展长期面临的收益低、成本高、效率与安全难以兼顾等瓶颈问题，为乡村振兴和缓解相对贫困提供金融支持。与传统金融机构的排他性对比，数字金融可以满足那些通常难以享受到金融服务的中小微企业和低收入人群的需求，从而体现了普惠金融的应有之义（郭峰等，2020）。数字金融可能为农民收入增长带来新机会，因此系统、客观地讨论数字金融行为对农户家庭增收的影响并识别出具体的作用机制极为重要。现有关于数字金融影响农户增收的实证研究存在不足，以往研究大多是基于理论分析和政策讨论，偶有实证研究也仅从供给方的视角进行讨论，从需求主体，即农户行为视角探讨数字金融影响农户家庭增收及传导机制的文献较为缺乏。本章利用2017年中国家庭金融调查数据，从数字金融需求方的视角研究数字金融对农户家庭增收的影响效应及传导机制。

第一节 文献回顾与评述

关于金融发展影响农民收入增长,经典文献认为金融发展可以优化资源配置,有助于经济增长(King and Levine,1993)。由于中国金融发展存在的结构和功能失衡(温涛等,2005),农村信贷存在结构失调和产出效率"瓶颈"(丁志国等,2012),传统金融在促进农民增收方面存在不足。建立在互联网等创新技术基础上的数字金融,可以突破物理网点和营业时间对金融服务的限制,具有更强时空穿透力和低成本优势,为提高欠发达地区的金融服务水平创造了条件,有助于改善农村地区金融资源可得性,缓解小微企业及农户的融资约束,提高资源配置效率,为欠发达地区实现经济赶超提供了可能(李继尊,2015)。张勋等(2019)研究表明,数字普惠金融显著提升了家庭收入,尤其是农村低收入群体。刘丹等(2019)利用中国省级面板数据分析发现,数字普惠金融对农民非农收入增长具有显著的空间溢出效应。任碧云和李柳颖(2019)基于京津冀地区的农户调查数据研究发现,数字支付、数字借贷和数字服务可得性有助于促进农村包容性增长。显然,数字金融对农户收入增长效应及微观传导机制的研究还有待加强。

关于农户创业,Baumol(1990)指出企业家持续创业是社会经济维持稳定增长的重要驱动力量,也是促进创新和解决发展中国家就业的主要渠道。在经济转型发展的背景下,促进创业已经成为中国的一项重要发展战略。经典文献认为信贷约束会对创业产生负向影响(Evans and Jovanovic,1989)。而数字技术可以拓展金融服务范围和触达能力,降低金融约束,从而有助于创业机会的均等化,促进创业活动并提高创业绩效。谢平和石午光(2016)认为在第三方支付基础上形成的担保交易机制符合商业交易规范的制度安排,推动电子商务领域的创业发展。鲁钊阳和廖杉杉(2016)研究发现,P2P网贷有效促进了农村电商创业发展,并提升了创立企业的偿债能力、营运能力和盈利能力。Beck等(2018)对肯尼亚M-Pesa移动支付的研究表明,移动支付提升了居民的创业绩效,最终促进经济发展。谢绚丽等(2018)将数字普惠金融指数与省级新增企业注册信息匹配,研究结果表明数字金融对创业活动有显著的促进作用,对于城镇化较低的省份、注册资本较少的微型企业,数字金融的促进作用更强。何婧和李庆海(2019)基于调研数据,研究表明数字金融通过缓解信贷和信息约束、强化农户社会责任进而促进农户创业,提高创业绩效。张勋等(2019)研究表明数字金融特别有助于促进低物质资本和低社会资本家庭的创业行为。尹志超等(2019)基于京津冀地区的样本研究发现,第三方支付有助于促进城乡家庭的主动型创业和农村地区的生存型创业。可以看出,很多学者关注到数字金融对创业活动的影响,但是对农户创业影响的研究依然较少,数字金融能否通过提升农户创业水平进而促进农户增收的问题值得进一步讨论。

关于非农就业,肖卫和肖琳子(2013)研究表明农业劳动力流向现代部门对农民家庭收入产生了显著的正向影响。方观富和许嘉怡(2020)认为数字普惠金融能够促进居民就业。何宗樾和宋旭光(2020)研究表明数字金融能够促进非农就业,特别是受雇型非正规就业。可以看出部分文献关注到数字经济、数字金融对促进就业的积极意义,但是关于数字金融对农户非农就业影响的研究并不多见,结合上述数字金融与居民创业活动以及数字金融对产业结构影响的研究(唐文进等,2019;杜金岷等,2020),可以预期数字金融能够提高农户非农就业水平,进而促进农户家庭收入增长。

综上所述,有关数字金融影响居民创业、家庭收入的文献逐渐增加,但是这些研究很多是从金融供给方的视角针对全体居民家庭进行研究,专门针对农村家庭的研究较少。少数研究从需求方的角度探讨数字金融使用对居民创业、家庭增收的影响(尹志超等,2019),但考察范围仅限于部分地区,从非农就业的视角讨论数字金融影响农户增收的文献则更为少见。此外,现有文献可能忽略的一个问题是:不使用数字金融的家庭是否能从数字金融发展中获得收益?就本章的研究内容而言就是不使用数字金融的农户,其家庭收入是否受到其他农户数字金融使用的影响?对此,现有文献并没有给出明确回答。本章力图在以下几个方面有所创新:第一,利用中国家庭金融调查数据,从微观层面讨论农户数字金融使用对家庭收入以及收入结构的影响,并从农户创业及非农就业的视角讨论其内在机制;第二,通过引入社区数字金融水平这一变量,讨论了其他农户的数字金融行为对不使用数字金融农户的家庭增收、创业行为及非农就业的影响,同时也考察了社区数字金融水平提升对使用数字金融的农户增收带来的影响，发现农户数字金融行为具有显著的外溢效应；第三，通过分位数回归、分组估计的方法讨论了数字金融影响异质性农户家庭增收效应的多维特征。

第二节 实证研究设计

一、模型设定

1. 收入效应分析：数字金融与农户家庭收入

（1）建立数字金融使用影响农户家庭收入增长的模型

y_i表示家庭收入，df_i表示家庭成员是否使用数字金融。对农户家庭收入取对数，得到实证模型如下：

$$y_i=\gamma_0+\gamma_1 df_i+\gamma_2 X_i+\varepsilon_i \tag{7.1}$$

其中，γ_1表示数字金融使用对家庭收入的影响，X_i表示户主信息、家庭特征及所在地区的控制变量，ε_i为随机扰动项。

（2）社区数字金融水平与农户家庭收入增长

数字金融发展能够降低金融门槛，创新金融产品服务、流程和组织，更准确地识别出效率更高的生产部门和经营主体、还款能力和还款意愿更强的金融消费者，有助于提升投资效率和扩大消费，从而促进经济增长和就业机会增加。因此，农户数字金融行为可能对其他农户的家庭收入具有溢出效应，即使这些家庭不使用数字金融也可以因其他家庭的数字金融行为而获益。此外，在互联网经济环境中，网络产品具有兼容性，外部性问题普遍存在。建立在互联网基础上的数字金融具备网络经济的外部性特征，农村居民家庭收入增长除了与家庭数字金融使用有关，还与其他家庭的数字金融行为有关。换句话说，其他家庭的数字金融行为会影响农户家庭使用数字金融获得的收入效应。为了检验社区数字金融水平对不使用数字金融农户家庭收入增长的溢出效应，构建如下实证模型：

$$y_i=\gamma_0+\alpha p_j+\gamma_1 df_i+\gamma_2 X_i+\varepsilon_i \tag{7.2}$$

其中,j表示社区,p表示社区数字金融平均使用水平,α表示社区数字金融水平对不使用数字金融家庭收入增长的溢出效应。更进一步,根据数字金融水平对社区进行分组,考察不同水平下社区数字金融水平的溢出效应差异。

2.传导机制:数字金融与家庭创业、非农就业水平

(1)数字金融与农户创业

数字金融有利于缓解金融机构与农户之间的信息不对称,降低金融服务成本,提高金融效率,缓解农户金融约束,进而激励农户创立工商企业(Kara-ivano,2012)。此外,数字金融带来交易的便利性和低成本性,有利于提高工商企业的经营效率,提高创业绩效,促进农户家庭收入增长。为检验这一传导机制,本章建立如下模型:

$$Entrepre_i^* = \beta_0 + \beta_1 df_i + \gamma_2 X_i + \mu_i$$

$$Prob(Entrepre_i = 1) = Prob(Entrepre_i^* > 0) \tag{7.3}$$

$$Performance_i = \alpha_0 + \alpha_1 df_i + \alpha_2 X_i + \upsilon_i \tag{7.4}$$

家庭创业为虚拟变量,背后存在一个连续的潜变量$Entrepre_i^*$,即创业产生的净效用或者净福利为正时,家庭选择创业,否则选择不创业(张勋等,2019),式(7.3)给出了家庭创业的二元选择模型和潜在变量的表达式。式(7.4)表示数字金融对创业绩效的影响,分别用营业收入和盈利水平来衡量。

数字金融使用带来创业机会均等化可能提升非创业家庭的创业意愿,为农村家庭的持续创业活动注入新的力量。为此,本章用$Entrepre\_plan$表示创业意愿,建立模型:

$$Entrepre\_plan_i = \beta_0 + \beta_1 df_i + \gamma_2 X_i + \sigma_i \tag{7.5}$$

(2)数字金融与非农就业

农户工商企业经营活动和经营水平提高为农村居民带来更多非农就业机会,进而提升农村创业家庭和非创业家庭的非农就业水平。此外,数字金融缓解了金融约束,有助于促进农村居民消费水平、加速人力资本积累、增加财经信息的接触和感知力度,进而提高农村居民非农就业的能力。因此,数字金融使用可能通过非农就业水平影响农户家庭收入。为检验这一传导机制,本章用job表示农户非农就业水平,建立模型:

$$job_i = \beta_0 + \beta_1 df_i + \gamma_2 X_i + \mu_i \tag{7.6}$$

数字金融发展对传统金融行业形成了一定的冲击(战明华等,2018),加速了中国利率市场化进程,提高了金融市场的竞争程度,导致银行资产端风险承担偏好上升,借贷利率和净息差有所下降(邱晗等,2018),这有助于提升农村地区信贷获得水平。此外,农村家庭之间存在学习效应以及就业机会在非创业家庭之外的溢出效应,不使用数字金融的农户在创业和非农就业等方面可能受到其他农户数字金融行为的影响。本章将社区数字金融水平引入式(7.3)—(7.6),在社区层面考察农户数字金融使用行为对不使用数字金融农户的家庭创业和非农就业是否具有溢出效应。

二、数据来源

本章使用的微观数据来自西南财经大学2017年中国家庭金融调查数据。该调查提供的样本覆盖了全国除新疆、西藏和港澳台外的29个省份,355个县(区、县级市),1428个社区,40011户城乡家庭(农村住户12732户)的微观数据。这些详尽的调查资料为本章研究数字金融、农户创业、非农就业和农户家庭增收提供了有效的数据支持。由于农户家庭收入可能受到宏观经济发展和政府农村政策的影响,本章还控制了地区经济发展水平和财政支农水平,这部分数据来自国家统计局网站。

三、变量设定

(1)农户家庭收入

本章采用2017年中国家庭金融调查中农村居民家庭总收入作为农户家庭收入的代理指标,并将其分解为农业收入和非农收入两部分。借鉴尹志超等(2019)的做法,若农户家庭收入大于零则家庭收入取对数;若家庭收入小于零,则为绝对值取对数的负值。

(2)数字金融

本章从两个层面考察数字金融,农户层面的数字金融使用和社区层面的数字金融水平。农户层面的数字金融使用,参照已有文献(尹志超和张号栋,

2018)，如果家庭成员在购物时选用"刷卡"、"电脑支付"、"移动终端"中的任意一种，则认为家庭使用数字金融，即"数字金融使用"=1，否则为0。社区层面，本章将社区家庭数字金融使用比重作为社区数字金融水平的代理变量，取值范围为0—1。

（3）家庭创业

由于农村居民的职业选择及其他经济活动是家庭成员联合决策的结果，且家庭财务数据难以细分到每个成员，通常的做法是从家庭层面来定义农村居民创业活动。本章从家庭创业状态、创业动机、创业绩效及创业意愿四个层面全面反映农村家庭创业。参照以往文献（尹志超等，2015），本章采用虚拟指标来表示家庭的创业状态。如果家庭从事工商生产经营项目，则"家庭创业"=1，否则为0。这里的家庭创业不包括农村家庭从事农、林、牧、渔等农业生产经营活动。根据全球创业观测报告对创业动机的分类，本章将家庭创业分为机会型创业和生存型创业。机会型创业是指创业者基于创业机会并主动进行的创业活动，生存型创业是指创业者由于缺乏就业选择或者被雇佣的收益过低而被迫选择创业。如果家庭从事工商业生产经营项目的原因是想"挣钱更多"、"自己当老板"、"自由自在"，则"机会型创业"=1，反之为0；如果创业原因是"找不到其他工作机会"，则"生存型创业"=1，反之为0。采用企业经营收入和净利润情况表示家庭的创业绩效，对经营绩效的数据处理与家庭收入数据的处理方式类似。对于非创业家庭，通过设置虚拟变量反映非创业家庭的创业意愿，如果家庭有经营工商业项目的打算，"创业意愿"=1，否则为0。

（4）非农就业

非农就业一般是指农村居民在农业以外的其他行业就业。长期以来，我国农村家庭人均耕作土地面积较小，农业经济效益较低，寻找除农业以外的就业机会成为农村家庭收入增长的重要来源。CHFS问卷访问了家庭成员工作单位的类型，本章将样本农村家庭成员中除去"耕作经营承包土地"的就业人数占家庭16岁及以上人口的比值作为农户家庭非农就业水平的代理指标，取值为0—1。

（5）其他变量

参照相关文献（张勋等，2019；尹志超等，2019），本章控制了户主特征（年龄及年龄的平方、性别、教育水平、政治面貌及婚姻状况及风险态度)、家庭特征(家庭规模、少儿比例、老人比例、不健康人口比例)、家庭是否使用互联网、物质资本、社会资本及所在区域的经济政策特征(区域经济发展水平,财政支农水平)。此外,本章在回归中还加入地区虚拟变量。

四、变量统计性描述

由于 CHFS 数据库已经对家庭收入、工商企业营业收入和经营利润进行了缩尾处理,本章剔除关键变量缺失值和户主年龄小于 16 岁的样本,共得到全国 12724 个农村家庭的样本数据。此外,项目营业收入和经营利润仅存在于创业家庭样本,且有数据缺失,本章得到营业收入和利润的样本量分别为 1174 和 1012。表 7-1 汇报了主要变量的描述性统计结果。数据显示,非农收入是农户家庭收入最重要的组成部分;使用数字金融的农户占全部农户的比重为 13.6%,社区数字金融使用水平差异较大;农村家庭创业比例为 9.7%,有创业意愿的非创业家庭占比为 9.8%,机会型创业的比重远远高于生存型创业;农户家庭平均非农业就业水平为 0.294。

表 7-1 主要变量描述性统计

变量名	定义	观测值	平均值	标准差	最小值	最大值
家庭总收入	家庭收入的对数值	12724	9.452	3.278	-13.816	15.425
农业收入	农业收入的对数值	12724	5.161	5.556	-13.026	14.374
非农收入	非农收入的对数值	12724	8.974	2.791	-13.816	15.425
数字金融使用	使用数字金融=1,否则=0	12724	0.136	0.343	0.000	1.000
社区数字金融水平	社区使用数字金融家庭比例	12724	0.136	0.124	0.000	0.810
创业状态	家庭创业=1,否则=0	12724	0.097	0.296	0.000	1.000
机会型创业	主动型创业=1,否则=0	12724	0.064	0.246	0.000	1.000
生存型创业	生存性创业=1,否则=0	12724	0.021	0.143	0.000	1.000
创业意愿	有创业打算=1,否则=0	11491	0.098	0.297	0.000	1.000
营业收入	项目营业收入的对数值	1174	10.646	1.529	6.735	15.895
经营利润	项目盈利金额对数值	1012	10.130	1.404	2.565	15.425
非农就业水平	非农就业比例	12724	0.294	0.320	0.000	1.000

注：根据调查问卷及数据库提供的数据，创业意向为非创业家庭的创业意向，创业收入包括收入为零的项目，利润金额反映利润为正的项目，数据库没有提供项目利润小于或等于零的资料。此外，限于篇幅未报告其他变量的描述性统计结果。

表7-2和表7-3汇报了变量分组描述性统计结果。表7-2显示，使用数字金融、创业及存在非农就业家庭的总收入、农业收入、非农收入及非农收入比例均高于不使用数字金融、非创业及不存在非农业就业的家庭。表7-3显示使用数字金融家庭的创业概率、创业意向、项目营业收入和经营利润、非农就业水平均要高于不使用数字金融的家庭。数字金融使用与农户家庭创业、非农就业、农户家庭收入的正相关性非常明显。但是数字金融使用是否通过家庭创业和非农业就业影响农户家庭收入增长，以及不使用数字金融的家庭是否能从其他家庭的数字金融行为中获得收益，还需要运用计量模型进行严格的实证分析。

表7-2　农民家庭收入分组描述统计

名称	是否使用数字金融		是否创业		是否存在非农就业	
	使用数字金融	不用数字金融	创业家庭	非创业家庭	存在非农就业	不存在非农就业
总收入(元)	117384.7	38964.0	131458.8	40859.3	72267.7	21929.9
农业收入(元)	22650.2	9552.5	20214.8	10382.6	12462.7	9954.9
非农业(元)	94734.5	29411.5	111244.0	30476.7	59805.0	11975.0
非农收入占比	80.70%	75.48%	84.62%	74.59%	82.76%	54.61%

表7-3　家庭创业和非农就业分组描述

名称	家庭创业	机会型创业	生存型创业	营业收入(元)	利润金额(元)	非农就业水平
使用数字金融	0.259	0.178	0.050	287315.6	114845.8	0.492
不使用数字金融	0.071	0.047	0.016	90031.68	47280.1	0.263

第三节　基准回归与结果分析

一、基准结果分析

　　按收入来源将农户家庭收入分解为农业收入和非农收入，表7-4报告了基于OLS的估计结果。模型（1）—（3）是基于全样本的估计结果。模型（1）显示数字金融使用对农户家庭总收入估计系数为0.346，且通过1%的显著性检验，与不使用数字金融的家庭相比，使用数字金融可以使农户家庭总收入增长41.3%[①]。模型（2）显示数字金融使用对农业收入的估计系数为-0.694，且通过1%的显著性水平检验，使用数字金融使农业收入下降50%。模型（3）显示数字金融使用对非农收入的估计系数为0.523，且通过1%的显著性水平检验，使用数字金融可以使非农收入增长68.71%。模型（4）—（6）为剔除家庭总收入小于等于零的样本的估计结果，结论与全样本的分析结论基本一致。这说明数字金融使用总体上促进了农户家庭收入增长，并改变了家庭收入结构。具体来看，数字金融使用与农业收入显著负相关，与非农收入显著正相关。这可能是使用数字金融的家庭有更多非农就业和工商企业经营机会，减少了农业生产经营活动，形成了非农收入对农业收入的替代，并且非农收入增加大于农业收入的减少，最终促进农户家庭总收入增长。

表7-4　数字金融使用与农户家庭收入（OLS估计）

名称	全样本			家庭总收入大于零		
	（1）	（2）	（3）	（4）	（5）	（6）
变量	总收入	农业收入	非农收入	总收入	农业收入	非农收入
数字金融使用	0.346***	-0.694***	0.523***	0.350***	-0.745***	0.565***
	(3.69)	(-4.09)	(7.16)	(9.93)	(-4.61)	(9.62)
N	12724	12724	12724	12341	12341	12341
R^2	0.0916	0.0702	0.1680	0.3446	0.0858	0.1979

注：括号内为异方差稳健标准误对应的t值；***、**、*分别表示1%、5%、10%的显著性水平；相关控制变量与常数项已控制。下同。

[①] 根据exp（x）-1，其中x为数字金融使用的系数。

二、工具变量分析

为解决可能的遗漏变量和反向因果而存在的内生性问题,需要采用工具变量对模型进行处理。关于数字金融使用的工具变量,尹志超等(2019)采用同社区其他家庭参与第三方支付的平均情况作为家庭使用第三方支付的工具变量。本研究认为数字金融具有外部性特征,同社区数字金融水平不适合作为家庭数字金融使用的工具变量,因此选择智能手机作为数字金融的工具变量。智能手机是农村家庭使用数字金融最重要的终端设备,在控制了家庭互联网行为等其他控制变量后,智能手机对家庭收入难以产生直接影响。在模型估计中,考虑到使用农户家庭拥有智能手机作为工具变量时,不能通过弱工具变量F检验,因此选择社区智能手机拥有水平作为数字金融使用的工具变量。内生性检验显示模型存在内生性问题,弱工具变量检验的Cragg-Donald Wald F值显示不存在弱工具变量问题,因此工具变量的选择是适当的。两阶段最小二乘法(2SLS)的估计结果表明,数字金融使用降低了农业收入、增加了非农收入,并最终促进了总收入增长(见表7-5)。

表7-5 数字金融使用与农户家庭收入(2SLS估计)

变量	全样本			家庭总收入大于零		
	总收入	农业收入	非农收入	总收入	农业收入	非农收入
数字金融使用	4.361**	−6.068**	5.752***	4.187***	−6.326**	4.936***
	(2.51)	(−2.06)	(3.66)	(4.85)	(−2.31)	(3.70)
内生性检验	0.0162	0.0597	0.0002	0.0000	0.0362	0.0000
弱工具变量检验	40.390	40.390	40.390	41.022	41.022	41.022
样本量	12724	12724	12724	12341	12341	12341

注:内生性检验报告P值,弱工具变量检验报告Cragg-Donald Wald F值。

采用工具法可以缓解逆向因果、遗漏变量等因素导致的内生性问题,但是不能解决样本自选择所导致的偏差。通常受访农户数字金融使用状况并不满足随机抽样的规则,也就是说农户是否使用数字金融可能是自我选择的结果。对此,使用倾向得分匹配法(PSM)纠正可能存在的选择性偏差。由于存在较多具有可比性的对照样本组,为了避免存在太远的邻近和提高匹配效率,本章主要采用卡尺内一对4匹配和核匹配进行估计。样本匹配后损失了两个处理组样本,样本平衡性检验结果显示匹配后大多数变量的t检验结果均支持处理组与控制组无差异的原假设(限于篇幅未报告结果),表明使用PSM方法是恰当的。表7-6的估计结果表明,2种匹配方法下农户数字金融使用的平均处理效应(ATT)均通过1%的显著性检验,系数的大小与表7-4的估计结果基本相近。采用家庭总收入大于零的样本进行估计的结果依然具有稳健性(限于篇幅未报告估计结果)。

表7-6　数字金融使用与农户家庭收入(PSM估计)

变量	总收入		农业收入		非农收入	
	卡尺内4近邻匹配	核匹配	卡尺内4近邻匹配	核匹配	卡尺内4近邻匹配	核匹配
数字金融使用	0.321***	0.400***	-0.749***	-0.783***	0.508***	0.559***
	(2.76)	(3.90)	(-3.73)	(-4.35)	(5.33)	(5.90)
控制组	10992	10992	10992	10992	10992	10992
处理组	1730	1732	1730	1732	1730	1732

三、社区数字金融水平的溢出效应

在控制数字金融使用变量后,由于采用社区智能手机水平作为社区数字金融水平的工具变量进行内生检验,检验结果接受不存在内生性的原假设(限于篇幅未报告检验结果),因此仅报告OLS的估计结果。表7-7显示,社区数字金融使用水平能够有效促进不使用数字金融家庭的总收入和非农业收入,降低非农收入。此外,与上文估计结果相比,数字金融使用的估计系数的符号和显著性并未发生明显变化,再一次表明相对于不使用数字金融的家庭,使用数字金融农户的家庭总收入和非农收入增长更快,农业收入下降更多。

表7-7　社区数字金融水平与农户收入增长(OLS估计)

变量	全样本			家庭总收入大于零		
	总收入	农业收入	非农收入	总收入	农业收入	非农收入
社区数字金融水平	1.433***	-1.196***	1.744***	1.146***	-1.373***	1.529***
	(6.00)	(-2.70)	(8.49)	(10.78)	(-3.21)	(8.63)
数字金融使用	0.213**	-0.584***	0.362***	0.244***	-0.618***	0.424***
	(2.22)	(-3.34)	(4.80)	(6.83)	(-3.72)	(7.11)

续表

变量	全样本			家庭总收入大于零		
	总收入	农业收入	非农收入	总收入	农业收入	非农收入
样本量	12724	12724	12724	12341	12341	12341
R^2	0.0937	0.0707	0.1724	0.3511	0.0866	0.2022

进一步地,本章按照社区数字金融水平中位数(0.1)将社区分为两组。表7-8的估计结果表明[1],在低水平社区,数字金融水平对不使用数字金融农户家庭的总收入、农业收入、非农收入的影响不显著,这说明数字金融的溢出效应需要建立在较高的数字金融发展水平之上。数字金融使用的估计系数不显著,表明数字金融使用的增收效应同样需要较高的数字金融发展水平的支撑。

表7-8　社区数字金融水平与农户收入增长(OLS估计):按照社区数字金融水平分组

变量	总收入		农业收入		非农收入	
	低水平社区	高水平社区	低水平社区	高水平社区	低水平社区	高水平社区
社区数字金融水平	1.235	1.160***	1.203	−1.533**	0.776	1.502***
	(0.93)	(3.83)	(0.54)	(−2.49)	(0.74)	(5.45)
数字金融使用	0.227	0.239**	−0.210	−0.568***	0.489***	0.332***
	(0.94)	(2.25)	(−0.53)	(−2.87)	(2.64)	(3.97)
样本量	5773	6951	5773	6951	5773	6951
R^2	0.0850	0.0975	0.0767	0.0773	0.1458	0.1815

四、分位数分析

为准确、全面描述数字金融使用、社区数字金融水平对农户家庭总收入的变化范围及条件分布形状的影响[2],本章进一步使用分位数回归进行分析。表7-9汇报了数字金融使用、社区数字金融水平在主要分位点上对总收入的估计结果。结果表明,在0.05分位点以外的其他分位点上,数字金融使用对农户家庭增收具有显著的正向影响,且随着分位点的提高,估计系数表现出先下降

---

[1]由于两组样本估计结果基本一致,限于篇幅后续分析仅报告全样本估计结果。
[2]根据上文的分析,数字金融通过改变收入结构进而影响家庭总收入增长,限于篇幅此处仅讨论数字金融对家庭总收入的影响。

后缓慢上升的趋势。社区数字金融水平在所有分位点上的估计系数均通过1%
的显著性检验,随着分位点提高其系数先下降后缓慢上升。总体上,数字金融
对中等收入以下农户的增收效应更强,对高收入农户的增收效应强于中高收
入农户。中等收入以下家庭较大的边际增收效应有利于缩小农村家庭收入差
距,但是高收入农户较高的边际收入增长效应则可能进一步加速收入和财富
的集中。

表7-9 数字金融对农户家庭总收入影响的分位数估计

变量	低收入	中低收入		中等收入	中高收入		高收入
	0.05	0.10	0.25	0.50	0.75	0.90	0.95
数字金融使用	0.387	0.380***	0.337***	0.237***	0.194***	0.214***	0.300***
	(1.37)	(3.45)	(6.37)	(7.12)	(5.78)	(4.53)	(4.39)
社区数字金融水平	1.908***	1.472***	1.224***	1.029***	0.858***	0.957***	1.021***
	(3.24)	(5.99)	(8.63)	(10.75)	(9.00)	(6.25)	(5.16)
样本量	12724	12724	12724	12724	12724	12724	12724

五、农户异质性分组回归

数字金融的重要价值在于为弱势家庭提供更多创业、就业等方面的机会,
提高弱势家庭获取收入的能力,从而有助于家庭收入包容性增长。农户家庭
的弱势地位不仅体现在收入上,还体现在其他非收入层面。本章从农户家庭
贫困类型、所属区域、社会资本、户主教育水平和金融知识五个方面对农户家
庭进行分组。表7-10的估计结果表明,数字金融的农户家庭增收效应存在异
质性差异。

结合分位数估计和分组估计的结果,可以发现在多维度异质性分析视角
下,数字金融的农户家庭增收效应同时具有包容性和马太效应。包容性特征
体现为:在0.75分位点之前,总体上数字金融在较低分位数上的增收效应更
强;在分组回归中,数字金融对低社会资本、低金融知识农户的增收效应更强。
马太效应体现为:在分位数估计中,在0.75分位点以后,数字金融对农户的增
收效应逐渐增强,在0.05分位数上数字金融使用的估计系数不显著;在分组估
计中,总体上数字金融对贫困农户、中西部地区农户、低文化水平农户的增收

效应明显较弱。虽然贫困农户和非贫困农户都受到传统金融排斥,但相比贫困农户,非贫困农户更具资源优势。随着数字金融的发展,非贫困农户可以凭借自身优势更加有效地利用数字金融。贫困农户在数字金融发展中存在"数字鸿沟"和"知识鸿沟",数字金融发展对其家庭收入增长的作用微乎其微,甚至不显著。

表7-10 农户异质性分组检验:数字金融与农户总收入(OLS)

变量	家庭类型		区域特征		文化水平		社会资本		金融知识	
	贫困	非贫困	东部	中西部	低	高	低	高	低	高
数字金融使用	0.0858	0.238**	0.373***	0.0713	0.233	0.140	0.370**	0.134	0.280**	0.146
	(0.28)	(2.35)	(3.02)	(0.50)	(1.32)	(1.23)	(2.03)	(1.20)	(2.02)	(1.08)
社区数字金融水平	0.832	1.521***	1.531***	1.316***	1.225***	1.433***	1.598***	1.228***	1.783***	0.987**
	(1.44)	(5.75)	(5.04)	(3.50)	(3.45)	(4.37)	(4.36)	(3.88)	(5.90)	(2.48)
样本量	2686	10038	4819	7905	6757	5967	6362	6362	8063	4661
R^2	0.0838	0.0941	0.1140	0.0823	0.1021	0.0747	0.0832	0.0740	0.0958	0.0885

注:贫困家庭指纳入精准扶贫的农户家庭;小学及以下文化程度为低文化水平组;社会资本中位数水平及以下为低社会资本组;金融知识答题完全不正确为低金融知识组。

第四节 传导机制分析

一、数字金融与农户创业活动

由于家庭创业决策、创业类型、创业意向均属于二元选择变量,本章选择Probit对模型进行估计。借鉴尹志超等(2019)的做法,采用家庭智能手机作为数字金融使用的工具变量。内生性检验表明,除生存型创业模型的内生性较轻外,其他模型均拒绝不存在内生性的原假设。一阶段模型估计的F值表明,不存在弱工具变量问题。表7-11的上半部分(Panel A)报告了数字金融使用对农户家庭创业的影响。基于Probit和iv-probit的估计结果表明数字金融使用提升了农户家庭的创业概率;相对于生存型创业,数字金融使用对机会型创业的影响更为突出。此外,数字金融使用对非创业农户的创业意愿有显著的正向促进作用。

进一步地,在控制数字金融使用的情况下,表7-11的下半部分(PanelB)汇报了社区数字金融使用水平的溢出效应。采用社区智能手机使用水平作为工具变量的内生性检验结果没有拒绝不存在内生性的原假设,因此采用Probit模型的估计结果进行分析。模型估计结果表明,社区数字金融水平对不使用数字金融农户的创业活动具有正向促进作用。相对于生存型创业,对机会型创业的促进作用更加显著。就创业意向而言,社区数字金融水平对非创业农户创业意向的影响不明显。

表7-11　数字金融与创业决策、创业类型、创业意向

变量	家庭创业		创业类型				创业意向	
			机会型创业		生存型创业			
PanelA	Probit	iv-probit	Probit	iv-probit	Probit	iv-probit	Probit	iv-probit
数字金融使用	0.369***	7.886**	0.308***	9.185**	0.267***	4.689	0.337***	12.09**
	(8.36)	(2.14)	(6.27)	(2.10)	(3.78)	(1.07)	(6.71)	(2.46)
样本量	12724	12724	12724	12724	12724	12724	11491	11491
内生性检验		0.0034		0.0037		0.2805		0.000
第一阶段F值		94.21		94.21		94.21		70.69
Pseudo R^2	0.1428		0.1459		0.0728		0.1557	
PanelB	Probit	iv-probit	Probit	iv-probit	Probit	iv-probit	Probit	iv-probit
社区数字金融水平	0.531***	0.509	0.395**	0.592	0.400*	0.200	−0.207	−0.0782
	(3.71)	(1.59)	(2.48)	(1.61)	(1.85)	(0.39)	(−1.26)	(−0.22)
数字金融使用	0.321***	0.323***	0.271***	0.253***	0.229***	0.247***	0.355***	0.343***
	(6.95)	(6.02)	(5.27)	(4.21)	(3.12)	(2.89)	(6.82)	(5.84)
样本量	12724	12724	12724	12724	12724	12724	11491	11491
内生性检验		0.9387		0.5527		0.6631		0.6849
第一阶段F值		234.66		234.66		234.66		194.70
Pseudo R^2	0.1445		0.1469		0.0739		0.1559	

二、数字金融与创业绩效

表7-12报告了数字金融对家庭创业绩效的影响。关于数字金融使用对创业绩效的影响,采用智能手机作为工具变量的内生性检验结果拒绝了不存在内生性的原假设,弱工具变量检验表明不存在的弱工具变量问题。基于OLS和2SLS的估计结果表明,相对于不使用数字金融的农户,数字金融使用有助于促进创立企业的营业收入和经营利润。关于社区数字金融水平对创业绩效的影响,在控制家庭数字金融使用变量后,采用社区智能手机使用水平作为工具变量的内生性检验接受不存在内生性的原假设,因此以OLS的估计结果进行分析。结果表明,社区数字金融水平有助于促进农户创立企业的营业收入和经营利润的增长,社区数字金融使用水平对不使用数字金融农户的创业绩效具有溢出效应。

表7-12 数字金融与创业绩效

变量	营业收入				经营利润			
	OLS	2SLS	OLS	2SLS	OLS	2SLS	OLS	2SLS
数字金融使用	0.455***	1.116***	0.391***	0.341***	0.279***	0.959***	0.221**	0.166
	(4.79)	(3.55)	(3.96)	(3.23)	(2.99)	(2.80)	(2.27)	(1.64)
社区数字金融水平			0.668**	1.185**			0.652**	1.276**
			(2.24)	(2.10)			(2.05)	(2.19)
样本量	1174	1174	1174	1174	1012	1012	1012	1012
内生性检验		0.0233		0.2007		0.0355		0.2733
弱工具变量检验		109.800		409.896		82.396		486.946
R^2	0.2601		0.2631		0.2344		0.2377	

三、数字金融与非农就业

表7-13报告了数字金融对非农就业的影响。对于数字金融使用而言,采用社区智能手机作为工具变量的内生性检验结果表明模型存在内生性,弱工具变量检验F值表明模型不存在弱工具变量问题。综合OLS和2SLS估计结果可以发现,相对于不使用数字金融的家庭,数字金融使用能够显著提高农户家庭非农就业水平。

进一步地,将农户家庭分为创业家庭和非创业家庭。对创业家庭而言,工具变量的内生性检验结果表明模型不存在内生性。OLS估计表明数字金融使用的估计系数通过10%的显著性检验,数字金融使用有助于促进创业家庭非农就业水平。对非创业家庭而言,工具变量模型内生性检验表明模型存在内生性,弱工具变量检验F值表明不存在弱工具变量问题。OLS和2SLS估计显示数字金融使用的估计系数均通过1%的显著性检验。两种方法的估计结果表明,数字金融使用有助于促进非创业家庭的非农就业。比较创业家庭和非创业家庭的估计结果可以发现,数字金融使用对非创业农户家庭的非农就业水平的影响效应更大,显著性更高。这可能是由于创业家庭的非农就业水平原本较高,受家庭劳动力数量的影响,数字金融使用对创业农户的非农就业水平的边际效应不如对非创业家庭的影响那么突出。农户创业活动为其他非创业农户提供了工作岗位,增加了获得工资性收入的机会。

更进一步地,通过控制家庭数字金融使用,探讨社区数字金融水平对不使用数字金融家庭非农就业水平的影响。工具变量模型的内生性检验表明,模型存在内生性,弱工具变量检验F值表明不存在弱工具变量问题。综合OLS和2SLS估计结果可以发现,社区数字金融水平有助于提高不使用数字金融家庭的非农就业水平,表明社区数字金融水平提高对不使用数字金融农户家庭的非农就业具有溢出效应。

表7-13　数字金融与非农就业

变量	全样本		家庭类型				全样本	
			创业家庭		非创业家庭			
	OLS	2SLS	OLS	2SLS	OLS	2SLS	OLS	2SLS
数字金融使用	0.0767***	0.970***	0.0312*	0.0131	0.0635***	3.494***	0.0552***	0.0468***
	(8.84)	(5.62)	(1.69)	(0.05)	(6.57)	(45.53)	(6.17)	(4.85)
社区数字金融水平							0.234***	0.324***
							(9.75)	(6.94)
样本量	12724	12724	1233	1233	1233	11491	12724	12724
内生性检验		0.0000		0.9452		0.0000		0.0228
弱工具变量检验		52.697		6.739		44.373		4248.199
R^2	0.2581		0.1771		0.2359		0.2640	

第五节　结论与启示

采用CHFS数据研究了数字金融的农户家庭增收效应,并从家庭创业和非农就业讨论其传导机制。①增收效应研究表明,数字金融使用有助于促进农户家庭收入增长,社区数字金融水平对农户家庭增收具有显著的溢出效应。具体来看,数字金融使用有利于降低农业收入,提高非农收入,并促进农户家庭增收;社区数字金融水平提高对所有农户的家庭增收均具有显著的正向溢出效应。异质性分析表明,总体上数字金融的增收效应随分位点的上升表现出先下降后缓慢增强的趋势,对非贫困户、东部地区农户、高文化水平农户、低社会资本和低金融知识农户的收入增长效应更强。②机制分析表明,数字金融通过促进家庭创业和非农就业进而促进农户家庭增收。从创业活动来看,数字金融使用能够显著提高农户家庭创业,尤其是机会型创业的概率,并提升非创业家庭的创业意向;对于不使用数字金融的农户,社区数字金融水平提高对其创业活动具有溢出效应,对创业意向的影响则不显著。从创业绩效和非农就业来看,数字金融使用能显著提高项目营业收入、经营利润及农户非农就业水平,社区数字金融水平对营业收入、经营利润和非农就业水平具有正向溢出效应。

启示如下:加速推进数字乡村建设,缩小数字鸿沟,提高数字金融在乡村地区,尤其是中西部乡村地区的有效普及;加强对农户创业活动的支持和指导,促进创业意向向创业活动转化,并提高创业项目的绩效;加强对贫困、文化程度较低等弱势农户的扶持力度,提升互联网及数字金融的使用技能,提高创业能力和非农就业水平。这些对缩小数字鸿沟、提高数字金融普惠性、促进弱势农户家庭收入持续增长、缩小农村居民收入差距具有重要意义。

第八章
数字金融使用与居民家庭财富不平等缓解

　　家庭财富不平等的缓解有利于加快实现共同富裕的伟大目标,具有包容性与普惠性的数字金融的快速发展与广泛使用在缓解我国当前财富不平等上具有重要作用。本章使用2019年中国家庭金融调查(CHFS)数据,从微观角度实证分析了家庭数字金融使用对财富不平等的影响。研究发现:①数字金融使用能够显著地降低家庭财富不平等程度,同时促进家庭财富水平的提高,但是其对财富水平的正向影响随着分位数的提高而呈下降趋势,进一步证明数字金融使用对家庭财富不平等具有缓解作用;家庭创业和家庭金融参与公平化是数字金融使用缓解家庭财富不平等的重要影响机制。②调节和异质性分析表明,数字鸿沟的存在阻碍了数字金融的使用,进而削弱了对家庭财富不平等的缓解作用,但金融知识在此过程中对数字金融使用起到了正向调节作用,有助于实现财富不平等的缓解;数字金融使用对不同地区、不同年龄户主的家庭财富不平等的影响存在着显著差异,对中年户主、城镇地区、中等经济发展水平地区的家庭财富不平等的缓解作用更强。本章的研究为如何在数字化新时代背景下利用金融这一重要资源缩小财富差距提供了新的思路。

第一节　问题的提出

习近平总书记在党的二十大报告中强调"中国式现代化是全体人民共同富裕的现代化",在此之前的中央财经委员会第十次会议中习近平总书记也指出"共同富裕是社会主义的本质要求,是中国式现代化的重要特征"。共同富裕是在消除两极分化和贫穷基础上的物质与精神文化的普遍富裕,而家庭财富作为居民物质生活水平的重要体现,其不平等程度极大地影响着我国共同富裕的进程。改革开放以来,中国经济快速发展,人民的生活水平不断提高,居民财富积累的速度也不断加快,但与此同时居民财富的差距也在不断扩大。Li 和 Wan(2015)发现中国的财富基尼系数在 2002—2010 年之间从 0.538 上涨到 0.739,八年时间上涨幅度接近 40%。Piketty 等(2019)利用广义帕累托插值法发现截止到 2015 年,中国财富排行前 10% 的人群拥有了全国 67% 的总财富,这比 1995 年的 40% 要高出 27%,而处于中间阶层的 40% 人群所占有的财富为总财富的 26%,最后 50% 的人所拥有的财富仅占总财富的 7% 不到。另外,据瑞士信贷银行发布的《2021 年全球财富报告》,2020 年我国的财富基尼系数高达 0.704,最富有的 1% 的人占有了 30.6% 的财富。可以看出,中国的财富不平等情况一直较为严重,这也成为了我国在实现共同富裕道路上的一大绊脚石。因此,在现阶段缓解居民财富不平等变得尤为重要。

影响财富的因素有很多,其中金融作为经济社会的根源,对财富分配起着至关重要的作用(贝多广,2015)。但传统金融的发展受到距离远、成本高、风险大等限制导致其发展动力不足,难以满足市场的金融需求,在服务广度和深度上都无法实现普惠。而利用互联网与传统金融相结合的数字金融在金融创新、服务拓展和助推金融普惠等方面发挥着重要作用(黄益平和陶坤玉,2019)。在数字技术的支持下,数字金融能够突破物理网点和时间的限制,打破传统金融的信息壁垒,完善风险防控体系,从而提高金融服务效率、拓宽金融服务范围、丰富金融产品种类、降低金融交易成本和金融准入门槛,最终实现为所有居民特别是长期处于长尾群体中的低收入低财富人群提供可负担的、高效的、可持续的金融服务(Radcliffe et al.,2012)。因此,一些学者逐渐开始关注数字金融与家庭财富之间的关系。有研究发现,数字金融能够促进家庭金融资产和房产的增长进而助推家庭整体财富规模的提升(周天芸和陈铭翔,2021),特别是对于欠发达地区的低收入家庭来说,数字金融对其积极影响更加明显,有利于实现包容性增长(张勋等,2019)。黄倩等(2019)也指出贫困群体在数字金融中受益更多,总体上对减贫有着积极作用(Agnello et al.,2012)。此外,还有学者发现数字金融在覆盖广度、使用深度等方面都能够显著地缩小社会的贫富差距(Dabla-Norris et al.,2021)。数字金融对家庭财富结构的影响也受到一些学者的关注。周雨晴和何广文(2020)指出数字金融的发展有利于缓解农村家庭的金融排斥,促进其参与金融市场并提高家庭的金融资产比例。吴雨等(2021)研究发现数字金融的发展通过优化投资方式、提高家庭信息获取效率和风险承受能力等路径对优化家庭金融资产组合起着显著的正向作用。除此之外,还有一部分学者从个体数字金融使用的角度关注到数字金融对家庭经济的影响,如王小华等(2022)发现数字金融使用可以缓解家庭传统信贷约束和降低预防性储蓄,进而提升农村家庭的消费水平。何婧和李庆海(2019)研究发现数字金融的使用能够促进农户家庭创业,特别是对非农和生存型创业最为明显,这主要是因为互联网金融的使用可以有效缓解居民的信贷约束,提高居民对信贷的需求(尹志超和张号栋,2018)。数字金融的高包容性和共享性助推了普惠金融的发展(Gabor and Brooks,2017;黄益平和黄卓,2018),有助于促进金融公平,实现人人都有平等的金融资源使用权,使居民拥有更加平等的致富机会。

财富作为衡量居民生活水平的重要指标之一,其不平等程度的改善对增进人民福祉和缩小社会总体差距具有重要作用。因此,在数字化和共同富裕的大背景下研究数字金融使用对家庭财富不平等的影响十分具有理论和现实意义。目前学术界中已有很多对财富不平等的研究,包括如何对财富不平等进行测度(李实等,2000;梁运文等,2010)、个体资源禀赋和社会制度对家庭财富不平等的影响(Flippen,2004;Killewald and Bryan,2016;Berisha et al.,2018;杜两省和程博文,2020;吴卫星等,2016)等。而关于数字金融缓解经济不平等的研究则多着眼于收入和消费等角度(张海洋和韩晓,2022;徐光顺和冯林,2022)。当前少有研究从微观角度直接分析数字金融使用如何影响家庭财富不平等,且大多数关于数字金融的文献都是直接将地区层面的北京大学数字普惠金融指数(PKU-DFIIC)与家庭微观数据结合起来研究,并不能具体反映数字金融对个体的影响。为此,本章将使用2019年的中国家庭金融调查(CHFS)数据来探讨数字金融使用对家庭财富不平等的影响。

本章可能具有以下贡献:第一,由于地区层面的数字金融发展指数和基尼系数等反映整体不平等程度的指标,不能具体反映数字金融使用差异对家庭财富不平等的个体影响。因此本章结合数字支付、数字融资和数字投资三个指标来衡量家庭数字金融的使用,并在此基础上计算出家庭数字金融使用广度和深度,然后使用相对剥夺指数测算出每个家庭的财富不平等程度,从微观角度来具体反映数字金融使用对家庭财富不平等的个体影响。第二,以金融知识和数字鸿沟为切入点,分析在数字金融使用影响家庭财富不平等的过程中存在的调节效应。测度出一级和二级数字鸿沟以分析部分居民是否会因为数字鸿沟的存在而被数字金融"边缘化",进而削弱数字金融使用的作用,同时测度出家庭金融知识水平以分析金融知识的提高是否会促进居民对数字金融的使用,进而强化数字金融使用对家庭财富不平等的积极影响。第三,以往文献对家庭经济不平等的研究多聚焦于收入与消费,本章则测算了地区家庭财富不平等水平,直接分析了数字金融对家庭财富不平等的影响,丰富了数字金融对家庭经济不平等方面的研究。

第二节　理论分析与研究假说

一、家庭数字金融使用对财富不平等的直接影响

传统金融的逐利性使得我国存在着比较严重的金融排斥现象,这也是我国贫富差距长期较大的重要原因之一(星焱,2015)。人口较少、金融基础设施较为落后和经济发展水平较低的地区受到金融排斥的可能性更大(董晓林和徐虹,2012),同一地区资产较少的家庭也更容易遭到金融排斥(李涛等,2010)。因此,在传统金融体系中,正规金融的主要服务对象是富人,他们通常并不愿意为穷人提供金融服务,但其实穷人对金融服务的需求更加强烈(Collins et al.,2009),然而由于穷人通常被排斥在正规金融体系之外(谭燕芝等,

2014），所以他们只能从非正规金融渠道获得所需要的服务（叶敬忠等，2004）。但非正规渠道缺乏金融监管，风险和使用成本更高，很有可能使其陷入更穷的困境。因此传统金融的"嫌贫爱富"所造成的低财富家庭的金融资源缺失与金融不平等很可能会加剧家庭收入和财富的不平等（Aghion and Bolton，1997）。

数字金融的出现则在一定程度上改善了这种情况。第一，数字金融在传统金融的基础上利用互联网技术打破了时空的限制，使得那些金融网点稀缺地区的居民通过互联网也能获得原本难以取得的金融服务与产品，极大地提升了金融的触达力，拓宽了金融服务的广度，发挥了数字金融的普惠效应。第二，传统金融提供小额金融服务的单位成本较高（Berger and Udell，2002），但数字金融能够降低金融机构的经营成本（黄倩等，2019；李继尊，2015）。数字金融减少了对物理网点的依赖，节省了建设网点所需要的人力物力，同时其利用大数据、云计算等信息技术能够大幅度提高工作效率，降低人工和时间成本。这都从总体上降低了金融服务的单位成本，使金融机构扩大其服务对象范围的意愿得到提高，进而促进金融服务"向下"流动，使之前缺乏金融资源的群体能够通过对数字金融的使用而享受到金融所带来的福利。第三，金融普惠的难点之一就在于那些低财富群体在寻求金融服务的时候很难满足传统金融机构的信用评估要求（黄益平，2017；Collins et al.，2009）。而数字金融能凭借大数据技术广泛而精确地筛选各类信用指标数据（岳中刚等，2016），从收入、消费、社会关系等多方面的行为数据来考察被评估者的信用水平，而不仅仅按照财富水平进行信用划分（谢绚丽等，2018），这极大地提高了信用评估的合理性与公平性，提升了长尾群体金融获得的可能性（黄益平等，2018）。第四，数字金融利用现代数字技术能够更加有效地收集和处理各类信息，有利于打破信息壁垒，缓解金融信息不对称（星焱，2021）。这对金融供给方来说，有助于提高其风险识别和防控能力，不仅降低了他们的经营风险，同时也保证了客户的资产安全，为家庭提供更多安全且高效的金融产品与服务选择（周天芸和陈铭翔，2021）。对于金融需求方来说，信息不对称的缓解可以减弱金融机构的中介作用，从而减少其进行金融活动时所需要交纳的中介费用，进而降低他们的金融使用成本。

总的来说，数字金融补齐了传统金融供给不足和"嫌贫爱富"等短板（黄益平和黄卓,2018),居民通过数字金融的使用能够拓宽他们获得金融资源的渠道、降低获得和使用金融资源的成本、提高金融资源的使用效率、丰富金融产品的可选种类,进而为自己创造更多的财富,加速家庭财富的积累。同时,由于富人本就获得了足够的金融资源,所以数字金融的使用对原本缺乏金融资源的低财富群体来说边际效用更高。基于此,本章提出以下假说:

H1:数字金融的使用能够促进家庭财富的积累,缓解财富不平等。

二、数字金融使用的影响机制

数字金融的主要功能是支付、融资和投资,数字金融的使用能够通过助推家庭创业和促进家庭参与金融市场,提高风险资产占比来降低家庭财富不平等程度。

1.家庭创业

家庭的创业活动能够促进家庭财富的积累,缓解贫困,缩小财富差距。首先,家庭创业所需要的最低自有资本和外部融资成本促使家庭提高自身的储蓄率,而储蓄率的提高又是财富积累的关键路径之一(Quandrini,2000),所以家庭的创业决策会驱使他们进行财富储存。其次,由于地区经济发展水平的差异,就业岗位和工资水平也存在一定的差别,加之我国户籍制度的存在,所以居民为了追求更高的工资可能需要付出一定的流动成本(王轶和刘蕾,2022)。本身财富较高的群体能够承受这部分流动成本,因此能够外出获得更高的工资收入,而那些财富水平低的群体因为承受不起这部分成本而不能外出寻得获得收入的机会(李实和朱梦冰,2018),进而导致收入和财富差距的扩大。然而,创业者的增加会拉动当地劳动需求的增加,进而增加就业岗位和提高工资水平(Ghatak and Jiang,2002),使低财富群体也能够以低成本寻得收入途径,提高收入和财富,进而缩小家庭财富差距。最后,创业在帮助低财富群体提高其经济水平的同时还能帮助其改善自身的非经济条件(Chliova et al.,2015),创业者在创业过程中所进行的社会交往和技能学习可以改善其受教育情况和能力水平(斯晓夫等,2020),帮助他们进行社会网络的拓展和人力资本的积累,进而提升家庭获得各类生活生产资源的可能性和信息交流的效率,提高家庭抵御风险的能力,降低贫困脆弱性(Grootaert,1999),最终缩小穷人与富人之间的财富差距。但居民在进行创业活动时面临着许多阻碍,他们长期处于信贷弱势地位,融资约束限制了他们的创业行为,而数字金融的使用能够直接改善他们的创业困境。首先,数字金融能够利用大数据技术对借贷人进行信用评估,以此缓解因信息不对称所导致的道德风险和逆向选择,并且通过数据分析实现为不同类型的家庭提供个性化的信贷服务,进而降低他们的信贷门槛(王小华等,2022),提高家庭的信贷可得性,缓解他们所面临的信贷约束,以此促进家庭进行创业。其次,创业环境和创业机会也是影响家庭创业的一大要因,数字金融的发展和使用能够促进生产性和消费性服务业的发展,以此改善家庭的创业条件和创业机会,进而促进家庭进行创业(张林和温涛,2020)。最后,数字金融以互联网为载体,能够海量传输各类有效信息,居民在使用数字金融的同时能够获得成本低廉且数量庞大的信息与知识(何婧和李庆海,2019),有助于他们及时掌握市场的最新动态,提高其风险抵御能力,从而提升居民的创业能力和创业意愿。而在低财富群体中,数字金融的使用在促进创业上的积极作用更为明显,有利于促进家庭创业机会平等化(张勋等,2020),提高低财富家庭中的创业比例,从而实现创富机会公平化,缓解家庭财富不平等。

2.家庭金融市场参与

不同财富水平家庭的资产配置结构有所不同,高财富家庭更加倾向拥有股票、债券等风险金融资产,这类风险金融资产往往具备着高回报率的特点,能够使其拥有者更快地积累财富,特别是在经济繁荣时期(Keister,2004)。而在传统金融模式下,对于低财富家庭来说,由于受到金融排斥、没有合适的投资渠道、需要支付更高的服务费用等限制,他们通常难以获得这类金融资产。因此低财富家庭参与金融市场的比例更小,拥有风险金融资产的比重也更小,所以他们的资产增长速度也更慢,这也使得财富不平等程度不断加深。而数字金融打破了这种桎梏,数字金融的使用拓宽了低财富家庭能接触到的金融服务种类,提高了家庭的金融可得性(段军山和邵骄阳,2022),进而促进家庭参与正规金融市场中进行金融资产配置（尹志超等，2015）。此外，数字金融凭借云计算、区块链等金融科技对投资者进行精准画像，提高了金融机构和投资者之间的供需匹配度，因此家庭通过对数字金融的使用能够使投资更加便利、精准、有效（吴雨等，2021）。并且互联网的接入也使更多的金融信息传递到投资者手中，在提高投资者金融知识水平的同时也减轻了他们对投资的风险厌恶程度，进而助推他们参与到金融市场中来，并助其实现最优资产配置（段军山和邵骄阳，2022）。最后金融机构利用数字技术提高了风险管理水平，增加了长尾群体的金融供给，让之前被排斥在金融市场之外的长尾人群也加入到金融市场中来进行家庭金融资产配置，进而缩小与富人之间的财富差距。

综上，数字金融的使用能够助推家庭创业和参与金融市场，从而实现财富积累。而在数字金融出现之前，大部分高财富家庭就已经通过传统金融市场进行了一系列的资产投资并且其创业所受到的限制更小，所以通过使用数字金融来进行创业和金融资产配置所产生的边际效益对于低财富家庭来说更加明显。因此，本章提出以下假说：

H2：数字金融的使用可通过助推家庭创业和参与金融市场来降低财富不平等程度。

三、数字鸿沟和金融知识的调节效应

1.数字鸿沟的反向调节效应

数字金融能够在很大程度上弥补传统金融的不足，发挥其普惠作用，居民通过数字金融的使用可以更加便捷、低价地得到丰富的金融服务，但数字金融以互联网为载体，所以居民能够直接使用数字金融的一个重要前提就是他们能够接触到互联网（何宗樾等，2020）。但是现在仍有一部分人群因缺乏数字设备而不能直接使用互联网，这种因缺乏硬件设施而不能接触到互联网就形成了一级数字鸿沟。因为一级数字鸿沟的存在，数字金融与居民之间失去了直接传导路径，居民无法直接使用到数字金融，也就无法直接从数字金融中受益，这在一定程度上加剧了他们所面临的金融排斥问题（Nasri and Charfeddine，2012）。而居民通过互联网的普及跨过一级数字鸿沟后也并不意味着所有人都能有效地使用数字金融,一些居民因缺乏数字素养、网络技能等原因而不能熟练使用互联网,这就形成了二级数字鸿沟。这些居民虽然能够接触到互联网,但他们对数字金融的使用也因二级数字鸿沟的存在而受到极大的限制,无法通过网络渠道获得有效的金融服务,自然也不能从数字金融中充分获益(王修华和赵亚雄,2020)。而以上提及的一级和二级数字鸿沟大多都产生于偏远地区,数字鸿沟的存在可能会将这些群体排除在数字金融使用之外,使其更加贫困,最终导致贫富差距的扩大。因此,数字鸿沟的存在可能会削弱数字金融使用对家庭财富不平等的缓解作用。

2.金融知识的正向调节效应

金融知识水平体现了居民对金融的认知水平和参与金融市场使用金融资源的能力,它是居民使用数字金融的重要基础,金融知识水平的提高有助于居民克服数字鸿沟,更加有效地使用数字金融。首先,金融知识普及有助于提高居民对数字金融的认识,数字金融是一种近年才发展起来的新兴金融服务模式,居民对数字金融的运作方式和服务特点还不够了解,因此对其有着较强的抵触心理,使用意愿较低。金融知识水平的提高能够帮助居民增强对相关金融产品和金融服务的理解,进而对数字金融有更加清晰的认知,从而提升对数字金融的信任,加大对数字金融的使用。其次,金融知识水平的提高能够降低居民的风险厌恶。数字金融在给人们带来更加便捷、丰富、可得的金融服务的同时,也带来了数字网络风险(张龙耀等,2021),为了自身的财产隐私安全,家庭对数字金融的使用都很谨慎,因此风险承担能力较低的低财富家庭对数字金融的使用更加犹豫。而随着金融知识的递增,居民们对信息的识别会更加有效,应对风险的方法也会更加科学,其风险承担能力也会随之增加,从而降低他们对数字金融的风险厌恶,提高对数字金融的接受度与使用度。此外,金融知识的增加也增强了居民的理财意愿和金融需求(郭峰等,2020),推动他们进入金融市场进行金融资产的配置,数字金融凭借其便捷高效和"物美价廉"的优势自然可以吸引大量需求增加的客户,这在一定程度上可以推动数字金融的普及和入户。最后,金融知识的提高能够帮助居民理清金融市场和金融产品等概念,形成正确的金融观,提高自己的金融能力,使其能够正确高效地使用数字金融为自己创富。综上,金融知识水平的提高能够助推居民加强对数字金融的使用,使数字金融更好地发挥其优势作用,特别是对于缺乏金融知识的低财富群体来说,金融知识的增加更让其受益匪浅。

综上,本章提出以下假说:

H3:数字鸿沟对数字金融使用起着反向的调节作用,而金融知识的提高却能助推数字金融使用,缓解家庭财富不平等。

第三节　实证研究设计

一、数据来源

第一,家庭层面的微观数据来源于西南财经大学在全国范围内开展的家庭金融调查,考虑到本章所选数字金融使用等指标的数据可得性,最后选取了2019年的数据,样本覆盖了29个省份、172个城市、339个县(乡),在剔除重要变量的缺失值和异常值后,得到总量为31104户的截面数据。第二,县(区)层面的宏观经济指标如生产总值、产业结构等来自各省市的统计年鉴。

二、变量选取与说明

1.被解释变量

本章的被解释变量为家庭财富不平等程度。根据现有文献的通用做法,使用家庭资产减去负债后的净资产来衡量家庭财富。家庭财富不平等程度用个体相对剥夺指数(Kakwani)衡量。根据相对剥夺理论(Kakwani et al.,1997),若一个家庭在其所在的群组中,所拥有的财富越低于其他家庭,那么其所感受到的剥夺感就越高,即在群组内其他家庭财富不变的情况下,当低财富家庭的财富增加时,其剥夺感降低,从而表现为家庭财富不平等程度降低。具体地,设 X 为参照群组,其包含的个体数量为 n,按升序将 X 群组内的家庭财富进行排列,此时参照群组的财富分布为:$X=(x_1,x_2,x_3,\cdots,x_n)$且$x_1\geqslant x_2\geqslant x_3\geqslant\cdots\geqslant x_m$。用Kakwani指数表示的第$i$个家庭的财富相对剥夺,即财富不平等程度可用以下公式表示:

$$RD(x,x_i)=\frac{1}{npx}\sum_{j=i+1}^{n}(x_j-x_i)=\gamma_{x_i}^{+}\left[(\mu_{x_i}^{+}-x_i)/\mu_x\right] \tag{8.1}$$

上式中,μ_x为群组X中所有个体的平均财富值,$\mu_{x_i}^{+}$为群组X中家庭财富超过个体x_i的其他个体的财富平均值,$\gamma_{x_i}^{+}$为群组X中家庭财富超过个体x_i的个体占总数的比例。Kakwani指数范围为0—1,指数越小,表示所遭受的相对剥夺越小,当某家庭的财富为所在群组最高时,其相对剥夺指数值为0,当群组中各家庭财富水平越平均时,每个家庭的相对剥夺指数越低,不平等程度也越低。

2.核心解释变量

核心解释变量为家庭数字金融使用。数字金融的核心功能是通过互联网技术为客户提供支付、融资、投资等金融服务,因此本章考虑数据可得性后借鉴何婧和李庆海(2019)的做法,从数字金融支付、融资和投资三方面来定义家庭对数字金融的使用情况。具体做法是,如果受访者有互联网销售、二维码收款、开通第三方账户、进行网购中任一行为,则认为家庭使用了数字支付服务;如果受访者有通过互联网借入或借出资金的行为,则认为家庭使用了数字融资服务;如果受访者互联网理财余额大于0或购买金融理财产品的渠道是互联网则认为家庭使用了数字投资服务。家庭若使用了数字支付、融资和投资中任一服务则认为其使用了数字金融,赋值为"1",若三种服务都没有使用,则认为没有使用数字金融,赋值为"0"。除此之外,考虑到家庭对数字金融使用的方式也有差异,本章还测度了数字金融的使用广度和使用深度,多角度分析家庭数字金融行为。具体做法是将数字支付、融资和投资行为设置成三个哑变量,通过因子分析法计算出综合得分来度量家庭数字金融使用广度,将数字支付、融资和投资服务的金额占相关总金额的比例设置为因子变量,通过因子分析法计算出相应得分来度量家庭数字金融使用深度。

表 8-1　家庭数字金融行为度量标准

指标名称	具体指标	指标说明
数字金融使用	数字支付	所经营的工商业项目是否包括网络经营
		在日常工商业经营活动过程中是否使用了网络支付
		是否开通了支付宝、微信支付、京东网银钱包、百度钱包等第三方支付账户
		是否进行网购
	数字借贷	是否有互联网借款
		是否通过网络借贷平台借出过资金
	数字投资	是否在第三方支付账户中有互联网理财
		是否通过支付宝等第三方平台或银行等机构的网页和移动客户端购买金融理财产品
数字金融使用广度	是否使用数字支付	使用因子分析法计算出数字金融使用广度得分
	是否使用数字借贷	
	是否使用数字投资	
数字金融使用深度	数字支付深度	网络经营收入占总经营收入的比重
		二维码收入占该经营项目收入的比重
		网购支出占消费支出的比重
	数字借贷深度	互联网借款占总借款的比重
		互联网借出款占总借出款的比重
	数字投资深度	互联网理财金额占金融理财总额的比重

3.控制变量

本章在参考现有文献和考虑数据可得性后从个体、家庭和县(区)三个层面选取控制变量。个体层面的控制变量包括户主的性别、年龄、婚姻状况、受教育年限、健康情况、风险偏好;家庭层面的控制变量包括家庭成员数量和家庭年收入;县(区)层面的控制变量包括地区的人均生产总值、人口密度和产业结构。

4.调节变量

①数字鸿沟。本章将数字鸿沟分为一级和二级数字鸿沟。首先,因为缺

少数字设备就难以接触互联网,更难以直接使用数字金融,所以借鉴王修华和赵亚雄(2022)的做法,用"家庭是否拥有智能手机、电脑等数字网络设备"来衡量家庭是否存在一级数字鸿沟,若拥有数字设备,则赋值为"0"表示不存在一级数字鸿沟,反之赋值为"1",表示存在一级数字鸿沟。其次,虽然一些居民能够接触到互联网,但是因为缺乏网络技能而不能熟练使用互联网,更不会使用数字金融,因此本章在家庭不存在一级数字鸿沟,即一级数字鸿沟="0"的基础上用"您家为什么没有持有互联网理财产品"和"您家为什么不打算通过互联网平台来借款"这两个问题来度量家庭是否面临二级数字鸿沟,若受访者的回答是"购买程序复杂/不知道怎么购买"或"不会在网上操作",则认为其面临二级数字鸿沟,赋值为"1",反之赋值为"0"。②金融知识。本章借鉴尹志超等(2014)的做法,选取问卷中关于利率和通货膨胀率计算的两个问题来测度户主的金融知识水平。具体做法是若受访者对问题回答正确则积1分,错误则不积分,最后积分越高则说明其金融知识水平越高。

5.中介变量

①家庭是否创业。使用问卷中"家庭是否从事工商业生产经营项目"这个问题来识别家庭是否创业,若回答为"是"则赋值为"1",表示家庭参与创业,反之赋值为"0"表示未参与创业。②金融参与。家庭金融参与主要可分为负债类和资产类金融参与,本章的研究对象主要是家庭财富,所以只关注资产方面的金融参与。借鉴尹志超等(2015)的做法用家庭是否拥有风险资产来定义家庭金融参与,此处的风险资产包括基金、股票、债券、金融理财产品等其他金融资产,若家庭拥有以上其中一项金融资产,则定义为家庭参与了金融市场,赋值为"1",若家庭一项金融资产都没有则定义为没有参与金融市场,赋值为"0"。除此之外,本章使用风险金融资产与金融资产的占比来衡量家庭金融参与深度,取值为"0—1",数值越大,表示家庭金融参与程度越深。

所有变量描述性统计如表8-2所示:

表 8-2 所有变量的描述性统计特征

变量	定义	观测值	平均值	标准差	最小值	最大值
家庭财富不平等	家庭净资产计算的Kakwani指数	31104	0.524	0.294	0	0.999
数字金融使用	使用=1,未使用=0	31104	0.570	0.495	0	1
数字金融使用广度	得分越高,使用范围越广	31104	-0.001	0.999	-0.893	4.379
数字金融使用深度	得分越高,使用程度越深	31104	-0.001	0.578	-1.448	9.417
家庭财富	家庭净资产的对数	31104	12.746	1.599	7.824	16.026
家庭规模	家庭人口总数(人)	31104	3.074	1.525	1	15
性别	户主性别:男=1,女=0	31104	0.754	0.431	0	1
年龄	户主年龄(岁)	31104	56.303	13.666	18	90
受教育年限	文盲=0,小学=6,初中=9,高中、技校、中专=12,大专=15,本科=16,硕士=19,博士=23	31104	9.193	4.025	0	23
婚姻状况	已婚=1,未婚=0	31104	0.939	0.240	0	1
健康状况	取值1—5,值越大越健康	31104	3.279	0.995	1	5
家庭总收入	家庭年总收入(元)的对数	31104	10.612	1.355	5.673	13.147
创业	创业=1,未创业=0	31104	0.110	0.312	0	1
家庭金融参与	参与金融市场=1,未参与=0	31104	0.104	0.305	0	1
金融参与深度	金融资产/总资产	31104	0.030	0.124	0.	1
金融知识	得分越高金融知识越高	31104	0.614	0.795	0	2
一级数字鸿沟	有一级数字鸿沟=1,没有=0	31104	0.249	0.432	0	1
二级数字鸿沟	有二级数字鸿沟=1,没有=0	31104	0.395	0.489	0	1
地区人口密度	常住人口数量/面积后取对数	31104	6.643	1.767	0.144	10.485
地区产业结构	第三产业总产量/生产总值	31104	0.560	0.183	0.146	0.983
地区经济水平	地区人均生产总值(元)取对数	31104	12.020	0.761	9.174	12.889

三、模型设定

为了研究数字金融使用对家庭财富不平等的影响,本章设定以下模型:

$$RD_{ic}=\alpha_0+\alpha_1 DF_{ic}+\alpha_2 Per_{ic}+\alpha_3 Home_{ic}+\alpha_4 County_{ic}+\varphi_c+\mu_{ic} \qquad (8.2)$$

其中,i、c分别代表家庭、县(区),RD_{ic}取值为0—1,用来衡量家庭财富不平等程度,DF_{ic}代表家庭数字金融使用,Per_{ic}、$Home_{ic}$、$County_{ic}$分别代表个人层面、家庭层面和县(区)层面的特征向量。φ_c代表地区固定效应,μ_{ic}为随机扰动项。

第四节 实证结果分析

一、基准回归结果

表8-3报告了数字金融使用对家庭财富不平等的基准回归结果,可以看到数字金融使用对财富不平等的回归系数在1%的水平上显著为负,表示数字金融的使用能够缓解家庭财富不平等。数字金融使用深度和广度两个指标的回归系数分别为-0.047和-0.036,均在1%的水平上显著,说明数字金融使用广度和使用深度均可降低家庭财富不平等程度。最后数字金融使用对家庭财富水平的回归系数显著为正,说明数字金融的使用能够提高家庭财富水平。总体来看,在控制地区效应和加入各个层面控制变量后,数字金融的使用能够促进家庭财富的积累,并且显著地缩小家庭之间的财富差距,假设H1成立。

控制变量方面,户主已婚、受教育年限越长、身体越健康,那么家庭财富不平等程度越低。主要原因是户主受教育程度和健康水平越高,对新鲜事物的接受和理解度就越高,能够更加高效地利用数字金融的各种功能进行创收,增加家庭财富,且身体健康意味着一般不会有长期大量的家庭支出,有利于财富积累,而已婚家庭的生活、工作等方面一般都步入正轨,家庭收入较为稳定,从而会降低家庭财富不平等程度。家庭收入对家庭财富不平等程度也有显著影响,家庭收入越多,家庭财富就越多,财富累积速度也越快,从而可以降低家庭财富不平等程度。区县层面的控制变量对家庭财富不平等程度都没有显著的影响。

表 8-3　数字金融使用对家庭财富不平等的回归结果

变量	(1) 财富不平等	(2) 财富不平等	(3) 财富不平等	(4) 家庭财富
数字金融使用	-0.109*** (0.004)			0.485*** (0.018)
数字金融使用广度		-0.047*** (0.002)		
数字金融使用深度			-0.036*** (0.003)	
户主性别	0.019*** (0.003)	0.020*** (0.003)	0.023*** (0.003)	-0.055*** (0.017)
户主年龄	-0.002*** (0.000)	-0.002*** (0.000)	-0.001*** (0.000)	0.007*** (0.001)
户主受教育年限	-0.016*** (0.001)	-0.016*** (0.000)	-0.017*** (0.000)	0.069*** (0.002)
户主婚姻情况	-0.102*** (0.006)	-0.105*** (0.006)	-0.103*** (0.060)	0.537*** (0.030)
户主风险偏好	-0.015*** (0.001)	-0.014*** (0.001)	-0.018*** (0.001)	0.061*** (0.006)
户主健康水平	-0.024*** (0.002)	-0.025*** (0.002)	-0.026*** (0.002)	0.115*** (0.007)
家庭规模	-0.010*** (0.001)	-0.012*** (0.001)	-0.016*** (0.001)	0.057*** (0.006)
家庭总收入	-0.054*** (0.001)	-0.054*** (0.001)	-0.058*** (0.001)	0.254*** (0.006)
地区产业结构	0.667 (1.377)	0.280 (1.380)	0.518 (1.392)	-11.209 (6.667)
地区人均生产总值	0.017 (0.036)	0.029 (0.036)	0.019 (0.036)	0.814*** (0.175)
人口密度	-0.136 (0.084)	-0.112 (0.085)	-0.131 (0.085)	0.179 (0.409)
cons	1.975*** (0.288)	1.824*** (0.288)	1.974*** (0.291)	2.921* (1.393)
控制地区	是	是	是	是
有效样本量	31104	31104	31104	31104
Adj-R²	0.302	0.298	0.287	0.448

注:***、**、*分别表示变量在1%、5%和10%的水平上显著,括号内为稳健标准误,下同。

　　上文分析结果反映出数字金融能够促进家庭财富的增长,但是这种影响在不同财富水平的家庭之间可能是具有异质性的,所以下面将使用分位数回归法来分析在不同分位数上数字金融使用对家庭财富的影响。具体地,本章在家庭财富水平0.1至0.9五个分位点上分析了数字金融使用对其产生的影响,回归结果如表8-4所示。从回归结果可以看出,数字金融在每个分位点上对家庭财富都有着显著的正向影响。同时,为了进一步观察数字金融使用对家庭财富影响的变化趋势,本章还展示了数字金融使用对家庭财富影响的分位数回归变化趋势图,具体如图8-1所示。从图8-1可以看出,数字金融使用对家庭财富的正向影响总体呈下降趋势,在0.1分位点处数字金融使用的影响达到最高值,随后一直下降,直至0.9分位点处达到最低值,这说明数字金融使用并不是单纯地增加了家庭财富,而是随着家庭财富水平的上升,其对财富的正向影响也随之降低,也就是说数字金融使用对低财富家庭影响更大,低财富家庭从数字金融使用中获得的财富边际效应更高,这也进一步证明了数字金融使用在提高家庭财富水平的同时也缓解了家庭财富的不平等。

表 8-4　数字金融对家庭财富分位点回归结果

变量	(1) Q10	(4) Q25	(5) Q50	(8) Q75	(9) Q90
数字金融使用	0.746*** (0.039)	0.657*** (0.028)	0.521*** (0.021)	0.446*** (0.019)	0.384*** (0.025)
cons	2.182*** (0.231)	3.752*** (0.170)	5.912*** (0.122)	7.789*** (0.093)	8.919*** (0.091)
控制变量	是	是	是	是	是
有效样本量	31104	31104	31104	31104	31104
Pseudo R^2	0.210	0.231	0.243	0.251	0.241

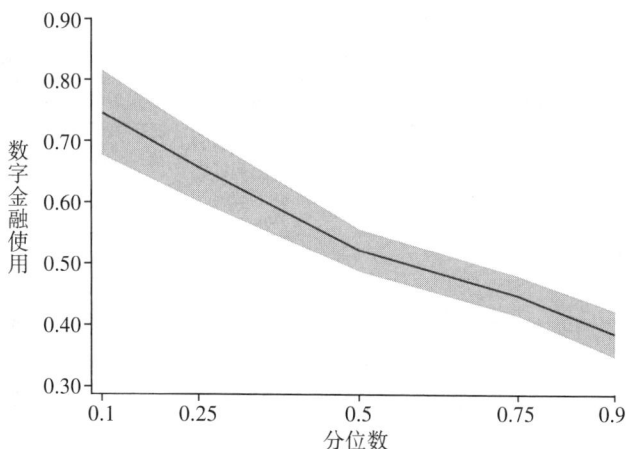

图 8-1　数字金融对家庭财富影响的分位数回归趋势图

注:图中横轴表示家庭财富不同的分位数点,纵轴表示数字金融使用的回归系数,阴影部分是分位数回归估计结果的置信区间(置信度为0.95)。

二、内生性讨论

居民的财富不平等程度可能会受到其财富管理观念、自身能力等难以测度的因素影响,数字金融使用和财富不平等之间也可能存在反向因果关系,因此本章将采用工具变量法来解决其可能存在的内生性问题。本章借鉴何婧和李庆海(2019)的做法,选取家庭所在县(区)内除了本家庭外其他同龄户主家庭的数字金融使用平均值作为工具变量。表8-5报告了工具变量回归结果,其中第(1)列报告了一阶段回归结果,可以看出工具变量回归系数是显著为正的,这说明同县(区)其他同龄人对数字金融的使用会对家庭自身的数字金融使用产生积极影响,且一阶段F值远大于10,说明工具变量与解释变量之间是具有显著相关性的。第(2)列报告了二阶段回归结果,可以看到在使用工具变量后数字金融使用的回归系数依然在1%的水平上显著为负,这与前文分析结果一致,说明在缓解了内生性问题后,数字金融使用依然显著地降低了家庭财富不平等程度。同时,Cragg-Donald Wald F值和Kleibergen-Paap Wald rk F值分别为1255.328和1234.441,都显著大于临界值16.38,说明工具变量与数字金融使用存在强相关性,通过了弱工具变量检验。

表 8-5 工具变量回归结果

变量	(1) IV1	(2) IV2
数字金融使用		-0.256^{***} (0.019)
同县同龄人数字金融使用均值	0.566^{***} (0.016)	
cons	-1.039^{***} (0.425)	1.901^{***} (0.281)
控制变量	是	是
控制地区	是	是
有效样本量	31104	31104
一阶段F值	69.430	
Cragg-Donald Wald F值		1255.328
Kleibergen-Paap Wald rk F值		1234.441
R^2	0.274	0.274

三、稳健性检验

为了验证前文研究结果的稳健性,本章采用替换被解释变量、更换模型和剔除特殊样本来进行稳健性检验。

(1)更换被解释变量

目前除了相对剥夺指数之外,还有很多度量不平等的方法。在这里本章选用基尼系数(李实等,2015;梁运文等,2010)、泰尔指数(王少平和欧阳志刚,2007;唐平,2006)和分位数差值(Coibion et al.,2014;尹志超和张号栋,2017)来衡量一个地区的财富不平等程度,以此来替换被解释变量。具体做法是首先在县(区)层面上计算出基尼系数(Gini)、泰尔指数(Theil)、分位数差值(Gap),然后核心解释变量、个体和家庭控制变量则用县(区)内所有样本相应的平均值所表示,最后根据CHFS数据的区域划分,筛选出339个样本用于回归。表8-6第(1)—(3)列分别报告了用三种指数替换被解释变量后的回归结果,可以看到替换被解释变量后,数字金融使用回归系数均依然显著为负。

(2)更换模型

本章的被解释变量取值范围为0—1,所以此处使用Tobit模型来替换原有的回归模型,以进行稳健性检验。表8-6第(4)列展示了更换模型后的回归结果。从结果来看,更换模型后,数字金融使用回归系数依然在1%的水平上显著为负,这与更换模型前的回归结果一致。

(3)剔除特殊样本

因为直辖市的经济发展水平与其他地级市差异较大,所以可能会导致数字金融发展增长效应差距较大。因此本章剔除了北京、上海、天津和重庆四个直辖市下的县(区)样本。表8-6第(5)列为剔除直辖市后的回归结果,可以看出在剔除直辖市变量后,关键变量的回归系数为-0.111,并且在1%的水平上显著,这与前文结果一致。

总体来看,不管是更换被解释变量、更换模型还是剔除特殊样本后进行回归,关键变量的回归系数都是显著为负的,这与前文的研究结果一致,说明本章的研究结论是稳健可靠的。

表8-6　稳健性检验回归结果

变量	替换被解释变量			Tobit模型	剔除直辖市
	(1) GINI	(2) Theil	(3) Gap	(4) 财富不平等	(5) 财富不平等
数字金融使用	−0.194*** (0.056)	−0.523** (0.131)	−1.684** (0.501)	−0.109*** (0.004)	−0.111*** (0.004)
cons	1.293*** (0.188)	2.332*** (0.441)	4.880** (1.669)	1.592*** (0.051)	1.569*** (0.052)
控制变量	是	是	是	是	是
地区效应	是	是	是	是	是
有效样本量	339	339	339	31104	26983
R^2 / Pseudo R^2	0.337	0.322	0.340	0.857	0.307

第五节　进一步分析:机制检验、调节效应与异质性

一、机制分析

前文实证结果表明数字金融的使用能够缓解家庭财富不平等,下文将进一步探讨数字金融使用缓解家庭财富不平等的内在机制。由于目前常用的中介效应三步检验法很可能产生内生性偏误,且研究中实际所使用的数据十分复杂,想要找到合适的情景来使用中介效应模型进行机制性检验十分困难。因此本部分采用江艇(2022)的建议,放弃中介效应检验的三步法,只看解释变量对中介变量的影响。前文理论分析中提出数字金融使用能够通过促进家庭创业和金融参与来降低家庭财富不平等程度,因此在本节将使用Probit模型检验数字金融使用对家庭创业和金融参与的影响,用Tobit模型检验数字金融使用对家庭金融参与深度的影响。表8-7第(1)—(3)列分别报告了数字金融使用对家庭创业、金融参与和金融参与深度的回归结果。可以看出三列中数字金融使用回归系数都在1%的水平上显著为正,说明数字金融使用能够促进家庭创业,也能助推家庭参与金融市场,并且加深其金融参与深度,提高其风险金融资产比例。综上,数字金融使用能够显著地促进家庭创业和金融参与,并推动创业和金融参与平等化,使以前被排除在金融体系外的长尾群体也能得

到所需要的金融服务和产品,使他们有更多地机会进行财富积累,进而降低财富不平等程度。假设H2得到验证。

表8-7　机制检验回归结果

变量	(1) 家庭创业	(2) 金融参与	(3) 金融参与深度
数字金融使用	1.164*** (0.036)	0.576*** (0.036)	0.265*** (0.019)
cons	−2.223*** (0.347)	−6.375*** (0.383)	−3.231*** (0.251)
控制变量	是	是	是
控制地区	是	是	是
有效样本量	30973	31102	31102
Pseudo R^2	0.190	0.296	0.320

二、调节效应分析

本章理论分析中提出数字鸿沟和金融知识对数字金融使用具有一定的调节作用,为了验证数字鸿沟和金融知识对数字金融使用的调节效应,本节在原有的模型中引入数字鸿沟和金融知识两个变量与数字金融使用的交互项进行回归分析。

表8-8前两列为数字鸿沟的调节效应回归结果。可以看到,在分别加入一级、二级数字鸿沟交互项后,两个交互项虽然显著,但符号都为正,与数字金融使用回归系数符号相反,说明数字鸿沟对数字金融使用缩小家庭财富不平等的作用具有挤出效应,制约了数字金融的使用。这是因为,数字金融高度依赖于互联网,由于网络端硬件设施的差异,居民获得数字金融使用的机会也不平等(王修华和赵亚雄,2022),因此对于不能接触到网络的家庭来说,那些能够通过互联网而获得数字金融使用机会的家庭挤占了他们原本的一些资源(何宗樾等,2020)。而在跨越过一级数字鸿沟后,每个家庭对数字金融的使用方式和程度也是有差异的,数字金融的使用需要居民具备一定的数字技能(郭峰等,2020),资源禀赋、知识储备和数字素养较高的家庭在对数字金融的使用方面更有优势,他们对数字金融的使用频率和使用效率都会更高,因此这种因数

字技能差距而产生的二级数字鸿沟使得家庭之间原有的差距变得更大（赵亚雄和王修华，2022）。缺少数字设备和数字技能而产生的数字鸿沟一般都存在于贫困地区和贫困家庭之中，因此数字鸿沟的存在会限制本来就处于弱势地位的他们对数字金融的使用，这极大地削弱了数字金融使用对家庭财富不平等的缓解作用。

表8-8的列（3）报告了金融知识的调节效应回归结果，可以看到金融知识与数字金融使用的交互项回归系数在1%的水平上显著为负，交互项回归系数符号与数字金融使用回归系数符号一致，说明金融知识强化了数字金融使用的作用，提高居民的金融知识能使数字金融使用更有效地缓解家庭财富不平等。其主要原因是，基本金融知识是数字金融使用的前提（郭峰等，2020），金融知识水平的提升能够帮助家庭提高对金融信息的收集和理解，进而推动家庭对数字金融的使用（张龙耀等，2021）。并且随着金融知识储备的增加，家庭对风险的认知更清晰，对风险的厌恶程度也会降低（尹志超等，2015），进而对数字金融这种新型金融服务体系的接受度也会上升。因此，金融知识在数字金融使用的过程中发挥着至关重要的作用。随着家庭金融知识水平的提高，数字金融使用对家庭财富不平等的积极影响也会加强。

综上，数字鸿沟和金融知识对数字金融使用均有显著的调节效应，数字鸿沟限制了数字金融使用的作用，而金融知识的提高在一定程度上能缓解数字鸿沟问题，强化数字金融使用对缩小家庭财富不平等的作用，假设H3得到验证。

表 8-8　调节效应回归结果

变量	(1) 财富不平等	(2) 财富不平等	(3) 财富不平等
数字金融使用	-0.074*** (0.004)	-0.087*** (0.005)	-0.073*** (0.004)
一级数字鸿沟	0.154*** (0.004)		
数字金融使用-一级数字鸿沟	0.074*** (0.008)		
二级数字鸿沟		0.117*** (0.005)	
数字金融使用-二级数字鸿沟		0.027*** (0.006)	

续表

变量	(1) 财富不平等	(2) 财富不平等	(3) 财富不平等
金融知识			−0.087*** (0.004)
数字金融使用-金融知识			−0.012*** (0.004)
cons	1.462* (0.667)	1.586* (0.672)	1.541* (0.667)
控制地区	是	是	是
控制变量	是	是	是
有效样本量	31104	31104	31104
Adj-R²	0.346	0.337	0.346

三、异质性分析

我国幅员辽阔,区域之间和城乡之间的发展并不平衡,不同群体使用数字金融的习惯也不同,所以数字金融在不同群体中发挥的作用也不均衡。因此为了探究数字金融使用在不同区域、城乡和年龄段家庭中对财富不平等是否具有异质性影响,本节将总样本按照城乡、地区经济发展水平和户主年龄进行分类,并在此基础上分别进行异质性分析。

1.城乡异质性分析

当前我国城乡发展还较为不平衡,城乡之间的教育、科技、经济等方面还有一定的差距,因此数字金融的使用在城乡之间可能也会有所差别。为了检验数字金融使用在城镇和农村之中对家庭财富不平等是否具有不同的影响,此部分将在原本的回归模型中加入数字金融与城乡的交互项,结果如表8-9第(1)列所示。可以看到,交互项在5%的水平上显著为负,这表明与农村家庭相比,数字金融使用对城镇家庭的影响更大,数字金融使用更加倾向于缩小城镇内部的家庭财富不平等。这可能是因为数字金融的发展在一定程度上依赖于传统金融基础,传统金融为数字金融的发展和渗透提供了资金、基础设施等方面的支持,城镇与农村相比有更加完善的传统金融体系,这使得数字金融在城镇的渗透率更高。除此之外,家庭受教育程度与使用数字金融的概率呈正相关(郭峰和王瑶佩,2020),而农村家庭受教育水平普遍低于城镇家庭,这就使得农村家庭对数字金融的使用程度和效率比城镇家庭低,进而使得数字金融使用对城镇家庭的财富不平等缓解作用比农村家庭更强。

2.经济发展水平异质性分析

我国地区之间经济发展水平差距较大,考虑到不同经济水平地区的数字金融发展程度和家庭数字金融使用可能也有较大差距。因此本章按照各县(区)人均生产总值的大小将总样本划分为经济发展水平高、中、低三个组,并以低经济发展水平组为参照组,在回归模型中分别加入数字金融使用与中等经济发展水平和高经济发展水平的交互项,然后分别进行回归,以研究在不同地区数字金融使用对家庭财富不平等的影响。表8-9第(2)、(3)列报告了数字金融使用对不同经济发展水平地区家庭财富不平等的异质性影响。首先可以看到,在两列中,中等经济发展水平的交互项系数在1%的水平上显著为负,而高经济发展水平的交互项系数却在1%的水平上显著为正。这说明数字金融使用对中等经济发展水平地区内部家庭财富不平等的缓解作用较强,而对高经济发展水平地区的家庭财富不平等影响作用较小。造成这种结果可能是因为中等经济发展水平地区科技创新实力较为强劲,基础设施较为健全,为数字金融提供了良好的发展环境,使数字金融能够充分发挥其优势,进一步降低金融门槛,更加有效地为所有家庭提供所需的金融服务,在激发居民数字金融行为响应的同时使居民在数字金融的使用中能够更加充分地受益。并且中等经济发展水平地区原本的金融供给弱于高经济发展水平地区,所以对数字金融的需求更加强烈,而其本身就具备的满足数字金融全面发展的基本条件又助推数字金融进一步深入到居民生活中,因此该地区家庭的数字金融使用能够更大程度上缓解之前因金融供给不足所造成的金融约束,数字金融使用给家庭所带来的边际效用也会更大。而高经济发展水平地区原本的金融发展水平就处于领先地位,因此虽然其能够为数字金融的发展提供良好的基础支撑,但是由于原本该地区的金融资源就比其他地区更加饱和,所以数字金融的使用在高经济发展水平地区所产生的边际效益会低于其他地区。因此综合来看,数字金融使用对缓解家庭财富不平等的作用在中等经济发展水平地区较为明显,而在高经济发展水平地区作用较弱。

3.年龄异质性分析

不同年龄阶段的人在知识储备、价值观、生活习惯等方面都有着一定的差异,所以对数字金融的接受度和使用度以及在家庭财富积累方面也可能会有所不同。因此本部分参照WHO的年龄分段标准,按户主年龄将总样本分为三个组:44岁以下为青年组,45—60岁为中年组,60岁以上为老年组。以青年组为参照组,将数字金融使用与中年和老年组的交互项分别放入回归模型中进行回归分析。表8-9第(4)、(5)列展示了数字金融使用对家庭财富不平等的户主年龄异质性影响。如结果所示,中年交互项系数显著为负,而老年交互项系数则显著为正。这说明数字金融使用在中年组中对财富不平等的缓解作用更强,对老年组的财富不平等影响则相对较小。这可能是因为中青年群体学习能力更强,接受新生事物的速度更快,对新兴技术的使用也更灵活,因此数字金融更容易被中青年群体所接受,能够在中青年群体中更充分地发挥其作用,所以相比于老年组来说,数字金融使用对青年组和中年组的影响更明显。并且中年组的户主正值壮年,他们比正处于学习阶段、财富积累尚浅的年轻群体拥有更加丰富的经验和更高水平的财富,他们所积累的技能与学识能够助其将数字金融物尽其用,最大化地利用数字金融为其创造财富,因此数字金融使用对于这个年龄组的家庭影响更大。

表 8-9 异质性回归结果

变量	(1) 财富不平等	(2) 财富不平等	(3) 财富不平等	(4) 财富不平等	(5) 财富不平等
数字金融使用	−0.090*** (0.005)	−0.102*** (0.004)	−0.122*** (0.004)	−0.046*** (0.005)	−0.089*** (0.005)
数字金融使用-城乡	−0.017** (0.006)				
数字金融使用-中等 经济发展水平		−0.021*** (0.006)			
数字金融使用-高经 济发展水平			0.037*** (0.006)		
数字金融使用-中年				−0.066*** (0.007)	

续表

变量	(1) 财富不平等	(2) 财富不平等	(3) 财富不平等	(4) 财富不平等	(5) 财富不平等
数字金融使用-老年					0.017** (0.007)
控制变量	是	是	是	是	是
地区固定效应	是	是	是	是	是
有效样本量	31104	31104	31104	31104	31104
Adj-R²	0.256	0.302	0.303	0.245	0.254

第六节　研究结论与启示

　　财富不平等的加剧不仅会影响到一个国家的整体经济发展,更是实现我国社会主义共同富裕道路上的一大绊脚石,因此缓解家庭财富不平等是目前亟待解决的问题。数字金融作为一种创新型金融服务模式,近年来发展迅猛,其依靠先进的数字技术有助于实现金融资源合理配置,实现金融平等,居民通过对数字金融的使用能够加速财富积累,缓解家庭财富不平等。

　　使用2019年的中国家庭金融调查数据实证研究了数字金融使用对家庭财富不平等的影响,结果表明:①数字金融使用能够促进家庭财富积累的同时缓解家庭财富不平等,分位数回归结果发现数字金融使用对家庭财富积累的积极作用随着家庭财富水平的提高而降低,进一步说明了数字金融使用对家庭财富不平等具有缓解作用。②数字金融使用主要通过促进家庭创业和参与金融市场来降低家庭财富不平等程度。③数字鸿沟和金融知识对数字金融使用具有调节效应。一级、二级数字鸿沟限制了数字金融使用对家庭财富不平等的缓解作用,而与之相反的是金融知识能够强化数字金融使用对家庭财富不平等的缓解作用。④分城乡来说,数字金融使用对城镇内部的家庭财富不平等缓解作用比对农村内部更强。分地区经济发展水平来说,数字金融对家庭财富不平等的缓解作用在中等经济发展水平地区作用更强,对经济发展高水平地区作用相对较弱。分年龄段来说,数字金融使用对户主年龄为45—60岁的中年家庭财富不平等的缓解作用更强,对户主年龄为60岁以上的老年组家庭财富不平等的缓解作用较弱。在更换被解释变量、更换模型和剔除特殊样本这一系列稳健性检验和考虑到内生性问题后,以上结果依然成立。

基于以上研究结论,提出以下建议:

第一,促进家庭对数字金融的使用。本章研究发现数字金融使用能够缓解家庭财富不平等,因此应该鼓励家庭更加积极地使用数字金融,充分发挥数字金融的普惠作用,以实现家庭财富不平等程度的降低。具体来看,首先要加强通信、交通、技术等数字基础和清算、支付、结算等金融基础建设,深化数字技术和金融的融合,进一步健全数字金融体系,延伸数字金融的服务广度,加深数字金融的服务深度,助推数字金融在全国范围内的进一步发展,从而促进家庭对数字金融的使用。其次还要完善数字金融相关法律法规,目前数字金融在我国发展时间较短,因此很多家庭对其信任度不高,对其还抱有较强的抵触心理,数字金融使用意愿较低。因此要进一步针对数字金融的特点制定具体的法律法规,加强对数字金融的监管,推动数字金融在全国范围内的有序发展,提高家庭的信任度和使用意愿。

第二,加大数字金融创新力度,丰富数字金融产品与服务。不同财富水平、教育水平、年龄阶段的居民对金融需求也各有不同,因此要保证数字金融发展切实贴合居民金融需求,鼓励利用数字化技术制定个性化金融服务和金融产品,将金融资源精准传输到资源禀赋不同的居民手中,加强数字金融与创业、金融参与等资源的有效粘合,确切满足居民创业、金融参与等活动所需要的金融服务和产品,为居民获取实际的金融资源提供支持,使数字金融惠及全民。

第三,注重金融知识和数字技能的培育。金融知识是合理使用金融资源的基础,因此应该多渠道进行金融知识宣传,在传统网点、社区、商圈等宣传方式的基础上充分利用网络、电视、广播等媒体全方位普及金融知识,将金融知识普及落实到学校教育中,全面提高居民的金融知识水平,从而提高居民使用金融的效率。在我国由于近年来移动网络和宽带通信等信息化基础设施的完善,一级数字鸿沟得到了很大程度的弥合,二级数字鸿沟的严重程度早已远超一级数字鸿沟,因此应该强化居民数字化教育,鼓励学校、公益组织、企业等主体加入到居民数字化教育行列中来,开展多元的数字技能培育,建立全面的、有针对性的数字技术普及体系,提高全民数字技能水平。此外,金融知识和数字化教育资源要向经济发展落后地区、农村地区、低收入低财富群体倾斜,因为长尾群体中的金融知识和数字技能缺失问题更加普遍,所以要对此类群体制定具有指向性的培育方式,提高其金融知识和数字技能,助推居民对数字金融更加公平有效地使用。

第四,因地制宜地发展数字金融。我国幅员辽阔,地区之间发展水平差距较大,发达地区在经济水平、基础设施、教育和科技等方面都在一定程度上领先于欠发达地区,所以在发展数字金融的时候要根据地区的不同而制定差异化的发展策略。在发达地区,数字金融发展水平领先于其他地区,所以要充分发挥其高水平数字金融的优势,在服务本地区居民促进经济发展的同时利用其外溢效应惠及周边区域,在巩固其优势的基础上加强技术革新,使地区数字金融水平更上一阶。在农村等欠发达地区,数字金融水平稍低,所以应将资源倾斜到这些地区,加强对欠发达地区的资金和技术扶持,助推其金融基础建设,以满足数字金融发展所需的条件,同时也要抓住科技革命的机遇,加强技术创新升级,以补齐数字科技发展不足的短板,实现数字金融在符合地区特点发展的同时进一步提高其总体水平。

第三篇

金融科技创新的包容性实践：中观视角

第九章
金融科技发展与商业银行经营绩效

    金融科技的迅猛发展有效推动了我国金融组织形态的多样化,从运行效率、运营成本、传播介质、数据分析等多个维度给传统商业银行带来了直接和间接的影响。采用文本数据挖掘法合成了金融科技发展指数,然后使用2013—2018年118家商业银行的年报数据,选取了不良贷款率和资产收益率分别衡量商业银行经营风险和盈利水平,据此考察了金融科技对商业银行经营绩效的影响效应、传导机制及其异质性。研究结果表明:第一,由于金融科技的"竞争效应"较"技术溢出效应"表现得更为明显,其发展不但会降低商业银行的盈利能力,还会提高商业银行的经营活动风险,进而不利于商业银行的经营绩效提升。其中,金融科技的"竞争效应"导致经营风险的提高和盈利水平的降低,存款竞争发挥了关键的中介作用。第二,金融科技发展对商业银行经营绩效的冲击存在明显的异质性,对国有大型商业银行的盈利水平和经营风险都有着显著的促进作用,对城市商业银行的盈利水平有显著的抑制作用,同时显著提升了城市商业银行和农村商业银行的经营风险,而对股份制商业银行的经营绩效影响则并不明显。金融科技迅猛发展给中国银行业的经营环境带来了深刻影响,未来应结合银行业的实际情况,高度重视金融科技对银行业的冲击,进一步引导银行业的数字化转型和加强金融科技的监管能力提升。

第一节　问题的提出

在当代经济中,技术创新和金融资本已成为社会生产力的最重要组成要素。而科学技术与金融服务、金融产品的相互融合,也是推动社会经济发展水平提高的必然要求。从理论和实践的维度看,金融科技通过资源配置效应和创新效应的发挥,提升金融服务实体经济能力,进而有助于推动经济高质量发展(薛莹和胡坚,2020)。近些年,基于中国互联网的迅速崛起以及云计算等信息管理技术的快速发展,应用于金融研究领域的各项技术水平不断进行升级换代。金融与科技要素范围的进一步融合在促进金融创新的同时,打破了传统的金融服务方式,推动金融科技时代快速到来。2019年,中国人民银行印发的《金融科技(FinTech)发展规划(2019—2021年)》指出,要秉持"守正创新、安全可控、普惠民生、开放共赢"的基本原则,要充分发挥金融科技的赋能和增效作用,更好地推动我国金融业高质量发展。这份引领性文件的发布实施,逐步消退了市场往日的纷乱嘈杂,有力推动了金融科技良性有序发展。2022年,中国人民银行印发了《金融科技发展规划(2022—2025年)》,明确了金融科技发展的愿景、原则和重点任务,表明我国金融科技将从"立柱架梁"全面迈向"积厚成势"新阶段,实现金融科技整体水平与核心竞争力跨越式提升。金融科技发展的三个阶段包括金融IT阶段、互联网金融阶段和金融科技阶段(金洪飞等,2020),而金融科技阶段是对前两个阶段的进一步深化与发展,其可以通过将大数据、区块链、物联网等新型科学技术应用于金融服务与金融产品,极大地推动普惠金融的发展。同时,作为中国金融服务业的绝对主体,随着金融技术的不断发展,商业银行为了顺应时代潮流,改变自身的经营发展模式,必然需要积极将金融科技技术融合到自身业务发展中去。在大数据时代,金融科技推动着金融创新与变革,商业银行在利用金融科技技术提高自身金融服务效率的同时,要将数据的使用价值最大化。有效解决金融服务领域中的各项短板,使金融创新点更多、线更长、面更广,进一步提升金融服务的广度和深度,成为真正的数字化银行和国民经济社会发展更迫切需要的银行。

那么,作为新技术、新理念的金融科技,到底是如何作用于商业银行经营发展的？从互联网金融阶段到金融科技阶段，科学技术都是其产生发展的根本所在。许多学者研究发现以技术为支撑的金融科技或互联网金融能够给商业银行带来正向的"技术溢出"效应（Hauswald and Marquez，2003；郭品和沈悦，2015；申创和刘笑天，2017），即通过技术进步给商业银行带来积极影响；但是，金融科技的发展也会让更多的金融科技企业进入市场，挤压商业银行原有的市场，对商业银行经营发展产生冲击，与商业银行之间形成"竞争效应"（World Bank，2016；Lee and Shin，2018；Thakora，2018）。"技术溢出效应"和"竞争效应"给商业银行带来了不同的影响，二者之间的相互作用是商业银行经营能否正向发展的重要因素。此外，快速发展的金融科技对利率市场化进程起到了加速推动作用，进而对传统金融行业造成了强有力的冲击（战明华等，2018）。作为我国金融机构的重要组成部分，存贷款的息金差额一直都是商业银行的主要利润来源，并且对大多数非股份制商业银行来说甚至是最主要的利润来源。随着利率市场化的不断发展，首先受到冲击的便是银行利差，从而导致商业银行收入减少，盈利水平下降。同时，利率市场化也会增加银行吸收存款的资金成本，从而使银行倾向于选择更高风险的资产，来弥补成本的增加（Marcus，1984），这会在一定程度上增加银行的经营风险。所以，商业银行应该主动作为，通过提高创新能力、转型发展理念、引入新兴科技人才等方式，拥抱金融科技，努力构建"虚拟化银行、数字化银行、信息化银行、智慧化银行"，形成中国金融与科技相互融合、相互交织的发展趋势。

总体来看，虽然关于我国商业银行经营绩效的文献众多，但大部分学者都是在微观层面的基础上来研究商业银行的经营绩效，鲜有学者从金融科技发展这个宏观角度对其进行分析。不管是从"技术溢出效应"还是"竞争效应"角度来研究金融科技对商业银行的影响，还是从银行风险角度，本质上考虑的都是金融科技对商业银行经营发展的影响。但目前关于金融科技如何影响商业银行经营绩效的文献研究大多还只是停留在互联网金融阶段（申创和刘笑天，2017），对金融科技阶段的研究明显不足。本章的主要贡献在于：①利用文本挖掘方法构建金融科技关键词初始词库，再通过因子分析法合成2013—2018年金融科技发展指数。②基于2013—2018年118家商业银行的年报数据，从经营风险和盈利能力两方面考察了金融科技发展对商业银行经营绩效的冲击效应,同时对金融科技发展影响商业银行经营绩效的传导路径进行了检验。
③按照银保监会公布的数据,将中国的银行进行了分类,并就金融科技发展对
商业银行绩效的冲击效应进行了异质性分析。

第二节 理论分析与研究假说

一、金融科技与商业银行经营绩效

影响商业银行绩效的因素很多,从宏观层面看,已有文献研究了银行业市
场结构(谭鹏万,2016)、金融衍生品交易(李黎和张羽,2009)、金融服务多样化
(孙浦阳等,2011)、市场势力(冉光和和肖渝,2014;申创和刘笑天,2017)、互联
网金融(Werthamer and Raymond,1997;郭品和沈悦,2015)等对商业银行经营
绩效的影响。微观层面,学者们主要从非利息收入(王曼舒和刘晓芳,2013;陈
一洪,2015)、高管薪酬(宋清华和曲良波,2011)、股权结构(祝继高等,2012)等
方面对商业银行经营绩效的影响展开研究。上述关于宏观环境对商业银行经
营绩效的分析中,更多地集中于外部环境、互联网金融及金融自由化等,缺乏
关于金融科技发展与商业银行经营绩效之间关系的研究。

金融科技的迅速发展,对商业银行的经营绩效产生了怎样的影响? 商业
银行的经营状况主要由绩效水平来衡量,而绩效水平主要包括盈利和风险两
大方面(何婧和何广文,2015)。从商业银行的盈利能力来看,大部分学者认为
金融科技发展能够为商业银行盈利能力带来正向的"技术溢出效应"(郭品和
沈悦,2015;申创和刘笑天,2017)。而另外一些学者则认为商业银行的盈利水
平可能会受到金融科技发展带来的"竞争效应"影响(World Bank,2016;Lee
and Shin,2018;Thakora,2018)。当商业银行所受到的"竞争效应"大于"技术溢
出效应"时,金融科技发展便会对商业银行盈利能力带来不利影响,反之亦然。
通过运用云计算、区块链、人工智能等金融科技技术,商业银行可以在一定程
度上改变自己原有的信息收集方法、风险评估模型和投资决策过程。但商业
银行在利用金融科技进行自主创新的过程中,不管是研发还是产品创新,都需
要投入大量的人力、物力和财力,这必然会给商业银行带来不确定性和新的经

营成本压力(金洪飞等,2020),一定程度上减弱了金融科技对商业银行的"技术溢出效应"。另外,我国各地区金融科技发展不平衡,地区政府针对本地区经济发展制定了不同的金融科技发展与监管计划,使得不同地区商业银行对金融科技的应用程度很难达到统一,减弱了金融科技对商业银行的"技术溢出效应"。竞争效应主要说明的是商业银行与金融科技企业、其他银行类金融机构之间的竞争。一方面,伴随着金融科技的迅猛发展,一系列具有利率市场化、操作便利和高收益等特点的新型金融科技理财工具开始兴起,由于这些产品的利率不受中央银行管制,一经推出便受到人们热捧(邱晗等,2018),这些金融产品具有交易方便、利率市场化的特点,比受利率管制的银行存款更具有投资导向性。为居民提供了投资银行间市场的渠道,吸引了大量居民储蓄存款,导致商业银行从传统存款市场中获取资金更加困难,存贷利差减小,盈利能力下降。另一方面,各商业银行开始以保持自身的盈利水平为目的,不断寻找新的资金来源,进一步与信托公司、证券公司等合作推出多种理财产品,通过发售高盈利的理财产品来扩大资金来源,抢占市场份额。这又在一定程度上加重了各金融机构间的"竞争效应",高额的资金成本给商业银行经营带来压力。

从商业银行经营风险来看,金融科技发展对其影响主要有两方面。一方面,大部分学者认为金融科技技术可以通过提升商业银行信用风险识别的有效性和准确性来解决信息不对称问题,进而降低商业银行的经营风险(Lapavitsas and Santos,2008;吴晓求,2015;刘忠璐,2016)。另一方面,部分学者认为金融科技发展可以通过提高商业银行的风险偏好与利率市场化,进而提高商业银行经营风险(Saunders and Schumacher,2000;戴国强和方鹏飞,2014;杨东,2018)。理论上讲,科技的发展可以让信息的收集和披露更加经济和便利,从而减少乃至消弭信息不对称,但实践中通常并非如此,甚至有可能与此恰恰相反(廖凡,2019)。在金融科技引导的金融交易中,往往是一对多、多对一,或者多对多交易,在这个过程中由于缺乏有针对性的风险和信用评估机制、信用评价体系建设不完善以及社会中介服务组织机构的行业监管和自律机制还不完善等原因,导致交易双方对交易对手信息的掌握都相当局限,在这种情况下,尚未发展完善的金融科技的泛化应用反倒会给商业银行风险控制带来不利影响。一方面,金融科技的发展会推动利率市场化,降低银行的存贷利差,从而改变银行负债端结构,导致其资产端的风险偏好上升,提高其破产风险。另一方面,金融科技依靠先进的信息处理和交易平台,对于复杂的金融体系而言,金融科技的迅猛发展也可能在一定程度上引发技术风险与系统性风险,最终可能影响整个金融系统的稳定。

基于以上分析,提出本章的第一个研究假说:

H1:金融科技发展不利于商业银行的总体经营绩效提升。

H1A:金融科技发展使得商业银行的经营风险增大。

H1B:金融科技发展使得商业银行的盈利水平降低。

二、金融科技、存款竞争与商业银行经营绩效

随着我国银行业的改革,商业银行的收入结构与盈利模式在不断变化。其中间业务收入在营业总收入中所占的比重也在不断增加,但总体上看,我国商业银行的盈利仍主要依靠存贷款差额。随着金融科技在中国的迅猛发展,以余额宝为首的一批新兴金融科技工具开始迅速崛起。与银行存款相比,一些金融科技企业或非银行金融机构所推出的理财产品凭借其高收益、利率市场化等优势,一经推出便受到人们热捧。为了聚集资金,抢占市场优势,这些高收益的互联网理财产品为居民提供投资银行间市场的渠道,将大量资金引导向银行间市场,导致传统商业银行在存款市场的份额大量流失,面临着严峻的存款竞争。与此同时,面对金融科技工具对存款市场份额的挤占,各金融机构为了确保资金来源也会推出自己的理财产品进行资金竞争,并通过这种方式绕开利率管制、满足存贷比等监管要求,由此更加重了银行间的存款竞争。银行存款竞争的加剧在提高银行从传统市场上吸收资金难度的同时,也在一定程度上提高了银行吸收存款的利率,增加了银行的资金成本(Arping,2017)。在资金来源减少、资金成本上升的经营环境中,商业银行的盈利空间面临着被挤压,给其保持盈利能力带来了不良影响。

随着存款竞争的不断加剧,商业银行面临的经营风险也在不断上升。一方面,在其他条件不变的情况下,商业银行的资金成本上升,利润空间被挤压,

其不得不通过增加发放贷款总量来维持自身较高的利润水平,从而使得信贷市场中贷款供给增加,贷款竞争更加激烈。而商业银行为达到其增加发放贷款总量的目的,商业银行只能放宽抵押品、信贷要求等贷款条件,导致不良贷款率增加,银行经营风险上升。另一方面,存款竞争会降低银行的特许经营权价值,而特许经营权的价值减少会鼓励银行进行高风险投资,提高银行的经营风险。同时,存款竞争在一定程度上也会提高银行贷款的利率(Stigltiz and Weiss,1981),增加了企业的信贷成本,使企业更有动机从事高风险投资,这会提高借款企业经营失败的可能性并增加银行面临的道德风险问题,从而提高银行的经营风险。

基于以上分析,提出本章的第二个研究假说:

H2:金融科技发展会加剧银行存款竞争,进而降低商业银行的总体经营绩效。

H2A:金融科技发展通过加剧银行存款竞争,提高商业银行的经营风险。

H2B:金融科技发展通过加剧银行存款竞争,降低商业银行的盈利水平。

三、金融科技与商业银行经营绩效的异质性分析

从金融科技的应用角度来看,不同类型的银行[①]因为在资产和负债规模、盈利水平以及市场占有份额等方面具有较大差别,特别是在服务范围、资金规模和经营经验等方面具有天然优势的大型商业银行,自然对金融科技的反映程度不同。从商业银行的业务结构来看,如全国性股份制商业银行表外业务和同业业务的占比往往比其他银行要更高一些;农村商业银行的经营模式更偏向于传统的存贷业务。所以,对不同类型的商业银行而言,金融科技对其经营绩效的影响也具有异质性。如金融科技的发展会给商业银行同业业务等带来一些新变化(邱晗等,2018),由于银行的存量业务结构各有不同,金融科技对其业务的影响效果也会随之存在差异(盛天翔和范从来,2020)。对于不同类型的银行而言,金融科技导致各商业银行出现"强者越强、弱者越弱"的现

①按照中国银行业的结构,商业银行主要包括国有大型商业银行、城市商业银行、农村商业银行、股份制商业银行和外资银行。

象,即大型国有银行和股份制银行的发展水平将远远超过其他中小银行,使其风险水平下降;而农村商业银行的市场势力减弱,使其风险上升(李学峰和杨盼盼,2020)。因此,在进行金融科技影响商业银行绩效时,有必要对商业银行进行分类展开异质性分析(Bao et al.,2014;Sleimi,2020;Lorenc and Zhang,2020)。

基于以上分析,提出本章的第二个研究假说:

H3:金融科技发展对商业银行经营绩效的影响存在异质性。

H3A:金融科技发展对商业银行的经营风险影响存在异质性。

H3B:金融科技发展对商业银行的盈利水平影响存在异质性。

第三节 实证研究设计

一、变量的选择与说明

1.核心解释变量

对于金融科技发展程度指标的度量,本章则借鉴郭品和沈悦的做法(郭品和沈悦,2015),利用文本挖掘方法构建金融科技关键词初始词库,再通过因子分析法合成2013—2018年我国金融科技指数。具体做法如下:一是确定关键词词库。借鉴郭品和沈悦(2015)、金洪飞等(2020)学者的经验,从支付清算、资源配置、信息渠道、风险管理和技术支持五个维度构建金融科技的关键词词库。二是关键词词频的计算。首先本章利用百度指数搜索引擎,获得各初始关键词的月度词频,然后利用年化算术平均的方法将月度词频转化成年度词频。三是关键词的筛选。首先利用标准化过程对初始关键词词频进行处理;其次计算初始词频与商业银行总资产收益率(ROA)年度均值的Pearson相关系数,结果如表9-1所示;参考Larson和Farber(2011)的做法,将0.3作为弱相关的临界值,然后剔除相关系数小于0.3的关键词,最后保留23个关键词。四是合成金融科技指数。首先利用综合因子分析对剩余的关键词进行分析,计算出最终的"金融科技指数";最后基于"技术支持"维度合成技术支持指数,并作为本章稳健性检验的替代指标。

表9-1　金融科技指数初始词库

维度	关键词				
支付清算	第三方支付 (0.655)	二维码支付 (0.122)	在线支付 (0.758)*	移动支付 (−0.335)	生物支付 (−0.679)
资源配置	网络投资 (0.637)	众筹 (−0.187)	网贷 (−0.643)	网上贷款 (−0.417)	网络融资 (−0.433)
信息渠道	网络银行 (0.881)**	网上银行 (0.908)**	网银 (0.974)***	电子银行 (0.934)***	手机银行 (−0.809)*
风险管理	网上理财 (0.869)**	互联网理财 (0.623)	网上保险 (0.450)	互联网保险 (−0.604)	在线理财 (0.570)
技术支持	大数据 (−0.969)***	人工智能 (−0.807)*	云计算 (−0.579)	区块链 (−0.722)	物联网 (−0.967)***

注:*、**、***分别表示在10%、5%、与1%水平下显著。

　　构建的金融科技指数与技术支持指数在2013—2018年的变化趋势如图9-1
所示,其中金融科技指数的最大值为0.47(2014年),最小值为−0.86(2013年),
2018年为0.13,说明2013—2018年中国的金融科技发展速度虽然相对较快,但
是各年度的表现却并不稳定,发展潜力还有待进一步释放,发展的稳定性有待
进一步提升。与金融科技指数表现存在不同的是,技术支持指数一直保持相
对稳定的增长态势,从2013年的−0.91上升到了2018年的1.06。

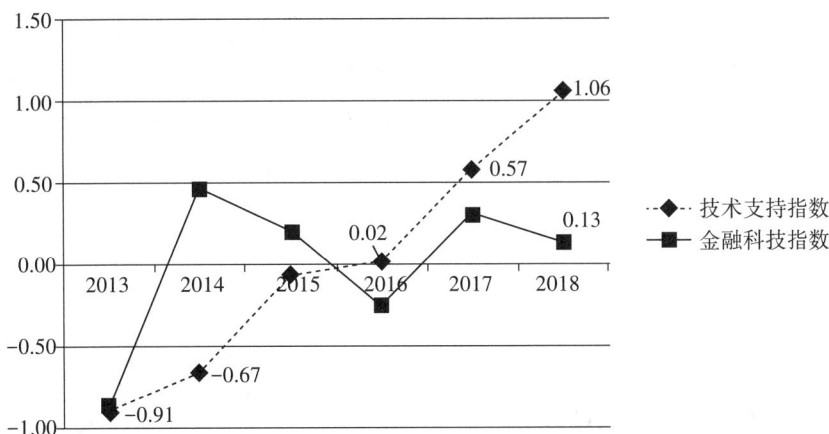

图9-1　2013—2018年金融科技指数与技术支持指数的走势图

2. 被解释变量

商业银行经营绩效：现有文献对商业银行经营绩效的度量主要有两种：①王擎等（2012）学者采用不良贷款率（NPL）和总资产收益率（ROA）作为银行风险水平和绩效的代理变量。②王擎和田娇（2014）、李广子（2014）选择资本回报率（ROE）来衡量商业银行的经营绩效，但 Haw 等（2010）人提出资本回报率会受到银行资本结构的影响。基于此，本研究选取总资产收益率（Return on Asset，ROA）作为盈利性指标，不良贷款率（Non Performing Loan，NPL）作为风险性指标来衡量商业银行的经营绩效。

3. 控制变量

本章主要从银行特征层面和宏观经济层面选取相应的控制变量。银行特征层面我们考虑到资产结构、资本充足状况和资产规模会对商业银行经营绩效产生重要影响，因此选择贷款资产比（Loan to Asset Ratio，LA）、权益资产比（Equity to Asset Ratio，EA）和资产总额的对数（LNTA）作为相关控制变量。从宏观层面而言，考虑到经济发展会对商业银行绩效产生重要影响，经济发展水平提高，银行经营绩效也会相应提高，因此将实际生产总值取对数（LNGDP）作为经济发展水平的代理变量。由于当前国内商业银行的主要收入仍然是利息收入，因此利息收入水平对利率市场化的变化较为敏感，且利率市场化在一定程度上会收窄商业银行的利差空间，进而压低商业银行的利润，增大其经营风险，因此选取利率市场化进程的虚拟变量（POLICY）作为控制变量。同时，通货膨胀率也会影响银行绩效水平，本章还选取了消费者物价指数（CPI）作为相应控制变量。变量名称、变量定义以及变量的计算详细参考表9-2。

4. 中介变量

存款竞争（Competition）：关于存款竞争的度量方面，本章采用2013—2018年各银行的利息支出与平均付息负债的比值来衡量银行存款竞争水平。变量名称、变量定义以及变量的计算详细参考表9-2。

表9-2 变量类型、名称、定义和测算

变量类型	变量名称	变量含义	变量测算
被解释变量	ROA	资产收益率	税后净利润/总资产
	NPL	不良贷款率	不良贷款/贷款总额
核心解释变量	FINTECH	金融科技发展指数	作者计算
控制变量	LA	贷款资产比	总贷款/总资产
	EA	权益资产比	股东权益/总资产
	LNTA	总资产水平	总资产对数值
	LNGDP	经济发展水平	生产总值对数值
	CPI	通货膨胀率	消费者物价指数
	POLICY	利率市场化政策	2015年及以后取1,之前取0
中介变量	Competition	存款竞争	银行利息支出/平均付息负债

二、数据说明与描述性统计

本章的研究对象是我国118家商业银行,具体包括6家国有大型商业银行、11家股份制商业银行、71家城市商业银行、30家农村商业银行①,研究区间为2013—2018年。其中,银行层面数据主要来源于Bankscope数据库,相关缺失的数据分别用对应各商业银行年报数据补齐,宏观层面数据则主要来源于历年《中国统计年鉴》。

从表9-3的描述性统计结果中可以看出:我国商业银行资产收益率和不良贷款率的差异都较大,特别是不良贷款率,最小值低至0.130%,最大值高达13.250%,这为实证部分的异质性分析提供了依据,同样说明研究中国的银行经营情况必然需要考虑银行的异质性问题。

表9-3 主要变量的描述性统计

变量符号	观测值	平均值	标准差	最小值	最大值
ROA	708	0.961	0.351	0.021	2.701
NPL	708	1.537	0.839	0.130	13.250

①第一,2019年2月,银保监会将邮政储蓄银行机构类型调整为国有大型商业银行,因此当前的国有大型商业银行除了中国工商银行、中国农业银行、中国建设银行、中国银行、交通银行以外,还包括邮政储蓄银行;第二,由于恒丰银行2016年至2018年的数据缺失,不计入研究样本范围内,所以本章的股份制商业银行不包括恒丰银行,因此只有11家;第三,城市商业银行和农村商业银行由于数量太多,在此不一一说明。

续表

变量符号	观测值	平均值	标准差	最小值	最大值
FINTECH	708	0.363	0.445	−0.860	0.470
LA	708	0.450	0.092	0.180	0.660
EA	708	7.276	1.460	2.530	13.883
LNTA	708	19.317	1.548	16.280	24.045
LNGDP	708	4.289	0.149	4.083	4.521
CPI	708	101.950	0.382	101.400	102.600
POLICY	708	0.667	0.472	0.000	1.000

三、研究方法的选择与模型设定

考虑到商业银行所经营的存贷业务可能受前一期的影响,即当期经营绩效可能会受到前期值的影响而表现出惯性特征,而且商业银行经营绩效可能与银行个体特征变量(如贷款资产比、资产总额等)存在互为因果的内生关系。因此,为了有效刻画银行经营绩效的持续性动态过程,充分利用样本数据信息,本章使用两步广义系统矩估计(SYSGMM)方法,在计量模型(9.1)、(9.2)中引入被解释变量的一阶滞后项,并建立动态面板数据计量模型进行稳健性检验。具体如下:

$$ROA_{it}=\alpha_0+\beta_1 ROA_{i,t-1}+\beta_2 FINTECH_{it}+\beta\sum Controls_{it}+\varepsilon_{it} \tag{9.1}$$

$$NPL_{it}=\beta_0+\alpha_1 NPL_{i,t-1}+\alpha_2 FINTECH_{it}+\alpha\sum Controls_{it}+\varepsilon_{it} \tag{9.2}$$

其中,i 和 t 分别表示银行和年份;$Controls$ 表示所有的控制变量;ε_{it} 为随机扰动项。

第四节　实证结果分析

一、金融科技与商业银行经营绩效:基准回归

为更好考察金融科技与商业银行经营绩效之间的关系,我们首先采用静态面板的固定效应(FE)和随机效应(RE)分别估计方程(9.1)和(9.2),结果如

表9-4所示。Hausman 检验的 P 值分别为0.001、0.682,所以金融科技对商业银行经营风险的影响模型选择随机效应估计,金融科技对商业银行盈利能力的影响模型选择固定效应估计。可以发现,金融科技发展与商业银行经营风险(NPL)之间呈显著的正相关关系,但对商业银行盈利能力(ROA)的影响则并不显著。为了与之形成对比,进一步对 SYSGMM 的估计结果进行分析。动态面板估计结果中的 AR(2)值均大于0.05,Sargan 检验 P 值也均大于0.05,说明模型的设定合理。接下来将主要针对 SYSGMM 的回归结果展开分析。

从表9-4的模型(5)和(6)可以看出,不管是经营风险指标还是盈利能力指标作为商业银行经营绩效的代理变量,两者滞后一期的系数均显著为正且通过了1%的显著性检验。金融科技的系数分别为2.080和-0.497,且分别通过了1%和5%的显著性水平,说明金融科技发展会明显提升商业银行的经营风险并降低其盈利水平,进而对商业银行的经营绩效带来不利影响。因此,假说 H1得到验证。可能的原因是,从商业银行的盈利能力来看,商业银行利用新型金融科技技术促进创新与应用转化的费用很高,一定程度上加大了其成本负担,并且由于我国各地区金融科技发展不平衡,地区政府针对本地区经济发展制定了不同的金融科技发展与监管计划,这使得不同地区商业银行对金融科技的应用程度很难达到统一。同时以余额宝为首的新型金融理财产品的出现凭借其高额收益吸引了大量居民储蓄存款,导致传统商业银行在存款市场上所占份额不断下降,存贷利差减小,盈利能力下降,进而降低其经营绩效。从商业银行经营风险来看,金融科技在推动利率市场化的同时也会减少银行的资金来源,改变银行的资产负债结构,导致其更有动机从事高风险活动,提高其破产风险。同时,对于复杂的金融体系而言,金融科技的迅猛发展也可能在一定程度上引发技术风险与系统性风险,从而降低商业银行经营绩效。

表9-4 金融科技与商业银行经营绩效:基准回归

模型	FE		RE		SYSGMM	
	(1)NPL	(2)ROA	(3)NPL	(4)ROA	(5)NPL	(6)ROA
L.ROA						0.822*** (14.820)
L.NPL					0.663*** (8.290)	

续表

模型	FE		RE		SYSGMM	
	(1)NPL	(2)ROA	(3)NPL	(4)ROA	(5)NPL	(6)ROA
FINTECH	0.600*** (2.910)	0.019 (0.310)	0.561*** (2.750)	0.039 (0.650)	2.080*** (2.920)	−0.497** (−2.5700)
LA	2.783*** (4.350)	0.528*** (2.810)	2.509*** (5.580)	0.370** (2.320)	0.586 (0.580)	−0.320 (−1.140)
EA	−0.082** (−2.110)	0.040*** (3.530)	−0.051* (−1.750)	0.048*** (4.720)	−0.061 (−1.080)	0.025 (1.540)
LNTA	−0.421* (−1.760)	0.241*** (3.420)	−0.110*** (−3.510)	0.029* (1.930)	−0.804*** (−3.790)	0.031 (0.690)
LNGDP	−0.412 (−0.580)	−1.021*** (−4.860)	−0.701 (−1.050)	−0.805*** (−4.050)	−3.016** (−2.060)	1.134*** (2.850)
CPI	0.712** (2.370)	−0.021 (−0.230)	0.670** (2.250)	0.009 (0.100)	1.930*** (2.860)	−0.442** (−2.440)
POLICY	1.084*** (4.010)	−0.155* (−1.950)	0.996*** (3.780)	−0.097 (−1.24)	2.211*** (3.220)	−0.667*** (−3.500)
_cons	−62.562** (−2.240)	2.357 (0.290)	−63.041** (−2.250)	2.529 (0.300)	−169.151** (−2.660)	40.201** (2.370)
Hausman 检验		0.001	0.682			
AR (2)					0.920	0.676
Sargan（P值）					0.653	0.205

注：*、**、***分别表示在10%、5%、与1%水平下显著，括号中为对应的t值，下同。

二、金融科技与商业银行经营绩效：影响机制分析

根据前文理论分析，金融科技发展能够通过加剧商业银行存款竞争的渠道降低银行的经营绩效。为验证这一影响渠道是否存在，本研究采用中介效应模型进行验证，具体构建的递归计量模型如下：

$$ROA_{it}=\alpha_0+\beta_1 ROA_{i,t-1}+\beta_2 FINTECH_{it}+\beta\sum Controls_{it}+\varepsilon_{it} \qquad (9.3)$$

$$NPL_{it}=\beta_0+\alpha_1 NPL_{i,t-1}+\alpha_2 FINTECH_{it}+\alpha\sum Controls_{it}+\varepsilon_{it} \qquad (9.4)$$

$$Competition_{it}=\gamma_0+\gamma_1 Competition_{i,t-1}+\gamma_2 FINTECH_{it}+\gamma\sum Controls_{it}+\varepsilon_{it} \qquad (9.5)$$

$$NPL_{it}=\theta_0+\theta_1 NPL_{i,t-1}+\theta_2 FINTECH_{it}+\theta_3 Competition+\theta\sum Controls_{it}+\varepsilon_{it} \qquad (9.6)$$

$$ROA_{it}=\delta_0+\delta_1 ROA_{i,t-1}+\delta_2 FINTECH_{it}+\delta_3 Competition+\delta\sum Controls_{it}+\varepsilon_{it} \qquad (9.7)$$

其中，中介变量（Competition）为商业银行面临的存款竞争水平，本研究采

用2013—2018年各银行的利息支出与平均付息负债的比值来衡量。β_1和α_1反映了金融科技发展对商业银行经营绩效影响的总效应,θ_2和δ_2表示金融科技发展对商业银行经营绩效影响的直接效应,根据中介效应的检验程序,若系数β_1、α_1、γ_1、θ_3、δ_3均显著,则表明存在中介效应。

表9-5报告了金融科技发展对商业银行经营绩效影响渠道检验的回归结果。可以看出,第一步中,金融科技发展的系数在两个模型中分别显著为正和显著为负。第二步中,金融科技发展的系数显著为正,说明金融科技发展程度越高,商业银行面临的存款竞争越激烈。第三步中,商业银行存款竞争水平(Competition)的回归系数在两个模型中分别显著为正和显著为负,表明商业银行存款竞争越激烈,商业银行的经营风险上升,盈利能力下降,同时意味着银行存款竞争与银行经营绩效之间有中介效应,金融科技发展对商业银行经营绩效施加影响的过程中,存在"金融科技发展→存款竞争→商业银行经营绩效"的传导渠道。由此,假说H2得证。

表9-5　金融科技与商业银行经营绩效:影响机制分析

变量	第一步		第二步	第三步	
	NPL	ROA	Competition	NPL	ROA
	(1)	(2)	(3)	(5)	(6)
L.NPL	0.663*** (8.290)			0.576*** (6.900)	
L.ROA		0.822*** (14.820)			0.398*** (2.630)
L. Competition			0.449*** (2.780)		
FINTECH	2.080*** (2.920)	−0.497** (−2.570)	0.015*** (7.840)	0.494 (0.940)	−0.043 (−0.360)
Competition				18.722* (1.930)	−14.335** (−2.070)
控制变量	控制	控制	控制	控制	控制
银行	控制	控制	控制	控制	控制
_cons	−169.151** (−2.660)	40.201** (2.370)	−0.693*** (−3.130)	−59.861 (−1.320)	7.168 (0.720)
AR (2)	0.920	0.676	0.614	0.782	0.346
Sargan (P值)	0.653	0.205	0.273	0.779	0.193

三、金融科技与商业银行经营绩效：异质性检验

在总体商业银行样本的基础之上，我们将商业银行分为国有大型商业银行、城市商业银行、农村商业银行和股份制商业银行，进一步研究金融科技对于不同类型商业银行经营绩效的影响差异，外资银行我们在此不作细致讨论。在表9-6中，AR(2)均大于0.05，Sargan检验P值均大于0.05，说明模型设定合理。根据表9-6的模型(1)—(8)的结果来看，与表9-4所得到的结论类似，即便是将商业银行进行了细分，最终发现不管是经营风险指标还是盈利能力指标作为商业银行经营绩效的代理变量，两者滞后一期的系数均显著为正且至少通过了5%的显著性检验，说明银行的发展同样受到"棘轮效应"的影响。

一是金融科技与国有大型商业银行经营绩效。如表9-6的模型(1)和模型(2)所示，金融科技发展的系数在两个模型中均显著为正，说明金融科技的发展在一定程度上可以提高国有大型商业银行的经营风险，并对其经营盈利性产生正向影响。一方面，与大多数银行一样，金融科技的发展会推动利率市场化，降低银行的存贷利差，银行的利润来源减少，从而改变银行负债端结构，导致其资产端的风险偏好上升。另一方面，国有大型商业银行经营规模庞大，分支机构众多且遍布全国各地区，资金实力强大，在金融科技应用与创新方面有足够实力投入大量的时间与资金成本，从而强化金融科技带来的"技术溢出效应"，提高银行的盈利能力。

表9-6 金融科技与商业银行经营绩效：异质性检验

变量	国有大型商业银行		城市商业银行		农村商业银行		股份制银行	
	NPL	ROA	NPL	ROA	NPL	ROA	NPL	ROA
	(1)	(2)	(3)	(4)	(5)	(6)	(7)	(8)
L.NPL	0.584*** (2.960)		0.488*** (4.870)		1.070*** (10.220)		0.521*** (3.240)	
L.ROA		0.551*** (3.520)		0.900*** (12.960)		0.406*** (3.700)		0.382** (2.230)
FIN-TECH	1.725** (2.120)	0.220* (1.940)	2.294** (2.200)	−0.798*** (−2.690)	3.164** (2.350)	0.229 (0.620)	−0.148 (−0.230)	0.205 (1.120)
LA	0.243 (0.080)	0.852* (1.910)	2.497* (1.740)	−0.258 (−0.670)	−2.490 (−1.230)	−0.850 (−1.580)	−0.027 (−0.030)	0.314 (0.870)
EA	0.118 (0.520)	0.010 (0.410)	−0.070 (−0.960)	0.024 (1.130)	0.101 (0.960)	0.068** (2.140)	0.089 (1.160)	0.017 (0.700)

续表

变量	国有大型商业银行		城市商业银行		农村商业银行		股份制银行	
	NPL	ROA	NPL	ROA	NPL	ROA	NPL	ROA
	（1）	（2）	（3）	（4）	（5）	（6）	（7）	（8）
LNTA	0.379 （0.990）	0.070 （0.590）	−0.489 （−1.180）	0.009 （0.070）	0.330 （0.970）	−0.044 （−0.430）	0.056 （0.300）	−0.005 （−0.120）
LNGDP	−5.121*** （−3.240）	−0.624 （−1.520）	−3.268 （−1.490）	1.660** （2.470）	−7.725*** （−2.850）	−0.384 （−0.460）	−0.672 （−0.500）	−0.662 （−1.380）
CPI	1.599** （2.150）	0.179* （1.790）	2.203** （2.230）	−0.694** （−2.480）	2.598** （2.070）	0.143 （0.430）	−0.079 （−0.140）	0.170 （1.030）
POLI-CY	1.950*** （2.580）	0.123 （1.130）	2.442** （2.430）	−0.920*** （−3.180）	3.096** （2.400）	−0.078 （−0.220）	0.146 （0.260）	0.096 （0.550）
_cons	−151.680** （−2.230）	−17.404 （−1.620）	−202.761** （−2.170）	64.176** （2.410）	−239.907** （−2.050）	−11.654 （−0.380）	9.854 （0.180）	−14.153 （−0.890）
AR（2）	0.256	0.134	0.819	0.952	0.370	0.317	0.760	0.094
Sargan（P值）	0.076	0.258	0.591	0.156	0.439	0.576	0.995	1.000

注：*、**、***分别表示在10%、5%、与1%水平下显著，括号中为对应的t值。

二是金融科技与城市商业银行经营绩效。如表9-6的模型（3）和模型（4）所示，在城市商业银行的回归结果中，金融科技发展的系数在模型（3）中显著为正，在模型（4）中则显著为负，这说明金融科技的发展显著增加了城市商业银行的经营风险并降低了城市商业银行的盈利能力，严重不利于城商行的经营绩效提升。可能的原因是，与国有大型商业银行相比，城市商业银行的客户群体分布范围广泛，与银行之间的信息不对称问题较大，导致风险来源多、敞口大，并且随着资金来源的竞争加大，在一定程度上给银行盈利能力带来了不利影响。

三是金融科技与股份制商业银行经营绩效。如表9-6的模型（7）和模型（8）所示，在股份制商业银行的回归结果中，金融科技发展的系数在两个模型中均不显著。一方面，股份制商业银行由于其自身特点与所有权的原因，在金融科技领域的布局不尽相同，同时在经营方面也不像国有银行，在没有国家担保与政策偏向的情况下，其经营表现得更为谨慎，风险偏好程度较低，因此受到金融科技的影响也比较弱。另一方面，股份制商业银行已经打破了银行主要通过存贷利差盈利的模式，其盈利开始越来越多地依赖中间业务。但与存贷利差相比，银行的中间业务收入很不稳定，且其扩张会增加银行的固定成本,因此金融科技通过存贷利差渠道对股份制商业银行经营绩效的影响并不显著。

四是金融科技与农村商业银行经营绩效。如表9-6的模型(5)和模型(6)所示,在农村商业银行的回归结果中,金融科技发展的系数在模型(5)中显著为正,在模型(6)中则不显著,也即是说金融科技的发展显著增加了农村商业银行的经营风险,但对其盈利能力并没有产生明显影响。一方面,与大型商业银行相比,农商行缺少数字化人才,且在转型资源、科技能力等方面存在明显约束。与此同时,农商行在员工平均素质方面存在短板,这就导致金融科技不能高效地发挥其"技术溢出效应"。另一方面,随着普惠金融发展,一些城商行与股份制银行等新型金融组织开始纷纷涉足农村市场,进一步加剧了农村金融市场竞争,强化了金融科技给农商行带来的"竞争效应"。同时,农村商业银行的资金与业务规模较小且客户组成更加单一,风险控制能力较弱,缺乏完善的信用评估体系,使其更易受到金融科技风险的影响。

通过对上述商业银行样本进行分类研究,可以发现金融科技发展对不同商业银行经营绩效的影响存在明显的异质性,因此假说H2得到验证。总的来说,金融科技会冲击银行的传统资产负债业务,从而造成流动性创造的业务基础发生变化,而银行的规模差异也将导致金融科技在改变货币政策流动性创造效应时产生异质性(盛天翔和范从来,2020)。一方面,大型国有商业银行具有资金规模、技术人才和经营经验等优势,使其在利用金融科技发展升级风险管理技术和流程方面更加顺利。通过与金融科技公司合作,国有大型银行能够根据其资产结构迅速进行调整以跟上经济发展和市场竞争的步伐。另一方面,有些城商行和农商行受到发展战略、科技人才、资金、业务范围、地域和客户群体等限制,金融科技投入有限,难以跟上金融科技发展步伐;还有一部分中小规模的银行即便是重视数字化转型,且投入了大量物力财力,但是短时间内还未取得显著成效。

四、金融科技与商业银行经营绩效:稳健性检验

本研究用技术支持指数替代金融科技指数来进行稳健性检验,稳健性检验结果如表9-7和表9-8所示。整体而言,金融科技能显著增加商业银行的经

营风险,对商业银行经营能力有显著的抑制作用。这说明稳健性检验结果与前文的估计结果基本相同,因此可以说明实证分析较为准确。

表9-7 金融科技与商业银行经营绩效:全体样本稳健性检验

变量	NPL	ROA
L.NPL	$0.663^{***}(8.290)$	
L.ROA		$0.822^{***}(14.820)$
FINTECH	$1.140^{***}(2.920)$	$-0.272^{**}(-2.570)$
控制变量	控制	控制
银行	控制	控制
_cons	$6.774(0.620)$	$-1.853(-0.560)$
AR(2)	0.920	0.676
Sargan(P值)	0.653	0.205

表9-8 金融科技与商业银行经营绩效:分类样本稳健性检验

变量	六大国有银行		城市商业银行		农村商业银行		股份制银行	
	NPL	ROA	NPL	ROA	NPL	ROA	NPL	ROA
L.NPL	0.584^{***} (2.960)		0.488^{***} (4.870)		1.070^{***} (10.220)		0.521^{***} (3.240)	
L.ROA		0.551^{***} (3.520)		0.900^{***} (12.960)		0.406^{***} (3.700)		0.382^{**} (2.230)
FIN-TECH	0.945^{**} (2.120)	0.120^{*} (1.940)	1.257^{**} (2.200)	-0.437^{***} (-2.690)	1.734^{**} (2.350)	0.126 (0.620)	-0.081 (-0.230)	0.112 (1.120)
控制变量	控制	控制	控制	控制	控制	控制	控制	控制
银行	控制	控制	控制	控制	控制	控制	控制	控制
_cons	-5.801 (-0.410)	1.183 (0.660)	-8.711 (-0.520)	-3.301 (-0.670)	27.718 (1.510)	7.729 (1.630)	-2.644 (-0.410)	3.168 (1.150)
AR(2)	0.256	0.134	0.819	0.952	0.370	0.317	0.760	0.094
Sargan (P值)	0.076	0.258	0.591	0.156	0.439	0.576	0.999	1.000

第五节 结论与政策建议

随着金融科技进入数字化阶段,大数据、物联网、云计算等新型金融科技技术在一定程度上对传统商业银行的经营管理模式产生了重要影响。金融科技的产生与发展,在改变商业银行资产负债结构、挑战其传统盈利模式以及提高其经营风险的同时,也为商业银行"虚拟化、数字化、信息化、智慧化"发展提供了重要契机。为此,商业银行必须认清形势,积极创新完善服务模式和内容,全面满足客户需求,构建银行、服务对象和第三方共存、繁荣并实时互动的金融体系。同时积极推动金融科技与商业银行自身业务、经营风险管理和创新能力发展的深度融合,推动其经营模式与业务转型,在新时代中承担更大的金融市场主体责任。本章首先采用文本数据挖掘法合成了金融科技发展指数,然后使用2013—2018年118家商业银行的年报数据,选取了不良贷款率和资产收益率分别衡量商业银行经营风险和盈利水平,从两个方面考察了金融科技对商业银行经营绩效的影响、影响渠道及其异质性。研究发现:①金融科技发展对商业银行的经营绩效产生了显著的负面影响,不但会降低商业银行的盈利能力,还会提高商业银行的经营风险,其中在金融科技的"竞争效应"较"技术溢出效应"表现得更为明显的情况下,存款竞争在金融科技降低商业银行经营绩效中发挥了关键的中介作用。②金融科技发展对商业银行经营绩效的冲击存在明显的异质性。从盈利水平方面看,虽然金融科技发展显著不利于城市商业银行的盈利水平提升,但是对国有大型商业银行的盈利水平却有显著的促进作用。从经营风险方面看,金融科技发展主要对国有大型商业银行、城市商业银行和农村商业银行有直接的抑制作用;对股份制商业银行的经营绩效影响则并不明显。

基于上述结论,提出如下政策建议:

第一,商业银行应充分利用金融科技来拓展客户群体,寻找新的盈利增长点。在商业银行传统的经营模式中,其更重视大客户的需求,而对小客户则缺乏关注,这种"逐大舍小"的经营策略导致金融科技企业更容易凭借其信息优势,将闲散在社会上的资金聚集起来,形成较大的资金规模,进而给传统银行业务带来了直接的竞争和正面的冲击。所以商业银行应该在风险可控的范围内不断拓展业务范围,特别应提高对中小客户群体的重视,充分合理地利用大数据、云计算等金融科技技术挖掘潜在信息,拓展客户群体,创造新的盈利增长点。

第二,为了缓解金融科技对商业银行经营带来的"竞争效应",并强化其

"技术溢出效应",商业银行需要利用其自身优势,创新业务模式与服务产品,同时引进专业人才、提高研发创新投入、优化自身资产负债结构。与其他金融机构或非金融机构相比,商业银行具有政府"政策偏向"、服务范围广泛、信用度高等优势。因此,商业银行需要利用这些长期以来积累的优势,通过产品创新和服务模式创新,为客户提供全渠道、全接触、全周期、全流程的金融服务,以满足客户的多元化需求,提高业务绩效。

第三,加快推动存款利率市场化,减少各类隐性的干预或窗口指导,将存款定价权赋予给银行。在各类金融科技企业或非银行金融机构的资管产品定价市场化的背景下,商业银行依然没有存款定价的自主权,而市场利率与存款利率之间的差额必然会促使非银行金融机构进行套利,从而对商业银行形成严峻的资金竞争压力。在这种情况下,监管层要赋予商业银行更多存款定价的自主权,缓解其面临的资金竞争压力,在稳定银行资金来源的同时也可以确保银行的收益稳定,进而提高其经营绩效。

第四,商业银行应加快信用风险管理转型,实现决策支持智能化、风险处理与识别的自动化。既要顺应当前国际国内的金融科技发展大趋势,明确金融科技驱动业务发展的战略定位,制定符合自身优势的行动方案,尽快建立与之相适应的组织架构体系;又要依托金融科技,从技术层面根据客户多样化需求开发金融服务产品,全面改善金融服务水平,提升客户体验;还应全面强化银行员工的数字分析和应用能力,重点提升员工的数据甄别和数据挖掘能力,提升银行盈利能力,降低银行经营风险。

第十章
金融科技、影子银行与中小企业融资成本

金融科技作为技术驱动的金融创新,旨在运用现代科技成果降低流通费用,解决中小企业融资痛点和堵点,推动金融发展提质增效,实现对实体经济的有效服务。为了检验金融科技的快速发展和泛化应用是否有效化解了中小企业传统的"融资难、融资贵"问题,本章首先运用网络爬虫技术获取了百度搜索指数中与金融科技话题相关的文本内容,据此编制了一套中国金融科技发展指标体系,并综合测算了中国31个省份的金融科技发展指数,然后利用2011—2019年中国中小板上市公司数据,考察了金融科技发展对中小企业融资成本的影响及其作用机制。结果发现,金融科技发展显著提高了中小企业融资成本,且在金融科技发展提高中小企业融资成本的过程中,影子银行发挥了关键的中介作用;进一步研究发现,在民营企业和东部经济发达地区,金融科技发展对中小企业融资成本提升的影响更为显著。在考虑内生性问题和其他一系列稳健性检验后,以上结论仍然成立。本章的研究启示在于:准确把握新发展阶段,推动经济高质量发展,着力破解中小企业融资困境,其根本出路在于坚持需求侧和供给侧"两手抓",需求侧重在固本强基,充分利用新技术给小微企业进行数字化赋能,推动建立健全涉企数据信息共享机制,培育小微企业有效金融需求;供给侧重在金融机构体系的结构优化、责任强化、产品线上化、功能完善、风险共担和内涵式发展,核心在于为企业提供供应链金融,加强对产业链上下游中小微企业的支持。

第一节　问题的提出

金融运行的核心要素在于,以信息收集、信誉积累、担保等方式建立信任机制,从而通过期限转换、信用转换、流动性转换和风险转换等途径,实现资金在盈余方和短缺方之间的跨时间配置。中小企业作为我国实体经济中数量最多、活跃程度最高的组成部分,鼓励中小企业成长是"十四五"期间推动中国经济高质量发展的基础性力量。与此同时,中小企业也长期存在着难以获得信贷资金支持的"融资难、融资贵"问题,且一直难以通过短期政策获得实质性解决(姚耀军等,2015)。究其根源,中小企业处于企业生命周期的初始阶段,抗风险能力弱,经营发展具有高度的不确定性,因而很难获得正规金融体系"获取固定收益审慎原则"下的资金支持;加之中小企业所拥有的资源主要是品牌概念或人力资本等无法通过财务信息反映出来的隐性资源,缺少传统信贷发放所要求的具有抵押价值的资产,因此普遍存在"融资难"的发展痛点。而即使通过了正规金融体系的资质门槛,在金融体系收益成本匹配的经营原则下,中小企业因自身差异化、个性化的融资需求所带来的服务成本提升,也转嫁成了其融资所得的资金成本 ,"融资贵"也就成为了制约中小企业发展的另一个痛点。

客观上看,资金本身并非洪水猛兽,其逐利的特点是人类社会进步和经济发展增长的驱动力。但在马克思主义政治经济学概念里,金融这种因流通辅助生产而产生的效益是纯粹的流通费用。金融科技作为目前看来唯一可行的"提高流通效率,降低纯粹流通费用的发展出路"(李扬,2019),通过前沿数字技术手段,能够获取更多有关借款人的信息(Buchak et al.,2018),扩展金融机构服务的覆盖面,从而拓宽中小企业的融资渠道,化解其"融资难"问题。进一步地,金融科技可以通过数据、算法及平台作为金融产品和金融服务的核心要素,通过创造新的业务模式、应用、流程或产品,大幅降低金融服务成本,解决中小企业"融资贵"痛点。

因此,有学者认为,当前我国金融科技的发展已经为提升金融服务实体经济效率,带来了颠覆性的影响(黄益平等,2018)。与此同时,也有学者认为,当前金融科技所带来的只是重大影响,尚未对传统金融体系产生颠覆性影响(胡滨等,2020)。面对争论,本研究认为,要验证这个问题,那就离不开对"金融科技是否切实降低了金融纯粹的流通费用"的效果检验,即金融科技是否真正缓解了实体经济尤其是中小企业信贷资金使用成本过高的"融资贵"这一痛点。

实际上,技术应用是在一定的现实环境中发挥作用的,因此要正确辨析上述问题,就必须对过去金融科技的应用环境——我国金融体系,有一个清晰的发展历程认知。首先,以银行为代表的传统金融机构经营模式积弊已久,在金融科技初始发展前期,其反应速度和应对能力均明显不足,传统业务市场份额不断被挤压,盈利能力受到极大冲击和挑战。此时,面对金融科技带来的存款分流压力,发行理财产品成为银行高息揽"储"的主要手段(战明华等,2018;郭品等,2019),而银行为了保持较高的盈利水平,通常会把成本上升的压力转嫁给贷款客户(Graeve et al.,2004)。此时,跨过银行信贷资质门槛的中小企业会首当其冲地成为成本转嫁对象。其次,2008年以后,为应对国际金融危机的冲击,我国货币政策由趋紧转向适度宽松,并取消了对金融机构信贷规模的硬性约束,作为常规银行体系补充的影子银行[1]也由此进入快速增长阶段。《中国影子银行报告》数据显示,截至2019年末,影子银行在我国的规模已经相当庞大,广义影子银行[2]规模为84.80万亿元,风险较高的狭义影子银行[3]亦高达39.14万亿元。受金融体系结构、金融深化程度以及监管政策取向等因素影响,我国影子银行还进一步表现出"以银行为核心,表现为'银行的影子'"、"以监管套利为主要目的,违法违规现象较为普遍"、"收取通道费用的盈利模式较为普遍"以及"以类贷款为主,信用风险突出"等特征(中国银保监会课题组,2020)。影子银行"不仅使金融风险不断积累和暴露,违法违规问题日益严重,而且也

---

[1] 影子银行作为常规银行体系的补充,是在功能上承担金融中介特别是信用中介职能,在依托载体上以金融监管边界以外的非银行金融机构为主,在发展形式上高度依赖具有复合和结构化特点的创新金融工具。但由于缺乏必要的监管,影子银行很容易成为系统性风险的重大隐患。

[2] 广义影子银行包括同业理财及其他银行理财、银行同业特定目的载体投资、委托贷款、资金信托、信托贷款、非股票公募基金、证券业资管、保险资管、资产证券化、非股权私募基金、网络借贷P2P机构、融资租赁公司、小额贷款公司提供的贷款、商业保理、公司保理、融资担保公司在保业务、非持牌机构发放的消费贷款、地方交易所提供的债权融资计划和结构化融资产品。

[3] 广义影子银行当中的同业特定目的载体投资和同业理财、理财投非标债权等部分银行理财、委托贷款、信托贷款、网络借贷P2P贷款和非股权私募基金等业务,影子银行特征明显,风险相对较高,属于狭义影子银行。

大大抬高了我国宏观杠杆水平,吹大资产泡沫,助长脱实向虚,严重影响了金融与经济的良性循环,极大扭曲了市场资源的正常有效配置,对我国经济金融向高质量转型发展构成重大威胁"(中国银保监会课题组,2020)。正如李扬(2019)所指出的那样,纯粹的流通费用不能高,否则无助于社会效益的真正提高。影子银行是金融体系的一部分,必须建立持续监管框架。在缺乏必要监管背景下野蛮式发展起来的影子银行通过跨机构、跨市场、跨行业的复杂操作方式层层加码地提升流通费用,极大地影响了前期我国金融科技发展"降低流通费用"的理想作用效果。

基于以上分析,本研究认为在金融管理部门对影子银行进行精准拆弹的实施效果切实显现之前,金融科技的发展可能并未从真正意义上缓解中小企业"融资贵"痛点,甚至是有可能因为成本转嫁、影子银行层层加码等而进一步"被"提升了资金使用成本。刘俏(2020)研究中就发现,中小企业一旦被银行拒绝,转而去影子银行寻求资金支持,那么付出的平均利率将高达18.1%,是同期银行贷款利率的两倍。

遗憾的是,由于金融科技发展难以度量,现有关于金融科技的文献主要是从发展特征(Pollari,2016;李杨等,2018)、监管方式(杨东,2018;周仲飞等,2018;Kulkarni et al.,2020)及影响因素(Philippon,2016;Puschmann,2017;Buchak et al.,2018;李俊霞等,2019)等角度对金融科技本身进行了研究,但是较少有研究将金融科技作为关键变量进行实证分析。目前,仅李春涛等(2020)基于百度新闻高级检索结果,构建了金融科技发展水平度量指标,并实证检验了其与企业创新之间的关系,但在金融科技发展如何影响以及多大程度上影响了中小企业融资成本方面,尚未得到广泛的经验证据支持。

本研究借鉴李春涛等(2020)的做法,构建了基于百度搜索指数的省际层面的金融科技指标体系。具体做法是,首先采用文本挖掘法,利用百度指数搜索"省份—年度"组合下"泛金融科技"关键词的数量,编制了中国金融科技发展指标体系。这一指标体系设定的逻辑依据在于——金融科技发展、金融企业设立、金融技术进步等,往往都会被媒体关注并报道,因此可以通过文本挖掘这些"泛金融科技"关键词的方式,进一步地在"热度值"的测度上,观测其"热度",百度在我国搜索引擎市场份额中占比巨大,通过它搜索得到的关键词数量,能够较为准确地作为反映"省份—年度"金融科技发展水平"热度值"的指标。其次,综合运用熵值法和层次分析法,得到用于测算2011—2020年中国31个省份的"省份—年度"金融科技发展指数。此外,考虑到研究过程中,检验结果可能会受到内生性问题的干扰,本研究参照已有文献选用"接壤省份金融科技发展水平的平均值"作为度量"省份—年度"金融科技发展水平的工具变量(Chong et al.,2013;张杰等,2017;张璇等,2019)。

在样本选择上,本研究选取了以2011—2019年中小板上市公司为数据来源,实证检验了金融科技发展对中小企业融资成本的影响效果及其作用机制。结果显示,金融科技发展显著提高了中小企业融资成本;在考虑了内生性问题等稳健性检验后,该结论仍然成立;进一步研究表明,金融科技发展对中小企业融资成本提升的影响在民营企业和东部区域表现得更为显著。此外,金融科技发展可以通过促进影子银行发展的渠道来提高中小企业融资成本。

本研究可能的贡献主要体现在以下几个方面:第一,从已有的文献来看,鲜有学者进行金融科技发展影响结果的实证研究,本研究在构建金融科技发展的度量指标的基础上,将其与传统的中小企业"融资难、融资贵"问题相结合,实证检验了金融科技发展的影响结果及其作用机制,为揭开其背后的"黑箱"提供了经验证据。第二,从研究结论来看,当前金融科技的发展并没有颠覆性地改变中小企业因信息不对称问题而导致的匹配问题、逆向选择等,甚至会因为金融科技的介入使得企业原有面临的风险与问题进一步放大,并导致资金使用成本进一步升高。也就是说,借助金融科技降低流通费用、提升金融服务实体经济的"初心"尚未得到实质性推进,对进一步推动实体经济高质量发展具有重要理论意义和现实价值。

第二节 理论分析与研究假说

一、金融科技与中小企业融资成本

根据企业生命周期理论,相较于信贷资质完备、资金需求规模大、合同存续时间长的成熟期大型企业而言,处于初创期的中小型企业在融资需求上往往更多地呈现出零散、多样的差异化和个性化（刘俏,2020）,且表现出"短、小、急、频"的极大不稳定性。为此,银行通常需付出更高的单位服务成本,加之风险溢价所要求的更高的信贷资金回报率,导致中小企业一直存在信贷使用成本过高的"融资贵"问题。

金融科技是目前重要的提高流通效率、降低纯粹流通费用的发展出路(李扬,2019)。人工智能、区块链技术、大数据技术等可以通过数据信息不可篡改、智能合约事件触发、分布式容错等优势,从根本上改善证券登记、交易、清算、结算等环节的基础设施建设(Chiu et al.,2018;Goldstein et al.,2019),提高金融企业与金融机构的服务效率;与此同时,金融科技的快速发展使得各金融企业不再局限于自身的业务领域。金融企业拥有庞大的信息资源,可以通过充当资金需求方与资金供给方之间的中介来达到盈利目的。

但必须指出的是,这只是对金融科技带来美好生活画面的描画,现实中,还必须深刻地认识到金融科技的应用背景。首先,传统金融机构经营模式积弊已久,对于新兴科技的应对能力不足,尤其是商业银行传统业务的市场份额不断被挤压,盈利能力受到极大冲击和挑战。例如,面对金融科技带来的存款分流压力,发行理财产品成为银行高息揽"储"的主要手段(战明华等,2018;郭品等,2019),而银行为了保持较高的盈利水平,通常会把成本上升的压力转嫁给贷款客户(Graeve et al.,2004)。且中小企业往往存在信息披露不够规范、可抵押资产匮乏的问题,很难满足银行的"硬"信息需求,最终导致中小企业"融资贵"问题凸显。其次,金融科技的迅猛发展也带来了影子银行的迅猛发展,金融体系的关联度急剧增强,扩大了冲击在金融体系的传染,加深了金融体系的脆弱性程度(刘志洋,2021)。在金融科技引导的金融交易中,往往是一对多、多对一或者多对多交易,在这个过程中由于缺乏针对性、个性化的需求方风险评估机制以及完善的信用体系等原因,导致金融服务边界和包容性增强的同时,也进一步诱发、扩散和累积了金融风险(廖凡,2019),且使得风险在金融系统内外间的传递变得更为频繁,进而影响整个金融系统的稳定(周仲飞等,2018)。与此同时,金融科技的介入使得金融企业之间的关联性逐渐增强,原有面临的风险与问题也因此被进一步放大(李春涛等,2020)。

由于我国金融监管格局重在机构监管并非功能监管,而大部分金融科技公司并不冠有"金融"字样,这使得它们很难被明确地归属于既有分类的某一金融系统,有的甚至连其作为金融机构的身份都较难被确认(李扬,2021)。此外,现行的监管框架是垂直化的,很难对应于金融科技网络化、扁平化和无中心化的特点,难以准确捕捉到监管对象。因此,绝大多数金融科技企业都处在监管半径之外,并没有被有效监管覆盖。一些金融科技企业向受监管的金融机构提供金融服务,但其往往不在金融监管的半径之内,或者其受到的监管强度显著低于监管半径内的金融机构(FSB,2017)。因此,这些金融科技企业的快速发展在监管尚不完备阶段,可能会在一定程度上提高中小企业信贷资金的风险水平,此时,金融企业也会通过风险转移的方式,从贷款客户身上获取风险补偿,提升信贷资金使用价格,即金融科技的发展会对中小企业融资成本产生"不降反升"的不良影响。

基于上述分析,本章提出研究假说H1:

H1:金融科技发展会提高中小企业的融资成本。

二、金融科技、影子银行与中小企业融资成本

在严峻的存、贷款竞争和盈利压力下,影子银行应运而生。影子银行是指常规银行体系以外的各种金融中介业务,通常以非银行金融机构为载体,对金融资产的信用、流动性和期限等风险因素进行转换,扮演着"类银行"的角色。例如,通过银信合作,银行以高昂的资金成本向社会大众筹集资金,再透过层层嵌套的理财资金,将各类投资非标等资产投放给资金需求方。由于非标资产表面上不是贷款,银行不会受到各监管指标考核的局限,且因为不占用信用额度,可以成功达到银行对经营的资本金和存贷比的要求,实现银行业务扩张的目的。与此同时,以信托贷款、委托贷款等为代表的影子银行业务凭借其多样的经营方式与宽松的放贷条件等优势进入实体经济,逐渐发展成为中小企业融资的重要途径(李建军等,2013)。如,在金融行业高额利润的吸引下,大量上市公司纷纷"脱实向虚",成为影子银行体系中一个特殊的参与主体(韩珣等,2017)。他们往往先以自身生产规模大、抵押资产多的"硬"资质低价获取银行资金,再转手以委托贷款、委托理财等方式将这些资金借与真正的需求

方——迈不过银行信贷资质门槛硬性要求而被"拒之门外"的中小企业。

在这种层层代理的信贷模式下,以银行为首的金融系统实际上并没有因为金融技术发展而提升金融运行效率,降低借款人的资金使用成本,相反,因为参与分配流通环节的增加,流通辅助生产而产生的纯粹流通费用不降反升。加之,最初银行就是以高于市场水平的利率来筹集资金,为了维持自身的盈利性目的,成本上升的压力会被转嫁给最终贷款客户(Graeve et al.,2004),中小企业融资成本由此上升。

另外,需要指出的是,不同于传统中间业务主要集中于代付代缴等风险较小的支付结算方面的特点,影子银行业务更多地表现为"创新业务",如担保类业务、承诺业务、金融衍生交易类业务等,这些业务与表内的业务一般有密切的联系,风险较大,在一定的条件下即可转化为表内业务。中国银保监会政策研究局课题组于2020年发布的《中国影子银行报告》指出,我国影子银行大多以监管套利为主要目的,各类机构利用监管制度不完善和监管标准不统一游离于监管边缘,在所谓的"灰色地带"大肆从事监管套利活动。同时我国影子银行绝大部分是银行贷款的替代,但客户评级标准显著低于贷款客户,无论是融资来源还是资金投向都承担直接的信用风险,且风险大于银行贷款。也就是说,在金融科技进入影子银行的应用领域后,不但没有降低金融系统原本的系统性风险,反而因为金融科技的运用会带来新型的、不确定的风险,使金融体系乃至整体经济体系的系统性风险有不断强化之趋势。在影子银行将资金通过各种方式进行转移配置的过程中,风险层层递进、环环相扣、不断叠加,最终配置到中小企业的信贷资金也自然具有了"高风险、高回报"的属性要求,中小企业融资成本由此进一步升高。

基于上述分析,本章提出研究假说H2:

H2:金融科技通过促进影子银行发展,提高了中小企业融资成本。

第三节　数据选取与模型构建

一、数据来源和数据处理

本研究选择中小板公司作为中小企业融资的代表性企业。选择中小板上市企业主要出于以下几点考虑：①在中小板上市的企业以中小企业为主；②挂牌公司众多，遍及全国各个省市；③财务数据可以通过国泰安（CSMAR）数据库获得，确保经过外部审计，以保证样本数据可靠性。

本研究所使用的数据来自国家统计局官网、中国人民银行官网、国泰安（CSMAR）数据库、万得（WIND）数据库；省份层面的金融科技发展指数则借鉴李春涛等（2020）的做法，通过构建金融科技关键词词库并利用文本挖掘法获得。

此外，本研究还对样本进行了如下清洁处理：①剔除银行、证券、保险等金融类公司；②剔除缺失变量数据的观测值；③剔除ST公司；④对连续型变量进行双侧1%的缩尾处理，排除极端值干扰。最终，得到2011—2019年共计782个上市公司的年度观测值。

二、模型构建

参考黄锐等（2020）、李春涛等（2020），构建如下模型（10.1）来验证金融科技发展影响中小企业融资成本的假说H1：

$$cost_{i,t}=\beta_0+\beta_1 fintech_{k,t}+\beta_2 Con_{i,t}+\delta_t+\alpha_k+\theta_i+\varepsilon_{i,t} \tag{10.1}$$

模型（10.1）中，被解释变量$cost_{i,t}$为企业i在t年的融资成本；核心解释变量$fintech_{k,t}$表示企业i所在的省份k在t年的金融科技发展水平；Con是表示企业层面特征和省份层面特征的控制变量；ε为随机误差项。进一步地，模型（10.1）还控制了时间固定效应、行业固定效应与省份固定效应。根据前述假说H1，我们预测，核心解释变量$fintech_{k,t}$的系数β_1，即金融科技发展对中小企业融资成本的影响显著为正。

进一步地，为验证金融科技发展能够通过促进影子银行发展提高中小企业融资成本的作用机制，本研究借助温忠麟等（2004）提出的中介效应模型进

行检验,构建递归计量模型如下:

$$cost_{i,t}=\beta_0+\beta_1 fintech_{k,t}+\beta_2 Con_{i,t}+\delta_t+\alpha_k+\theta_i+\varepsilon_{i,t}$$

$$shadow_{k,t}=\theta_0+\theta_1 fintech_{k,t}+\theta_2 Con_{i,t}+\delta_t+\alpha_k+\theta_i+\varepsilon_{i,t}$$

$$cost_{i,t}=\delta_0+\delta_1 fintech_{k,t}+\delta_2 shadow_{k,t}+\delta_3 Con_{i,t}+\delta_t+\alpha_k+\theta_i+\varepsilon_{i,t} \quad (10.2)$$

其中,模型(10.2)中的中介变量$shadow_{k,t}$为省份k t年的影子银行发展水平,本研究参考程小可等(2015)的做法,以中国人民银行发布的《社会融资规模统计表》中新增委托贷款和新增信托贷款之和在新增社会融资总规模中的占比作为各省影子银行发展水平的考察指标。由于2011—2012年《社会融资规模统计表》不可得,故本研究采用的影子银行数据为2013—2019年。β_1反映了金融科技发展(fintech)对中小企业融资成本(cost)影响的总效应;δ_1表示金融科技发展对中小企业融资成本影响的直接效应。根据中介效应检验,若以上递归模型中系数β_1、θ_1和δ_2均显著,则假说H2得证,影子银行的中介效应的确存在。

三、变量选择与度量指标

1. 中小企业融资成本(cost)

国外研究中一般采用债务评级和债务的平均到期收益率度量企业融资成本,但由于国内尚不存在较为权威的债务评级机构,所以企业债务的平均到期收益率也较难获得(倪娟等,2016)。作为替代指标,国内已有研究大多数采用利息支出比率来衡量企业融资成本(陈汉文等,2014;连莉莉,2015)。考虑到企业融资成本中不仅包含利息成本,还包括其他财务费用,李广子等(2009)进一步采用财务费用在总期间费用中的比率作为度量指标。本研究在借鉴这一度量方法的基础上,出于对样本企业年度融资成本数值与金融科技发展指数量级匹配的考量,将其乘以10。

2. 金融科技发展(fintech)

首先,根据《金融科技的描述与分析框架报告》、《"十三五"国家科技创新规划》等相关的重要新闻与会议,本研究从直接关键词、技术支持、金融中介服务三个维度,构建包含27个二级指标的金融科技指标体系。其次,借鉴李春涛等(2020)的做法,依托网络爬虫技术,本研究获取了近100000条涵盖上述金融科技相关关键词的百度搜索指数数据。最后,为了使指数测算结果更加科学准确,本研究采取主观赋权与客观赋权相结合的方法来确定权重。具体而言,首先对各指标进行无量纲处理后,通过构建规范化矩阵并利用熵值法求得金融科技各具体指标对上一层准则层的权重;再通过层次分析法对二级指数依据可获得性难度由高到低赋予相关权重,求各准则层指标对上层目标的权重;最后从下向上逐层汇总,计算各层分组指数后加权汇总得到综合指数,详见表10-1。根据上述的金融科技指数的指标体系和指数编制方法,我们编制了中国31个省份金融科技发展指数,其中指数时间跨度均为2011—2020年。

表10-1 金融科技指标体系各维度的权重

指数	一级指数	二级指数
总指数	技术支持(61%)	技术支持(100%)
	金融中介(27%)	资金支付(9.53%)、信息渠道(16.03%)、风险管理(27.76%)、资源配置(46.68%)
	直接搜索(12%)	直接关键词(100%)

3.控制变量

本研究选取的控制变量包括企业层面控制变量和宏观经济层面控制变量。首先,企业层面的控制变量有:①企业年龄(age)。较年轻的企业由于其信用历史较短,银行很难预测提供给它们的贷款在未来的偿还情况,而这类年轻的企业也没有足够长的时间与资金提供者之间建立一个长期的关系,因此年轻企业很容易负担较高的融资成本(郭丽虹等,2012)。本研究使用观测年度与企业上市年度之差来衡量企业年龄。②企业发展能力(growth)。企业拥有较强的发展能力通常证明企业的未来经营前景好,债务偿还能力强,在融资方面将享有更多便利,相关融资成本也较低。本研究采用企业营业收入增长率来衡量企业发展能力。③净资产收益率(roe)。净资产收益率在一定程度上可以反映企业自有资金的使用效率。净资产收益率越高,企业投资回报越高,通常融资效率越高。本研究选取净利润与股东权益的比值来衡量净资产收益率,考虑到其数值偏小,本研究将其放大100倍。④企业规模(size)。一般来说,规模越大的企业产品生产能力越强,信誉越高,对生产要素的需求越高,更容易以较低成本获得外部融资,并利用融资资金缓解企业自身流动性局限(Brandt et al.,2012)。本研究选取企业员工人数的对数来衡量企业规模。⑤净利润(netincome)。企业净利润反映了企业当期的经营效益,净利润的高低在一定程度上会对企业的融资成本造成影响。净利润高的企业拥有更好的经营效益与经营前景,考虑到资金的安全性与银行要求的投资回报,这些企业更容易以较低成本获得融资。本研究最终采用剔除价格因素的企业净利润并对其取对数。⑥资产周转率(turnover)。叶康涛等(2004)认为企业的资产周转率越低,通常说明企业的代理问题较严重,导致融资成本高。本研究以企业营业收入与资产总额的比值来衡量资产周转率。⑦企业属性(soe)。国有企业大多有母公司或集团公司,能够在其融资时为其提供相应的第三方担保,并且由于抗风险能力强、抵押物充分等客观原因的存在,其自身信息透明度高,融资成本较低(Chen et al.,2011)。本研究按照CSMAR数据库中的"公司属性"指标对企业性质进行分类,将"公司属性"中的"国有企业"设置为国有企业的样本并用"1"表示,将"民营企业"设置为民营企业的样本并用"0"表示。⑧企业创新(invisible)。创新型中小企业的固定资产较少,产品生产周期长且风险较大,通常面临着较严重的融资压力。本研究采用无形资产与总资产的比值来衡量企业的创新水平。⑨资产负债率(debt)。资产负债率可以反映企业的短期偿债能力,当企业面临的杠杆较高时,说明企业举债能力较强,更容易获得外部融资,并且银行通常更愿意给予这样的企业贷款优惠,因此企业融资成本更低。本研究使用负债总额与资产总额的比值来衡量资产负债率。

其次,宏观层面的控制变量有:①人均生产总值(rgdp)。人均生产总值较高的城市通常不缺乏经济资源与高素质人才,企业融资更加便利。本研究使用各省份生产总值总额与各省份常住人口的比值来衡量人均生产总值,在剔除价格因素后将结果取对数。②财政缺口(fiscal)。一般认为,财政缺口越大,政府财政状况越差,地方政府越倾向于举债以弥补财政赤字(黄春元等,2015)。而政府举债通常会减少银行的现金储备与社会中流通的现金,这在一定程度上会给企业融资带来影响。本研究使用预期财政收入与预期财政支出的比值来衡量财政缺口。

需要说明的是,由于考虑到了金融科技与中小企业融资成本的内生性问题,本研究采用相同年度目标省份所有接壤省份金融科技发展水平的均值作为工具变量,在之后的部分将会对该工具变量选择的合理性以及内生性问题进行详细讨论。本研究具体的变量选取与指标度量方法详见表10-2。

表10-2　变量名称与定义

变量类型	变量	名称	定义
被解释变量	cost	中小企业融资成本	财务费用/(财务费用+销售费用+管理费用)×10
核心解释变量	fintech	金融科技	金融科技指数
控制变量	age	企业年龄	观测年度与企业上市年度之差
	growth	企业发展能力	收入增长率
	soe	企业属性	"0"表示民企,"1"表示国企
	roe	净资产收益率	(净利润/股东权益)×100
	size	企业规模	企业员工人数的对数
	netincome	净利润	净利润取对数
	turnover	资产周转率	营业收入/资产总额
	invisible	企业创新	无形资产/总资产
	debt	资产负债率	负债总额/资产总额
	rgdp	人均生产总值	各省生产总值/各省常住人口,并将结果取对数
	fiscal	财政缺口	预期财政收入/预期财政支出
工具变量	instrument	工具变量	各省接壤省份金融科技发展水平均值

四、描述性统计

表10-3为主要变量的描述性统计结果。可以看到,融资成本的观测值为6001个,平均值为0.747,远高于其中位数水平,说明多数中小企业面临融资贵压力,其中国有企业(state own)观测值为1052个,民营企业(privately own)观测值为4949个,民营企业融资成本平均值为0.746,虽略低于国有企业平均值0.751,但其中位数0.474要远高于国有企业融资成本中位数0.409,初步说明,与国有企业相比,中小民营企业面临着更大的融资成本压力。资产负债率(debt)的均值与中位数均在38%左右,说明大量中小企业的杠杆率较高,对于

融资的需求比较高。通过双侧1%缩尾、剔除缺失值等数据清洁处理后,减少了数据偏离和极端值对研究结果的干扰。

表10-3　主要变量的基本统计特征

变量	样本量	平均值	标准差	中位数	最小值	最大值
cost	6001	0.747	1.586	0.466	-4.010	5.394
state own	1052	0.751	1.737	0.409	-5.026	5.891
privately own	4949	0.746	1.561	0.474	-3.923	5.327
fintech	6001	0.717	0.283	0.594	0.460	1.670
growth	6001	-0.068	2.968	0.108	-19.313	10.464
age	6001	5.705	3.429	6.000	0.000	14.000
soe	6001	0.175	0.380	0.000	0.000	1.000
roe	6001	0.071	0.099	0.070	-0.404	0.332
netincome	6001	22.463	0.070	22.445	22.281	22.839
size	6001	7.633	0.950	7.602	5.416	10.167
turnover	6001	0.689	0.412	0.597	0.137	2.493
invisible	6001	0.445	0.346	0.374	0.007	2.017
debt	6001	0.376	0.185	0.364	0.047	0.815
rgdp	6001	11.107	0.399	11.131	10.152	11.961
fiscal	6001	0.680	0.171	0.732	0.253	0.926
instrument	6001	0.620	0.168	0.559	0.464	4.692

第四节　实证结果分析

一、金融科技与中小企业融资成本

表10-4报告了金融科技发展对中小企业融资成本影响的基准回归结果。第(1)列为只添加企业层面控制变量的回归结果,可以发现金融科技发展(fintech)的回归系数在10%的水平上显著为正,表明金融科技发展会提高中小企业融资成本。第(2)列为加入宏观经济层面控制变量的回归结果。结果显示,金融科技发展(fintech)的回归系数在5%的水平上显著为正。这意味着金融科技发展显著提高了中小企业融资成本。以上回归结果,验证了理论假说H1。

在经济意义上，以第(2)列为例，考虑到放大后的融资成本(cost)的均值为0.747，金融科技发展水平每提高1%，当地中小企业融资成本平均会增加约2.2%(即0.747÷10×0.288≈0.022)。主要原因是，由于中小企业财务信息披露欠规范、可抵押资产匮乏等特点及其在经济体系中所处地位导致其融资方式相当局限，银行缺乏动力帮助中小企业融资。而金融科技的发展通过加剧银行竞争、促进非金融企业金融化等方式推动以银信合作、委托贷款等为代表的影子银行信贷业务，为中小企业提供了更多融资渠道。但这种融资方式的贷款利率不确定，且通常高于市场利率，同时资金借出方通常会为与其相关的企业提供更优惠的贷款利率，导致第三方中小企业面临更加高昂的融资成本。

表10-4　金融科技与中小企业融资成本的回归结果

变量	(1)	(2)
fintech	0.215*(0.118)	0.288**(0.119)
age	0.022***(0.005)	0.022***(0.005)
roe	−1.857***(0.269)	−1.868***(0.269)
netincome	0.127**(0.052)	0.128**(0.052)
turnover	−0.357***(0.052)	−0.353***(0.052)
invisible	0.113***(0.043)	0.115***(0.043)
size	−0.132***(0.022)	−0.133***(0.022)
growth	0.027***(0.006)	0.027***(0.006)
soe	−0.292***(0.042)	−0.292***(0.042)
debt	5.593***(0.111)	5.592***(0.111)
rgdp		−0.523**(0.263)
fiscal		0.757(0.533)
截距项	−0.380(0.344)	4.815(3.008)
时间固定效应	控制	控制
省份固定效应	控制	控制
行业固定效应	控制	控制
样本量	6001	6001
R^2	0.533	0.534

注：***、**、*分别表示变量在1%、5%和10%的水平显著，括号内为稳健标准误，下同。

　　回归结果中,控制变量与中小企业融资成本间的关系也基本达到了理论预期:人均生产总值(rgdp)的系数在5%水平上显著为负,表明生产总值发展有利于降低中小企业融资成本;企业年龄(age)的系数在1%水平上显著为正,说明年轻企业的融资成本更低;净资产收益率(roe)的系数在1%水平上显著为负,说明经营效益越高的企业融资成本越低。

二、金融科技、影子银行与中小企业融资成本

　　表10-5报告了金融科技发展通过影子银行作用机制对中小企业融资成本产生影响的检验结果。可以看出,第一步中,金融科技发展(fintech)的回归系数显著为正,表明金融科技发展会提高中小企业融资成本;第二步中,金融科技发展(fintech)的回归系数显著为正,说明金融科技发展程度越高,影子银行发展水平越高;第三步中,影子银行发展水平(Shadow)的回归系数显著为正,表明影子银行发展水平越高会导致中小企业融资成本上升,同时意味着影子银行发展水平与中小企业融资成本之间存在中介效应作用。也就是说,在金融科技发展影响中小企业融资成本的过程中,存在"金融科技发展→影子银行发展→中小企业融资成本"的作用路径,假说H2得证。

表10-5　金融科技与中小企业融资成本:影子银行中介效应

变量	第一步	第二步	第三步
	cost	Shadow	cost
fintech	0.288** (0.119)	1.240** (0.506)	0.199 (0.170)
Shadow			0.005* (0.003)
控制变量	控制	控制	控制
时间固定效应	控制	控制	控制
行业固定效应	控制	控制	控制
省份固定效应	控制	控制	控制
样本量	6,001	4,806	4,806
R^2	0.534	0.331	0.272

三、稳健性检验

1. 基于动态面板数据计量模型的回归检验

考虑到中小企业融资成本可能具有一定程度的自相关性,而且企业融资成本可能与企业个体特征变量(如净资产收益率、净利润等)存在内生关系。因此,本研究在计量模型(10.1)中加入被解释变量的一阶滞后项$L.cost_{i,t}$构建模型(10.3),并利用动态面板数据计量模型对其进行稳健性检验。

$$cost_{i,t}=\alpha_0+\rho_1 L.cost_{i,t}+\alpha_1 fintech_{k,t}+\alpha_2 Con_{i,t}+\delta_t+\alpha_k+\theta_i+\varepsilon_{i,t} \tag{10.3}$$

模型(10.3)中,$L.cost_{i,t}$为中小企业融资成本的一阶滞后项;ρ为滞后项的估计系数。动态面板数据计量模型主要有 DIF-GMM(差分 GMM)方法和 SYS-GMM(系统 GMM)方法,通过对比两种方法的标准误,发现前者比后者要小,因此为确保实证结果真实可靠,本研究采用对异方差更稳健的 DIF-GMM 方法对模型(10.3)进行回归。

表 10-6　金融科技与中小企业融资成本:内生性问题的处理

变量	(1)DIF-GMM	(2)IV-2SLS
fintech	0.218**(0.096)	0.288**(0.118)
L.cost	0.240***(0.000)	
样本量	4,001	6,001
Centered-R^2		0.267
AR(1)—P值	0.000	
AR(2)—P值	0.427	
Sargan-P值	0.083	
Kleibergen-Paap rk LM统计量P值		0.000
Cragg-Donald Wald F统计量		74.589[16.38]

表 10-6 中第(1)列为 DIF-GMM 的回归结果。检验结果显示残差项不存在二阶自相关,且模型设定与工具变量选取基本合理。根据回归结果,一阶滞后融资成本(L.cost)的回归系数显著为正,说明中小企业融资成本具有明显的惯性特征;金融科技发展水平的回归系数仍然显著为正,说明基准回归结果基本稳健。

2.基于工具变量方法的回归检验

通常来说,计量模型中的内生性问题主要是由遗漏变量、测量误差与双向因果这三方面引起的。为此,本研究首先通过在回归模型(10.1)中添加既能影响被解释变量(cost)又与核心解释变量(fintech)相关的控制变量,来降低由于遗漏变量引起的估计误差;其次,本研究所采用的数据均来自官方数据网站,并且本研究也对相关变量采取了上下缩尾(winsorize)1%以及删除缺失值等处理方式来确保数据的准确性,所以没有理由认为本研究采用的数据存在严重的测量误差;最后,对于金融科技发展水平可能存在因遗漏变量或测量误差而导致的内生性问题,本研究借鉴Chong等(2013)、张杰等(2017)、张璇等(2019)的做法,利用相同年度各省份及所有接壤省份金融科技发展水平的均值作为工具变量,来排除内生性问题对回归结果的影响。从相关性而言,相邻省份的金融科技发展速度与程度基本保持在一致水平;从外生性而言,由于不同地区的融资行为存在地域分割性,相邻地区的金融科技发展水平难以通过融资渠道影响当地企业融资。因此,该工具变量的选取,符合内生性与外生性的双向要求。表10-6中第(2)列为2SLS方法的回归结果。实证结果排除了不可识别与弱工具变量问题,说明工具变量的选取是恰当的。金融科技发展水平的系数依然显著为正,说明金融科技发展能够显著提高中小企业融资成本,这与前文结果完全一致。

3.控制金融发展水平

地区金融发展水平往往会影响企业获取外部融资的渠道与方式(Claessens et al.,2002)。在金融发展水平较高的地区,金融机构可以利用金融科技降低融资审批和监督的成本,从而缓解企业融资压力(黄锐等,2020)。基于此,本研究在控制变量中加入了地区金融发展水平并重新进行回归。借鉴周立等(2002)的做法,以各省金融机构资产总额与生产总值的比值来衡量地区金融发展水平(FD),表10-7为模型(10.1)和模型(10.2)的回归结果。可以看到,在控制了地区金融发展水平的影响后,金融科技发展与中小企业融资成本之间仍具有显著的正相关关系,且影子银行在此过程中发挥着关键的中介效应作用,说明基准回归结果基本稳健。

表10-7　稳健性检验:控制地区金融发展水平

变量	模型(10.1)	模型(10.2)
fintech	0.285**(0.120)	0.194(0.171)
Shadow		0.005*(0.003)
控制变量	控制	控制
时间固定效应	控制	控制
行业固定效应	控制	控制
省份固定效应	控制	控制
样本量	6001	4806
R^2	0.534	0.272

第五节　进一步分析:区域异质性和产权异质性

一、产权性质、金融科技与中小企业融资成本

在我国社会主义制度背景下,探究金融科技发展对中小企业融资成本的影响,不应绕开企业产权性质所造成的差异性影响。究其原因:首先,与民营企业相比,国有企业会因政府隐性担保的存在,而更有可能获得银行出于政治目的而非盈利目的所提供的融资(Brandt et al.,2012)。在这种政策性偏向下,国有企业更容易获得低成本的银行贷款,而影子银行融资渠道只是作为辅助融资方式。因此金融科技发展并不会使国有中小企业融资成本明显上升。其次,由于国有企业通常比民营企业存在更严重的预算软约束,因此在面临财务困境时,国有企业更有可能获得政府提供的相关援助,这在一定程度上对冲了金融科技发展通过影子银行渠道对其融资成本的提高效应。最后,与民营企业相比,国有企业大多有母公司或集团公司,能够在其融资时为其提供相应的第三方担保,并且由于受宏观经济环境波动的影响较小、抗风险能力强、抵押物充分等客观原因的存在,使其银行贷款渠道比较通畅,因此,金融科技发展对其融资成本的影响较小。

为考察不同产权性质下金融科技发展对中小企业融资成本的异质性影响,本研究按照CSMAR数据库中的"公司属性"指标将样本企业分为民营企业

与国有企业两组,将"公司属性"中的"国有企业"设置为国有企业的样本,将"民营企业"设置为民营企业的样本,分别对计量模型(10.1)、模型(10.2)进行回归。表10-8报告了产权性质分组下的回归结果。可以发现,在模型(10.1)中,金融科技发展水平的回归系数在民营和国企分组中,有显著差异。在民营企业的回归结果中,金融科技发展的估计系数在1%的显著性水平上显著为正,而在国有企业的回归结果中,金融科技发展的估计系数并不显著,意味着金融科技发展对中小企业融资成本的提高作用在民营企业中效果更显著。在模型(10.2)中,影子银行发展水平(Shadow)的回归系数在民营和国企分组中,存在显著差异。在民营企业的回归结果中,影子银行发展水平(Shadow)的估计系数显著为正(0.006,10%水平上显著),而在国有企业的回归结果中,影子银行发展水平(Shadow)的估计系数并不显著,意味着影子银行在金融科技发展对民营企业融资成本的影响中发挥着中介作用。进一步地,组间系数差异性检验表明金融科技发展对中小企业融资成本的影响在不同产权性质的企业之间存在异质性。

为此,可能的原因是,传统银行在给民营企业提供融资方面没有起到积极的作用,这些民营企业不得不利用非正规融资渠道,比如影子银行信贷等来支持其发展(Allen et al.,2005;ZI et al.,2019)。而影子银行通常对应着高于市场利率的贷款利率,这无疑加大了中小民营企业的融资成本。由于国有企业大多有母公司或集团公司,能够在其融资时为其提供相应的第三方担保,与银行间的信息不对称问题较小,因此国有企业的银行贷款渠道较民营企业而言比较通畅,在面临财务困境时更有可能以较低融资成本获得银行帮助。

表10-8 产权性质、金融科技与中小企业融资成本

变量	模型(10.1)		模型(10.2)	
	民企	国企	民企	国企
fintech	0.361***(0.137)	0.115(0.232)	0.220(0.198)	−0.005(0.308)
Shadow			0.006*(0.003)	0.009(0.006)
控制变量	控制	控制	控制	控制
时间	控制	控制	控制	控制
行业	控制	控制	控制	控制

续表

变量	模型（10.1）		模型（10.2）	
	民企	国企	民企	国企
省份	控制	控制	控制	控制
样本量	4949	1052	3972	834
R^2	0.531	0.734	0.222	0.397
经验P值	0.017**		0.000***	

注：经验P值用于检验组间fintech系数差异的显著性，通过自抽样（Bootstrap）1000次得到。

二、区域经济、金融科技与中小企业融资成本

在中国特殊的经济体系中，不同地区经济发展程度存在较大差异，这种差异可能会导致中小企业融资成本对金融科技发展的敏感性不尽相同：一方面，从信贷资金供需来看，中西部地区与东部地区在经济资源、收入增长等方面存在严重的不平衡。与中西部地区相比，东部地区的中小企业得益于快速的经济发展，其融资方式的选择较多，对影子银行的依赖性较低，且需求方抱团后的议价能力较强，因此，影子银行对其融资成本的影响可能会更弱一些。另一方面，与东部地区相比，中西部地区经济增长速度缓慢且经济体量较小，对非正规金融的需求比较弱，从而造成影子银行的规模相对较小，在一定程度上减弱了金融科技发展通过影子银行渠道提升中小企业融资成本的作用和效果，此时，金融科技发展并不会使中西部地区中小企业融资成本明显上升。

为考察区域经济水平是否影响了区域性的金融科技发展水平，本研究在之前所度量出的"年度—省份"金融科技发展水平的基础上，参考国家统计局的官方划分标准，根据地域属性，划分东、中、西部的金融科技发展趋势，见表10-9。可以看出，随着新型金融科技技术的普及，东、中、西部地区金融科技发展水平呈现逐年上升趋势，特别是在2015年后迅速增加。主要原因是金融科技企业于2015年吸引到的全球资本创历史新高，其中中国金融科技企业吸收的投资从2014年的6.19亿美元大幅增长至2015年接近27亿美元，占总投资近五分之一。此外，通过同一时间不同地区的纵向比较，可以发现，与中西部地区相比，东部地区经济资源丰富、科技发展迅速，其金融科技发展水平也高于中西部地区。

表10-9 东、中、西部的区域金融科技发展趋势

年份	东部地区	中部地区	西部地区
2011	4.926	4.780	4.715
2012	4.936	4.805	4.723
2013	5.167	4.964	4.843
2014	5.504	5.173	4.998
2015	5.713	5.267	5.068
2016	6.451	5.689	5.404
2017	7.781	6.291	5.810
2018	10.604	7.646	6.571
2019	8.450	6.830	6.134

进一步地,为考察不同区域经济水平下金融科技发展对中小企业融资成本的异质性影响,本研究将样本企业分为东部企业与中西部企业两组,分别对计量模型(10.1)、模型(10.2)进行实证检验。

表10-10报告了分区域检验的回归结果。可以看出,金融科技发展的估计系数在东部地区的回归中显著为正,而在中西部地区的回归中则显著为负。这说明在经济发达的东部地区,金融科技发展对中小企业融资成本的提高作用更加明显。此外,组间系数差异性检验表明金融科技发展水平对中小企业融资成本的影响在不同经济区域之间存在显著差异。可能的原因是,在财政分权制度下,地方政府官员通常把提高地区生产总值水平、吸引区外资本等作为业绩"锦标赛"的主要竞争目标,由于中西部地区在经济增长、人均收入和财政收入等方面较为落后,使其所能采取的促进经济发展的途径条件要少于东部地区,从而导致政府有很强的动机干预银行贷款决策,中小企业更有可能以低成本获得银行贷款。同时,由于中西部地区经济体量比较小,从而造成影子银行的规模也相对较小,这在一定程度上减弱了金融科技发展通过影子银行渠道对中西部中小企业融资成本的提高效应。

表10-10 区域经济、金融科技与中小企业融资成本

变量	模型(10.1)		模型(10.2)	
	东部地区	中西部地区	东部地区	中西部地区
fintech	0.679***(0.171)	−0.924**(0.423)	0.577**(0.238)	−2.372**(0.955)
Shadow			0.012(0.028)	0.007**(0.003)

续表

变量	模型（10.1）		模型（10.2）	
	东部地区	中西部地区	东部地区	中西部地区
控制变量	控制	控制	控制	控制
时间	控制	控制	控制	控制
行业	控制	控制	控制	控制
省份	控制	控制	控制	控制
样本量	4503	1498	3609	1197
R^2	0.516	0.627	0.265	0.399
经验 P 值	0.000***		0.000***	

注：经验 P 值用于检验组间 fintech 系数差异的显著性，通过自抽样（Bootstrap）1000 次得到。

第六节 研究结论与启示

金融科技的快速发展推动着传统金融服务、产品与模式的深刻变革，同时也对金融市场与金融机构产生重大影响。中小企业作为我国实体经济中数量最大、活跃程度最高的组成部分，是"十四五"期间推动中国经济从高速增长向高质量增长转型的基础性力量，也是助推经济动能转换的主要源泉，解决中小企业融资问题是推动中国经济高质量发展的关键之关键。本章利用2011—2019年中国中小板上市公司数据，创新性地运用百度指数检索关键词数来衡量各省金融科技发展水平，考察金融科技发展对中小企业融资成本的影响。结果发现，金融科技发展显著提高了中小企业融资成本，其中影子银行发挥了较为关键的中介作用；进一步研究发现，在民营企业和东部经济发达地区，金融科技发展提升中小企业融资成本的影响更为显著。在考虑一系列稳健性检验后，以上结论仍然成立。

本章的研究结论为促进金融科技发展、化解中小企业"融资贵"问题提供了如下政策启示：

首先，针对中国省域间金融科技结构性非均衡分布，一方面，政府应该在金融科技发展程度较低的中西部地区推行金融创新试验区，并加大国家科技产业扶持资金对中西部地区的配套性投入，引导更多金融科技企业与项目从东部地区向中西部地区转移，这样不仅可以为金融产业释放巨大红利，也能以此来促进经济不发达区域金融科技的迅速发展,有助于实现我国金融科技在省域间均衡发展目标;另一方面,由于东部地区拥有更先进的金融科技水平以及大规模的金融机构,所以东部地区应以银行的数字化转型为主,而在中西部地区则应更多地关注银行业结构,完善银行业体系,促进银行业的多元化发展。

其次,中央银行与监管机构在推动商业银行发展金融科技时,应该针对不同规模的银行提出不同方案。对于中小银行来说,应更多地关注提高其服务覆盖率的金融科技发展;而大银行则应注重数字化的技术创新,一方面,可以利用大数据记录非征信体系所获得的信息,整合企业的信用状况、交易成本和资金流等多维度、全方位信息,并使用新的企业评级系统,在一定程度上可以缓解信息不对称问题。在此基础上,银行面临的坏账风险大幅降低,有利于降低中小企业融资成本。另一方面,银行可以利用金融科技发展线上贷款业务,通过大数据、云计算、人工智能等技术评估企业风险,免去了人工审批贷款的繁琐与高成本,提高了贷款效率。

再次,构建与金融科技发展相适应的智能监管体制,优化社会融资资源的合理配置,引导影子银行规范化。一方面,为了弥补金融科技迅速发展所触发的金融监管缺口,银行可以利用区块链、大数据、云计算和人工智能等数字技术并逐步构建与金融科技发展相匹配的智慧监管模式,结合各行业征信对企业信用进行全面分析,同步深化金融科技监管方式的数字化改革,建设专门针对中小企业的信用黑名单系统,提高银行金融科技监管的数字化水平,降低由于信息不对称所带来的金融风险。另一方面,政府部门在鼓励金融创新和开放的同时,应该加强对影子银行信贷业务的监管,让资金能够有效进入实体经济,将金融杠杆率控制在一定比例规模内。

最后,金融科技的发展需要政府的因势利导以及有序的金融市场。在金融科技发展的同时,政府需要营造一个有序竞争的金融市场环境,加强市场对资源的有效配置作用,良好的激励机制有利于企业之间合理竞争,加快技术创新。正如今年中央经济工作会议所提及的"红绿灯"——以"绿灯"规则呵护天性,公平地对待各类资本,包容市场规律调节下资本的正常发展;以"红灯"思维避免野蛮与无序,建构健全的法制、建立与市场发展水平相匹配的监管,善用资本的力量,做好"价值的朋友"。

第十一章
金融科技与制造业创新结构特征

制造业创新是经济高质量发展的主要推动力,金融科技有助于发挥资源配置效应和创新效应,为推动制造业创新创造了客观现实条件,进而推动科技、资本和实体经济高水平循环。本章运用网络爬虫技术获取百度搜索指数中与金融科技话题相关的文本内容构建了金融科技指标体系,并通过熵值法测算了中国各城市的金融科技指数,据此以中国A股制造业上市公司2012—2019年数据为样本,探究了金融科技对制造业双元创新的影响及科技和金融结合试点政策在其中的作用。研究结果显示:金融科技发展能够显著推动制造业创新,并且相对于开发性创新,金融科技对制造业企业探索性创新的推动作用更突出;异质性分析表明金融科技对制造业双元创新的效应在非国有制造业以及高管团队没有金融背景的制造业企业中更强。进一步研究发现,科技和金融结合试点政策会通过推动城市金融科技发展水平显著推动企业双元创新,并且影响幅度依次为探索性创新、开发性创新。本章的研究对积极深入推进金融科技体制机制改革,合力推进试点政策推动金融科技可持续发展,推动金融科技促进制造业高质量发展和经济高质量发展具有重要的意义。

第一节 引言

中国经济迈入新时代,是新阶段经济发展特征的必然反映。伴随着经济增速放缓和质量提升,中国经济也发生了一些结构性的变化,面临一些独特的挑战。其中,制造业比较优势被削弱,产业比重不断下降;寻求政策庇护的"僵尸"企业不断涌现,资源配置出现失衡;高生产率部门(制造业)劳动力大量流失,纷纷涌入低生产率部门(低端服务业),造成资源配置效率的退化(蔡昉,2021)。特别是 2020 年以来,新冠疫情席卷全球,国际形势变幻莫测、动荡加剧,国内经济腹背受敌。对内,美国持续遏制打压中国高技术产业;对外,过去低劳动力及土地成本比较优势逐步缩小,制造业转型升级面临新的挑战(郭克莎和田潇潇,2021)。这就要求我国经济把目光转向高质量发展,重塑发展新动力,由数量扩张模式向质量增长模式转变。发展质量的内涵与高速增长阶段存在差异,其呈现出多维性和丰富性,在发展战略和模式选择中要求高度创新性(金碚,2018)。党的二十大报告明确指出,要"优化配置创新资源","增强自主创新能力"。毋庸置疑,尽管中国企业研发投入以及专利申请量逐年增长,创新的效率和质量仍有待提升,高质量专利的研发能力亟须提高(张峰等,2019)。《中华人民共和国国民经济和社会发展第十四个五年规划和2035年远景目标纲要》中指出:"坚持创新在我国现代化建设全局中的核心地位","强化国家战略科技力量","提升企业技术创新能力"。据世界知识产权组织发布的《2021 年全球创新指数报告》数据显示,在"十四五"开局之年,我国国家创新能力综合排名上升至世界第 12 位。企业作为我国创新活动的主体,在全社会研发总投入中占比已超过70%,但在技术创新方面,仍然面临创新质量较低、突破性创新较少的问题。

科学技术逐步与金融市场融合发展,不仅重塑了银行、证券等传统金融业,还在传统金融领域外形成一系列新兴金融生态,金融科技迎来了爆发式增长(李春涛等,2020)。金融科技作为金融和科技的结合体,其本质上是科技驱动型的金融创新,金融供给驱动金融服务发生实质性变化。在供给层面,金融科技使得金融中介、市场及服务提供者的边界越来越模糊,通过推动机构数字化与产品线上化,不断催生出突破供给时限、地域限制、覆盖范围的金融服务与金融产品;在需求层面,通过不断降低金融产品及服务需求者的进入门槛,金融科技为实体经济发展进行数字化赋能,提升其内生发展能力。通过前沿数字技术手段的运用,一方面金融科技能够更全面的采集借款人的相关信息(Buchak et al.,2018),催生出新的金融服务模式与金融产品,拓宽金融机构服务的覆盖面,发挥资源配置效应和创新效应,在提高了金融服务效率的同时全面革新金融服务的结构(薛莹和胡坚,2020);另一方面对传统金融产品和服务进行创新,并以此提升效率、降低运营成本的同时,也可以有效减少传统金融机构在经济实践中的"属性错配"、"领域错配"和"阶段错配"等结构性错配(唐松等,2020)。在推动金融高质量发展道路上,金融科技正在成为"新引擎"。伴随着金融科技服务水平日益增强,金融风控能力持续凸显,金融监管效能显著增强。上述种种优化正在深刻变革金融业的发展格局。在新发展格局中,必须继续重塑金融发展的新优势,更高质量地为实体经济提供金融服务。作为实体经济主体的制造业,其提升自主创新能力、追求发展质量是支撑我国经济持续稳定增长的重要动力,无疑也是构建经济现代化战略——新发展格局的重中之重(黄群慧,2021)。

回顾现有文献,要么聚焦于金融科技的测度与发展特征(Pollari,2016;Khandwe,2016;李春涛等,2020;王小华等,2023b)、监管方式(杨东,2018;周仲飞和李敬伟,2018;Kulkarni and Lakhe,2020)及其影响因素(Puschmann,2017;Philippon,2017;Buchak et al.,2018),或主要考察金融科技对银行行为(邱晗等,2018)、银行流动性创造(盛天翔等,2022)、银行经营绩效(王小华等,2022a)、企业融资约束(黄锐等,2020)和小微企业信贷供给(盛天翔和范从来,2020)等方面的影响。总体来看,这些金融科技与经济高质量发展的研究中,部分学者直接采用北大数字普惠金融指数进行代替(邱晗等,2018;赵瑞瑞等,2021),但这一做法明显混淆了金融科技与普惠金融之间的界限,同时因为数字普惠金融的底层数据来源于蚂蚁金服,仍然存在覆盖面较小的问题,并不能很好地反映金融科技发展水平。虽然已有部分研究借助百度搜索指数测度了各区域金融科技发展水平(盛天翔和范从来,2020;李春涛等,2020;盛天翔等,2022),并结合我国新三板上市公司数据探究了金融科技发展对企业创新的效应及其机制(李春涛等,2020),但金融科技与经济高质量发展以及金融科技与制造业高质量发展之间缺乏相关的实证研究。金融科技成为推动传统金融服务实体经济的助燃剂,架起资产管理业务由虚到实的桥梁,为实现我国经济可持续发展创造了客观的现实条件(薛莹和胡坚,2020)。鉴于制造业技术革新对经济增长的正向效果,在当前推动经济高质量发展的大背景下,据此研究金融科技的加速应用是否有效推动了制造业高质量发展、提升了金融服务实体经济功能、推动了实体经济高质量发展有着重要的理论价值与现实意义。

为此,本章编制了一套中国金融科技发展指标体系并测度金融科技发展指数,并在此基础上利用2012—2019年中国A股制造业上市公司的数据来考察了金融科技对制造业创新的影响。相较于以往研究,本章的研究具有两个方面的重要贡献和意义。一是编制了一套中国金融科技发展指标体系并测度了金融科技发展指数。本章借鉴李春涛等(2020)对金融科技指标体系构建经验,依据《金融科技(FinTech)发展规划(2019—2021年)》、《"十四五"国家科技创新规划》、《中国银行业转型20大痛点问题与金融科技解决方案》等政策文件和报告、权威报刊和代表性文献,为了更好地处理数据噪声问题,只选择最本质的27个金融科技关键词构建了金融科技发展指标体系,运用网络爬虫技术获取百度搜索指数中与金融科技话题相关的文本内容,据此利用熵值法及层次分析法测算了中国332个城市2012—2019年的金融科技发展指数。二是将中国A股制造业上市公司2012—2019年数据作为样本,考察了金融科技对制造业创新的影响效应,并基于创新质量的逻辑,进一步分析了金融科技对制造业创新的驱动作用,探究了金融科技对制造业双元创新的影响差异,同时把科技和金融结合试点政策纳入微观研究框架,并基于不同所有制和高管团队不同金融背景的情况进行了差异性分析。研究发现:金融科技能够显著提升制造业创新水平,尤其推动制造业探索性创新;从异质性上看,金融科技对非国有企业和没有金融背景企业的创新水平促进更明显,达到"补短板"的作用;科技和金融结合试点通过提高地区金融科技水平推动企业创新,并且政策效果对探索性创新推动作用更大。

本章剩余结构安排如下:第二部分从金融科技对企业创新的影响路径进行理论分析并提出研究假说,并在此基础上引入会计盈余管理方法,对假说进行初步探讨;第三部分根据前文分析进行实证设计;第四部分是实证结果分

析;第五部分是进一步对企业所有制、高管团队是否有金融背景的企业进行异
质性分析;第六部分是从科技和金融结合试点政策入手探究政策对企业双元
创新的影响;第七部分是研究结论和政策性建议。

第二节　理论分析和初步探索

科技是第一生产力,经济高质量发展的第一推动力是创新。制造业是实
体经济重要组成部分(吴翌琳和于鸿君,2020),面对国际国内形势错综变化,
抢抓制造业创新发展的难得机遇、乘势而为,推动制造业创新从数量扩张向质
量提高转变,形成战略优势。金融科技对制造业发展的助推作用主要表现为
创新驱动效应,能够缓解金融机构和制造业之间的信息不对称进而降低制造
业的融资成本,同时健全风险分担机制,增强制造业的创新能力,缓解制造业
"空心化"问题,为推动制造业高质量发展提供源源不断的动力。

一、理论分析

1.金融科技与制造业双元创新

传统金融机构在面对以高风险和信息不对称为特征的创新项目时往往会
设置较高的门槛(贾俊生和刘玉婷,2021)。创新项目的可行性、制造企业信用
状况和贷款意图难以被掌握,在金融机构无法充分获得制造业经营状况信息、
确认项目真实背景的情况下,金融机构只愿对国有或者大型企业等低风险群
体提供可负担的金融服务,而非国有企业或者中小企业的信贷需求则不能被
满足。并且在这种选择下,金融机构会强化已有认知,不愿进行自我颠覆,最
终将自己置身于"信息茧房"[①]中,很少踏出舒适圈为其他群体提供合适的金融
服务。其信息不对称所引起的金融供给不足与金融产品价格过高等问题始终
未得到有效解决。金融科技作为科技驱动的金融创新,技术是手段,目标在金
融。通过技术化、数字化、智能化的服务体系,利用"技术"有效改善"金融"(张

[①] "信息茧房"是信息传播学中的概念,指个体自身的需求并非全方位的,只会关注到自己选择的东西
和熟悉的领域,久而久之,自身会桎梏于像蚕茧一般的茧房中。

永亮,2020)。特别是大数据的广泛应用,通过采集、存储、计算、加工等步骤将以往不可获得或不可加工的非结构化信息处理成可供识别的信息,金融服务最主要的难题——信息不对称被大幅度缓解(付琼和郭嘉禹,2021),拓宽金融服务半径,推动普惠金融的发展。另外,区块链技术被广泛应用于金融领域,可以将制造业的信用报告嵌入融资流程,确保信息推送安全性、不可篡改性,最终使得金融机构能根据制造业企业各种行为,在数字化、分散化的信息中掌握企业需求,精准营销,进行融资授信决策。

在缓解信息不对称的基础上,金融科技的重心在于能够降低制造业的融资成本。现代制造业大多处于成长期,知识产权型资产代替大量固定资产,大规模、高风险、低成本的融资需求不符合传统金融机构信贷服务基本逻辑。同时,传统金融服务中企业贷款申请、贷后监督催收、坏账处理需要消耗大量的人力、物力。高昂的成本与收益不相匹配,"融资难、融资贵"的问题在制造业企业中日益凸显。金融科技能够有效解决上述问题,贷前大数据、云计算能精准筛选和推送客户群体,扩展金融服务边界;贷中云计算从资源到架构拥有极大弹性,降低了金融服务创新和运营成本,简化贷款流程,降低融资过程中劳动密集度,全面提升企业的融资效率;贷后能通过区块链技术保证企业交易的真实性,实施对企业的动态监控,降低监督成本。金融交易成本在上述种种方式的推动下不断下降,金融产品个性化、服务定价合理化,以及在此基础上有效减少金融排斥。在金融科技的推动下,金融主体之间的联结被强化,金融服务边界被拓展,企业融资约束得以有效缓解(万佳彧等,2020),为制造业创新提供更优质的服务和更有力的支持(Fuster et al.,2019)。

基于以上分析,提出如下假说:

H1:金融科技能够促进制造业创新。

2.金融科技与制造业双元创新

尽管创新是制造业高质量发展的基石,但部分制造企业蓄意营造创新氛围的假象,出现了"重数量,轻质量"、"重仿制,轻原创"等现象,这与提高企业自主创新能力目标南辕北辙。根据March(1991)的分类,双元创新可以分为探索性创新和利用性创新,探索性创新重在突破,追求提高企业长期绩效;开发性创新重在改善现有成果,追求提高企业资源使用率。我国企业长期追求"模仿改进"等开拓性创新,导致自主创新能力相对不足,已成为制约我国企业可持续发展的一大短板。因此通过进一步考虑金融科技与制造业探索性、开发性创新间的关系来讨论金融科技能否推动制造业提高创新质量。

在较长一段时间内,我国为实施创新国家驱动战略对科技发展方向、目标、配套政策进行部署,出台了一系列财政补贴和税收优惠等普适、灵活的政策(江飞涛等,2021)。但这些支持行为与现实存在一定脱节,政府补助政策往往追求补助数量而忽略了补助最大化效应(王刚刚等,2017)。企业为获取政府的研发投入补贴、税收优惠以及在获得补贴后完成考核目标,经常发送虚假的创新信号(安同良等,2009),比如通过追求低质量的非发明专利或二次创新来迎合政府补助类别,发生短期"跃进"行为。

金融科技的发展能够在很大程度上缓解上述问题。金融科技拓宽金融服务边界,让制造企业在平等地享受金融服务下迅速发展,加剧市场竞争,倒逼制造企业把目标从如何获得政府补助转移到进行高质量创新上。此时,制造企业可能会主动增加研发投入,通过高质量技术创新获取差异化的产品优势,提升竞争实力(夏清华和黄剑,2019;Zhang and Liu,2012)。与此同时,金融科技能够减少信息不对称、节约交易成本、健全风险分担机制,提升创新资源供需匹配度、覆盖度,扩展企业可用资源边界,企业无需为了迎合当前政策、寻求政府补贴而进行过量低质量创新行为,从而促使制造企业可以专心考虑企业自身长远发展,全身心投入到高质量创新中,追求高质量发展。此外,金融科技发展过程中的技术外溢可以帮助制造企业有效利用内外经营信息和市场信息,对市场趋势以及风险精准研判,评估出适合的创新项目,提升企业创新成功率;并将科技融入产品和服务,推动制造业企业开展技术革新,为消费者提供更加便捷和优质的服务。

竞争压力让制造业提高创新意愿,技术支持以及创新资源的可获得性有助于消除制造企业对创新变革不确定性的担忧,增强企业自主创新能力,摆脱诸多不确定性因素的影响,增强制造业企业信心、动力和条件,提升其突破性的创新。

基于以上分析,提出如下假说:

H2:相对于开发性创新,金融科技对制造业探索性创新的驱动作用更强。

二、金融科技与制造业双元创新的初步探索

制造业创新为制造业高质量发展提供不竭动力（吴翌琳和于鸿君，2020），要促进制造业优化提升，加快达成制造业从"要素驱动"向"创新驱动"转变的目标，应该鼓励制造业开展质量较高的探索性创新。于是，借鉴盈余管理（Teoh et al.，1998；Aharony et al.，2000）、IPO 专利管理（龙小宁和张靖，2021）的研究方法，利用制造业上市公司 2012—2019 年的专利申请数据，据此考察金融科技对制造业专利的影响差异。由于互联网的发展，金融科技整体水平也在逐年增加。从图 11-1 可以看出，随着时间增加，制造业专利总量、发明以及非发明专利申请量平均水平呈现上升趋势，因此金融科技和制造业创新两者之间具有正的相关性并且发明专利变化斜率明显大于非发明专利。可以基本得出金融科技发展会促进企业创新，尤其是促进发明专利即探索性创新，推动企业高质量发展。尽管以上假设通过简单的统计分析得到了初步的证实，但是，为了对金融科技对制造业创新影响进行更加缜密的分析，从而排除其他可能的原因，后文将通过计量的方法对金融科技、制造业创新进行深入研究。

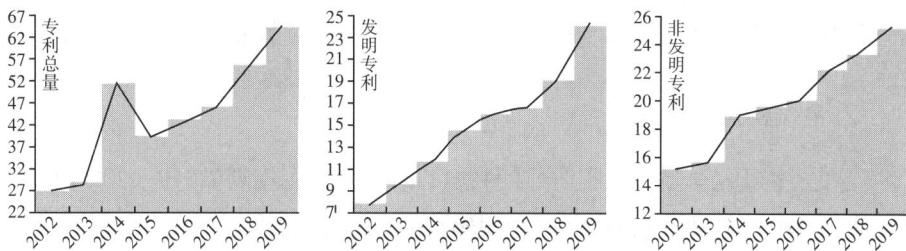

图 11-1　专利动态变化

第三节　实证研究设计

一、变量设定

1.制造业创新（patent）

唯有创新驱动，经济持续高质量发展目标才能实现（金碚，2018）。技术、产品、产业、管理、战略、模式、市场的集成创新构成了高质量发展中所提到的

创新。其中,产业创新处于重要地位(任保平和文丰安,2018),是实现高质量发展的决定性因素,因此需要以产业创新为核心构建现代化的产业体系。现有研究中衡量创新水平主要从创新投入和产出入手(王红建等,2016)。其中,专利申请或授权数量(潘健平等,2019)、无形资产增量与企业期末总资产比值(万佳彧等,2020)被用来衡量创新产出;研发支出金额、研发人员数量(董晓庆等,2014)用来衡量企业创新投入。由于投入具有主观性、投入到产出所需要的时间具有不确定性(贾俊生和刘玉婷,2021),因此本研究选取了制造业企业专利数量申请数衡量制造业创新。由于专利数据呈右偏态分布以及包含0值,最终选取制造业企业专利申请数量加1后的自然对数作为被解释变量。同时,专利可细分为发明专利、实用型专利和外观专利三种,发明专利属于高技术水平创新,创造性高、申请过程难、较之前存在显著突破,而实用型专利和外观性专利技术水平较低,可能是为了迎合政府政策、形成广告效应吸引投资者而进行"模仿改进"。鉴于此,将制造业探索性创新(patent_ex)用"高质量"发明即申请发明专利的行为来衡量,即用发明专利申请数加1后的自然对数衡量;将制造业开发性创新(patent_pi)用申请实用新型专利和外观设计专利的行为来衡量,即用实用型专利和外观专利申请数加1后的自然对数衡量。

2.金融科技发展水平

首先,本研究立足于根据《金融科技(FinTech)发展规划(2019—2021年)》、《"十四五"国家科技创新规划》、《中国银行业转型20大痛点问题与金融科技解决方案》及相关重要新闻和会议以及现有互联网金融、金融科技领域的代表性文献,从直接关键词、技术支持、金融中介服务三个维度选取了与金融科技相关的27个关键词构成金融科技指标体系。其次,借鉴李春涛等(2020)的做法,依托网络爬虫技术,本章获取了近100000条涵盖上述金融科技相关关键词的百度搜索指数数据。百度搜索指数反映的是民众对某一关键词或热点事件的搜索关注程度,是基于需求导向的数据,并且能较好地处理数据的信息噪声问题,可以用于进行现状追踪和趋势预测(Eysenbach,2009;Ripberger,2011;刘涛雄和徐晓飞,2015),得到学术界的广泛认可。最后,通过主、客观赋权相结合的方法来确定权重,最终测算了中国各地级市的金融科技发展指数。

3.控制变量

影响制造业创新的因素较多,为了减轻因遗漏解释变量而导致的估计偏误,参考已有文献,本章还加入了一系列企业层面和宏观层面的控制变量。本章具体的变量选取与指标度量方法详见表11-1。

表11-1　变量名称与定义

变量类型	变量	名称	定义
被解释变量	patent	制造业创新	专利申请总量+1之后取对数
	patent_ex	制造业探索性创新	发明专利申请总量+1之后取对数
	patent_pi	制造业开拓性创新	实用型专利申请量+外观性专利申请量+1之后取对数
核心解释变量	fintech	金融科技	作者计算得出的金融科技指数
控制变量	size	企业规模	企业总资产的对数值
	grows	企业发展能力	营业总收入增长率×100%
	roa	资产回报率	净利润/总资产平均余额×100%
	debt	企业杠杆	总负债/总资产
	em	偿债能力	总资产/总权益
	ppe	固定资产比	固定资产/年末总资产
	subsidy	政府补贴	政府补贴/总资产×100%
	incentive	股权激励	当年有股权激励情况,取"1",否则取"0"
	opin	审计意见	无保留意见取"1",否则取"0"
	sei	科研教育投入	(科学支出+教育支出)/财政预算内支出

二、数据来源

本章的研究样本为中国A股制造业上市公司。样本选择原因主要如下:①在A股上市的制造业企业数量众多,且遍布全国各个城市;②制造业发展是我国高质量发展的基础,是企业创新的主体;③财务数据以及专利数据可以通过国泰安(CSMAR)和万得(WIND)数据库获得,确保经过外部审计,以保证样本数据可靠性。使用的城市层面的数据来源于《中国城市统计年鉴》,企业层面专利数据来源于万得(WIND)。此外,本研究还对样本进行了数据清理:剔除样本期间挂牌ST和退市公司;剔除了北京、天津、上海、重庆4个直辖市数据;剔除缺失变量数据的观测值;对连续型变量进行双侧1%的缩尾处理,排除极端值干扰。通过上述处理,得到了2012—2019年共计9402个上市公司的年度观测值。

三、计量模型

1.检验金融科技对制造业创新的总效应

为了检验假说H1,首先构建以下模型:

$$patent_{i,t}=\alpha+\beta fintech_{k,t}+\gamma control_{i,t}+\delta_t+\theta_i+\varepsilon_{i,t} \tag{11.1}$$

在模型(11.1)中,被解释变量$patent_{i,t}$为制造业企业i在t年的创新水平;核心解释变量$fintech_{k,t}$表示公司i所在的城市k在t年的金融科技发展水平,$control_{i,t}$是表示制造业个体特征和城市层面特征的其他控制变量集合;$\varepsilon_{i,t}$为随机误差项。同时,为了尽量缩小可能存在但又无法识别的异方差,本研究所有回归模型的标准误均为聚类至公司层面的稳健标准误,下文将不再赘述。根据上文逻辑推理,我们预测β为正值。

2.检验金融科技对制造业双元创新

为了检验假说H2,本研究构建了如下模型:

$$patent\_ex_{i,t}(patent\_pi_{i,t})=\alpha+\beta_1 fintech_{k,t}+\gamma control_{i,t}+\delta_t+\theta_i+\varepsilon_{i,t} \tag{11.2}$$

其中,$patent\_ex_{i,t}$、$patent\_pi_{i,t}$分别表示制造业企业i在t年的探索性、开发性创新产出,其他变化量含义与模型(11.1)相同。

四、描述性统计

表11-2报告了主要变量的描述性统计结果。可以看到,在经过双侧1%缩尾、剔除缺失值等数据清理后,主要变量的平均值与中位数数值均保持一致,说明不存在明显的数据偏离问题,减少了数据偏离和极端值对研究结果的干扰。特别需要说明的是,由于发明专利、实用型专利、外观型专利数据存在缺失,探索性创新(patent_ex)和开发性创新(patent_pi)样本量为8925。

表11-2　主要变量的基本统计特征

变量	样本量	平均值	标准差	中位数	最小值	最大值
patent	9402	2.113	1.658	2.197	0	6.277
patent_ex	8925	1.412	1.372	1.099	0	5.481
patent_pi	8925	1.546	1.543	1.386	0	5.666
fintech	9402	0.211	0.033	0.202	0.171	0.316
size	9402	22.094	1.141	21.983	19.774	25.252
grows	9402	0.156	0.400	0.091	−0.511	2.592
roa	9402	0.033	0.063	0.032	−0.261	0.196
debt	9402	0.413	0.201	0.402	0.052	0.941
em	9402	2.028	1.253	1.665	1.045	10.101
ppe	9402	0.246	0.143	0.220	0.020	0.656
subsidy	9402	0.246	0.143	0.220	0.019	0.656
incentive	9402	0.570	0.714	0.343	0	4.145
opin	9402	0.081	0.272	0	0	1
lnpgdp	9402	0.989	0.105	1	0	1
sei	9402	0.202	0.048	0.205	0.065	0.298

第四节　实证结果分析

一、基准回归结果

金融科技对制造业双元创新的基准效应如表11-3所示。列(1)、(2)分别代表未加入控制变量,以及加入企业和宏观层面控制变量的回归结果。金融科技(fintech)对制造业创新(patent)的回归系数分别为5.450、3.928,均在1%的水平显著为正。即在其他条件不变的情况下,金融科技发展水平越高,制造业创新能力越强,该结果支持假说H1。从列(2)来说,其经济意义为,在其他条件不变的情况下,金融科技发展水平每提高0.01,当地制造业专利申请数量会增加3.928%。可能的原因是,金融科技的发展,通过移动互联提供高效便捷的线上服务;通过大数据、AI技术对企业进行画像,克服传统金融服务中的信息不对称、金融错配等问题,让企业平等享有获取所需金融服务的权利,根据制造业企业所需精准提供服务,刺激企业产生创新意愿的同时满足企业研发所需要的资金需求。

从其他控制变量影响来说,制造业企业的规模越大创新越多,企业规模越大,需要较高的流动性水平以及较低的不确定性来支持研发。此外,股权激励也对制造业创新存在正向影响,适当、合理的股权激励能有效解决委托代理问题,使管理者全力为企业高质量发展服务,注重企业创新水平。

表11-3 金融科技对企业创新的回归结果

变量	(1)	(2)	(3)	(4)
	patent	patent	patent_ex	patent_pi
fintech	5.450***	3.928***	4.011***	3.230***
	(1.306)	(1.233)	(1.050)	(1.184)
size		0.459***	0.378***	0.364***
		(0.042)	(0.038)	(0.040)
grows		−0.335***	−0.227***	−0.311***
		(0.047)	(0.038)	(0.043)
roa		3.015***	1.782***	2.454***
		(0.471)	(0.385)	(0.447)
debt		−0.011	0.115	0.278
		(0.260)	(0.215)	(0.232)
em		−0.075**	−0.046	−0.070**
		(0.037)	(0.031)	(0.032)
ppe		−0.690**	−0.459*	−0.492*
		(0.287)	(0.239)	(0.264)
subsidy		0.084**	0.123***	0.011
		(0.041)	(0.036)	(0.038)
incentive		0.198***	0.173***	0.167***
		(0.063)	(0.056)	(0.062)
opin		0.492***	0.466***	0.338**
		(0.155)	(0.114)	(0.137)
sei		3.207***	1.890***	2.587***
		(0.692)	(0.577)	(0.656)

变量	(1)	(2)	(3)	(4)
	patent	patent	patent_ex	patent_pi
cons	0.545**	−10.146***	−8.991***	−8.124***
	(0.262)	(0.939)	(0.825)	(0.884)
Controls	NO	YES	YES	YES
Time/Ind	YES	YES	YES	YES
N	9402	9402	8925	8925
adj. R²	0.059	0.178	0.164	0.185

注:***、**、*分别表示变量在1%、5%和10%的水平显著,括号内为公司层面聚类调整的稳健标准误,下同。

二、金融科技和双元创新

表11-3前两列说明金融科技能够推动制造业创新,但这并不足以说明金融科技能够推动制造业进行高质量创新活动。如表11-3列(3)、(4)是对模型(11.2)进行回归后的结果。横向比较两列对探索性创新和开发性创新的回归结果分别为4.011和3.230,说明金融科技水平每提高0.01,制造业探索性专利申请量能增加4.011%,而开发性专利只增加3.230%。回归结果表明,金融科技发展能够让制造业更倾向于进行高质量的创新研究,也即金融科技能够改善制造业创新结构,推动制造业高质量发展,假说H2成立。可能的原因在于金融科技的发展增强了制造业从金融机构获取资金的信心,帮助制造企业克服各种不确定性影响,让企业集中精力进行高质量的探索性创新,优化创新结构,追求自主创新发展。

三、内生性讨论与稳健性检验

1.内生性讨论

内生性问题容易导致回归偏误,为缓解潜在的内生性,本研究将通过两种方法进行内生性检验:首先,参照唐松等(2020)的做法,对核心解释变量做滞后一期处理,并重新进行回归,如表11-4所示。结果如表11-4前三列所示,金融科技水平系数4.036、4.082、3.286均在1%的水平上显著为正,说明金融科技发展对制造业创新存在促进作用,并且有惯性特征,结论与前文相符。其次,基于倾向得分匹配(PSM)来解决制造业企业自身特性会直接影响企业进行研发创新活动的决策导致的样本内自选择问题。表11-4后三列报告了相应的回归结果,金融科技系数为4.963、4.552和4.050,在1%的水平上显著,说明金融科技发展推动制造业进行双元创新,尤其促进制造业企业探索性创新,结果与前文保持一致。

表11-4　稳健性检验(一)

变量	滞后一期			PSM		
	(1)	(2)	(3)	(4)	(5)	(6)
	patent	patent_ex	patent_pi	patent	patent_ex	patent_pi
L.fintech	4.036***	4.082***	3.286***			
	(1.294)	(1.105)	(1.240)			
fintech				4.963***	4.552***	4.050***
				(1.241)	(1.064)	(1.190)
cons	−10.134***	−8.974***	−8.165***	−9.178***	−8.586***	−7.487***
	(0.963)	(0.851)	(0.905)	(0.984)	(0.871)	(0.926)
Controls	YES	YES	YES	YES	YES	YES
Time/Ind	YES	YES	YES	YES	YES	YES
N	8164	7748	7748	9196	8720	8720
adj. R^2	0.177	0.163	0.184	0.162	0.155	0.175

2.更换被解释变量

为了检验金融科技对制造业创新的促进效应,本研究采用两种方法来替代被解释变量进行稳健性检验。首先运用专利强度(strength),即专利申请数与营业收入的比值作为创新的稳健性度量指标,创新总量、探索性创新、开发性创新分别用strength、strength_ex、strength_pi衡量。其次,制造业企业的专利申请数量可以用于反映创新产出水平,但需要通过创新投入带来产出,进而改变其创新产出。表11-5显示金融科技对制造业创新存在显著的正向影响,与前文结论一致。

表 11-5　稳健性检验(二)

变量	更换被解释变量			更换模型:Probit			更换模型:Logit		
	(1)	(2)	(3)	(1)	(2)	(3)	(4)	(5)	(6)
	strength	strength _ex	strength _pi	patent	patent _ex	patent _pi	patent	patent _ex	patent _pi
fintech	5.622***	2.744***	2.657***	2.646**	2.923***	2.614**	4.594**	4.873***	4.396**
	(1.636)	(0.649)	(0.990)	(1.055)	(0.981)	(1.031)	(1.839)	(1.641)	(1.720)
cons	4.304***	1.371***	3.318***	−4.010***	−4.907***	−4.074***	−7.155***	−8.238***	−6.860***
	(0.932)	(0.332)	(0.559)	(0.766)	(0.718)	(0.750)	(1.335)	(1.206)	(1.257)
Controls	YES	YES	YES	YES	YES	YES	YES	YES	YES
Time/Ind	YES	YES	YES	YES	YES	YES	YES	YES	YES
N	9402	8925	8925	9402	8925	8925	9402	8925	8925
adj. R^2	0.143	0.115	0.130						

3.更换模型

由于 A 股制造业上市公司的专利数量有大量的零值,存在截尾数据的特征,参考 Faleye 等(2014),本研究使用 Probit 和 Logit 模型,根据制造业企业专利申请数量是否为零构建虚拟变量进行稳健性检验。回归结果显示,在使用了不同的回归模型后,将专利总量、探索性创新、开发性创新申请数作为被解释变量,检验结果表明金融科技发展仍然显著促进了制造业创新尤其是高质量创新,这与基准回归一致。

4.双重聚类调整

虽然前文已将标准误聚类到公司层面以缓解异方差和序列相关问题导致的金融科技回归系数的偏误,为了在更严格假设下进一步准确估计金融科技的创新效应,本研究进行双重聚类调整(公司和时间、公司和行业层面)。表 11-6 报告了不同聚类标准下的回归结果,结果显示 fintech 的系数依旧在 5%水平上显著,与前文结果一致。

表11-6　稳健性检验(三)

变量	双重聚类:公司×时间			双重聚类:公司×行业		
	(1)	(2)	(3)	(4)	(5)	(6)
	patent	patent_ex	patent_pi	patent	patent_ex	patent_pi
fintech	3.928***	4.011***	3.230***	3.928***	4.011***	3.230**
	(1.398)	(1.134)	(1.250)	(1.234)	(0.973)	(1.399)
cons	−10.146***	−8.991***	−8.124***	−10.146***	−8.991***	−8.124***
	(0.853)	(0.760)	(0.797)	(0.611)	(1.870)	(1.121)
Controls	YES	YES	YES	YES	YES	YES
Time/Ind	YES	YES	YES	YES	YES	YES
N	9402	8925	8925	9402	8925	8925
adj. R^2	0.178	0.164	0.185	0.178	0.164	0.185

注:括号内为对应层面聚类调整的准误。

第五节　异质性分析

一、企业所有制

由于国有企业和非国有企业在资源基础、激励机制、经营目标等方面有明显差异,致使所有制属性会显著影响制造业高质量创新活动。国有企业遍布我国经济各个重要领域,更容易获得政府的隐性担保(Brandt et al.,2012)以及政策倾斜和财政扶持(黎文靖和李耀淘,2014)。正是政府的种种保护给予国有企业寻租的机会,导致创新效率损失(董晓庆等,2014)。非国有企业在政策扶持以及外部融资上会受到不同程度的"歧视",创新水平受到资源不足的约束,同时面对激烈的竞争市场想要立有一席之地,需要通过持续的创新来提高自身的竞争力,从而占领市场获得收益。金融科技的发展能够助力其获得外部资源,开展创新活动。为了探究金融科技在促进不同所有制制造业企业创新中是否存在差异,本研究对此进行了检验,具体见表11-7。

表11-7 企业所有制、金融科技发展与企业创新

变量	patent		patent_ex		patent_pi	
	(1)	(2)	(3)	(4)	(5)	(6)
	非国企	国企	非国企	国企	非国企	国企
fintech	6.368***	−1.751	5.646***	0.434	5.201***	−1.562
	(1.354)	(2.644)	(1.140)	(2.301)	(1.332)	(2.406)
cons	−9.915***	−9.691***	−8.322***	−8.830***	−7.531***	−8.616***
	(1.231)	(1.522)	(1.046)	(1.378)	(1.137)	(1.457)
Controls	YES	YES	YES	YES	YES	YES
Time/Ind	YES	YES	YES	YES	YES	YES
N	6242	3160	5901	3024	5901	3024
adj. R^2	0.182	0.191	0.161	0.178	0.185	0.204
经验P值	0.000***		0.000***		0.000***	

注:"经验P值"用于检验组间fintech系数差异的显著性,通过自体抽样(Boot-strap)1000次得到,下同。

通过表11-7中列(1)、(3)、(5)的数据可以看出,金融科技(fintech)对于非国有企业创新水平(patent)、探索性创新(patent_ex)、开发性创新(patent_pi)的系数分别为6.368、5.646、5.201,在1%的水平上显著,表明对于非国企而言,金融科技能够明显促进非国有制造业的双元创新,并且对探索性创新的推动作用比开发性创新更明显;而国有制造业企业核心解释变量的估计系数与非国有制造业企业存在显著差异,列(2)、(4)、(6)金融科技回归系数并未通过显著性检验。对于国有制造业企业而言,无论是创新总量还是细分的探索性创新和开发性创新,金融科技促进企业创新的通道受阻。

二、高管团队金融背景

高层梯队理论认为,企业的战略选择会显著受到管理者的特征的影响。我国存在"关系型社会"的情形,企业经营决策会受到高管所拥有的社会资本的影响(胡金焱和张晓帆,2022)。金融背景为高管积攒了丰富的人脉和金融资源(Beck et al.,2018),拥有金融背景的制造企业高管能够利用其金融背景为

企业获得资金支持,致使金融资源向其倾斜。金融科技能助力没有金融背景的制造企业获得创新资源,进行高质量创新。为研究公司高管金融背景的影响,提取高管团队有关金融背景信息,综合上市公司高管简历以及CSMAR上市公司人物特征研究数据,若上市公司在某一年度具有金融机构任职经历的在任高管至少有一人,则认为该家公司高管团队具有金融背景。

表11-8 高管团队金融背景、金融科技发展与企业创新

变量	patent		patent_ex		patent_pi	
	(1)	(2)	(3)	(4)	(5)	(6)
	无背景	有背景	无背景	有背景	无背景	有背景
fintech	6.471***	2.646*	5.874***	3.094***	5.648***	2.033
	(1.720)	(1.351)	(1.477)	(1.159)	(1.679)	(1.263)
cons	−9.381***	−10.409***	−8.416***	−9.193***	−7.163***	−8.472***
	(1.497)	(0.954)	(1.323)	(0.834)	(1.349)	(0.905)
Controls	YES	YES	YES	YES	YES	YES
Time/Ind	YES	YES	YES	YES	YES	YES
N	2752	6650	2615	6310	2615	6310
adj. R^2	0.169	0.184	0.162	0.166	0.184	0.189
经验P值	0.000***		0.003***		0.002***	

分组回归结果如表11-8所示,就金融科技对不同类型制造业企业的影响,组间差异检验结果显示,两组样本的回归系数均在5%水平上存在显著差异。无论是从创新总量、探索性创新还是开发性创新上来看,高管没有金融背景的上市公司子样本回归结果中fintech系数更高,说明金融科技可以同时助力于不同资源的制造业企业提升创新水平,但对没有金融背景的企业创新推动更明显。可能原因是,有金融背景的企业其原有金融资源本身较为充足,金融科技的发展为其锦上添花,但没有研发背景的制造业企业在金融科技鼎力相助下能够获得金融资源,从而推动创新技术迅速发展。即金融科技能起到有效覆盖缺少金融业社会资本的经济主体发展需求,缩小各方差距,推动各类型企业均衡发展。

第六节　进一步分析:科技和金融结合试点

一、科技和金融结合试点与企业创新

2011年,科技部、中国人民银行等5部门确定了中关村等16个地区为首批促进科技和金融结合试点地区。在2011年试点地区工作取得显著成效之后,2016年进一步确立了第二批"科技金融"结合试点地区,包括郑州、厦门等9个城市。在试点地区由政府牵头,科技、财税、金融办以及"一行三局"等部门搭建了投融资平台,给企业发展带来多样化的投融资服务。在科技和金融结合试点地区推行了多项举措推动地区整合资源,发挥金融最大效用。同时,试点地区不断优化金融科技生态环境,针对企业类型形成多样化的金融科技产品、金融服务方式。比如,如济南市围绕企业全生命周期的服务需求,构建企业全生命周期的科创金融服务模式。为了验证"科技和金融结合试点"政策能否推动企业创新,本研究通过构建双重差分模型,探究政策的效果。

$$patent_{i,t}(patent\_ex_{i,t}/patent\_pi_{i,t})=\alpha+\beta did_{i,t}+\gamma control_{i,t}+\delta_t+\theta_i+\varepsilon_{i,t}$$

$$(11.3)$$

其中,核心解释变量 $did_{i,t}$ 为反映企业所在城市 i 在 t 年是否实施了"促进科技和金融结合试点地区",若该城市 i 在 t 年若实施了该政策,则取值为1,反之为0;其他变化量含义与式(11.1)相同。

回归结果如表11-9所示,前三列分别报告了试点政策对企业创新总量及双元创新的影响,代表该政策的虚拟变量did的系数显著为正,估计值分别为0.287、0.307和0.233。这说明科技和金融结合试点显著提高了企业探索性创新和开发性创新。在充分考虑其他因素的情况下,该政策使得试点城市中的企业探索性创新相比非试点城市企业平均提高约0.307,开发性创新提高0.223,总创新提高约0.287。该结果表明,科技和金融结合试点政策的实施能够提高当地企业创新水平,尤其促进企业探索性创新。

表 11-9　科技和金融结合试点政策、金融科技、企业创新

变量	(1) patent	(2) patent_ex	(3) patent_pi	(4) patent	(5) patent_ex	(6) patent_pi
did	0.287***	0.307***	0.223***			
	(0.0758)	(0.0635)	(0.0720)			
ddd				1.119***	1.355***	1.026***
				(0.325)	(0.276)	(0.311)
cons	−8.632***	−7.992***	−6.992***	−9.511***	−7.956***	−6.971***
	(0.921)	(0.816)	(0.860)	(0.930)	(0.816)	(0.861)
Controls	YES	YES	YES	YES	YES	YES
Time/Ind	YES	YES	YES	YES	YES	YES
N	9292	8816	8816	9292	8816	8816
adj. R²	0.172	0.164	0.180	0.181	0.165	0.181

参照 Jacobson 等(1992)的事件研究法进行平行趋势假设,以此满足双重差分前提。检验结果如图 11-2 所示,科技和金融结合试点政策实施前各市企业创新总量不存在显著差异。图中横轴数字表示参与该政策的第几年,从图中可以看出,在试点开始前,各地区企业创新总量没有显著差异,而在试点开始后,差异开始显现,即平行趋势检验通过。对于企业双元创新平行趋势检验亦是如此,并且可以看出,相对于企业开发性创新,政策对企业探索性创新提升幅度更大。

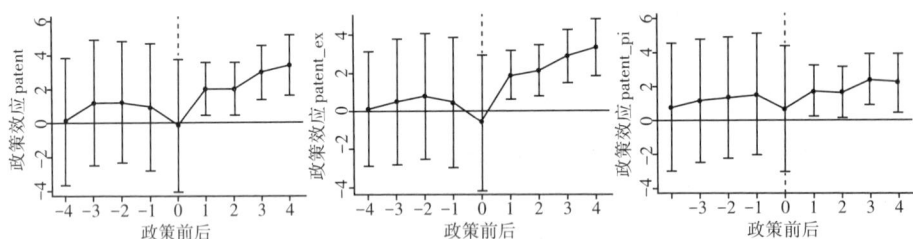

图 11-2　科技和金融结合试点政策平行趋势检验

二、科技和金融结合试点如何影响企业创新

在金融科技发展过程中,"科技和金融结合试点"政策的实施能否进一步帮助试点地区企业运用金融科技提升自身创新能力? 为了进一步探究科技和

金融结合试点能否通过推动地区金融科技推动企业创新,参照王桂军和卢潇潇(2021)构建交乘项 did×fintech,置于基准模型之中以考察影响机制是否显著。

$$patent_{i,t}(patent\_ex_{i,t}/patent\_pi_{i,t})=\alpha+\beta_1 ddd_{i,t}+\beta_2 did_{i,t}+\beta_3 fintech_{i,t}+\delta_t+\theta_i+\varepsilon_{i,t}$$

(11.4)

其中,$ddd_{i,t}$为科技和金融试点政策(did)与金融科技(fintech)交互项,其他变化量含义与模型(11.3)相同。

表11-9后三列展示了模型(11.4)的估计结果。其中,列(4)是对科技和金融结合试点如何影响制造业企业创新的估计结果,交叉项 ddd 的系数在1%的水平上高度显著为正,这一信息充分说明,金融科技水平提升的确是结合试点政策促进制造业企业创新的重要路径。同样,列(5)、列(6)回归系数显著为正,从调节效应的系数值看,在科技和金融结合试点下,金融科技对企业探索性创新的效应值为1.355,对开发性创新的效应值为1.026。由此可知,科技和金融结合试点政策通过提升城市金融科技发展水平对助推企业各类型创新的影响幅度依次为探索性创新、开发性创新。

第七节　研究结论与启示

制造业是我国经济命脉所系,"十四五"规划明确要深入实施制造强国战略,增强制造业竞争优势。金融和科技深度结合促使金融科技快速发展,对经济高效运转发挥着重要资源配置调节作用。一方面,金融科技以高效的算法,结合广覆盖、高维度的数据,帮助金融服务实现精准决策,解决传统金融中触达获客等问题;另一方面其依靠海量数据,帮助金融机构掌握企业交易、经营信息,缓解其和企业之间的信息不对称,降低边际成本,缓解企业融资约束。企业在获得切实所需的资金后,有动力、信心、能力进行创新研发。

在理论层面上,本研究分析了金融科技对制造业创新结构的影响以及"科技和金融结合试点"政策发挥的作用;在实证层面上,本研究构建了中国地级市金融科技指数,运用2012—2019年中国A股制造业上市公司数据进行实证分析,实证结果表明:①金融科技发展对制造业创新驱动存在结构性差异,推动制造业实现高质量发展。从整体上看,金融科技发展对制造业创新存在明显正向驱动作用;从创新质量上看,相比于开发性创新,金融科技在驱动制造业探索性创新上有着更为显著的功效。在考虑内生性问题和其他一系列稳健性检验后,以上结论仍然成立。②金融科技对拥有不同资源和能力的制造企业创新推动存在差异。对不同性质的企业来说,金融科技仅对非国有企业形成更良好的数字化技术应用驱动力,而对于国有企业影响并不明显。对高管团队有无金融背景来说,金融科技对没有金融背景的制造业企业创新总量、探索性创新促进作用更明显,而对于开发性创新,金融科技仅对高管没有金融背景的制造企业有促进作用。③科技和金融结合试点政策对企业双元创新有显著影响,并且这种影响是通过提升地区金融科技发展水平达到的,按影响程度来说,对探索性创新的作用更强。

根据以上结论,提出如下政策建议:

第一,积极推动金融科技从"立柱架梁"全面迈向"厚积成势"新阶段,让金融科技为制造业高质量发展赋能。金融科技是中国深化金融改革和转型的重要方向,带动金融机构把握企业创新情况,克服企业信用水平较低问题,为金融业服务实体经济注入强大活力,推动制造业产业链与金融价值链"一体化"发展,加强金融机构下沉市场研判,使"一企一策"的金融产品提质增效,提高金融服务质量,全力支持制造业高质量发展。健全金融科技基础设施是其进一步推广的方向,更高效、更全面地完善数据互通、共享,打破各种金融业态之间的数据壁垒,以防出现"数据孤岛"。

第二,坚持"因企制宜"。要推动制造业创新,就要充分发挥制造企业内生动力。我国企业参差不齐,水平差异极大,因此在金融科技推动制造业创新时,应有效甄别不同所有制及不同金融背景企业在金融科技应用转型下的异质性,充分重视企业本阶段发展特性,结合企业发展实际情况,理性地寻找适合制造业高质量发展途径。具体而言,对于国有企业和有金融背景的制造企业,应适当降低金融科技的介入程度,充分发挥市场调节机制,在金融科技发展中实现企业充分竞争与优胜劣汰。而对于非国有制造企业以及高管没有金融背景的制造企业,则应加强政策扶持力度,强化政策边际效力的同时也可以加强企业的持续创新意愿。

第三,进一步发挥"科技和金融结合试点"等政策的效果。发挥结合试点地区"领头雁"作用,破解地区制造业等企业各种资金需求问题,形成以金融支撑的现代产业体系。试点地区在推动金融科技发展的同时,也要厘清科技与金融的边界,防止金融科技过度发展带来的风险。同时,政府应根据不同地区金融和科技结合情况进行区分,实施相对应的政策。对于金融科技发展较好地区,应以引导为主;对于金融科技发展水平较低地区,应以政策帮扶为主,让政府帮扶与市场发展相互衔接。

第十二章
金融科技、金融监管与企业高质量发展

　　企业高质量发展是经济高质量发展的主要推动力,金融科技有助于通过技术渠道和效率渠道,为推动企业高质量发展创造客观条件。本章基于2012—2020年中国A股上市公司数据,探究金融科技对中国企业高质量发展的影响。研究发现,金融科技对企业高质量发展有显著的助推作用,在缓解可能存在的内生性及进行其他稳健性检验之后,这一结论依然成立。进一步地,基于企业性质、高管团队金融背景和企业所在地区影子银行水平进行异质性检验后发现,金融科技助推企业高质量发展表现出"国民共进"的特点,金融科技发挥的积极作用仅在高管团队没有金融背景及影子银行规模较低的地区体现。此外,从金融监管的视角分析适度监管在金融科技发展中的作用,研究发现金融科技的良性发展离不开有效的金融监管,并且在合理监管约束下的金融科技更有利于提升企业全要素生产率,进而有效促进企业高质量发展。本章的相关研究在为金融科技推动企业高质量发展提供微观证据的同时,对国家进一步制定金融科技和金融监管相适配的政策,推动金融科技健康发展、企业高质量发展具有重要的意义。

第一节　问题的提出

党的二十大报告明确强调,"要坚持以推动高质量发展为主题","推动经济实现质的有效提升和量的合理增长"。高质量发展有别于"粗放式"发展,需要实行"集约式"的经济增长,以创新为动力,提高全要素生产率(王定祥和黄莉,2019)。近年来,高质量发展一度成为中国学术界的研究热点。就中国应如何实现高质量发展,蔡跃洲和马文君(2021)表明,高质量发展从供给的角度重点在于提高效率(或者全要素生产率),推动经济转向高质量、高效率发展,持续释放发展效能;从需求的角度来看,它应当更好地满足"人民日益增长的美好生活需要"。王一鸣(2020)认为,高质量发展的核心在于提高全要素生产率,以"五转"实现高质量发展,即从"数量追赶"转向"质量追赶",从"规模扩张"转向"结构升级",从"要素驱动"转向"创新驱动",从"分配失衡"转向"共同富裕",从"高碳增长"转向"绿色发展"。由此可见,两种说法对高质量发展这一关键问题都集中在提升全要素生产率。企业是经济发展的微观主体,其高质量发展是实现经济高质量发展的必由之路(黄速建等,2018)。高质量发展落实到企业层面,便是企业是否实现了高效的生产活动。

金融科技正逐步成为全球企业赋能的重要支撑点(李广子,2020)。2021年上半年全球金融科技领域发生股权融资事件1548笔,其中中国发生融资事件123笔,金融科技融资活跃度在世界位于前三。金融科技渗透到传统金融方方面面,金融交易发生了根本性的变化,主要体现在信息来源、风险定价、投资决策、信用中介等方面(付琼和郭嘉禹,2021)。金融科技可以对企业生产经营活动产生的碎片化信息进行采集和整理,解决传统金融交易成本高、信息不对称和风险定价不足等痛点问题。如大数据能帮助金融机构分析各种宏观经济变量、行业供求环境和企业生产条件,做出更适合企业需求的决策(Tanaka et al.,2020),通过分析消费者以及金融机构自身情况达到"开源节流"的目的(张叶青等,2021)。其次,金融科技和各类场景深度融合,升维金融服务,营造共荣新生态,拓宽了金融服务的供给方式,能有效打破原有金融服务垄断的情况,改善金融供给结构和提高效率。然而,金融科技在深入各个领域的同时,机遇与风险同在,发展与挑战共存。一些支付机构渗透进入金融领域,提供保险、小额信贷、基金等多种金融产品,提高了金融风险跨产品、跨市场传染的可能性;大型金融科技公司"赢者通吃"的属性可能带来新的市场垄断、降低创新效率等。因此,有必要对我国当前金融科技能否助力企业高质量发展进行系统分析和归纳,在金融与科技有机结合的背景下探寻金融科技发展的现实路径。

金融科技自出现以来受到学术界广泛关注,学者们对金融科技进行测度并深入研究了金融科技对银行经营绩效、企业创新和城乡收入差距的影响(王小华等,2022a,2023c;李春涛等,2020;王小华和胡大成,2022)。在企业层面,研究者们对企业融资约束、企业创新、企业风险管理进行了深入探讨(李春涛等,2020;黄锐等,2020;陈小辉和张红伟,2021),但在一定程度上忽略了另一关键视角:金融科技对企业高质量发展的影响。在中国由"量"转"质"的关键阶段,金融科技对中国企业高质量发展的影响具有重要研究价值,但纵观既有研究,仅有宋敏等(2021)从赋能与信贷配给的视角探讨了金融科技与企业全要素生产率之间的关系,鲜有文献从金融科技对企业全要素生产率的促进有效性以及金融科技风险防范管理能否有效推动高质量发展入手。鉴于此,本章基于2012—2020年中国A股上市公司数据探究金融科技对企业高质量发展的影响。与现有文献相比,本章的边际贡献可能在于:①在金融科技被广泛运用的背景下,借鉴王小华等(2023b)度量金融科技的方法,编制了一套中国金融科技发展指标体系并测度了金融科技发展指数,较好地改善了运用企业所在地区金融科技公司数量衡量金融科技发展的缺陷,补充现有研究不足。②企业高质量发展利用企业全要素生产率进行刻画,充分考虑了新发展格局下企业层面高质量发展的内涵,丰富了与企业高质量发展相关研究。③丰富金融科技与企业全要素生产率理论体系。现有文献主要集中于金融科技促进全要素生产率的传导机制,本章通过探讨金融科技对高管有金融背景企业以及影子银行规模较高地区企业的限制作用,利用区域金融监管强度数据探讨适度的金融监管能否持续推动企业高质量发展,扩展现有研究范围。

第二节　理论分析与研究假设

一、金融科技与企业高质量发展

金融科技拓展了服务实体经济的范围、降低支持实体经济的成本、增强经济主体的活力,推动实体企业高质量发展。首先,金融科技能够拓展服务实体企业的范围。实体企业融资不足的原因之一是企业在信息市场中处于劣势。而信息获取渠道更广、信息处理更科学,具有远程化、网络化、实时化的金融科技打破了传统金融服务的界限。在信息化时代,大数据能提高企业征信水平,在数字化、分散化的信息中掌握企业需求,精准营销、进行融资授信决策;人工智能技术可以提升信息处理效率,通过深度学习与自我博弈迭代升级(薛莹和胡坚,2020),拓宽金融服务边界,使更多企业享受到金融服务,满足企业需求。总的来说,金融科技能够降低信息不对称,解决交易信息、风险、成本问题,提升供给与需求的匹配度(付琼和郭嘉禹,2021),在提升效率、降低运营成本的基础上,金融科技能有效减少传统金融机构在经济实践中的"属性错配"、"领域错配"和"阶段错配"等结构性错配(唐松等,2020)。其次,金融科技带来的信息效应降低了企业在融资过程中的信息不对称成本,从优化直接与间接融资体系、降低企业融资成本宏、微观两个层面缓解企业融资约束(黄锐等,2021),降低实体企业融资成本,提高了企业的运营效率(陈红和郭亮,2020;Luo et al.,2022)。在直接融资方面,目前科创板已经纳入了金融科技服务,运用金融科技帮助企业提高融资效率;在间接融资方面,"非接触式服务"等金融服务方式简化和自动化抵押贷款流程,降低融资过程劳动密集度,物联网、区块链技术降低了贷后监督成本,提高企业管理水平,带动企业高质量发展。最后,金融科技形成内驱动力增强企业活力。除了融资服务,金融机构还能利用技术手段为企业提供大量的支付结算、信息管理、内部管理优化、内部机制改善等服务,为企业建立稳定的需求创造条件。数字技术的使用通过减少工人的时间和空间障碍来提高劳动力要素的配置效率,从而对生产力产生影响(Acemoglu and Restrepo,2018)。这有利于提高企业生产、研发、经营等积极性,激发企业活力。

基于以上分析,笔者提出如下假设:

H1:金融科技可以显著地助推中国企业高质量发展。

二、金融监管在金融科技促进企业高质量发展中的调节作用

然而,令人担忧的是金融科技优势与风险并存,自带风险属性的金融和科技相结合会导致系统性风险的叠加(李广子,2020),其快速发展强化了金融与企业之间的联结,原有风险问题被进一步放大(李春涛等,2020)。中国金融科技的发展处于全球前列,并且发展前景广阔。金融科技发展迅速的原因,除了传统金融不能满足金融市场潜在需求外,金融监管"试点容错"的态度也为其发展预留了充足的空间。但随着金融科技的不断发展,金融与非金融之间的界限变模糊,快速形成了全新的金融生态,许多新的金融业务绕开了传统金融监管和法律。在金融监管程度较低的情况下,金融科技在实践中存在多种问题,如金融科技公司未经允许进行征信业务,无牌或超范围经营;排斥对手进入平台,通过垄断地位开展不正当竞争;过度收集、滥用消费者信息,威胁个人隐私和信息安全;中小企业等难以从传统银行获得贷款的群体更可能从金融科技影子银行获得所需资金(刘少波等,2021),或者依赖金融科技公司开展业务,降低自身竞争力,不利于企业高质量发展。

杨东(2018)认为金融科技飞速发展下,现有的金融监管体系已经不能完全覆盖,如何处理好金融科技发展与安全的关系,采取有效应对策略,防范金融科技带来的新问题与新风险是我们面临的挑战。金融监管是金融科技发展中的关键一环,监管的方向与力度甚至会直接影响特定金融行业的发展走向(杨东,2018;Treleaven,2015)。李青原等(2022)的研究也证实了金融监管能发挥积极的实体经济效应,促进实体经济高质量发展。一方面,合理的金融监管能提高金融科技对企业的触达率,敦促金融科技应用落脚于向更多企业提供优质的金融服务。另一方面,金融监管的介入可以矫正金融科技的"异化",从而引导金融科技服务于实体经济发展,促进企业高质量发展。2022年初,央行发布的《金融科技发展规划(2022—2025年)》明确指出要严格厘清金融业务边界,加强金融机构与科技企业合作的规范管理,对金融科技创新实施穿透式

监管。金融监管落实之下,各部门监管权责更加明确,能起到改善监管套利、弥补监管空白的作用,保证金融科技健康发展,从而强化金融科技对企业高质量发展的激励效果。

基于以上分析,笔者提出如下假设:

H2:金融监管强化了金融科技对企业高质量发展的正向激励效果。

第三节 实证研究设计

一、样本选择

本研究以中国沪深 A 股上市企业 2012—2020 年的年度数据为研究样本,企业层面的控制变量数据来源于统计年鉴。为保证检验有效性,本研究对样本做了如下处理:①剔除样本期间挂牌 ST 和退市公司;②剔除金融类及房地产上市公司的样本;③为了消除直辖市经济特殊性对样本结果造成的影响,本研究排除了所在地为 4 个直辖市的企业;④剔除所有者权益账面值为负及关键变量缺失的样本;⑤对所有连续变量进行缩尾处理,排除极端值的影响。最终获得 13534 个样本。

二、变量设定

1. 被解释变量——全要素生产率(tfp)

在过去的实证分析中,企业的高质量发展主要通过企业行为构建高质量发展指标(陈太义等,2020)或者单一指标如研发创新、人均利润等进行衡量(邵传林,2021),但这些衡量方法存在一定缺陷。用单一指标进行衡量不能体现高质量发展特征,以企业是否具有某种行为来构建的指标最终形成的是一个没有量纲的指标,可比性较低。再次探究高质量发展的定义,不同学者从不同角度有不同说法,但其内核是一致的,都是高效、绿色、可持续发展。如金碚(2018)认为高质量发展是一种经济发展方式、结构和动力状态,最主要在于能满足人民不断增长的真实需要。张军扩等(2019)认为经济高质量发展是五位一体的协调发展,主要体现在资源配置高效、产品服务高质、技术水平升级等方面。刘志彪和凌永辉(2020)从新发展理念的角度阐述了高质量发展与全要素生产率本质方向的高度一致性。由上述文献可知,多数学者在全要素生产率与高质量发展本质高度重合性这一关键问题上并不存在异议。高质量发展落实到企业层面应该是企业发展状态处于高水平、高层次以及拥有卓越的发展质量(黄速建等,2018)。全要素生产率可作为衡量包括技术、制度、企业家才能、规模报酬、产业结构、对外开放等难以量化的因素对企业贡献的标准。提高"全要素生产率",实际上就是要加大这些因素的投入,通过技术进步、人力资本提升、结构性改革、扩大开放等渠道来提高资源利用效率。并且全要素生产率和高质量发展之间存在着同步变化(刘志彪和凌永辉,2020)。企业高质量发展最终表现为全要素生产率的提升。因此,本研究通过全要素生产率来衡量企业高质量发展。

通常用最小二乘法(OLS法)、Olley-Pakes法(OP法)、Levinsohn-Petrin法(LP法)等方法来计算企业的全要素生产率。OP法假定企业根据当前生产率状况做出相应的投资决策,因此用企业的当期投资额作为生产率冲击的代理变量,可以完美解决同时性偏差问题(鲁晓东和连玉君,2012)。LP法为克服"零投资"企业样本遗失问题,以中间品投入替换投资额作为代理变量进行测算。LP法使得研究者可以根据可获得数据的特点灵活选择代理变量,最大程度地减少样本量的损失。OP法和LP法都能有效解决OLS估计带来的同时性偏差问题和样本性选择偏差问题(王杰和刘斌,2014)。基于以上考虑,本研究将OP方法和LP方法计算所得的tfp作为计量检验的主要因变量,以FE法和GMM等方法计算所得的tfp进行稳健性检验。

2.核心解释变量——金融科技指数

本研究参考王小华等(2023)方法,利用"文本挖掘法"构建金融科技发展指数,具体如下。第一,参照《金融科技(FinTech)发展规划(2019—2021年)》、《"十四五"国家科技创新规划》、相关重要新闻和会议以及现有金融科技领域的代表性文献选取了直接关键词、技术支持、金融中介服务三个维度的27个关键词构成了金融科技指标体系关键词词库。第二,将关键词与区域进行匹配,依托网络爬虫技术,获取了近100000条涵盖上述金融科技相关关键词的百度搜索指数数据。第三,利用熵值法计算金融科技各具体指标指数,随后利用层次分析法对27个关键词进行赋权,赋权依据为金融服务门槛与普及程度,最终测算出中国各地级市的金融科技发展指数。

为了验证本研究测算的金融科技指数与现实金融科技发展水平是否相符,将本研究测算的各地级市金融科技指数各年均值乘以100后与国际清算银行公布的2013—2019年历年全球金融科技人均信贷规模(Cornelli et al.,2020)数据进行直观比较,验证两者是否具有相同的变化趋势。由图12-1所示,两者之间的变化趋势基本趋同,均在2017年达到顶峰;同时为了进一步讨论金融科技指数与全球金融科技人均信贷规模之间的关系,本研究计算了两者之间的相关系数,结果为0.919(参考表12-1),说明两者具有高度相关性,侧面反映了本研究的金融科技指数测度具有一定的可靠性。

表12-1　金融科技指数与人均金融科技信贷规模相关系数

名称	人均金融科技信贷规模	本研究测算的金融科技指数
人均金融科技信贷规模	1.000	0.919
本研究测算的金融科技指数	0.919	1.000

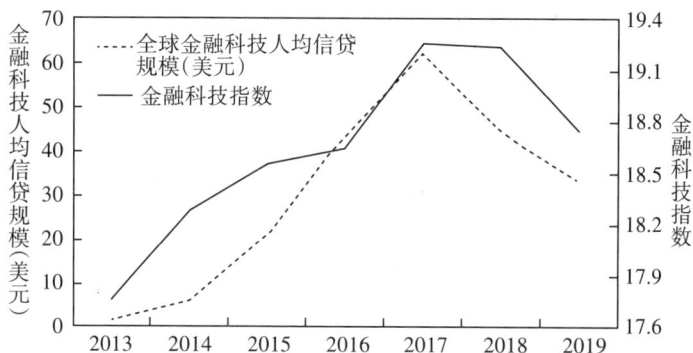

图12-1　金融科技指数与人均金融科技信贷规模趋势图

3.调节变量——金融监管

参考唐松等(2020)学者的研究成果,以省级金融监管支出与金融业增加值的比值为监管指标,以此来反映金融监管在整个金融业发展态势中的综合配比状况,数值越大代表地区金融监管越严格。为考察金融监管是否能强化金融科技对企业自身高质量发展的正向激励效果,我们将supervise作为调节变量,与fintech相乘构建交互项fintech×supervise。

4.控制变量

此外,本研究还对企业年龄(age)、发展能力(grows)、资产回报率(roa)、企业长期杠杆(debt_l)、财务风险(em)、投资机会(q)、两职合一(merge)等公司层面的特征变量以及城市生产总值增长率(deta_gdp)、工业化水平(industrialization)、科教投入水平(sei)等城市层面特征进行了控制,具体定义如表12-2所示。

表12-2　变量名称与定义

类　型	变　量	符　号	定　义
被解释变量	全要素生产率	tfp_op	OP法计算的全要素生产率
	全要素生产率	tfp_lp	LP法计算的全要素生产率
核心解释变量	金融科技	fintech	作者计算得出的金融科技指数
调节变量	金融监管	supervise	区域金融监管支出/金融业增加值×100%
控制变量	企业年龄	age	观测年度与上市年度之差
	企业发展能力	grows	营业总收入增长率
	资产回报率	roa	净利润/总资产平均余额
	企业长期杠杆	debt_l	长期负债/总资产
	财务风险	em	总资产/总权益
	投资机会	q	公司市场价值/资产重置成本
	两职合一	merge	董事长与总经理为一人,取"1",否则取"0"
	生产总值增长率	deta_gdp	企业所在城市生产总值增长率
	工业化水平	industrialization	第二产业生产总值与地区生产总值比值
	科教投入水平	sei	城市科教投入占比

5.描述性统计

主要变量描述性统计结果如表12-3所示,用LP法计算出的全要素生产率均值为9.120,高于OP法计算出的均值6.660,中位数分别为9.044和6.586;金融科技指数的平均值为0.214,中位数为0.205。主要变量的中位数与平均值差距较小,表明数据无明显偏态,减少了数据偏离和极端值对研究结果的干扰。其他控制变量统计信息均与以往研究相近。

表12-3 主要变量的描述性统计结果

变量	观测值	均值	标准差	最小值	最大值	中位数
tfp_op	13 534	6.660	0.825	4.970	8.915	6.586
tfp_lp	13 534	9.120	1.062	6.821	11.956	9.044
fintech	13 534	0.214	0.033	0.172	0.316	0.205
supervise	13 534	0.783	0.850	0.001	4.303	0.468
age	13 534	17.495	5.532	5	31	18
grows	13 534	0.196	0.661	−0.694	4.953	0.083
roa	13 534	0.032	0.061	−0.261	0.187	0.032
debt_l	13 534	0.041	0.072	0	0.846	0.006
em	13 534	2.076	1.127	1.053	7.879	1.725
q	13 534	2.054	1.309	0.869	8.446	1.619
merge	13 534	0.245	0.430	0	1	0
deta_gdp	13 534	0.070	0.036	−0.206	0.240	0.077
industrialization	13 534	0.448	0.088	0.230	0.669	0.455
sei	13 534	0.240	0.141	0.068	0.700	0.208

三、模型构建

为了考察金融科技与企业高质量发展之间的关系,本研究构建如下基准模型:

$$tfp\_op_{it}(tfp\_lp_{it})=\alpha+\beta_0 fintech_{kt}+\sum_{i=1}^{10}\gamma control_{it}+\delta_t+\theta_i+\varepsilon_{it} \tag{12.1}$$

其中,tfp_{it}表示企业i在t年的高质量发展水平,同时采用LP法和OP法对全要素生产率进行测算。$fintech_{kt}$表示企业所在城市k在t年的金融科技发展水平;$control_{it}$表示控制变量;δ_t和θ_i分别是年份和行业的固定效应;ε_{it}表示随机误差项。若系数β_0显著为正,则表示金融科技能推动企业高质量发展。

为了考察金融监管在金融科技与企业高质量发展之间的关系,本研究构建如下模型:

$$tfp\_op_{it}(tfp\_lp_{it})=\alpha+\beta_1 fintech_{kt}+\beta_2 supervise_{it}+\beta_3 fintech_{kt}\times supervise_{it}+$$

$$\sum_{i=1}^{10}\gamma control_{it}+\delta_t+\theta_i+\varepsilon_{it} \tag{12.2}$$

其中,$supervise_{it}$金融监管,$fintech_{kt}\times supervise_{it}$为金融科技和金融监管的交互项,其他变量定义不变。

第四节　实证结果分析

一、基准回归分析

表12-4展示了基准模型回归的结果。列(1)展示了被解释变量为采用OP法计算的全要素生产率(tfp_op),列(2)为LP法计算的全要素生产率(tfp_lp)。在控制企业特征变量、时间固定效应以及行业固定效应之后,回归结果显示,金融科技(fintech)的估计系数为1.386、2.201,在1%的水平上显著为正,表明了地区金融科技水平能够显著提升当地企业全要素生产率,即金融科技实质性地助推了企业的高质量发展,假设H1成立。对此可能的解释是:金融科技利用场景、产品和服务等优势,补齐了传统金融服务的短板,优化了金融资源的配置,降低了融资成本,实现了企业高质量发展。对于其他控制变量,grows的估计系数在1%的水平上显著为正,表明企业成长性越好,应对外部环境变化的能力、持续经营能力和资源配置的效率就越高;roa的估计系数均显著为正,表明企业的盈利能力越强,从事科研创新或高效率生产活动的资金越充足,企业全要素生产率越高,进而促进了企业的高质量发展,这与余淼杰和李晋(2015)研究一致。

表12-4　基准回归结果

变　量	(1)	(2)	变　量	(1)	(2)
	tfp_op	tfp_lp		tfp_op	tfp_lp
fintech	1.386*** (0.476)	2.021*** (0.648)	deta_gdp	−0.299 (0.432)	0.094 (0.571)

续表

变 量	(1)	(2)	变 量	(1)	(2)
	tfp_op	tfp_lp		tfp_op	tfp_lp
age	0.006* (0.003)	0.009** (0.004)	industrialization	0.377** (0.169)	0.534** (0.222)
grows	0.001*** (0.000)	0.001*** (0.000)	sei	0.167 (0.280)	0.214 (0.365)
roa	1.877*** (0.179)	2.660*** (0.241)	cons	5.586*** (0.158)	7.744*** (0.229)
debt_l	1.307*** (0.166)	1.978*** (0.243)	Controls	控制	控制
em	0.011*** (0.004)	0.017*** (0.006)	Ind/Time	控制	控制
q	−0.071*** (0.017)	−0.106*** (0.027)	N	13 534	13 534
merge	−0.147*** (0.028)	−0.233*** (0.038)	Adj. R²	0.282	0.270

注:***、**、*分别表示变量在1%、5%和10%的水平显著,括号内为聚类到企业层面的标准误,下同。

二、内生性讨论

考虑到企业的高质量发展可能会引致较大的金融需求,为缓解该反向因果所导致的内生性问题,本研究首先采取滞后核心解释变量以及工具变量法进行内生性检验。核心解释变量滞后结果如表12-5列(1)、列(2)所示,金融科技系数仍然在5%水平上显著。其次,本研究采用企业所属地区到杭州的球面距离作为工具变量进行内生性检验。选择原因如下:①杭州作为金融科技创新发展试验区,金融科技产业发展成绩亮眼,与杭州距离越近,该地区金融科技水平也越高,两者具有相关性;②企业所在城市到杭州球面距离不会影响企业高发展质量,从而满足外生性。表12-5报告了基于工具变量方法的回归结果。从回归结果来看,金融科技发展水平的系数均显著为正,说明金融科技发展能够显著推动企业高质量发展,这与前文结果完全一致。同时,结果显示拒绝了工具变量识别不足以及弱工具变量的原假设,意味着选取该工具变量进行检验是合理的。

表12-5　内生性检验

变　量	滞后核心解释变量		工具变量	
	（1）	（2）	（3）	（4）
	tfp_op	tfp_lp	tfp_op	tfp_lp
L.fintech	1.348**(0.535)	1.944***(0.726)		
fintech			7.065**(3.365)	6.056*(3.511)
cons	5.656***(0.183)	7.799***(0.266)	4.531***(0.638)	6.925***(0.767)
Kleibergen-Paap rk LM 统计量			60.438	60.438
Kleibergen-Paap rk LM P 值			0.000	0.000
Cragg-Donald Wald F 统计量			404.197[16.38]	404.197[16.38]
Controls	控制	控制	控制	控制
Ind/Time	控制	控制	控制	控制
N	10 741	10 741	13 534	13 534
Adj. R^2	0.281	0.266	0.249	0.260

三、稳健性检验

1.更换全要素生产率的测度方式

为获得更加稳健的研究结论,本研究参考王杰和刘斌(2014)的做法,改变全要素生产率的度量方式进行稳健性检验。运用FE法、GMM法得到的全要素生产率再次进行回归。结果显示fintech系数仍显著为正(1.816、2.009),结论仍然稳健。

2.替换高质量发展指标

参考陈丽姗和傅元海(2019)方法,采用销售EVA率以及净资产EVA率作为企业高质量发展替代指标,回归系数都显著为正(0.205、0.451),本研究结果依然稳健。

3.更换金融科技发展水平的衡量指标

本研究参考已有文献使用不同方法来测度地区金融发展水平,参考宋敏等(2021)采用地区金融科技公司数量加1后取对数衡量金融科技发展水平,回归结果显示更换金融科技发展指标后,本研究结果依然显著(0.018、0.027),即金融科技发展仍然显著促进了企业的高质量发展。

第五节　异质性分析

一、企业所有制异质性

在上述实证中发现金融科技显著地助推了以全要素生产率提升为表征的企业高质量发展。但要达到经济高质量发展,“国民共进”才符合高质量发展的内在需求(何瑛和杨琳,2021),单纯的“国进民退”或“国退民进”是不可行的。那么,在金融科技迅速发展之下,企业产权的异质性会不会导致自身发展质量的差别? 金融科技更有利于推动国有企业还是非国有企业高质量发展?

“所有制歧视”及“规模歧视”在传统金融市场上屡见不鲜,国有企业和大型企业享受到更多信贷资源(杜勇等,2019)。从现实情况看,国有企业与非国有企业相比,在一定程度上承担了改善民生、保障就业等社会角色,拥有国家或政府的信用背书,因此会获得更多政策及资金支持,相对非国有企业拥有更多的信贷优惠和融资渠道(万佳彧等,2020)。金融科技不断发展下,“长尾用户”需求得到满足,非国有企业发展质量是否得到提升? 金融科技下的企业发展是否存在“国进民退”或者“民进国退”现象? 本研究根据企业的产权性质进行分组,对金融科技在促进不同所有制企业高质量发展中是否存在差异进行了实证检验,具体见表12-6。

表12-6列(1)、列(3)为国有企业回归结果,列(2)、列(4)为非国有企业回归结果。从中可以看出,在以两种方法计算的全要素生产率回归中,非国有企业金融科技系数为1.581和2.313,都在1%的水平上显著。国有企业回归系数为1.652和2.660,在10%的水平上显著。这一结论说明,国有企业和非国有企业在金融科技发展下,都能提升自身发展质量,实现高质量发展,金融科技下

的企业发展能达到"国民共进"的效果；并且国有企业在金融科技支持下大幅度提高了企业全要素生产率，加快其高质量发展进程。

表12-6　产权性质异质性检验

变　量	(1) 国有企业 tfp_op	(2) 非国有企业 tfp_op	(3) 国有企业 tfp_lp	(4) 非国有企业 tfp_lp
fintech	1.652*(0.848)	1.581***(0.554)	2.660**(1.129)	2.313***(0.753)
cons	5.884***(0.257)	5.305***(0.200)	8.330***(0.390)	7.201***(0.266)
Controls	控制	控制	控制	控制
Ind/Time	控制	控制	控制	控制
N	5 104	8 430	5 104	8 430
Adj. R^2	0.298	0.304	0.286	0.301
组间差异	−0.071**		−0.347*	

二、高管团队金融背景异质性

一般而言，具有金融背景的高管团队能够快速感知金融行业发展，对于金融科技等产品更加敏感，更能接触到金融科技。但杜勇等(2019)研究发现CEO具有金融背景的企业金融化程度更高，不利于企业"脱虚向实"。那金融科技能否推动具有金融背景的高管团队所在企业高质量发展？

因此，本研究按照高管团队是否有金融背景将企业分为有金融背景以及没有金融背景的企业。如果高管团队中至少有一人具有金融背景，则认为该企业高管团队具有金融背景，反之则认为无金融背景。回归结果如表12-7所示，对于高管团队没有金融背景的企业，金融科技系数为1.276和2.327，都在5%水平上显著。可能的原因是，没有金融背景的企业在金融科技的助力下融资成本下降、运营效率提高，利于提高其生产、研发、经营积极性。而有金融背景的企业金融科技助力其高质量发展受阻，即金融科技推动企业高质量发展的现象仅体现在高管团队没有金融背景的企业。可能的原因是，金融科技虽然进一步降低有金融背景企业的借贷成本，但企业未将资金用于推动自身高质量发展的经营活动，反而进行金融化投资，不利于企业高质量发展。

表12-7　高管团队金融背景异质性检验

变　量	(1)	(2)	(3)	(4)
	高管团队无金融背景	高管团队有金融背景	高管团队无金融背景	高管团队有金融背景
	tfp_op	tfp_op	tfp_lp	tfp_lp
fintech	1.276**(0.535)	1.041(0.647)	2.327***(0.727)	0.836(0.872)
cons	5.771***(0.185)	5.470***(0.232)	7.826***(0.271)	7.811***(0.314)
Controls	控制	控制	控制	控制
Ind/Time	控制	控制	控制	控制
N	6 330	7 204	6 330	7 204
Adj. R²	0.381	0.420	0.323	0.351
组间差异	0.235*		1.491***	

三、影子银行的水平异质性

虽然部分研究指出影子银行的发展能缓解企业融资约束,但对于企业长远发展、经济整体发展都会造成较差的经济后果。如在宏观上弱化货币政策效果(Chen et al.,2018)、加剧金融系统脆弱性(何平等,2018),在微观上降低企业价值(Bleakley and Cowan,2010)等。金融科技的发展使得大量的闲散资金从银行存款业务中流出,对传统的贷款业务造成了剧烈冲击。在严峻的存贷款竞争和盈利压力下,以信托贷款、委托贷款为代表的影子银行业务凭借自身多样的经营方式与宽松的放贷条件进入实体经济,逐渐发展成为中小企业融资的重要途径。在这种层层代理的信贷模式下,金融系统并没有因为金融技术的发展而提升运行效率,相反因为分配流通环节的增加,流通费用不降反升。最终,成本上升的压力转嫁给了贷款的客户(De et al.,2007),中小企业的融资成本上升,阻碍了企业的高质量发展。

参照学者李青原等(2022)的方法,本研究用企业所在省份层面的委托贷款、信托贷款、未贴现银行票据之和在社会融资规模存量中的占比作为地区影子银行水平的代理变量,并根据平均数进行分组。表12-8列(1)、列(3)为影子银行规模较高地区企业回归结果,列(2)、列(4)为影子银行规模较低地区企业回归结果。结果显示,金融科技促进企业高质量发展的效果仅体现在影子银行规模较低的地区。可能的原因是在影子银行将资金进行转移配置的过程中,风险层层递进、不断叠加,使得中小企业的信贷资金有了"高风险、高收益"的需求,企业融资成本升高,阻碍企业全要素生产率的提升。从质上看,影子银行规模较高地区,资源流向低效率的公司,从而导致整个社会的生产率和资源的分配效率下降,加大了金融市场的风险。

表12-8 影子银行水平异质性检验

变 量	(1) 影子银行规模高 tfp_op	(2) 影子银行规模低 tfp_op	(3) 影子银行规模高 tfp_lp	(4) 影子银行规模低 tfp_lp
fintech	0.656(0.473)	0.979**(0.496)	0.814(0.606)	1.436**(0.662)
cons	6.548***(0.716)	5.302***(0.255)	9.199***(1.019)	7.568***(0.358)
Controls	控制	控制	控制	控制
Ind/Time	控制	控制	控制	控制
N	6 086	5 985	6 086	5 985
Adj. R^2	0.416	0.265	0.455	0.256
组间差异	0.323**		0.622**	

第六节 进一步分析:金融监管的调节效应

上文指出,虽然金融科技对企业高质量发展促进作用起到"国民共进"的效果,但在国有企业中作用更大、推动作用仅体现在高管没有金融背景的企业以及影子银行规模较低地区,高管团队有金融背景企业以及影子银行规模较高地区金融科技对于企业传导路径受阻。因此需要合理的监管约束来保证金融科技健康发展。目前金融科技作为新兴业态,难以受到现有监管框架下的有效约束,一些金融科技公司也开始进行"金融+非金融"的跨界经营,风险逐渐显现。强化金融监管,是防范和化解金融风险,引导资本流向实体经济,促进经济高质量发展的重要手段。黄锐等(2020)认为适宜的金融监管能助力实体企业融资,但也有研究表明"一步到位"或者高强度的监管实施具有一定成本(周上尧和王胜,2021)。为深入探究金融监管能否在金融科技助推企业高质量发展中起正向激励作用,对模型(12.2)进行回归。

表12-9　金融监管调节作用结果

变　量	(1) tfp_op	(2) tfp_lp	变　量	(1) tfp_op	(2) tfp_lp
fintech	1.115**0.531)	1.443**0.730)	deta_gdp	−0.4920.430)	−0.2330.571)
supervise	−0.0110.010)	−0.0090.014)	industrialization	0.341**0.171)	0.509**0.224)
fintech×supervise	0.780**0.313)	1.390***0.410)	sei	0.266(0.283)	0.353(0.367)
age	0.005*(0.003)	0.008**0.004)	cons	5.706***0.200)	7.813***0.290)
grows	0.001***0.000)	0.001***0.000)	Controls	控　制	控　制
roa	1.858***0.181)	2.642***0.243)	Ind/Time	控　制	控　制
debt_l	1.295***0.170)	1.968***0.250)	N	13 534	13 534
em	0.010***0.004)	0.015***0.005)	Adj. R^2	0.321	0.315
q	−0.069***0.017)	−0.104***0.027)	联合系数	1.895***	2.833***
merge	−0.138***0.028)	−0.224***0.038)			

注:最后一行为金融科技指数和交叉变量系数之和的联合检验。

回归结果如表12-9所示,交互项fintech×supervise系数分别为0.780和1.390,都在5%水平上显著。在金融监管较弱时期,金融科技对以OP法和LP法计算的企业全要素生产率的回归系数分别是1.115和1.443;在强化金融监管后,其回归系数为1.895(1.115+0.780)、2.833(1.390+1.443),可以看出,合理监管约束下的金融科技对于促进企业高质量发展更加有效,假设H2得以验证。其可能的原因是,金融监管较弱阶段可能存在金融监管套利的行为,金融科技跨越金融和科技两个学科,涉及多个监管主体,监管边界的模糊很容易滋生监管空白或监管套利(胡滨和任喜萍,2021)。金融监管职责定位更加明确后,金融领域中借助金融科技套利的行为将大幅度减少,这也将助推金融科技发展更加规范化,回归服务实体经济的本质。这对于提高企业资源可获得性、缓解企业融资约束无疑是有利的(黄锐等,2020)。另一方面有效的监管压缩了企业金融化投资规模,使得金融化程度高的企业回归主业,提高实体投资水平,促进了企业的高质量发展。

第七节　研究结论与启示

金融科技在经济新常态背景下推动中国经济稳步发展,带动金融体系进行大胆探索,是构建人类命运共同体的伟大实践。在金融科技发展的过程中机遇与挑战并存,中国企业是否能够抓住发展的契机,实现高质量发展,成为社会各界亟待关注的重要问题。基于以上原因,本研究选取了2012—2020年A股上市公司作为研究样本,考察了金融科技对企业全要素生产率的影响效应,并从影子银行、金融监管等多个角度实证如何提高金融科技有效性。实证结果表明:①金融科技能显著推动以全要素生产率为表征的企业高质量发展,在缓解内生性问题以及其他稳健性测试后,金融科技对企业全要素生产率的激励效应仍然稳健。②鉴于现有文献较少从金融科技促进作用对不同对象是否有效进行衡量,本章从企业所有制、高管团队金融背景以及企业所在地区影子银行规模进行了分样本回归,结果显示,金融科技对于国有企业和非国有企业都有促进作用,并对国有企业促进作用更大,金融科技发展下的企业体现出"国民共进"的特点;对于企业高管团队金融背景来说,金融科技推动作用仅在高管没有金融背景的企业体现;对于地区影子银行程度来说,促进作用仅在影子银行规模较低地区体现。③考虑到金融监管在金融科技健康发展中的重要作用,本章将金融监管作为调节变量进行实证分析,发现金融监管较强的地区,金融科技对企业高质量发展的促进作用更显著,即适度金融监管能推动金融科技健康发展,发挥更大效用。

本章的研究成果对我国经济转型时期金融科技的应用、企业高质量发展及审慎性监管具有一定的借鉴意义,为了促进金融科技助力企业高质量发展,本章提出以下三点政策建议:

首先,在防止金融科技"野蛮生长"的条件下,应积极支持金融科技发展。金融科技发展有助于提升企业全要素生产率,从而促进企业高质量发展。在中国结构调整与增长动能转换的关键阶段,中国应沿着"科技—金融—实体"路径,积极顺应金融科技快速发展趋势,助力金融科技发展。在高起点上持续推动"云、网、库、链"一体化建设,提升基础设施服务能力,积极拓展深化金融科技、监管科技的应用场景,强化金融科技对企业高质量发展的支撑作用。

其次,在推动金融科技促进企业全要素生产率的同时,坚持"国民共进"。研究表明,无论是国有企业还是非国有企业,金融科技都能助推其高质量发展。金融机构在为企业提供服务的过程中,应大力推进金融服务多样化,针对不同企业提供个性化服务,使其与各类企业之间实现准确对接,更好发挥金融科技发展提升经济增长效益、引领释放经济增长新动能的作用,建立具有适应性、竞争力、普惠性的现代金融科技体系。

最后,必须始终坚持发展和规范并重,笃行致远。坚持包容审慎的监管原则,以有效监管为基本导向,积极推动大型支付和金融科技平台企业回归本源,引导影子银行规范化、金融科技健康发展。一方面,强调以业务为导向的风险管理,从单一目标监管升级为多重监管目标实现"穿透式"监管,避免监管空白。另一方面,除业务风险监管外,更应注重数据治理的监管,即数据采集的合法性、个人隐私的保护、算法的伦理道德、数据的安全和技术的安全,维护金融市场的公平竞争,严守风险底线。鉴于金融科技具有服务领域广泛,产品结构复杂等特点,在选择监管主体时,要注重联合监管,即金融监管部门与公安、工商部门及行业协会等应积极探索联合监管的方式,提升监管有效性,推动金融科技健康发展。

第四篇

金融科技创新的包容性实践：宏观视角

第十三章
智慧为民：金融科技与城乡居民收入差距

　　提高农村居民收入水平、优化收入分配结构，是提升农村居民幸福感的关键所在，也是实现共同富裕的必要条件。金融科技作为技术驱动的金融创新，显著缩短了人与金融、乡村与金融的距离。本章利用2011—2020年中国276个地级市及以上城市的面板数据，采用固定效应模型实证分析了金融科技对城乡收入差距的影响效应。研究结果表明：中国金融科技的发展总体上呈现出良好的态势，区域间差距日趋缩小，但仍然存在明显的空间异质性；中国城乡收入差距持续缩小，区域收入分配格局得到明显改善；金融科技对城乡收入差距存在显著的缩小效应，并且在采取变量替换、删减特殊样本等方法进行稳健性检验和内生性讨论后影响依旧显著；在影响机制上，金融科技可以通过提升金融包容性来缩小城乡收入差距；在区域的异质性分析上，城市群金融科技对城乡收入差距的缩小影响效应要好于非城市群，在城乡收入差距较大、经济基础较弱和数字经济发展水平较低的城市群中，这种效应表现得更为明显。研究启示在于：要夯实农村金融科技基础设施建设，发挥城市群促进区域协调发展的重要作用；要深化金融科技赋能农村金融服务，提升农村地区金融包容性的整体水平；提升农村居民金融素养和数字素养，消除金融科技在农村地区的应用阻碍。

第一节　问题的提出与文献综述

20世纪50年代开始,服务于重工业优先发展战略兴起,中国逐渐建立起城乡分割体制,随着中国从计划经济向市场经济转型,城乡分割的体制不断被打破(张海鹏,2019),特别是改革开放以来,中国保持着长期高速的经济增长,城乡居民收入水平得到显著提高(程名望和张家平,2019)。但"城乡中国"仍将是中国未来一个时期的基本结构特征(刘守英和王一鸽,2018),区域发展不平衡和农村发展不充分仍然是当前中国社会面临的突出问题。自2004年起,连续20年的中央"一号文件"聚焦"三农",持续引导资源要素流向农村,城乡收入差距的扩大趋势得到一定遏制,城乡居民人均可支配收入比从2009年的历史顶峰值3.33∶1下降至2021年的2.50∶1,但仍远高于国际平均水平(Yuan et al.,2020)。毫无疑问,当前甚至将来的很长一段时间内,都必须正视国民收入分配依然严重失衡的现实,努力促进农民收入快速稳定增长,缩小城乡居民收入差距(张红宇等,2013),真正破解"三农"问题,推进城乡融合与乡村振兴,实现中华民族伟大复兴(王小华和温涛,2021)。

发展必须致力于共同富裕,让贫困人口和贫困地区同全国一道进入全面小康社会是中国共产党的庄严承诺(尹志超等,2020)。处理好城乡发展失衡、收入差距较大等问题是实现全体人民共同富裕的必由之路。推动共同富裕也是金融机构履行社会责任的关键环节,更是金融业深化对国际国内经济形势认识、不断拓展自身发展空间、全面提升发展质量、有效支持实体经济的重大战略机遇(王小华等,2021b)。"十四五"规划提出要立足数字时代,全面推进数字中国建设,将数字经济作为推动经济高质量发展的新动力。在加快推动数字经济发展的现实背景下,数字技术与金融服务领域快速深度融合,促进了金融服务创新,提高了金融资源配置效率。金融科技作为数字经济的有机组成部分,运用大数据、人工智能等各类科技手段优化传统金融服务的质量、效率和渠道,其迅速发展对创业、消费、收入等产生了巨大的影响(谢绚丽等,2018;易行健和周利,2018;张勋等,2019),也成为了弥合城乡数字"鸿沟"的重要手段(周利等,2020)。与此同时,金融科技赋能"三农"领域的效果也日益凸显,通过优化农村金融资源配置,提升农村金融服务效率,帮助涉农企业和农户资金融通,创造更多就业机会(何婧和李庆海,2019),进而增加农村居民收入(王永仓等,2021)。金融科技作为技术驱动的金融创新,显著缩短了人与金融、乡村与金融的距离,那么它是否有效缩小了城乡收入差距呢?本章重点聚焦这一方向,研究结论将有助于乡村全面振兴、共同富裕战略目标的实施和调整,避免城乡收入差距进一步扩大,为有效缩小贫富差距提供新的思路。

以往关于金融发展和城乡收入差距关系的文献多从金融发展水平、金融发展规模、农民收入增长等视角展开研究,大量学者研究发现金融发展能够显著缩小收入差距(Banerjee and Newman,1993;Aghion and Bolton,1997)。Kuznets(1955)提出著名的"库兹涅茨曲线",即收入差距在经济发展早期时会扩大,在经济不断发展后这一问题能得到逐步解决。Greenwood 等(1990)在Kuznets的研究基础上,通过构建动态模型证实了金融发展与城乡收入分配服从"倒 U 型"曲线,低收入人群在金融发展前期只能从家庭或者非正式渠道获得金融服务,在金融发展到一定阶段后信贷约束得到改善。也有学者认为,金融发展最终扩大了收入差距(Claessens and Perotti,2007)。在国内,由于国家长期倾向于城市发展,农村地区自身资源禀赋缺乏,致使城市金融体系对农村长期存在"虹吸效应"(梁双陆和刘培培,2018)。金融机构为保持商业可持续而放弃贫困群体、弱势群体,存在"嫌贫爱富"的现象,金融发展水平的提高并不能缩小城乡收入差距(孙永强,2012)。在农村地区,由于存在门槛效应、排斥效应等因素,农村金融规模的增多也不能缩小城乡收入差距(王修华和邱兆祥,2011)。同时,也有学者研究发现,金融发展水平的提升和人力资本投入的增加均有利于缩小城乡收入差距,但具体到区域来看这一结果又存在明显的差异,在经济发达区域积极效应明显,而在经济欠发达区域,由于金融资源受"嫌贫爱富"、门槛效应、劳动力转移等因素的约束,积极效应并不显著(温涛等,2014)。

随着区块链、人工智能等先进技术的广泛应用,数字化日益影响到经济社会发展的各个领域,逐渐成为驱动经济发展的"助推器"。金融科技正是数字技术与传统金融融合的新产物,通过技术创新推动传统金融机构数字化转型(张德茂和蒋亮,2018),创新金融交易的商业模式。金融科技通过降低金融交易成本、缓解信息不对称等作用机制来发挥金融的包容效应,实现金融机构的公益属性和商业属性相平衡,同时也能净化社会诚信环境,进一步扩大金融服务覆盖率(粟勤和魏星,2017)。金融科技创新还能通过构建创新性金融基础设施、金融新业态和金融新业务模式助力地区全要素生产率的增长(唐松等,2019),促进公众进行投融资、支付清算等(龚晓叶和李颖,2020),提升用户的财富管理体验和资金的利用效率,开拓收入增加、财产保值增值新渠道。此外,金融科技发展也具有包容属性,将金融资源输送到高新技术和新兴产业,推动实体经济高质量发展(尹应凯和彭兴越,2020)。当前关于金融科技与城乡收入差距的关系研究主要聚焦于数字普惠金融对城乡收入差距的影响效应,数字普惠金融通过缓解金融排斥,降低金融成本和金融门槛等多种方式来抑制城乡收入差距的扩大(张贺和白钦先,2018)。金融科技侧重于技术应用,缓解供需双方信息不平等,改善传统金融业务中存在的属性错配、领域错配和阶段错配,尤其在资源配置缺乏、金融发展较差的地区,金融科技改善信息不对称、融资约束的效果更为明显(唐松等,2020),并将个体消费者、小微经营者等金融服务"边缘群体"纳入金融服务的目标对象,扩大金融服务覆盖范围,缓解"三农"融资难题及收入不平等问题(尹应凯和彭兴越,2020)。

已有文献为本研究奠定了深厚的基础,但仍存在一些不足:其一,大多数研究聚焦于概念阐释、影响机制、成长路径及目标架构,以规范性分析为主,但关于金融科技水平整体衡量、经济影响、区域差异、政策制定等方面的研究成果却相对较少。其二,现有文献虽已关注到金融科技与收入不平等或城乡收入差距的负向关系,但主要还是针对普惠金融或者数字普惠金融与城乡收入差距的关系进行分析,缺乏金融科技与城乡收入差距的完整讨论。其三,国内部分研究对于地区金融科技水平的评估,多以北京大学数字普惠金融指数为依据,但这种评估方式是基于蚂蚁集团的支付宝运营数据,无法反映出整个行业发展的情况,并且数字普惠金融在概念上并不等同于金融科技,因此在评价上存在一定的局限性。其四,关于城乡收入差距的影响研究大多基于省级样本,缺乏对地级市及以上城市层面的具体分析,本章力求研究内容的丰富性、研究结论的稳健性,采用了2011—2020年中国276个地级市及以上城市的面板数据进行分析,并结合全文研究提出了建设性的政策措施。

第二节　理论分析与假说提出

一、金融科技对城乡收入差距的直接影响

在城乡居民收入都实现增长的基础上,缩小城乡收入差距是可以实现的。关键在于要让农村居民收入增长更加显著,从而使得城乡居民都能够共享国家经济发展、社会进步、文化繁荣以及自然资源等发展成果,并有效缩小城乡收入差距。金融科技作为一种具有高度技术性和共享性的新兴动力,不仅可以推动金融产品、业务和模式的创新,推动宏观经济的增长,还可以实现金融资源的公平分配,加快金融改革的成果惠及全体人民,为缩小城乡收入差距提供新的途径。金融科技所产生的"乘数效应"与"累积效应",意味着数字红利的持续涌现(邱泽奇等,2016),为农村的低技能劳动者提供了更多的创业机会和扩产机会。

金融科技的发展主要从三个方面促使金融资源要素流入农村,缓解农村居民"融资难、融资贵"的难题,为其生产、发展创造条件,增加收入水平,从而缩小城乡收入差距(王小华和胡大成,2022)。一是提升农村金融可获得性。金融大数据技术可以收集农户的消费交易、履约情况等非结构信息,并将其数字化、集中化,以此为基础,构建信用信息评价体系,以精准画像客户,筛选和评价客户,有效减缓信息不对称现象(易宪容,2017)。此外,在农业重点领域,金融科技以其在区块链、移动定位等方面的技术优势,深入到农产品生产、交易、物流等多个环节,准确识别不同种类农产品的周期、规模等特点,以及融资需求的真实性,实现金融服务对农业生产经营的"精准滴灌"(张贵年,2018),从而拓宽农村金融覆盖面,为农户带来更多的创业和就业机会,有力缩小城乡收入差距。二是降低农村金融服务成本。传统金融机构提升金融覆盖面的成本较高,因此农村营业网点设置较少,所辐射的服务范围有限,农村居民往往无法获得金融服务(王馨,2015)。金融科技的运用,如人工智能、大数据等,不仅能够降低金融机构的运营成本,而且可以搭建面向"三农"的数字金融服务平台,为农村居民提供更多便捷的金融产品和服务,从而促进农村经济发展,帮助农村居民创业、扩产,有效地缩小城乡收入差距,提升农村居民的生活水

平。三是提升农村金融风险防控能力。传统金融机构对于信用识别和授信流程有严格的标准,长期依赖抵押物、担保品的授信,而农地缺乏抵押效力,农房、农具、农产品等资产作为抵押物又难以充分发挥其效能(付琼和郭嘉禹,2021),使得农户很难获得金融服务。并且,农业保险的定损理赔流程较为复杂,加上农户的保险知识相对匮乏,使得其无法充分发挥风险分担的作用。金融科技的运用可以有效地发挥其优势,以改善农村信用体系,降低门槛,降低农户的消费和履行能力等信息的收集、处理和评估信用风险和放贷成本。同时,大数据、人工智能等金融科技还可以提高风险防控效率,有效保障农户金融账户和交易的安全性。此外,生物识别、土地卫星遥感等技术的应用,也为农户把生物资产和土地资产作为抵押品提供了可能性,不仅可以降低金融机构的抵押品风险,降低金融服务成本,而且还可以在发生灾害后及时定损理赔,减少农户损失。

金融科技提高了农村金融可得性,降低了农村金融服务成本,提升了农村金融风险防控能力,为农村经济发展提供有效的金融供给。尽管城镇地区也受到金融科技的影响,但由于城镇居民获得的金融可得性本来就处于较高水平,金融科技给农村消费者和生产者带来的边际效益要远大于城镇居民(宋科等,2022),特别是对于低收入家庭或贫困个体而言,他们从中获益的边际效用更大(尹志超等,2019)。从消费者角度来看,农村地区的金融服务需求更加迫切,金融科技有利于农村消费者能够更加便捷地通过移动支付或者从事网上理财、贷款、投保等金融服务,不仅丰富了农村消费者的金融知识,而且还提高了家庭资产管理能力,增加了财产性收入(宋科等,2022)。从生产者的角度来看,金融科技将使农村地区小微企业更容易申请和使用金融科技公司提供的移动支付、在线消费贷款等金融产品(李建军和韩珣,2019),从而大大增加了农村居民获得高效金融服务的机会,提高了生产效率和盈利能力,从而提高了农村劳动力收入水平。

基于上述分析,本研究提出假说H1:金融科技缩小了城乡收入差距。

二、金融包容效应的影响机制

金融体系在资源配置中发挥着关键性作用,但由于金融服务和金融产品定价过高、风险评估体系限制、交易成本限制等因素,贫困人口等特殊群体很大程度上被排斥在正规金融体系之外,严重影响了全体成员享受基本金融服务的权利。为了实现金融的普惠和公平,各国纷纷采取行动,制定和实施适合本国的金融包容体系,以改善弱势群体的金融服务可得性,提升金融资源获取的安全性、公平性和便利性(焦瑾璞,2014)。"金融包容"的提出引发了国际社会的广泛关注,同时也进一步完善了金融监管的组织框架和体制机制,以期摆脱传统金融体系"嫌贫爱富"的弊端,使更多的人能够享受到服务。

事实上,金融科技具有明显的"普惠效应",有利于降低金融排斥(Gabor and Brooks,2017),提升金融包容性水平。普惠金融发展会面临"三元悖论"的"普"、"惠"、"险"三者的共存问题。金融科技作为一种技术手段,可以有效提高金融服务的渗透性、可得性和使用效率,以此来提升金融包容性,有效破解"三元悖论"(孟娜娜和粟勤,2020)。金融科技的发展不仅可以提升普惠金融的服务质量,还可以极大地拓展金融服务的覆盖面,特别是在农村地区,从而使更多的人群享受普惠金融的服务,实现金融的共享和包容。具体来看,首先,金融科技可以利用大数据技术收集弱势群体的消费、履约等信息,将传统金融机构难以获取和处理的非结构化信息数字化和集中化,这些信息可以帮助金融机构更好地理解消费者的需求,并且能够优化信用评估方式,从而改善金融服务的可得性(易宪容,2017)。其次,金融科技为金融机构带来了极大的便利,能够有效降低运营成本和风险管理成本,调整金融服务的定价,缓解商业可持续与普惠之间的矛盾,同时也为居民和中小微企业带来了实惠,降低了金融交易成本,提高了资金的可负担性和利用效率(Jagtiani and Lemieux,2019)。此外,金融科技为传统金融市场带来了前所未有的变革,它不仅缓解了"财富门槛"的效应,而且还大大提高了金融市场的效率,促进了价值的发掘和资讯的流通,为贫困群体提供了更多的获取信贷和储蓄的渠道,从而有助于金融包容性的提升(Lagna and Ravishankar,2022)。

金融包容概念的提出,就是要求金融机构为贫困人群、小微企业等群体提供有效的金融服务,以满足他们的金融需求,让他们也享受到金融服务的便利性(粟勤和魏星,2017)。近年来,世界各国政府都在积极推行金融包容性发展理念,越来越多的研究也表明,金融包容性发展有助于缓解贫困,缩小城乡收入差距(Turegano and Herrero,2018)。具体来看,首先,金融包容性的提高能够改善传统金融所存在的金融歧视和金融结构失衡问题(徐敏和张小林,2014;吕勇斌和李仪,2016),提升农村居民的纯收入和改变城乡收入增速的非均衡性,从而有效缩小城乡收入差距(王修华和关键,2014)。其次,金融包容性的提升能够改变人们的职业选择,促进创新和创业等生产性活动,从而激发经济活力,改善收入分配不平等状况(范香梅等,2018;张栋浩和尹志超,2018)。此外,金融包容性的提升可以使更多的资源投入到教育、培训等活动中,这有助于改善人力资本的积累,为低收入者提供更多的经济机会,从而有效改善收入分配不平等(Aghion and Bolton,1997)。

基于上述分析,本研究提出假说H2:金融科技可以通过提升金融包容性缩小城乡收入差距。

第三节　金融科技与城乡居民收入差距的现状分析

一、金融科技发展现状

1. 金融科技发展的三个阶段

第一阶段是20世纪90年代初的金融信息化阶段。随着全球经济一体化的加速,金融交易的自由化程度也得到了显著提升,而这也推动了大量复杂的金融服务需求的出现,但是仅凭人工记录和处理数据会带来较高的边际成本,而且也很难避免出现误差。为了提高金融业务的效率和管理水平,商业银行纷纷建立IT事业部,促进金融业与电子信息技术的结合,以及银行卡、ATM、股票买卖无纸化等发展,使得中国金融数字化成为一个不可忽视的话题。

第二阶段是21世纪初的互联网金融阶段。这一阶段标志着中国传统金融渠道正经历着前所未有的变革,线上经营模式的出现为金融业带来了全新的发展机遇和挑战。一方面,随着数字技术的进步,互联网企业已经建立起了全新的网上金融平台,并在不同场景下推出了多种新型服务方式和产品,如移动支付、网络借贷、互联网理财产品等,使金融服务变得更加便捷、高效,这给传统金融机构带来了极大的冲击,金融脱媒的趋势也越来越明显,但同时也伴随着金融风险的累积和加剧。另一方面,商业银行开始运用网络平台,将线下业务整合到线上办理,降低了银行的人力成本和管理成本,省去了许多繁琐的程序,改善了客户体验。

第三阶段是2016年至今的金融科技深度融合阶段。金融科技的发展已经给金融界带来了前所未有的机遇,人工智能和区块链等现代信息科技已经渗透到金融业务的各个环节。例如,利用人工智能技术开发智能客户服务,不仅能够大大提升服务效率和质量,还能够降低运营成本;利用大数据分析技术挖掘和管理客户个人信息,可以有效避免信息不准确,从而大大降低金融机构的风险。金融科技的发展降低了交易成本,进一步提高了服务运营效益,扩大了对长尾客户的覆盖面。

2. 金融科技新增企业数量及区域差异

从新增金融科技企业数量变化趋势可以看出,金融科技发展呈现出了阶段性的变化,这一变化反映了金融科技供给侧结构的优化。从2011年到2015年,我国金融科技企业新增数量呈现出逐年增加的态势,2015年到达最高值426家,但随后便开始出现下滑,2020年仅增加32家,同比下降了128%。其中,2016年前的互联网金融阶段,一方面,市场上出现了许多依托于互联网技术的互联网金融公司,并催生出了一系列新的业务模式和产品,比如蚂蚁集团的余额宝、花呗,京东金融的京东白条等;另一方面,为了满足客户的需求,商业银行也积极搭建线上平台,成立金融科技子公司,以提升金融服务的水平。2016年后的金融科技深度融合阶段,新增金融科技企业数量开始减少,一方面是金融科技行业结构上的优化,数字资源所具有的"集聚效应"凸显,数据要素逐渐集中在少数的头部企业,形成一定的行业壁垒,新增企业数量开始下滑;另一方面是金融科技行业监管规范政策的出台,不仅促进了金融科技的阶段性演进,也规范了金融科技企业的定位及发展方向,并且在合规性的要求下,为缺乏金融牌照或资质要求的企业设置了一定的门槛,使新增企业数量开始出现下滑的趋势。

从投融资数量的区域分布来看,一线城市仍然是金融科技投融资的热点布局地,但随着线上业务的增加,二线城市也开始投入大量资源,加快金融科技的发展。具体来看,金融科技投融资热点地区仍然集中在金融业发达的一线城市,如北京、上海、深圳以及香港等,这些城市不仅拥有丰富的金融资源和完善的监管机制,更是金融科技投融资的活跃场所,汇聚了众多的金融科技创新企业和投资机构,形成了金融科技投融资的全国性的热点地区。随着金融科技的发展,业务转移到线上,其他地区对金融科技的重视程度也日益提高。2020年,二线城市的金融科技投融资活动也变得活跃,尤其是杭州、成都和武汉地区,共计发生了近15起投融资事件,占所有投融资事件的10%。二线城市在金融科技投融资方面取得了显著进展,这得益于核心城市的带动作用,使得金融科技投融资活动不仅仅局限于上海地区,而是延伸到了长三角一带,同时,许多二线城市也积极推进了金融科技产业的发展,建立起了孵化平台,以拓宽投融资市场的视野,促进投融资市场的扩大。

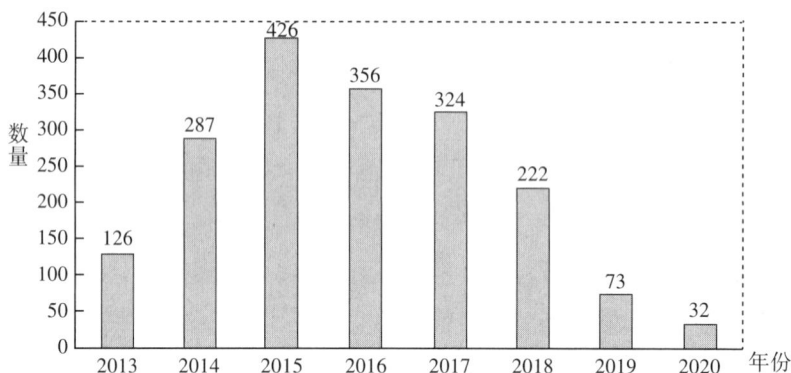

图13-1　2013—2020年中国金融科技企业新增数量(家)

数据来源:饮鹿网。

从城市的角度来看,金融科技产业的头部效应是显而易见的。大多数金融科技公司都位于北京、上海、深圳、杭州和广州等这些大城市,这些城市拥有丰富的人才、风险资本和其他资源,许多风险投资者涌向这些城市投资金融科技初创企业。据2021年中国金融科技企业"双50"榜单,北京、上海、深圳仍然是该榜单中榜上有名的聚集地,占比超过75%,而杭州、成都等大中城市也正在努力打造具有吸引力的环境,以吸纳更多优秀的金融科技公司入驻。从区域来看,"十四五"规划所明确提出的五大优先发展的城市群区域中,长三角、粤港澳和京津冀城市群的金融科技企业在"双50"中占比高达91%,占据主导地位;成渝城市群作为西南地区的重点发展区域,其在金融科技企业"双50"中的数量也大幅增长,特别是2020年比起前一年增加了一倍,发展势头明显。

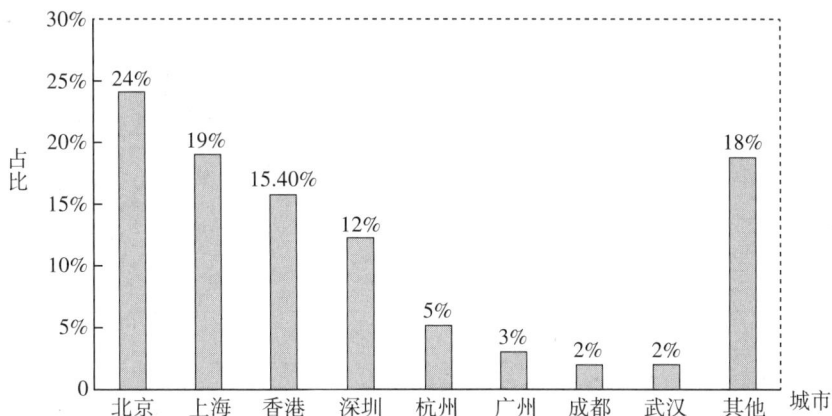

图13-2　2020年全国金融科技投融资数分布占比

数据来源:中国信息通信研究院网站。

3.金融科技指数的测度

当前,衡量金融科技指标的测算方式主要有两种。第一种是基于蚂蚁集团的支付宝运营数据所编制的中国数字普惠金融指数(郭峰等,2020)。从第二章关于金融科技的概念界定上,我们可以发现金融科技和数字普惠金融是不同的概念,两者并不能直接画等号。并且,该指数无法反映出金融机构和一般企业的状况,在评价上具有一定的局限性。第二种是利用网络爬虫技术,爬取百度新闻的关键词搜索结果数量,并通过计算和整理得出地区金融科技指数,该方法被学者广泛使用和认可(李春涛等,2020;王小华等,2023b;王世文等,2023)。因此,本研究采用第二种方法,测算城市级的金融科技指数。使用该方法的具体理由如下:第一,与金融科技相关的关键词搜索在一定程度上能够反映金融科技的发展趋势(李春涛等,2020)。第二,国内外学者的研究都表明,互联网搜索数据是一种基于用户需求的数据,它可以帮助我们更好地追踪和预测某个事件的发展趋势(Ripberger,2011;刘涛雄和徐晓飞,2015),比如百度指数、微博热搜等,能够有效地处理信息噪声问题,从而更好地反映出事件的发展现状。

借鉴王小华等(2023b)研究思路,从直接关键词、技术支持及金融中介服务出发,选取包含27个关键词的金融科技基础词库(如表13-1所示)。通过网络爬虫技术获取了百度搜索指数的原始数据,将中国276个地级市及以上城市与金融科技27个基础关键词两两组合,如"重庆+金融科技",获取涵盖2011—2020年各组合每年搜索频次,作为金融科技指标组合的基础数据。由于该指标具有明显的右偏分布特征,因此将这个指标加1后取对数(李春涛等,2020;王世文等,2023),得到2011—2020年中国276个地级市及以上城市的金融科技指数。

表13-1 金融科技关键词库

金融功能	金融科技关键词					
直接关键词	互联网金融	金融科技				
技术支持	大数据	人工智能	云计算	区块链	生物识别	物联网
资源配置	网贷	网络投资	网络贷款			
资金支付	第三方支付	在线支付	移动支付	二维码支付	指纹支付	
风险管理	网络理财	互联网理财	网上保险	互联网保险	在线理财	
信息渠道	直销银行	网络银行	电子银行	互联网银行	手机银行	网银

表13-2列出了中国276个地级市及以上城市2011—2020年的金融科技指数的描述性统计,从表中我们可以发现:第一,2011—2020年城市级金融科技指数快速提升,2011年金融科技指数均值为4.0875,到2020年的5.4703,增幅为33.83%,年均增长率达3.29%,最大值为2018年的5.6324,均值与中位数大致相同。第二,同时期金融科技指数的标准差呈"先增大,后缩小"的趋势,其中最大值为2013年的0.0998,此后逐渐缩小,这说明初期时不同城市之间的金融科技水平存在较大差异,但随着时间的推移,这种差异逐渐收敛。第三,最大值与最小值的变化趋势基本与均值一致,最大值与最小值的绝对差值从2011年的5.5533下降至2020年的4.2431,最大值与最小值的比值从6.0506下降至2.2837,可见最值差距整体呈缩小趋势。

表13-2 2011—2020年中国276个地级市及以上城市金融科技指数描述性统计

年份	观察值	平均值	标准差	最小值	最大值
2011	276	4.0875	0.0781	1.0995	6.6529
2012	276	3.9932	0.0829	0.8357	6.6191
2013	276	4.0386	0.0998	1.1138	6.8939
2014	276	4.5682	0.0947	2.1234	7.2619
2015	276	4.7398	0.0927	1.9893	7.4161
2016	276	4.9483	0.0868	1.9205	7.5779
2017	276	5.3890	0.0693	3.3866	8.0084
2018	276	5.6325	0.0680	3.7874	8.2260
2019	276	5.3604	0.0745	3.3958	7.7721
2020	276	5.4703	0.0630	3.3053	7.5483

结合前文对金融科技总体发展态势的分析,金融科技指数的变化趋势是符合现实依据的,这也从侧面论证了我们的数据是可靠的。2013年之前,金融科技指数变化不大,但2013年之后,金融科技指数显示出较快的增长,在2017—2018年达到极值,2019年出现一定下降,2020年再次恢复增长。在2013年之后,以余额宝为代表的互联网金融发展迅猛(沈悦和郭品,2015)。而2019年金融科技指数与2018年相比略有下降,原因有二:一方面,为了促进金融科技行业的健康、稳定发展,监管部门对金融风险防范采取了更加严格的态度,专门成立了互联网金融风险监管领导小组,不断加强对互联网金融借贷业务、网络借贷等相关业务的监管,规范了金融科技公司的定位,2019年金融科技投融资金额和事件数量明显下降,新增金融科技企业数量减少,人们对金融科技有了更清晰、更理性的认识,数据搜索热度相应下降。另一方面,随着金融科技的迅猛发展,尤其是在2017年之后,金融科技相关书籍和其他网络媒体的普及率也迅速攀升,这给百度知识搜索带来了"替代效应",从而导致了百度搜索指数的下降,进而影响了基于此指数计算的金融科技指数的一定程度的下滑(王小华等,2023b)。

4.十大城市群金融科技发展趋势

追求以城市群为中心的区域协同发展,不仅是优化中国经济和社会发展空间结构的重要举措,而且有助于提升经济效率和活力,更能有效促进资源配置的优化,改善城乡居民收入水平,从而增强区域经济的可持续发展能力。除此之外,它还能够推动城市群的联动发展,促进城市群的经济融合,以及实现区域经济的全面协调发展。不同的城市群区域由于资源禀赋和发展路径的差异,金融科技水平也存在较大差异。因此,准确把握各区域金融科技水平变化趋势,深入研究金融科技发展的潜力,有助于推进城市群区域金融科技水平的协同提升,实现金融科技发展的均衡发展。本研究采用马双和曾刚(2019)的研究方法,以2011—2020年为研究期,选取了中国经济发展较为成熟的十大城市群,共计169个地级市及以上城市,涵盖东、中、西部地区,以及全国和区域代表性城市,旨在测度中国十大城市群的金融科技水平,并进一步探索其时空格局。

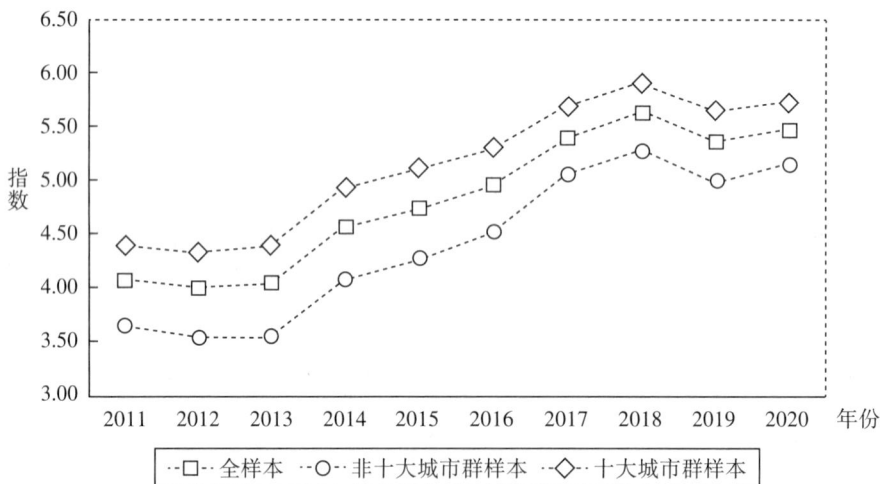

图13-3 2011—2020年全样本、非十大城市群及十大城市群样本金融科技指数

从时间趋势看,主要有以下特征:第一,在研究期间,十大城市群金融科技水平与全样本的金融科技水平变化趋势基本一致,总体呈上升趋势,增幅达到30.14%,年均增长2.97%。2013年之前,城市群金融科技指数变化不大,但2013年之后,金融科技指数呈现出较快的增长势头,2018年达到极值,2019年出现一定下降,2020年则再次恢复增长。第二,城市群金融科技水平整体上高

于全样本和非城市群样本,2011年分别高于0.3050、0.7505,2020年分别高于0.2460、0.5773,呈现出"十大城市群样本>全样本>非十大城市群样本",其中城市群与非城市群的金融科技水平差值从2011年的0.7505增长至最大值2014年的0.8663,之后虽有较小波动但整体上呈下降趋势,这说明区域金融科技发展也受到以城市群为核心的区域协同发展效应的推动,并在金融科技的"触达性"和"地理穿透性"作用下,城市群和非城市群之间的差距会进一步缩小。第三,具体到十个城市群来看,2020年珠三角、京津冀、山东半岛和长三角城市群的金融科技水平明显要高于其他城市群。其中,珠三角城市群的金融科技水平(6.2057)最高,北部湾城市群(5.3059)的金融科技水平最低,两者比值为1.1696,2011年比值为1.2525,说明两个城市群的发展差距整体上处于缩小态势。主要原因可能是,以广州和深圳两个核心城市带动的珠三角城市群数字化程度最高,远高于其他城市群,在网络覆盖率、智能化水平、数据应用和政务服务等方面均处于全国领先地位。京津冀和长三角城市群也在积极推进数字化进程,提升数字化水平,加快发展步伐。而北部湾城市群数字基础建设相对较弱,但具备巨大的发展潜力。第四,从金融科技水平增长幅度上看,2010—2020年成渝、北部湾、中原、海峡西岸及长中游城市群的增幅均在30%以上,其中成渝城市群的金融科技指数从2011年的4.0410上升至2020年的5.5357,增幅达36.99%;山东半岛、珠三角、长三角、京津冀及哈长城市群的金融科技指数相较其他城市群增幅较少,但也均在25%以上,其中增幅最小的城市群是山东半岛城市群,其从2011年的4.7654增加至2020年的5.9801,增幅为25.49%。

从区域来看,金融科技的发展存在着明显的差异化发展格局,其发展路径受到传统金融体系的影响(王小华和周韩梅,2023)。在十大城市群中,东部沿海城市的金融科技水平明显高于内陆地区,其中珠三角、京津冀和长三角城市群的金融科技水平相对较高,而北部湾、哈长、长中江城市群的发展水平较低,甚至山东半岛城市群的东部沿海城市的金融科技水平也明显高于中部和西部内陆地区。此外,中心城市金融科技水平处于城市群领先地位,这一特征在珠三角、京津冀和长三角城市群中尤为明显,其中北京、上海、深圳、广州和杭州的金融科技水平远高于城市群内其他地区,反映出这些城市在经济基础较好、数字经济发展水平较高的情况下,其金融科技水平也较高。具体到十个城市群来看,2020年珠三角、京津冀、山东半岛和长三角城市群的金融科技水平明显要高于其他城市群。

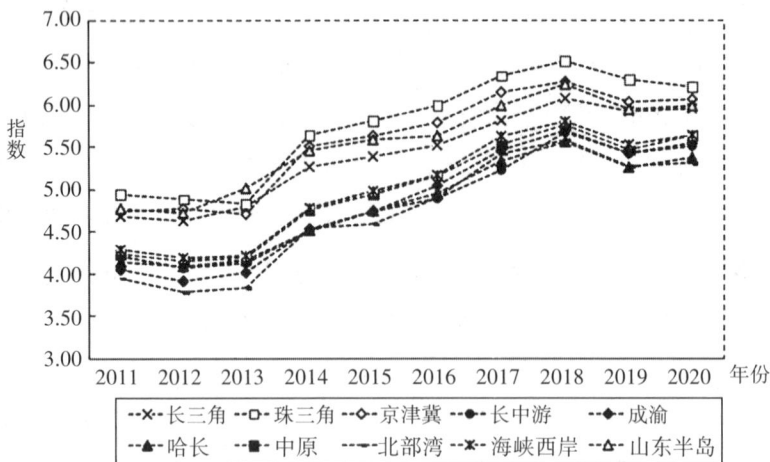

图 13-4　2011—2020年十大城市群金融科技水平指数变化趋势

二、城乡收入差距的现状分析

1.城乡收入差距的衡量方式

当前关于城乡收入差距衡量的方法主要有三种:第一种是基尼系数,基尼系数主要衡量的是总体收入差距,不能分为城市和农村两方面,不适合衡量二元经济结构下的中国城乡收入差距。此外,它对群体之间的差距比较敏感,可能会导致误差(万广华,2004)。第二种是城乡人均可支配收入比,这个指标在省级和城市的实证分析中应用较为广泛,其优点是计算简单、便捷,但也存在一些不足之处,既没有考虑到城乡人口比重的动态变化,也无法反映人口的流动性(罗楚亮,2006)。第三种衡量方法是泰尔指数,泰尔指数可以将收入差距分解为人群组内和组间,同时还可以将收入差距的变动幅度进行相应的分解,该指数被众多学者使用(罗能生和彭郁,2016)。为了更加客观准确地反映城乡收入差距,本研究采用了泰尔指数,删除了城镇化率达到100%的深圳市及存在数据缺失的部分地区后,得到了2011—2020年中国276个地级市及以上城市的城乡收入差距数据。

$$Theil_{i,t}=\sum_{j=1}^{2}\left(\frac{I_{ijt}}{I_{it}}\right)\mathrm{Ln}\left[\left.\left(\frac{I_{ij,t}}{P_{ij,t}}\right)\right/\left(\frac{I_{i,t}}{P_{i,t}}\right)\right] \tag{13.1}$$

其中，j=1表示城镇，j=2表示农村，$I_{ij,t}$表示i地区t年度城镇或者农村居民的总收入[①]，$I_{i,t}$表示i地区t年度的总收入，$P_{ij,t}$表示i地区t年度城镇或者农村的总人口，$P_{i,t}$表示i地区t年度的总人口。

表13-3　2011—2020年中国276个地级市及以上城市的城乡收入差距描述性统计

年份	观察值	平均值	中位数	标准差	最小值	最大值
2011	276	0.1007	0.0943	0.0535	0.0088	0.2794
2012	276	0.0981	0.0929	0.0519	0.0088	0.2770
2013	276	0.0886	0.0823	0.0466	0.0087	0.2654
2014	276	0.0793	0.0699	0.0413	0.0061	0.2523
2015	276	0.0743	0.0658	0.0371	0.0059	0.1916
2016	276	0.0720	0.0640	0.0359	0.0057	0.1920
2017	276	0.0698	0.0621	0.0345	0.0056	0.1893
2018	276	0.0670	0.0601	0.0331	0.0055	0.1817
2019	276	0.0637	0.0571	0.0316	0.0053	0.1745
2020	276	0.0547	0.0490	0.0305	0.0035	0.1641

表13-3列出了2011—2020年中国276个地级市及以上城市的泰尔指数的描述性统计，从表中我们可以发现：第一，2011—2020年我国城市层面的城乡收入差距的均值和中位数值不断缩小，均值从2011年的0.1007下降至2020年的0.0547，降幅达45.64%，其中2012—2014年降幅明显，占研究期间总降幅的42.10%，2014—2019年下降趋势较平稳，2020年又出现明显下降。第二，城乡收入差距的标准差从2011年的0.0535下降至2020年的0.0305，说明泰尔指数持续收敛，不同城市之间的城乡收入差距缩小。第三，最小值和最大值的变化趋势与均值基本一致，最大值与最小值的绝对差值从2011年的0.2706下降至2020年的0.1606，可见最值差距整体也呈缩小趋势。政府通过一系列政策措

[①] 国家统计局在2013年更改了统计口径，统一了"农村人均纯收入"与"城市人均可支配收入"，自2013年起开始使用"农村人均可支配收入"，故2011年和2012年"农村人均可支配收入"的数据由"农村人均纯收入"代替。

施,如加强社会保障、提高最低工资标准、推进教育医疗事业等,不断促进城乡居民收入平等化和区域经济协同发展。此外,在推进供给侧结构性改革的背景下,中国经济正在由高速增长向高质量发展转型,在更为均衡的区域经济发展格局下,城乡居民将有更多机会分享经济发展带来的红利。

2. 空间特征演化特征

2011年,中国276个地级市及以上城市的城乡收入差距(Theil)呈现以下特征:

第一,东部沿海地区的城乡收入差距较小,大部分的泰尔指数都小于0.12,而中西部的城乡收入差距相对较大,这可能是由于2011年东部沿海地区相对中西部的经济发展、受教育程度等都更胜一筹,从而使得城乡资源分配更加均衡。

第二,2011年城乡收入差距最大的十个城市是陇南、百色、昭通、娄底、河池、天水、白银、庆阳、东营、平凉,这些城市大多分布在西北地区和西南地区,地区资源匮乏,自身经济发展受到严重限制,难以实现经济共享,城乡收入差距也相对较大。

第三,2011年城乡收入差距最小的十大城市是鹤岗、伊春、中山、佛山、东莞、绥化、鸡西、上海、牡丹江、北京,从中可以发现,黑龙江省有5个城市位于城乡收入差距最小的十个城市中,这主要是当时黑龙江省的工业化和城市化发展水平较高,其粮食产量、耕地面积和耕地质量均位居全国第一,农业发达,农民收入也相对较高,但城镇居民的人均收入却低于全国平均水平,所以城乡收入差距比较小(董洪梅等,2020);而除黑龙江省的城市外,2011年中山、佛山、东莞、上海和北京等城市的城乡收入差距也相对较小,但与黑龙江省的城市不同,中山、佛山、东莞、上海和北京等城市的城乡收入差距较小是因为这些地区推动了改革开放的进程,建立了现代化的工业体系和城市化体系,实现了区域发展的和谐和城乡发展的协调。这些城市的改革开放政策不仅推动了经济的发展,也促进了社会的进步,改善了城乡收入的分配,缩小了城乡收入差距,使城乡居民的生活水平更加接近。

2020年,中国276个地级市及以上城市2020年城乡收入差距(Theil)呈现以下特征:

第一，对比2011年，大部分样本城市的城乡收入差距都有大幅下降，尤其是一些差距较大的中部地区城市，并且泰尔指数大于0.12的城市从2011年的82个锐减至2020年的13个。

第二，2020年城乡收入差距较大的城市主要集中在西北甘肃和西南云南等地区，虽相较2011年有一定程度下降，但仍是样本城市中收入差距较大的城市。

第三，2020年城乡收入差距较小的城市主要分布在东部沿海地区、中部地区及东北地区，其中差距最小的十大城市为鸡西、东莞、佛山、鹤岗、中山、长沙、伊春、益阳、珠海和衡阳，与2011年相比，差距最小的十大城市中新进了长沙、益阳、珠海、衡阳等城市，并且中部地区城市相对东部沿海城市的城乡收入差距缩小得更为明显。

3. 空间特征演化特征

从时间趋势看，十大城市群城乡收入差距主要有以下特征：

第一，研究期间内十大城市群样本与全样本的金融科技水平变化趋势基本一致，整体呈下降趋势，均值从2011年的0.0929下降至2020年的0.0483，降幅达48.04%，其中2012—2014年降幅明显，占研究期间总降幅的50.42%，2020年又出现明显下降。

第二，城市群的城乡收入差距整体上低于全样本和非城市群样本，2011年分别低于0.0078、0.0186，2020年分别低于0.0066、0.0154，呈现出"城市群样本<全样本<非城市群样本"。

第三，具体到十个城市群来看，2020年珠三角、长三角和山东半岛的城乡收入差距相对小于其他城市群，其中珠三角城市群（0.0189）的泰尔指数最小，中原城市群（0.0638）的泰尔指数最大，两个城市群的泰尔指数相差3.38倍，而在2011年时两者相差2.88倍，说明城市群之间仍存在明显差异，并且这一差异随时间还呈扩大趋势。

第四，从城乡收入差距降低的幅度来看，长中游、北部湾及珠三角城市群的降幅均在50%以上，其中长中游城市群泰尔指数从2011年的0.0885下降到2020年的0.03945，降幅达55.42%；山东半岛、中原、哈长及成渝城市群泰尔指数相较其他城市群降幅较少，但也均在30%上，其中山东半岛城市群从2011年的 0.0753 降至 2020 年的 0.0523,降幅 30.51%,是十大城市群中降幅最小的城市群。

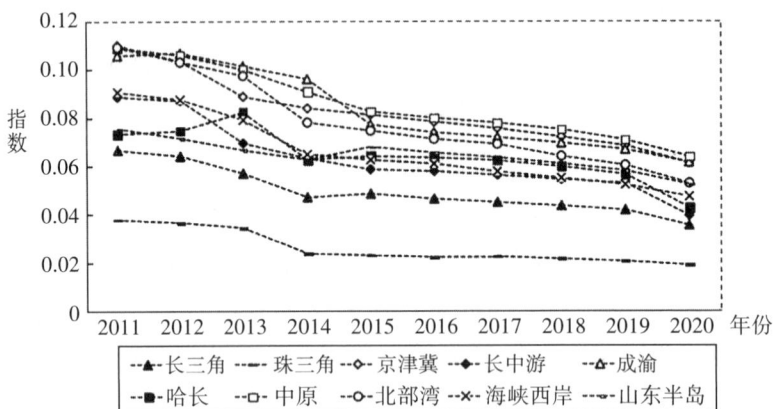

图 13-5　2011—2020 年十大城市群城乡收入差距(Theil)指数变化趋势

三、金融科技与城乡收入差距的趋势对比分析

经过前文从发展态势、指标测度和应用现状三个方面的分析,我们可以清楚地看到金融科技在中国的发展现状,而运用泰尔指数分析也可以看出城乡收入差距的实际情况。然而,金融科技和城乡收入差距之间的关系却尚未明确,因此本节将对比分析两者之间的发展趋势,以期更好地解读它们之间的关系。本研究将 2011—2020 年金融科技和城乡收入差距的变化情况统一在图形中展示(如图 13-6 所示)。

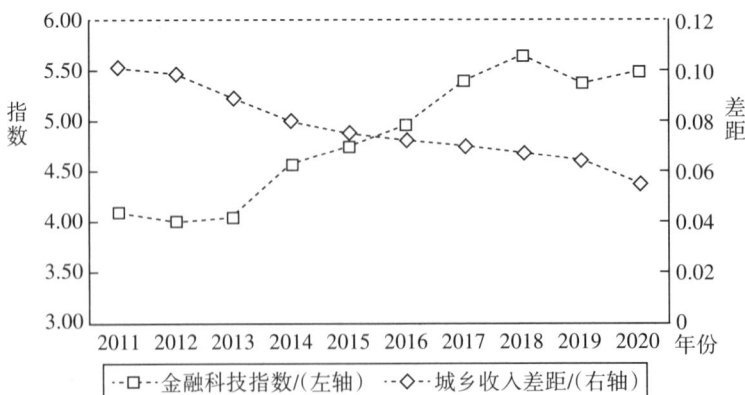

图 13-6　2011—2020 年金融科技与城乡收入差距指数的变化趋势

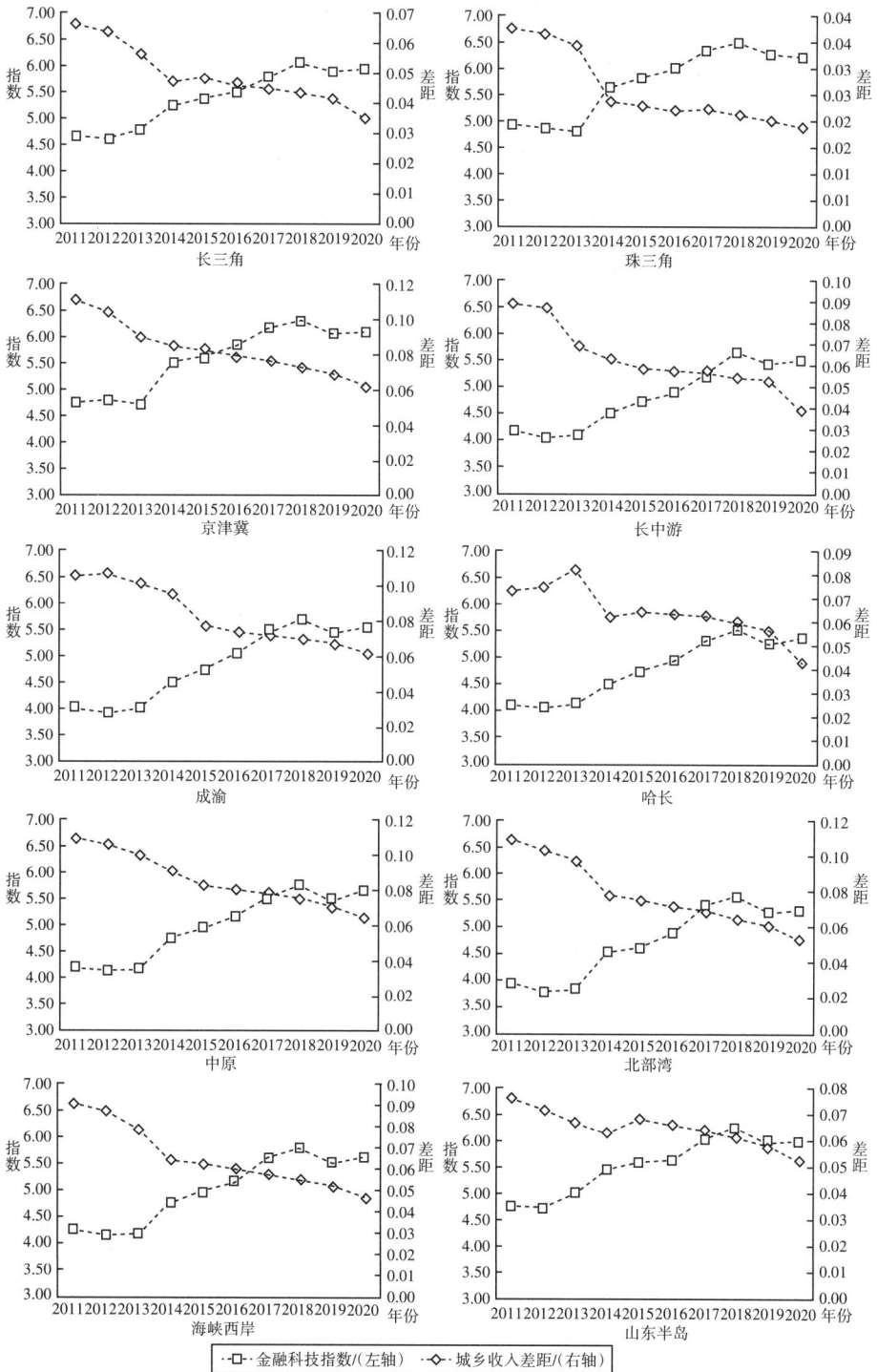

图 13-7　2011—2020 年十大城市群金融科技与城乡收入差距指数的变化趋势

根据图 13-6，金融科技指数 2011—2020 年总体趋势保持增长，具体来看，在 2011—2012 年有略微下降，但在 2012—2018 年逐步上升，特别是 2013 年后呈现较快速增长，这可能与 2013 年"互联网金融元年"和国家陆续出台的普惠金融支持政策有关，2017—2018 年达到极值，2019 年出现一定下降，2020 年再次恢复增长。城乡收入差距从 2011—2020 年呈现出持续下降的趋势，从 2011 年的 0.0981 下降到 2020 年的 0.0547。因此，两者的变化趋势是相反的。也就是说，金融科技与城乡收入差距存在负向的可能性，实际情况还有待后面的实证分析进行检验。

我们再具体从十大城市群来看，如图 13-7 所示，城市群的整体趋势基本保持一致，2011—2020 年的金融科技指数呈上升趋势，城乡收入差距呈下降趋势，金融科技与城乡收入差距存在负向的可能性，可进一步进行验证。

第四节　实证研究设计与初步分析

一、模型构建

1. 基准回归模型

面板数据（Panel Data）可以从时间和截面两维度挖掘模型中存在的潜在信息，已被广泛运用于实证研究中，在对面板数据分析时，如果仅使用考虑个体效应的面板数据模型，此时估计出来的结果会有较大的偏差，且这个偏误会随着时间效应的增加而不断增大，所以，本研究在设定研究模型时不仅考虑了个体效应的影响，还考虑了时间效应的影响。基于前文理论分析，为验证假说 H1 的内容，本研究构建双向固定效应模型，并采取逐步加入控制变量的方式进行回归：

$$Theil_{i,t} = \alpha_0 + \alpha_1 Fintech_{i,t} + \alpha_2 X_{i,t} + \varphi_i + \delta_t + \varepsilon_{i,t} \tag{13.2}$$

模型（13.2）中，$Theil_{i,t}$ 为城市 i 第 t 年的城乡收入差距；$Fintech_{i,t}$ 为城市 i 第 t 年的金融科技水平；$X_{i,t}$ 为一系列控制变量，用以控制其他经济社会因素对城乡收入差距的影响，包括经济开放程度、政府财政支出、受教育程度及产业结构水平等；α_0 为常数项，α_1 为解释变量系数，α_2 为控制变量系数；$\varepsilon_{i,t}$ 为随机扰动项,φ_i和δ_t分别表示地区控制效应和时间控制效应。

2. 影响机制模型

在影响机制分析中,本研究指出金融科技会通过提升金融包容性水平,为农村居民创业、扩产创造更多机会,从而缩小城乡收入差距。为进一步验证金融科技影响城乡收入差距的作用渠道,根据江艇(2022)提出的关于机制变量的识别建议,本研究在理论机制部分中阐明了机制变量对城乡收入差距的影响,在实证部分只考察金融科技对机制变量的作用,从而克服原有中介效应模型的缺陷。构建影响机制模型如下:

$$Fi_{i,t}=\beta_0+\beta_1 Fintech_{i,t}+\beta_2 X_{i,t}+\varphi_i+\delta_t+\varepsilon_{i,t} \tag{13.3}$$

其中,$Fi_{i,t}$为城市i第t年的金融包容性水平;$Fintech_{i,t}$为城市i第t年的金融科技水平;$X_{i,t}$为一系列控制变量,用以控制其他经济社会因素对城乡收入差距的影响;β_0为常数项,β_1为解释变量系数,β_2为控制变量系数;$\varepsilon_{i,t}$为随机扰动项,φ_i和δ_t分别表示地区控制效应和时间控制效应。

二、变量说明和数据来源

1. 被解释变量:城乡收入差距

在第三章中讨论了三种衡量城乡收入差距方法的优劣,本研究为客观准确地反映城乡收入差距,并力求研究内容的丰富性、研究结论的稳健性,借鉴罗能生和彭郁(2016)的方法,采用泰尔指数来衡量城乡收入差距,删除了城镇化率达到100%的深圳市及存在数据缺失的部分地区后,得到2011—2020年中国276个地级市及以上城市的城乡收入差距数据。

2. 解释变量:金融科技指数

借鉴王小华等(2023b)、李春涛等(2020)的研究思路,从直接关键词、技术支持及金融中介服务出发,选取包含27个关键词的金融科技基础词库(具体如表13-1所示)。通过网络爬虫技术获取了百度搜索指数的原始数据,将中国276个地级市及以上城市与金融科技27个基础关键词两两组合,如"重庆+金融科技",获取涵盖2011—2020年各组合每年搜索频次,作为金融科技指标组合的基础数据。由于该指标具有明显的右偏分布特征,因此将这个指标加1后取对数,得到2011—2020年中国276个地级市及以上城市的金融科技指数。

3. 控制变量

为尽可能准确地衡量金融科技对城乡收入差距的影响,将其他因素干扰引起的误差降到最小,参照张贺和白钦先(2018)的研究,选取经济开放程度(Open)、政府财政支出(Gov)、受教育程度(Edu)和产业结构水平(Isu)作为控制变量。

经济开放程度(Open):对外开放程度对城乡收入差距的影响,一方面,经济开放使中国的商品能够远销国外,这些商品价格实惠,吸引了大批农业剩余劳动力,提高了农户的收入。此外,经济开放也促进了大批外资涌入中国市场,这些外资主要投资于劳动密集型产业,为农村居民提供了更多的就业机会,使他们能够获得更高的收入,提高生活水平。另一方面,随着经济开放程度的提升,中小企业越来越多地聚集在基础设施完备的城镇地区,而受过较好高等教育的城镇居民更有机会得到更多的就业机会。因此,经济开放程度的提高对城乡收入差距的影响结论不一。本研究采用对外进出口总额占地区生产总值的比重衡量。

政府财政支出(Gov):政府财政支出越多意味着政府对当地经济发展的投入越多。陆铭和陈钊(2004)指出,国家对地方政府的绩效指标通常是衡量某一地区的生产总值增长水平,这往往会优先考虑通常位于城市地区的非农业部门的发展,导致地方政府的公共支出向城市地区转移,忽视了当地的农业发展,加大了城乡收入差距。沈坤荣和张璟(2007)的研究表明,虽然政府的农业补贴支出能在一定程度上提高农村收入,但由于政府执行力度不够,这种提高的效果并不明显。本研究采用地方一般公共预算支出占地区生产总值的比重衡量。

受教育程度(Edu):受过良好教育的人才拥有更高的专业技能,更容易找到好的工作,收入水平会相对较高,这对于未来缩小城乡收入差距的长期战略具有深远影响。本研究采用普通高等学校在校学生数占总人数衡量。

产业结构水平(Isu):有学者认为,城镇居民的就业大部分集中在工业和服务业,而农村居民的就业大部分集中在农业,由于农村在资金配置和政策支持方面落后于城镇,所以城乡收入差距会变得更加明显(胡荣才和冯昶章,2011)。也有学者们认为,由于产业结构水平的提升,剩余劳动力迁移将会成为一种趋势,农村居民会更倾向于从低报酬率的行业转向高报酬率的行业,从而缩小城乡收入差距(徐敏和张小林,2014)。本研究采用第二产业和第三产业的增加值占地区生产总值的比重来衡量。

4.机制变量:金融包容性水平

目前,衡量金融包容性水平的方法有多种,但尚未形成统一的标准。世界银行提出了47个指标来衡量金融包容性,包括地方金融机构数量、金融从业人员数量、银行账户、ATM机数量等,而理论界则通常采用编制指数的方式来衡量,以此来反映金融服务的渗透性、可得性和效用性等特征。Beck等(2009)采用网点和ATM的地理距离和人口中的渗透度、人均存贷款账户等8个指标构建金融包容性程度,Sarma和Pais(2011)运用相似的指标体系并借鉴人类发展指数的计算方法测算地区金融包容性。

表13-4　金融包容性指数衡量

衡量维度	具体指标	影响方向
金融服务渗透性	每万人拥有金融服务人员数量	正向
	每平方公里金融服务人员数量	正向
金融服务可得性	人均存款与人均收入比率	正向
	人均贷款与人均收入比率	正向
	人均保费与人均收入比率	正向
金融服务使用效率	单位产值金融机构存款余额	正向
	单位产值金融机构贷款余额	正向
	单位产值保险业保费收入	正向

关于中国金融包容性体系的构建,学者基于数据可得性和内涵确切性对指标体系进行不断完善,城市域层面的评估方法上存在一定共性,且运用广泛。王婧和胡国晖(2013)借鉴了Sarma的编制方法,从供需端选取6个主要指

标;王修华和关键(2014)继续引用利息上浮贷款占比,以此衡量可负担性;杜强和潘怡(2016)则继续结合商业银行、证券公司和保险公司这三类金融机构测算省级金融包容指数。与部分学者不同的是,李建军和韩珣(2019)认为金融机构的运营目的是实现利润最优化,在放贷时会优先考虑给优质客户,而对于那些有金融需求但存在中等违约风险的客户,则会受到金融排斥,仅从网点密度、金融服务从业人数等角度来评价可能存在一定偏离,最终采用人均储蓄/人均收入、人均贷款/人均收入来评价金融包容性。于是,本研究结合王修华和赵亚雄(2019)、李建军和韩珣(2019)的研究,在城市域层面数据可得性的约束下,遵循计算科学、操作简便、多维宏观原则,基于金融服务的渗透性、可得性及使用效率三个维度选取了8个统计指标(如表13-4所示),采用变异系数法和欧式距离法,计算得出2011—2020年中国276个地级市及以上城市金融包容性指数。

三、基准实证结果分析

在基准模型(13.2)的基础上,为了更好地评估模型的稳健性,我们采取了逐步加入控制变量的方式,并考虑了时间效应和地区效应,使用聚类稳健标准误,从而获得了表13-5中的基准回归结果。表13-5中第(1)列至第(4)列是逐步加入控制变量的回归结果,控制变量逐步加入,调整后的 R^2 从0.5299增加至0.5361,回归模型解释程度较好。表13-5第(4)列结果显示,金融科技对城乡收入差距的影响系数为-0.0148,且在1%的水平上显著,表明金融科技可以缩小城乡收入差距,验证假说1。一方面,金融科技的发展主要从提升农村金融可获得性、降低农村金融服务成本和提升农村金融风险防控能力等三个方面促使金融资源要素流入农村,缓解农村居民"融资难、融资贵"的难题,为其生产、发展创造条件,增加收入水平,从而缩小城乡收入差距;另一方面,金融科技给农村消费者和生产者带来的边际效益要高于城镇居民,从而缩小了城乡收入差距。

表13-5 基准回归结果

变量	(1)	(2)	(3)	(4)
	Theil	Theil	Theil	Theil
Fintech	−0.0148***	−0.0146***	−0.0149***	−0.0148***
	(0.0008)	(0.0008)	(0.0008)	(0.0008)
Isu	−0.0011***	−0.0011***	−0.0011***	−0.0011***
	(0.0002)	(0.0002)	(0.0002)	(0.0003)
Edu		−0.0020**	−0.0018**	−0.0017**
		(0.0009)	(0.0009)	(0.0009)
Open			−0.0002***	−0.0002***
			(0.0000)	(0.0000)
Gov				−0.0000
				(0.0001)
截距项	0.2474***	0.2500***	0.2525***	0.2545***
	(0.0204)	(0.0205)	(0.0202)	(0.0213)
时间效应	控制	控制	控制	控制
地区效应	控制	控制	控制	控制
样本量	2760	2760	2760	2760
调整的 R^2	0.5299	0.5314	0.5362	0.5361

其他控制变量的回归结果与已有研究结果大体相同。产业结构水平的系数显著为负,产业结构水平高级化在促进城镇居民就业的同时也促使农村剩余劳动力向城镇转移,从而改善收入分配(李小玉和郭文,2011)。穆怀中和吴鹏(2016)认为在产业结构持续化到一个区间后,城乡收入差距会呈下降趋势,并判断这一趋势是从2009年至今,而本研究所采用的正是2009年后的数据。受教育程度的系数显著为负,地区的受教育程度越高意味着教育的不均等在缩小,受教育程度是人力资本的重要组成部分,城乡人力资本存量的趋同有助于缩小城乡收入差距(徐远华,2014)。对外开放程度的系数显著为负,意味着发达的出口制造业有利于农村剩余劳动力向制造业转移,能为农村居民带来更多就业机会,进而缩小城乡收入差距(袁冬梅等,2011)。政府财政支付的系数为负但不显著,这有可能是政府财政支付主要投入的是非农产业或城镇地区,偏倚的财政支出不能明显地缩小城乡收入差距(陆铭和陈钊,2004)。

四、内生性讨论

为了缓解由于计量偏差、遗漏变量或反向因果引起的内生性问题,本研究借鉴张杰等(2017)的方法,采用工具变量(IV)的方式来估计金融科技(Fintech)系数。具体而言,我们将省内城市生产总值最接近的三个其他城市的金融科技水平的均值作为该城市金融科技水平的IV,以此来纠正可能存在的偏差,并可以有效地消除反向因果关系对结果的影响。从相关性的角度来看,生产总值相近的城市也有相似的金融产业结构,这构成了金融科技"赋能"的基础。就外生性而言,省内生产总值相近的城市的金融科技发展很难直接影响目标城市的城乡收入差距。因此,本研究以此样本进行工具变量回归。

表13-6 工具变量的两阶段回归结果

变量	(1)	(2)
	Fintech	Theil
Fintech		-0.0110^{***}
		(0.0023)
IV	0.9058^{***}	
	(0.0402)	
截距项	0.2332	0.0848^{**}
	(0.2487)	(0.0412)
控制变量	控制	控制
时间效应	控制	控制
地区效应	控制	控制
样本量	2760	2760

表13-6显示了工具变量的两阶段回归结果。一阶段回归结果显示,IV系数估计值在1%的水平上显著,生产总值相接近三个城市的金融科技水平与目标城市的金融科技水平存在显著相关性,验证了工具变量的相关性假定。二阶段的回归结果显示,Fintech的系数均在1%的水平上显著为负,与表13-5的基准回归结果基本相符,说明在缓解内生性问题后,本研究的结论依然稳健。对于原假设"工具变量识别不足"的检验,Kleibergen-Paap rk 的 LM 统计量 P 值均为0.000,显著拒绝原假设;在工具变量弱识别的检验中,Kleibergen-Pap rk 的 Wald F 统计量大于 Stock-Yogo 弱识别检验10%水平上的临界值。

五、稳健性检验

1. 剔除特殊样本

在经济社会发展中,直辖市和省会城市的金融科技发展速度明显高于其他城市,城乡收入差距也相对较小,可能存在反向因果问题。根据罗煜等(2016)的研究,先剔除上海、北京、天津和重庆四个直辖市的样本后进行估计,金融科技系数在1%的水平上显著为负,如表13-7列(1)所示;再将直辖市和省会城市一同剔除后的样本进行估计,金融科技系数在1%的水平上依然显著为负,如表13-7列(2)所示。因此,通过剔除特殊样本进行回归所得出的结果与基准结果保持一致,主要结论稳健。

表13-7 剔除特殊样本的回归结果

变量	(1)	(2)
	Theil	Theil
Fintech	-0.0148***	-0.0141***
	(0.0008)	(0.0009)
截距项	0.2536***	0.2701***
	(0.0213)	(0.0243)
控制变量	控制	控制
时间效应	控制	控制
地区效应	控制	控制
样本量	2720	2480
调整的 R^2	0.5369	0.5489

2. 变量替换

前文结果表明,金融科技可以缩小城乡收入差距。在此基础上,本部分基于模型(13.2)分别将被解释变量和解释变量进行替换后进行回归,验证结论的稳健性。关于被解释变量的替换上,参考陆铭和陈钊(2004)将城乡居民人均可支配收入比作为城乡收入差距(Gap)衡量指标,在替换被解释变量后,结果与基准回归一致,如表13-8第(1)列所示。对于解释变量的替换,由于金融科技是数字普惠金融发展的核心动力,因此用数字普惠金融指数(Difi)作为金融科技指数的替代变量具有一定的合理性(尹振涛等,2021),为使数据具有可比性,实证检验中将其除以100后进行回归,结果与基准回归一致,如表13-8第(2)列所示。因此,通过替换变量进行回归所得出的结果与基准结果保持一致,主要结论稳健。

表13-8　替换变量后的回归结果

变量	(1)	(2)
	Gap	Theil
Fintech	−0.1511***	
	(0.0105)	
Difi		−0.0194***
		(0.0011)
截距项	4.2877***	0.2028***
	(0.2786)	(0.0236)
控制变量	控制	控制
时间效应	控制	控制
地区效应	控制	控制
样本量	2760	2760
调整的 R^2	0.4596	0.5463

第五节　影响机制分析与异质性讨论

1.影响机制分析

普遍的融资约束、资源配置扭曲以及信息不对称是阻碍农村居民获得金融服务的主要绊脚石。正如前文所述,金融科技的普遍应用为缓解"金融排斥"提供了可能。金融包容性的提高能够缓解农村居民所面临的信贷约束,降低初始财富的重要性,为低收入者创造更多的经济发展机遇,从而缩小收入分配差距。

为检验前文提出的金融科技能够促进金融包容性从而缩小城乡收入差距的假说,本部分选取了金融包容性水平指数作为机制变量进行有关检验,具体实证结果如表13-9所示。在模型(13.3)回归下，金融科技对金融包容性水平的影响系数为0.0101，并且在1%的水平上显著，这说明金融科技能够促使金融包容性水平的提升。也就是说，金融科技具有更强的金融功能和价值，有效地缓解了商业可持续性与普惠性之间的矛盾，从金融的渗透性、可得性和使用效率方面提升了金融包容性。金融包容性的提升给农村生产性活动带来了积极影响，推动了人力资本的积累，提高了农村居民的纯收入和改变了城乡收入增速的非均衡性，从而缩小了城乡收入差距。因此，金融科技可以通过促进金融包容性水平的提升，缩小城乡收入差距，假说2成立。

表13-9　金融包容效应的影响机制检验

变量	(1)	(2)
	Theil	Fi
Fintech	-0.0148^{***}	0.0101^{***}
	(0.0008)	(0.0010)
截距项	0.2545^{***}	0.0677^{***}
	(0.0213)	(0.0186)
控制变量	控制	控制
时间效应	控制	控制
地区效应	控制	控制
样本量	2760	2760
调整的 R^2	0.5361	0.2974

2. 异质性讨论

（1）城市群城市与非城市群城市的异质性

为进一步探究金融科技对城乡收入差距的影响效应在"城市群城市"和"非城市群城市"的异质性，本研究将两者的样本分别代入模型(13.2)中研究，具体实证结果如表13-10所示。实证结果表明，无论是城市群城市还是非城市群城市，金融科技指数均在1%的水平上显著为负，对城乡收入差距均具有收敛效应，与全样本分析结果一致。

表13-10 "城市群城市"与"非城市群城市"估计结果

变量	(1) 全样本	(2) 城市群城市	(3) 非城市群城市
Fintech	−0.0148***	−0.0152***	−0.0142***
	(0.0008)	(0.0014)	(0.0011)
截距项	0.2545***	0.2441***	0.2759***
	(0.0213)	(0.0321)	(0.0360)
控制变量	控制	控制	控制
时间效应	控制	控制	控制
地区效应	控制	控制	控制
样本量	2760	1600	1160
调整的 R^2	0.5361	0.5464	0.5299

值得注意的是,"城市群城市"的金融科技指数绝对值为0.0152,大于"非城市群城市"金融科技指数绝对值,说明金融科技在城市群城市的收敛效果相对更好。可能的原因是,城市群内部金融资源更为集中,金融科技能够更好地服务于城市群内居民,提供更便捷的金融服务,有助于提高城市群内居民的收入水平;城市群内部经济活动更为活跃,金融科技能够更好地支持城市群内的跨地区经济活动,促进城市群内的经济发展,从而提高居民的收入水平;城市群内部人口流动更为频繁,金融科技能够更好地支持城市群内居民的跨地区消费和投资活动,从而提高居民的收入水平。综上所述,金融科技在城市群城市的效果相对更好,可以更好地缩小城乡收入差距。

(2)十大城市群的异质性

由于各城市群的城乡收入差距和金融科技水平不同,因此两者间关系应该存在区域异质性。为探索在不同城市群中金融科技影响城乡收入差距的异质性,本研究进一步具体到十大城市群样本进行实证检验,回归结果见表13-11。根据回归结果,十大城市群的金融科技对城乡收入差距的影响均为负,但京津冀和珠三角城市群的金融科技对城乡收入差距的负向影响并不显著,而其他八个城市群的金融科技均在10%的显著性水平上对城乡收入差距有负向影响,且根据估计系数的绝对值可知山东半岛城市群金融科技对城乡收入差距的影响程度最大。

表13-11 十大城市群子样本估计结果

变量	(1)	(2)	(3)	(4)	(5)
	山东半岛	成渝	北部湾	中原	海峡西岸
Fintech	-0.0472***	-0.0192***	-0.0117***	-0.0112***	-0.0107***
	(0.0068)	(0.0015)	(0.0018)	(0.0019)	(0.0022)
截距项	-0.0629	0.2142***	0.4968***	0.3394***	0.3801***
	(0.7103)	(0.0362)	(0.0821)	(0.0580)	(0.0638)
控制变量	控制	控制	控制	控制	控制
时间效应	控制	控制	控制	控制	控制
地区效应	控制	控制	控制	控制	控制
样本量	80	160	90	260	200
调整的 R^2	0.5741	0.8509	0.8573	0.7898	0.7565
变量	(6)	(7)	(8)	(9)	(10)
	长三角	哈长	长江中游	京津冀	珠三角
Fintech	-0.0104***	-0.0091*	-0.0086***	-0.0115	-0.0060
	(0.0025)	(0.0049)	(0.0019)	(0.0038)	(0.0032)
截距项	0.2988**	0.1890***	0.3120***	0.1636	0.3201
	(0.1155)	(0.0436)	(0.0714)	(0.1436)	(0.2463)
控制变量	控制	控制	控制	控制	控制
时间效应	控制	控制	控制	控制	控制
地区效应	控制	控制	控制	控制	控制
样本量	260	100	240	130	80
调整的 R^2	0.5691	0.3592	0.4914	0.7792	0.4899

金融科技对城乡收入差距的影响在京津冀和珠三角城市群中的作用效果微弱,可能有两方面的原因:一方面,金融科技发展依赖于传统金融发展的路径(王小华和周韩梅,2023),东部沿海城市群的金融排斥现象较少,且城乡收入差距较小,金融科技对缩小城乡收入差距的作用存在边际递减效应,各种市场化的金融服务在农村地区广泛深入,农村金融市场化程度高,较高的经济发展水平鼓励农村地区建立新型农村金融机构,并为农村家庭提供了充足的信贷供应(张正平和杨丹丹,2017);另一方面,单个城市群内部本身经济基础较好、数字经济发展水平较高的城市其金融科技水平也更高,并且中心城市引领

城市群发展,该特征在珠三角、京津冀和长三角城市群表现十分明显,其中北京、上海、深圳、广州及杭州的金融科技水平远高于城市群内其他地区,核心城市强大的虹吸作用加剧农村金融科技要素流失,抵消了市场一体化效应对农村的促进作用(王玉和张占斌,2021),因此这些城市群的金融科技系数并不显著。而山东半岛、成渝、北部湾、海峡西岸、中原和长江中游城市群金融科技水平提高能促使城乡收入差距缩小,可能的原因在于,这些城市群经济发展的水平与质量本身就相对较低,加之城乡发展失衡,农村金融机构覆盖面相对较小且不均衡,传统金融发展落后,金融排斥现象更为严重,那么金融科技应用就能起到更好的作用,有很大提升空间,"后发优势"明显,更有利于提高农村居民收入水平,缩小城乡收入差距。

第六节　研究结论与启示

本章基于2011—2020年中国276个地级市及以上城市的面板数据观测值,采用双向固定效应模型实证检验了金融科技对城乡收入差距的影响,并进行了作用机制分析与城市群异质性分析,主要研究结论如下:

①中国金融科技的发展总体上呈现出良好的态势,区域间差距日趋缩小,但仍然存在明显的空间异质性。从区域上来看,东部沿海城市金融科技水平显著高于内陆地区,城市群金融科技水平要高于总体和非城市群。②中国城乡收入差距持续缩小,区域收入分配格局得到明显改善。③研究表明,金融科技对城乡收入差距存在显著的缩小效应,并且在采取变量替换、删减特殊样本等方法进行稳健性检验和内生性讨论后影响依旧显著。④在影响机制上,金融科技可以通过提升金融包容性来缩小城乡收入差距。金融科技从金融服务的渗透性、可得性和使用效率方面提升了金融包容性,进而增加农村居民的纯收入和改变城乡收入增长的非均衡性,缩小城乡收入差距。⑤在区域的异质性分析上,城市群金融科技对城乡收入差距的缩小影响效应要好于非城市群,在城乡收入差距较大、经济基础较弱和数字经济发展水平较低的城市群中,这种效应表现得更为明显。

基于以上分析结果,本章提出以下几点建议:

一是要夯实农村金融科技基础设施建设,发挥城市群促进区域协调发展的重要作用。建立城市群金融科技合作平台,通过交流、合作、共享等方式,推动不同城市之间的经验和资源互通。拓宽投资建设资金的来源渠道,引导社会资本参与到农村地区的投资建设中来,可以利用政府财政支持、金融机构贷款和企业自筹等方式,为金融科技公司在农村地区的投资提供更多的资金支持。加强城市群内部金融科技服务的协同性,推动金融科技与实体经济的深度融合。

二是要深化金融科技赋能农村金融服务,提升农村地区金融包容性的整体水平。要增强农村地区对金融科技下乡的包容性,减少金融机构使用金融科技下乡的痛点与阻力,根据地域特点,提高金融科技应用的可持续性,要提高金融科技应用的适应性,增强金融科技应用的可操作性,深入推进金融科技赋能农村金融服务,提升农村地区金融包容性水平,更好地满足农村经济发展的需求,促进城乡收入差距的缩小。

三是要提升农村居民金融素养和数字素养,清除金融科技在农村地区的应用阻碍。银行业金融机构可以采取多种措施,如组织"金融知识入万户"知识宣传小组,利用短视频、动画、现场宣讲、问答等形式,向农民宣传最新的数字金融服务信息,以提高他们对数字金融的认知水平。此外,金融机构还可以与当地村干部、农业技术推广人员等结成合作伙伴关系,建立信息沟通渠道,提供全面的金融科技培训、开展普及科技知识的活动、金融科技产品的推广等,同时也传授农民如何使用网上银行、电子支付、线上融资等实际操作技能,以及普及金融知识,提升农民自身金融素养。

第十四章

智慧降碳：金融科技发展的城市碳减排效应

　　深入研究金融科技发展对城市碳排放量的影响及作用机制，对精准制定碳减排政策、发展低碳经济、推动城市智慧降碳具有重要的理论和现实意义。本章运用网络爬虫技术获取百度搜索指数中与金融科技话题相关的文本内容，据此构建了中国金融科技发展的指标体系，并通过熵值法测算了中国城市的金融科技发展指数。然后基于2011—2019年中国264个城市的面板数据，从区域内和区域间两个方面检验了金融科技发展对城市碳排放量的影响效应及作用机制。结果显示：区域内金融科技发展能够显著降低城市二氧化碳的排放量，这一结论在使用工具变量缓解内生性以及替换金融科技发展指标等一系列稳健性检验后仍然成立；机制分析表明金融科技能够通过提高技术创新水平和资源配置效率两个途径降低城市碳排放量；区域间金融科技发展水平和二氧化碳排放量具有显著的空间关联性，金融科技虽然能降低本地城市二氧化碳的排放量，但会促进周边城市二氧化碳排放量，呈现出"以邻为壑"的现象。基于区域内和区域间金融科技碳减排效应的不同表现进行进一步研究，发现金融科技的碳减排效应在北部城市显著强于南部城市、在非城市群城市显著强于城市群城市、在其他城市显著强于中心城市。

第一节 引言

党的二十大报告指出"推动经济社会发展绿色化、低碳化是实现高质量发展的关键环节"。这意味着在经济建设过程中,我们不仅要发掘经济增长新动能以维持中国经济的持续进步,还要打造包括环境因素在内的可持续发展模式,实现经济效益与生态效益相统一(戴翔和杨双至,2022)。然而多年来粗放型的经济增长方式与传统的生产总值锦标赛思维导致中国经济增长出现了投入要素浪费、经济效率不高和二氧化碳排放量增加等一系列问题(陈诗一和陈登科,2018)。据《BP世界能源统计年鉴》统计,中国碳排放总量达到9899.31百万吨,占世界碳排放总量的30.69%,是全球最大的碳排放国。二氧化碳的持续增加不仅会对我国的经济增长造成负面冲击(陈诗一,2009),还会导致全球气候变暖,引发极端天气和生态灾难,最终影响人类社会可持续发展(陈诗一,2022)。中国政府高度重视碳减排问题,并积极推动节能减排、低碳经济转型等发展。2021年9月,《中共中央 国务院关于完整准确全面贯彻新发展理念做好碳达峰碳中和工作的意见》提出,把碳达峰、碳中和纳入经济社会发展全局。城市是社会经济发展的主要载体,也是碳排放的主要来源地和节能减排的主战场(张兵兵等,2022)。城市的减排效果将直接影响中国"3060"战略目标的按期实现,在此背景下,破解城市节能减排难题和探究影响城市碳排放的因素,具有重要的学术价值和现实意义。

中国实现碳达峰、碳中和的过程是一个综合的经济社会发展战略,特别是金融与科技的进一步融合在促进金融创新的同时,颠覆了传统的金融服务方式,推动了金融科技时代的快速到来和金融组织形态的多样化(王小华等,2022a)。因此,金融科技作为技术驱动的金融创新,通过改造或创新金融产品、经营模式、业务流程等方式推动金融发展提质增效(王小华等,2023b),提升服务实体经济的能力,有助于推动经济高质量发展(薛莹和胡坚,2020)和低碳转型,实现"3060"战略目标。2022年1月,中国人民银行发布《金融科技发展规划(2022—2025年)》,指出要坚持"数字驱动、智慧为民、绿色低碳、公平普惠"的发展原则。可见,未来金融科技发展将深度融入各类生产生活场景,将金融资源更加精准地配置到经济社会发展的关键领域和薄弱环节,着力打造智慧金融新产品、新服务、新模式、新业态。在这一过程中,金融科技与绿色低碳的跨界融合,必然将为生态环境的改善和实现"3060"战略目标做出重要贡献(Artur et al.,2009),智慧降碳已成为未来金融科技发展的重要方向之一。

与本章密切相关的,主要有两方面的文献。第一支是二氧化碳与经济社会发展方式的关系。人类社会未来经济发展方式会因碳减排而发生深刻的变化(鲍健强等,2008)。低碳经济相关问题是全世界经济学前沿研究关注的重点和热点,目前已有诸多学者对该关系进行讨论,包括碳排放与经济发展的关系(Nordhaus,1977;申萌等,2012;王美昌和徐康宁,2015;Bildirici,2019;Zhao et al.,2022),碳排放对生态环境、气候变化的影响(Etminan et al.,2016;Huntingford and Mercado,2016)。Nordhaus(1977)将二氧化碳看作经济系统和气候系统的纽带,认为经济系统的运作促使二氧化碳的排放聚集从而使气温升高影响整个气候系统,同时气候系统又通过其内在变化影响整个经济系统。第二支文献重点关注金融发展对碳排放的影响。大多数学者认为金融发展在推进经济低碳化的过程中发挥着重要作用(Artur et al.,2009),能够通过促进技术创新降低单位生产总值的能源消耗,从而减少二氧化碳排放(严成樑等,2016),如Shahbaz等(2013)的研究表明了金融发展通过吸引FDI改善东道国的技术,从而减少二氧化碳的排放量。但也有学者对此观点存在异议,认为金融发展会增加二氧化碳排放量或者对其没有影响(Coban and Topcu,2013;Javid and Sharif,2016;Salahuddin et al.,2018)。如Coban和Topcu(2013)在分析了欧盟27个国家的金融发展与二氧化碳排放之间的关系后,发现银行业发展指标与碳排放之间呈现出倒U型关系,而股票市场发展指标与碳排放之间则没有显著的关联。

总的来看,虽然大多数学者探讨了碳排放与经济社会发展的重要关系,也分析了金融发展对碳排放的影响,但少有研究涉及金融科技对碳减排的作用及其机制。随着人工智能、大数据、区块链等数字技术在金融领域的融合创新,金融科技应运而生并取得快速发展和广泛运用(王小华等,2022a)。现有研究表明,金融科技对社会方方面面产生了重要的影响,就企业层面来说,金融科技能助推企业创新(李春涛等,2020)和企业高质量发展(王小华等,2023a);就商业银行层面来说,金融科技能助力商业银行数字化转型(谢治春等,

2018）、提高商业银行效率（杨望等，2020）、提高商业银行的经营活动风险（王小华等，2022a）；就生态环境来说，金融科技发展能降低城市环境污染（房宏琳和杨思莹，2021）、改善生态环境（Artur et al.，2009）。为此，研究金融科技发展对城市二氧化碳排放量的影响及作用机制对于我国双碳目标的达成和金融科技持续健康发展具有重要的现实意义，也有助于推动经济实现绿色低碳转型和迈向经济高质量发展的双赢局面。在此背景下，本章将金融科技引入碳排放影响因素理论的研究框架中，从区域内和区域间两个角度系统深入研究了金融科技发展对城市碳排放量的影响，并以城市技术创新水平和资源配置效率作为中介变量，考察金融科技发展影响城市碳排放量的传导机制，最后基于区域内和区域间金融科技碳减排效应的不同表现进行进一步区域异质性的考察。

区别于既有研究，本章的创新之处主要有：①创新性地构建了中国金融科技发展度量指标。基于王小华等（2023b）的研究构建了基于百度搜索指数城市层面的金融科技指标体系，运用网络爬虫技术获取百度搜索指数得到相关数据，最终通过熵值法和层次分析法测算得到2011—2019年中国264个城市的金融科技发展指数。②获得了中国情境下金融科技发展的碳减排效应的独特经验证据。从区域内来看，金融科技发展对城市二氧化碳的排放量有明显的抑制作用，证明了金融科技发展能够通过创新效应和资源配置效应实现碳减排的理论假说，但区域间实证检验结果表明金融科技仅能降低本地城市二氧化碳的排放量，对周边城市二氧化碳排放量有促进作用，揭示了中国在严格的环境政策规制和特定的属地主义治理模式下的金融科技发展与城市碳排放之间不同的结果。③探索了金融科技发展影响城市碳排放的机制。从提高城市科技创新水平和资源配置效率两条路径概括了金融科技对碳排放发挥的重要作用，并将样本分为南方地区和北方地区、城市群城市和非城市群城市、中心城市和其他城市，检验了金融科技发展与城市碳排放的异质性。

本章剩余结构安排如下：第二部分从金融科技对城市二氧化碳排放量的影响及其路径、金融科技碳减排效应的区域异质性等方面进行理论分析和提出研究假说；第三部分根据前文的理论分析进行实证研究设计；第四部分对实证结果进行分析，包括内生性检验、稳健性检验，并从区域间的角度进一步探究了金融科技对城市二氧化碳排放量影响的空间溢出效应；第五部分检验了金融科技对城市二氧化碳排放量的影响是否会因城市所处区位、是否为城市群城市和中心城市而产生差异；第六部分是研究结论与启示。

第二节　理论机理与假设

一、区域内部层面金融科技对城市碳减排的影响

金融科技是我国低碳经济发展的重要支柱，在实现碳达峰、碳中和目标的过程中，金融科技可以通过控制增量和减少存量两种方式减少城市二氧化碳的排放量。在控增量方面：金融科技能够利用互联网减少不必要的线下活动所带来的二氧化碳排放，如银行、保险、证券等金融机构普遍采用的"电子存档"的办公模式，降低了金融业对纸张等实物资源的消耗；同时，企业通过线上平台购买信贷产品，可以有效避免因线下交易而导致的二氧化碳排放量上升。在降低存量方面，金融科技推动了绿色、低碳行为的普及，促进了"低碳"由社会行为向生活习惯的转变，如支付宝推出的个人碳账户产品"蚂蚁森林"，用户进入"蚂蚁森林"可收集自己通过步行、骑共享单车、线下支付等低碳行为获得的能量（叶强等，2022）。蚂蚁森林通过低碳行为产生能量的方式让大众更深入地了解低碳理念，转变他们的生活习惯，有效地降低了城市碳排放量。

就其作用机制而言，金融科技能够通过赋能技术创新，减少城市的碳排放量。Romer（1998）和 Lucas（1990）为代表的学者开创了内生经济增长理论，认为内生的技术进步才是推动经济增长的根本原因。Aghion 和 Howitt（1998）等学者进一步将熊彼特创新理论引入内生增长模型，并将环境污染和不可再生资源引入经济增长的分析，推导出包含环境因素在内的经济增长稳态，证明了创新不仅能为城市经济增长注入持久的动能，而且在城市生态效率改善中也扮演着重要的角色。因此，金融科技也可以通过技术创新对城市不同主体施加影响，有效降低碳排放量。对于中小企业而言，传统金融机构对中小微企业存在"金融排斥"，导致金融资源出现错配，限制了中小企业技术研究的开展（王勋和 Anders Johansson，2013）。而金融科技通过技术创新催生出了新的金

融服务模式和金融业态，拓宽了中小企业的融资渠道，弥补传统金融的"信贷歧视"，新兴金融科技如智能风控的产生，也降低了企业信贷行为的交易成本，提高金融业服务实体经济创新发展和低碳发展的能力（薛莹和胡坚，2020）。与此同时，金融科技缓解了企业的融资约束，降低了企业短视行为，将更多的资源投向研发创新而非短期生产，进一步促进企业向低能耗、低污染、高产出的技术领域突破，实现经济社会的绿色转型。对于金融监管主体而言，金融监管机构运用金融科技改变交易规则、完善监管体系，不断创新绿色金融的产品与服务、促进地方生态环境的可持续发展。

此外，金融科技能够改善金融市场不对称程度，促进金融资源配置效率的提升，进而降低城市碳排放量。资本供给和资本配置是金融系统的基础和核心功能，在金融科技体系中亦是。自 Goldsmith（1969）对金融功能的开创性研究以来，新古典经济增长理论认为金融发展只能通过资本积累功能促进经济增长，而内生经济增长理论中，金融发展能通过促进资本积累与资本配置两个功能，促进经济增长（Hicks，1969；Goldsmith，1969；McKinnon，1973），其中资本的优化配置是金融部门的基本功能（Rajan and Zingales，1998；Wurgler，2000）。金融科技可以有效解决金融机构和公司之间的信息不对称问题，优化金融资源的配置（Chiu and Lee，2020）。一方面，金融科技平台通过搜索、分类、计算等方式可以为政府部门提供大量的企业信息和环境数据，从而减少政府的信息搜寻成本，帮助政府进行科学决策和精准规制，从而对企业进行"奖优惩劣"（邓荣荣和张翱祥，2021）。在这一过程中，金融科技解决了交易过程中的信息不对称和道德风险等问题，降低了企业的借贷门槛，为企业的经济绿色转型提供了资金支持。另一方面，绿色金融发展长期受到各项因素的制约，如绿色项目的投资周期长、投资回报率低，与传统金融系统存在着信息不对称的问题。而金融科技可以通过建立数字化平台的绿色金融资源配置与管理生态系统（滕磊和马德功，2020），拓宽用户的应用范围，扩大绿色金融的覆盖面，提升了绿色金融和地方生态环境发展质量，有效降低城市碳排放量。

基于以上分析，本研究提出假说H1、H2、H3：

H1：金融科技的发展可以降低城市二氧化碳的排放量。

H2：金融科技通过提升技术创新水平降低城市二氧化碳排放量。

H3：金融科技通过提高资源配置效率，降低城市二氧化碳排放量。

二、区域间层面金融科技对城市碳减排的影响

金融科技是金融业和尖端数字技术的深度融合，数字技术作为一种可无限复制的生产要素，可以实现供给双方的快速匹配，并有效突破地理距离的限制，形成一定的范围经济和规模经济，促进了不同地区之间的资源共享和跨时空传播（Borenstein and Saloner，2001）。在此基础上，数字技术与经济、金融的融合在对本地经济活动产生作用的同时也能对周边城市的要素生产率等方面产生显著的空间溢出效应（唐松等，2019）。技术溢出效应和学习效应能够在金融科技领域促进空间溢出效应的产生，从而推动区域的可持续发展和碳排放的减少。具体而言，技术溢出效应是指在一定范围内，一种新的技术或模式的采用和发展可以对周围区域内的经济和社会活动产生积极的影响（Jaffe et al.，1993），学习效应则是指企业或个人在采用某一项新技术或模式的过程中积累的知识和经验，以及在实践中不断进行的调整和改进过程中形成的经验教训（Nelson，1982），这些效应的存在使得相邻地区之间可以通过学习彼此先进的减排技术和政策来进一步促进自身碳排放效率的提升（Du et al.，2014）。此外，数字技术与经济、金融的深度融合也可以通过网络技术和资源共享，实现城际减排联合治理。这种治理方式可以形成空间溢出的生态环境效应，从而推动周边城市的可持续发展，提高区域生态环境的质量和可持续性。

基于以上分析，本研究提出假说H4：

H4：金融科技的发展水平对城市二氧化碳排放量的影响存在空间溢出效应。

三、金融科技对城市碳排放量产生影响的区域异质性

中国各个区域处在工业化的不同阶段，经济发展水平也不尽相同，因此各城市无论是金融科技发展水平还是二氧化碳排放量，都存在着明显差异。具体而言，南方地区（以长三角、珠三角为代表）的金融科技发展相对较早，数字

基础设施建设如大数据中心、云平台、物联网等更加完备。资金、技术和人才不断聚集，因此其金融科技发展水平更高。相反，北部地区尤其是西北地区和东北地区的经济发展水平较低，与金融科技相关的基础设施较为落后，数据和信息在城市间的传输受阻，导致其数字红利效应不能充分发挥（邓荣荣和张翔祥，2022）。其次，在相关政策的引导和资金的支持下，中心城市（如省会城市、计划单列市等）的金融科技发展水平高于其他城市，产业基础、政策基础和外部环境都更优越，使得中心城市的金融科技发展速度更快。城市二氧化碳排放量则呈现出北高南低的分布，这是因为北方城镇采暖热源主要来自热电联产和各类燃煤、燃气锅炉生产的热力，热源结构导致了南北的差异（徐维祥等，2022）。此外，一些工业化水平较高的城市（如成渝两地、长三角城市群等区域）的碳排放量也较高。综上，可以得出无论是金融科技发展水平还是城市碳排放量，都受到地理区位、数字基础设施、产业发展结构、政策引导等众多因素的影响，这些因素导致金融科技的碳减排作用存在显著的区域差异。

基于以上分析，提出假说H5：

H5：金融科技发展对城市二氧化碳排放量的影响存在区域异质性。

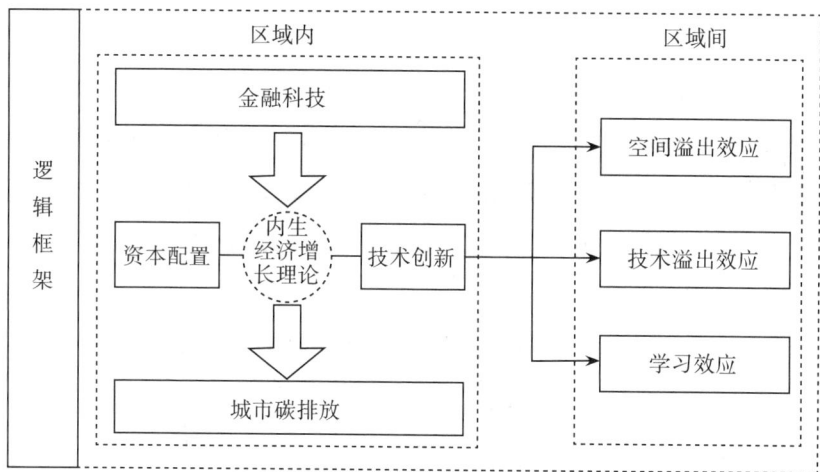

图14-1 逻辑框架图

第三节 实证研究设计

一、变量定义及指标构建

1.被解释变量

城市二氧化碳排放量,本研究主要考察的是金融科技发展对城市二氧化碳排放量的影响,因此将各城市的二氧化碳排放量取对数作为本研究的被解释变量。

2.核心解释变量

金融科技(Fintech)是一个新的概念,现有的数据统计库缺失对其的整理,本研究基于王小华等(2023b)的研究,参考《金融科技发展规划(2019—2021年)》、《"十四五"国家科技创新规划》等相关文件以及现有与金融科技、数字金融等领域有关的文献,从直接关键词、技术支持、金融中介服务三个维度选取了27个关键词构建金融科技指数。同时借鉴李春涛等(2020)的方法,利用Python获取100000条与金融科技相关关键词的百度搜索指数数据。百度搜索指数能反映民众对某一热点的时间的关注程度,能较好地处理数据的信息噪声问题,可用于现状的追踪和未来趋势的预测(Eysenbach,2009;Ripberger,2011;刘涛雄和徐晓飞,2015),得到了学术界的肯定。最后运用主观赋权与客观赋权相结合的方法来确定权重,先用熵值法求各具体指标对上一准则层的权重,再通过层次分析法求各具体指标对上层目标的权重,最后测算出中国264个城市的金融科技发展指数。

表14-1 金融科技发展年份和地区的趋势变化

年份	南部地区		北部地区	
	观测值个数	平均值	观测值个数	平均值
2011	1260	0.1781	1116	0.1770
2012	1260	0.1773	1116	0.1765
2013	1260	0.1799	1116	0.1784
2014	1260	0.1867	1116	0.1845

续表

年份	南部地区		北部地区	
	观测值个数	平均值	观测值个数	平均值
2015	1260	0.1899	1116	0.1877
2016	1260	0.1907	1116	0.1887
2017	1260	0.1971	1116	0.1948
2018	1260	0.1971	1116	0.1944
2019	1260	0.1920	1116	0.1886

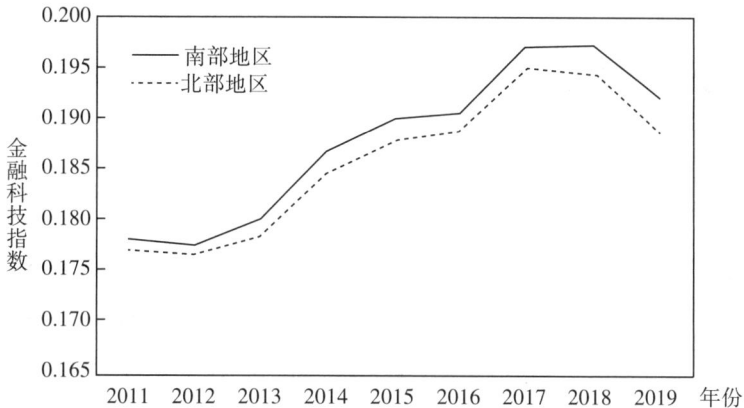

图14-2　金融科技发展年份和地区的趋势变化图

图14-2呈现了金融科技发展年份和地区的变化趋势。可以看出,金融科技的发展水平随着大数据、云计算和区块链等数字信息技术的产生和普及逐步提高,但2017年以后金融科技指数呈下降趋势,分析其主要原因可能有两点:一是为防范金融风险,监管机构自2017年起成立了互联网金融风险专项整治工作领导小组,对互联网现金贷等业务加强了监管力度,让人们对金融科技的发展有更加客观、清醒的认识,对金融科技的追求热度下降;二是自2017年以后金融科技相关书籍和其他网络媒体普及率高,对百度搜索指数产生了替代作用,从而使得以百度搜索指数为基础的金融科技指数下降(王小华等,2023b;王小华和周韩梅,2023)。通过同一时间不同地区的横向比较,发现秦岭—淮河一线以南的地区金融科技发展程度高于北部地区,这可能是因为我国区域发展的经济中心出现了进一步南移的景象,区域发展的差距再次出现扩大的趋势。具体表现为南北方地区在技术创新、资本积累和劳动力数量方面的差距日益凸显(盛来运等,2018)。南方地区凭借其更强的创新实力、充足

的资本累积和富余的劳动力资源加速其基础设施数字化改造进程,推动金融
要素在区域间的流动,使得南方地区的金融科技水平显著高于北方地区。

3.中介变量

一是技术创新水平。专利数量是研究中常见的用于测量创新产出的指
标,本研究选取了人均专利授权数度量,表明金融科技提升城市技术创新水
平,形成技术效应降低了二氧化碳排放量。二是资源配置效率。用科研从业
人员数占总人口数的比值进行表示,为正向指标,上升意味着城市人力资本质
量提高,吸引了科技人才和高新产业的聚集,从而推进资源配置合理化,减少
了碳排放。

4.其他控制变量

通过梳理文献发现许多学者深入地探讨了影响城市碳排放量的因素,并
从人口、经济发展、技术进步等方面进行了分析(王文举和向其凤,2014)。随
着研究的深入,城市化、经济增长、对外贸易、产业结构等因素也被纳入模型
中。因此,本研究综合考虑碳排放强度和金融科技的相关研究成果,选择了
如下控制变量:人力资本水平(Hum)、政府财政压力(Gov)、外商直接投资水平
(Fdi)、科研水平(Scil)、城镇化水平(Urban)、产业结构(Industry)、经济发展水
平(Gdp)。具体各变量的描述与测度参考表14-2。

表14-2 变量的名称与定义

变量类型	变量	名称	定义
被解释变量	CO_2	城市二氧化碳排放量	各城市二氧化碳排放量取对数
	CO_2/GDP	每单位生产总值带来的二氧化碳排放量	(各城市二氧化碳排放量/生产总值)取对数
核心解释变量	Fintech	金融科技	自行测算金融科技指数
中介变量	Innovate	技术创新水平	人均专利授权数
	Resource	资源配置效率	科研人员数/总人口数
控制变量	Hum	人力资本水平	高等学校在校人数/城市人口
	Gov	政府财政压力	(政府财政预算支出—政府财政预算收入)/生产总值
	Fdi	外商直接投资水平	外商直接投资额/生产总值

续表

变量类型	变量	名称	定义
控制变量	Scil	科研水平	科学技术支出/生产总值
	Urban	城镇化水平	市辖区人口数/总人口数
	Industry	产业结构	第二产业增加值/生产总值
	Gdp	经济发展水平	人均生产总值取对数

二、数据来源

本研究以2011—2019年间中国的264个城市为研究样本，城市二氧化碳排放量数据来源于中国碳核算数据库（China Emission Accounts and Datasets），其余变量的数据来源于《中国城市统计年鉴》，个别缺失通过相应城市的统计年鉴、统计公报和均值法补齐。为排除极端干扰，本研究对连续型变量进行双侧1%的缩尾处理，最终各变量统计结果如表14-3所示。

表14-3　变量的描述性统计

变量	样本量	均值	标准差	最小值	最大值
CO_2	2.376	3.2933	0.8726	1.0955	5.3851
CO_2/GDP	2.376	2.7690	0.7629	1.0226	4.5700
Fintech	2.376	0.1867	0.0170	0.1700	0.2595
Innovate	2.376	1.7560	1.0684	0.2072	4.8920
Resource	2.376	7.2237	0.9786	5.2825	9.9295
Hum	2.376	10.6439	1.2927	7.4483	13.6853
Gov	2.376	0.0914	0.0752	−0.0028	0.3755
Fdi	2.376	0.0026	0.0025	0.0000	0.0115
Scil	2.376	0.9874	0.6739	0.0531	3.3750
Urban	2.376	0.3659	0.2339	0.0823	1.0000
Industry	2.376	0.4717	0.1006	0.1901	0.7110
Gdp	2.376	10.9639	0.5346	9.7170	12.1484

三、基准模型设定

依据上述理论,为研究金融科技对城市二氧化碳的减排效应,本研究首先构建了金融科技对城市二氧化碳排放量的影响的基准回归模型:

$$InCO_{2i,t}=\beta_0+\beta_1 Fintech_{i,t}+\beta_2 con_{i,t}+\lambda_i+\eta_t+\varepsilon_{i,t} \tag{14.1}$$

其中,$InCo_{2i,t}$ 为 i 城市在 t 年的二氧化碳排放量;$Fintech_{i,t}$ 反映了城市 i 在 t 年的金融科技水平;$con_{i,t}$ 为控制变量的集合;λ_i 为地区固定效应,η_t 为时间固定效应,$\varepsilon_{i,t}$ 为随机扰动项。

同时,为了研究金融科技对城市二氧化碳排放量的影响机制,本研究进一步使用中介效应检验金融科技通过技术创新效应和资源配置效应影响城市二氧化碳排放量的机制,值得注意的是江艇(2022)指出采用中介效应识别机制存在一定的局限性,应避免选择受到因变量反向影响的中介变量,否则结论可能存在偏差。因此,本研究根据其提出的操作建议进行调整,只考察金融科技对中介变量的影响,从而克服逐步检验中介效应模型的缺陷。建立如下因果推断经验研究中的中介效应模型:

$$Innovate_{i,t}=\sigma_0+\sigma_1 Fintech_{i,t}+\sigma_2 con_{i,t}+\lambda_i+\eta_t+\varepsilon_{i,t} \tag{14.2}$$

$$Resource_{i,t}=\gamma_0+\gamma_1 Fintech_{i,t}+\gamma_2 con_{i,t}+\lambda_i+\eta_t+\varepsilon_{i,t} \tag{14.3}$$

其中,$Innovate_{i,t}$、$Resource_{i,t}$ 分别表示技术创新效应和资源配置效应,其他变量与前文一致。

四、空间面板计量模型选择及构建

空间滞后模型(SLM)、空间误差模型(SEM)和空间杜宾模型(SDM)都属于空间计量模型。空间杜宾模型中包含被解释变量和解释变量的滞后项,属于空间滞后模型的拓展模型。参考童昀等(2021)学者做法,本研究首先运用LM-error、LM-lag判断空间关联是以误差项存在还是以滞后项存在。若两种情形都存在,则选择空间计量模型。先假定选择空间杜宾模型(SDM),用HAUSMAN检验判断采取随机效应模型还是固定效应模型,若拒绝原假设则选择固定效应模型。再施以 LR 检验,检验SDM模型是否会简化为SEM模型或SLM模型。

表14-4 空间面板计量模型检验

变量	Moran's I	LM-error	LM-lag	Husman	LR（SDMVSSAR）	LR（SDMVSSEM）
CO_2排放量	18.115	324.436	231.904	32.65	208.12	178.16
P值	0.000	0.000	0.000	0.0125	0.000	0.000

按照以上方法，进行空间相关性检验。二氧化碳排放量为被解释变量，Moran's I检验达到1%的显著性水平，因此本研究运用空间计量模型。其次LM-error和LM-error检验在0.01水平上显著，继续进行LR-lag检验和LR-lag检验均在0.01水平上显著，因此选择SDM模型，最终构建计量模型如下：

$$InCo_{2i,t}=\mu_i+\rho WInCo_{2i,t}+\beta_{1co_2}InFintech_{i,t}+\beta_{2co_2}con_{i,t}+\theta_{1co_2}WInFintech_{i,t}+\theta_{2co_2}con_{i,t}+\varepsilon_{i,t}$$

（14.4）

上式中：W为空间权重矩阵；ρ为$InCo_2$的空间回归系数；β_{1co_2}、β_{2co_2}为金融科技指数的回归估计系数；θ_{1co_2}、θ_{2co_2}为金融科技指数空间回归估计系数；$con_{i,t}$为各控制变量；μ_i为非观测个体固体效应；$\varepsilon_{i,t}$为随机扰动项。

对于空间权重矩阵（EW）的选择，研究表明空间单元活动交互不仅与距离有关系，也会受到经济、文化、政策制度等多种因素的影响，例如经济实力强的城市会对周围的城市产生更大的影响（王火根和沈利生，2007）。因此，本研究使用经济距离空间矩阵（W）来进行测度。

$$W_{ij}=W_i\times ding\left(\frac{\overline{Y_1}}{\overline{Y}},\frac{\overline{Y_2}}{\overline{Y}},\cdots,\frac{\overline{Y_n}}{\overline{Y}}\right)$$

（14.5）

$$\overline{Y_i}=\frac{1}{t_1-t_0+1}\sum_{t=t_0}^{t_1}Y_{i,t},\quad\dot{Y}=\frac{1}{n(t_1-t_0+1)}\sum_{t=t_0}^{t_1}\sum_{i=1}^{n}Y_{i,t}$$

（14.6）

W_{ij}表示i城市与j城市之间的空间权重；W_i代表地理距离空间权重矩阵；$ding\left(\frac{\overline{Y_1}}{\overline{Y}},\frac{\overline{Y_2}}{\overline{Y}},\cdots,\frac{\overline{Y_n}}{\overline{Y}}\right)$代表各城市的生产总值所占比重均值为对角元的对角矩阵；$\overline{Y_i}$表示i城市各年的生产总值的平均值；Y表示所有城市的实际生产总值；Y_{it}为i城市t年的实际生产总值。

第四节　实证结果分析

一、区域内层面金融科技对城市碳减排影响

1.基准回归结果

为探究金融科技对环境污染的影响,首先对基准模型进行了双向固定效应检验。如表14-5所示,无论是否加入控制变量,金融科技的系数均在5%的水平上显著为负,说明金融科技发展对城市二氧化碳的排放量的影响呈现显著的抑制作用,即推动金融科技的发展能够降低城市二氧化碳的排放量,改善当地的环境,推动绿色化转型。据此,假说H1得到初步验证。

为了检验前述结论的稳健性,本研究进一步以每万元生产总值产生的二氧化碳排放量的对数值为被解释变量进行估计,结果如表14-5中列(3)和列(4)所示。可以看出,金融科技对城市二氧化碳排放量的系数分别为-5.8412和-5.3727,均通过了1%的显著性水平检验,说明了金融科技抑制了城市二氧化碳排放量,同样证实了假说H1。

表14-5　基准回归结果

变量	CO_2		CO_2/GDP	
	(1)	(2)	(3)	(4)
Fintech	−1.9767**	−2.3553***	−5.8412***	−5.3727***
	(0.9042)	(0.8849)	(1.1096)	(1.0130)
Hum		−0.0323		−0.0349
		(0.0196)		(0.0234)
Gov		−0.2224		0.2462
		(0.3657)		(0.3751)
Fdi		−6.3622		−16.4789***
		(3.9328)		(4.6070)
Scil		0.0394**		0.0427**
		(0.0197)		(0.0207)
Urban		0.0452		0.0348
		(0.0604)		(0.0691)

续表

变量	CO$_2$		CO$_2$/GDP	
	(1)	(2)	(3)	(4)
Industry		0.2926		−1.1299***
		(0.2545)		(0.2781)
Gdp		0.0381		−0.2366***
		(0.0305)		(0.0460)
Cons	3.5918***	3.4202***	4.0561***	7.4330***
	(0.1579)	(0.4464)	(0.1933)	(0.5868)
Controls	NO	YES	NO	YES
Area	YES	YES	YES	YES
Time	YES	YES	YES	YES
N	2376	2376	2376	2376
R^2	0.040	0.056	0.322	0.408

注：***、**、*分别表示在1%、5%、10%的显著性水平下通过检验，括号中的值为标准误，下同。

2.内生性检验

内生性问题可能会导致回归偏误，为了缓解潜在的内生性，本研究将采用核心解释变量的滞后一期作为工具变量。主要原因在于：金融科技发展是一个动态、持续的过程，早期与金融相关的活动是当前金融科技发展的基础。上一阶段的金融科技创新会对当前的金融科技活动产生影响（房宏琳和杨思莹，2021），进而影响城市碳排放量。估计结果见表14-6，在进行工具变量计算之前，对工具变量进行弱工具变量检验，得到Shea's partial R^{2}为0.5135，F统计量为1934.77，P值为0.000，且Minimum eigenvalue statistic为1934.77大于2SLS Size of nominal 5%Wald test中10%对应的临界值，拒绝了"存在弱工具变量的原假设"，验证了工具变量的选取是恰当的。工具变量回归的结果显示，金融科技发展水平的系数在1%的水平上仍显著为负，说明金融科技发展可以降低城市二氧化碳的排放量，结论与前文一致。

表14-6 内生性检验结果

变量	CO_2	CO_2/GDP
	(1)	(2)
Fintech	−4.1290***	−9.2514***
	(0.9803)	(1.0900)
Cons	5.1006***	6.6094***
	(0.4261)	(0.4737)
Shea's partial R^2	0.5135	0.5135
F	1934.77***	1934.77***
Minimum eigenvalue statistic	1934.77	1934.77
Controls	YES	YES
Area	YES	YES
Time	YES	YES
N	2112	2112
R^2	0.963	0.941

3.稳健性检验

(1)替换解释变量

用金融科技一级指标的技术支持替换金融科技指数作为本研究的解释变量。表14-7第(1)列和第(4)列显示技术支持对二氧化碳排放量的影响系数分别为−2.2872和−5.3542,通过了显著性水平检验。这表明金融科技发展中的技术支持能有效改善城市二氧化碳的排放量,金融科技发展水平较高的地区提供的技术支持也较为完善,也再一次印证了金融科技能够抑制城市二氧化碳排放量的增加。

(2)剔除直辖市

在研究金融科技对城市碳排放量的影响时,由于直辖市的开放度、城市化水平、就业结构、经济发展程度都远远高于大多数城市,导致直辖市可能成为估计过程中的异常值(陆铭和陈钊,2004)。因此本研究将直辖市的观测值剔除后再次进行回归。在剔除直辖市后,发现金融科技发展依然对城市碳排放量增加起到了显著的抑制作用。

（3）调整时间窗宽

理论部分分析到2017年以后，由于互联网金融监管加强以及金融科技普及度提高，金融科技指数发展呈下降趋势，因此本研究将时间窗宽调整为2011—2017年，再次进行回归。表14-7第（3）列和第（6）列给出了相应回归结果，金融科技系数仍然显著为负，说明假说H1的结论依然稳健。

表14-7 稳健性检验结果

变量	CO_2			CO_2/GDP		
	替换解释变量	排除直辖市	调整时间窗宽	替换解释变量	排除直辖市	调整时间窗宽
	（1）	（2）	（3）	（4）	（5）	（6）
Technical supprot	-2.2872**			-5.3542***		
	（1.0847）			（1.2483）		
Fintech		-2.3941**	-2.1527***		-5.5459***	-4.3244***
		（0.9587）	（0.8134）		（1.0844）	（0.8957）
Cons	3.3314***	3.3903***	3.8240***	7.2464***	7.4571***	6.2799***
	（0.4280）	（0.4521）	（0.4611）	（0.5746）	（0.5905）	（0.5227）
Controls	YES	YES	YES	YES	YES	YES
Area	YES	YES	YES	YES	YES	YES
Time	YES	YES	YES	YES	YES	YES
N	2376	2340	1848	2376	2340	1848
R^2	0.054	0.057	0.053	0.402	0.402	0.428

4.机制检验

根据前文理论分析，金融科技会通过促进技术创新和提高资源配置效率减少城市二氧化碳的排放量。本章采用中介效应模型进行机制检验。具体结果见表14-8，金融科技指数的回归系数分别为4.7684和7.4038，均在1%的水平上显著，说明金融科技能够提升城市的创新水平和资源配置效率，有效降低城市碳排放量，至此，假说H2、H3得以证实。

表14-8 金融科技影响城市碳排放量的机制检验

变量	Innovate	Resource
	（1）	（2）
Fintech	4.7684***	7.4038***
	（1.6513）	（1.5924）

续表

变量	Innovate	Resource
	(1)	(2)
Innovate		
Resource		
Cons	5.3756***	4.7391***
	(1.0436)	(0.8005)
Controls	YES	YES
Area	YES	YES
Time	YES	YES
N	2376	2376
R²	0.655	0.099

二、区域间层面金融科技对城市碳减排影响实证结果分析

1.空间相关性检验

金融科技可以有效突破时空限制形成一定的范围经济和规模经济,促进区域间的资源共享,并对周边城市的生态环境形成空间溢出。基于此,本小节接下来将建立空间计量模型,从区域间的视角考察金融科技对城市碳排放量的影响。首先,空间计量模型要求核心变量具有空间相关性(张林和温涛,2022),因此本章测算了城市二氧化碳排放量和金融科技指数的 Moran's I 指数,判断城市二氧化碳排放量和金融科技发展是否各自具有空间相关性,相关公式如下:

$$I=\frac{n\sum_{i=1}^{n}\sum_{j=1}^{n}W_{ij}(x_i-\bar{x})(x_j-\bar{x})}{\sum_{i=1}^{n}\sum_{j=1}^{n}W_{ij}\sum_{i=1}^{n}(x_i-\bar{x})^2}=\frac{\sum_{i=1}^{n}\sum_{j=1}^{n}W_{ij}(x_i-\bar{x})(x_j-\bar{x})}{s^2\sum_{i=1}^{n}\sum_{j=1}^{n}W_{ij}} \tag{14.7}$$

x 代表城市碳排放量、金融科技指数;$\bar{x}$ 代表城市碳排放量和金融科技指数在各区域的平均值,W_{ij} 代表区域 i 和 j 的空间权重($i,j=1,2,3,\cdots,264$)。全局 Moran's I 指数 I 在 $[-1,1]$ 之间,具体数值如表14-9所示。

表14-9　城市二氧化碳排放量与金融科技指数的Moran's I指数

年份	CO$_2$			Fintech		
	I	Z	P	I	Z	P
2011	0.142	4.674	0.000	0.206	6.767	0.000
2012	0.156	5.098	0.000	0.233	7.640	0.000
2013	0.156	5.098	0.000	0.249	8.141	0.000
2014	0.165	5.401	0.000	0.233	7.637	0.000
2015	0.156	5.113	0.000	0.235	7.692	0.000
2016	0.152	4.998	0.000	0.217	7.116	0.000
2017	0.158	5.188	0.000	0.141	4.659	0.000
2018	0.171	5.592	0.000	0.206	6.730	0.000
2019	0.179	5.830	0.000	0.223	7.309	0.000

由表14-9中结果可知,历年的二氧化碳排放量和金融科技指数均为正,都在1%的水平上通过了显著性检验,且Z指数检验值都大于4.6,这说明中国各城市的二氧化碳排放和金融科技发展并非表现出随机状态,而是存在显著的空间正相关性。为进一步考察中国各地区二氧化碳排放量和金融科技在空间上的集聚模式,绘制2011年和2017年的城市二氧化碳排放量和金融科技指数的Moran's I散点图。可以发现在264个城市中,大部分城市的二氧化碳排放量主要分布在Moran's I散点图的第1、3象限,只有少部分落在2、4象限。说明地区间的二氧化碳排放量会受到临近地区二氧化碳排放量的影响,排放量高(低)的地区相临近。同时,金融科技发展也存在"高—高"集聚和"低—低"集聚的空间关联特征,说明城市二氧化碳排放量和金融科技水平发展在空间地理分布上存在明显的集聚模式异质性,构建空间计量模型具有合理性。

2.金融科技对城市碳排放量影响的空间计量分析

表14-10展示了全样本下空间杜宾模型估计结果,空间项系数(rho)在1%的水平上显著为正,证明空间溢出相应显著存在;列(1)至列(4)表示以城市二氧化碳排放量的对数值为被解释变量时不加入控制变量和加入控制变量的空间杜宾模型估计,金融科技系数分别为-2.3618和-2.6812,并通过了1%的显著性水平检验,说明当地金融科技水平的提高可以显著减少二氧化碳的排放量;

需要特别关注的是,金融科技指数空间滞后项的回归系数分别为2.3454和5.1489,说明金融科技虽然能降低本地城市二氧化碳的排放量,但会促进周边二氧化碳的排放量。对此结果可能的解释为金融科技能够激发企业进行要素的创新与技术的升级,而污染密集型企业在进行自我改革的同时,会向环境管制更为宽松的地区迁移,考虑到运输成本费用和本地市场效应的影响,他们更倾向于向临近地区迁移,因此迁入地的二氧化碳排放量也会随之上升。需要做出说明的是,SDM模型的回归系数无法直接测算自变量对因变量的作用大小(唐松等,2019),因此上述结果仅对金融科技对城市碳排放量的空间溢出机制做出初步判断。

表14-10 空间面板杜宾模型估计结果

变量	CO$_2$				CO$_2$/GDP			
	Main	WX	Main	WX	Main	WX	Main	WX
	(1)	(2)	(3)	(4)	(5)	(6)	(7)	(8)
Fintech	−2.3618***	2.3038*	−2.6812***	2.3454*	−7.0474***	7.6971***	−6.2028***	5.1489***
	(0.6351)	(1.2374)	(0.6417)	(1.3326)	(0.7435)	(1.4537)	(0.7050)	(1.4715)
rho	0.0952**		0.0879**		−0.0737*		0.0132	
	(0.0407)		(0.0409)		(0.0393)		(0.0394)	
sigma		0.0297***		0.0290***		0.0406***		0.0349***
		(0.0009)		(0.0008)		(0.0012)		(0.0010)
Controls	NO		YES		NO		YES	
Area	YES		YES		YES		YES	
Time	YES		YES		YES		YES	
Log-likelihood	803.8409		8434.5421		434.6030		615.1460	
N	2376		2376		2376		2376	
R^2	0.054		0.086		0.116		0.038	

借鉴LeSage和Pace(2009)的研究,使用微积分的方法将总效应分解为直接效应和间接效应,进一步探究金融科技对城市碳排放量的作用大小。本章在经济距离空间权重矩阵下,将金融科技对城市碳排放量的影响分解为直接效应、间接效应和总效应,结果如表14-11所示。以城市二氧化碳排放量的对数值为被解释变量时金融科技指数对城市二氧化碳排放量的直接效应估计为

–2.6312，间接效应的估计系数为2.3849，均通过了显著性检验，说明金融科技只有对本地城市二氧化碳排放量的直接抑制作用。以每万元生产总值所产生的二氧化碳排放量的对数值为被解释变量进行估计的结果同样支持上述结论。这说明当地政府会让本地的一些高碳排放产业向周边经济发展水平相近的城市转移，以实现本地城市的低碳、智慧、数字化及可持续发展，减排效应呈现出"以邻为壑"而不是"以邻为伴"的局面。

表14–11　空间溢出效应偏微分估计结果

变量	CO_2			CO_2/GDP		
	直接效应	间接效应	总效应	直接效应	间接效应	总效应
	(1)	(2)	(3)	(4)	(5)	(6)
Fintech	−2.6312***	2.3849*	−0.2463	−6.1654***	5.2197***	−0.9457
	(0.6560)	(1.4108)	(1.4293)	(0.7230)	(1.4631)	(1.4536)
Controls	YES	YES	YES	YES	YES	YES
Area	YES	YES	YES	YES	YES	YES
Time	YES	YES	YES	YES	YES	YES
N	2376	2376	2376	2376	2376	2376
R^2	0.086	0.086	0.086	0.038	0.038	0.038

第五节　进一步分析：金融科技对城市碳排放量影响的区域异质性

理论部分分析到由于资源禀赋和发展阶段的不同，无论是金融科技发展水平还是城市碳排放量，在区域分布上都存在着明显的异质性特点。因此，金融科技对城市碳排放量的影响也可能存在地区、城市层级上的异质性，有必要对此进行深入讨论。因此从南部地区和北部地区、城市群和非城市群、中心城市和其他城市三个角度进一步展开异质性分析。

一、基于南北地区的比较

理论部分提到秦岭—淮河是中国重要的地理分界线，基于地理条件、自然禀赋、发展进程等多重原因,我国以此为界的南北地区差异巨大,导致金融科技发展水平存在异质性。因此研究金融科技对城市碳排放量的影响应也应当将这种异质性纳入考虑范围,以秦岭—淮河一线为划分标准,将全样本分为南、北两个子样本,进行分样本回归;结果如表14-12、表14-13回归第(1)、(2)列所示。可以看出,无论是以城市二氧化碳排放量的对数值为被解释变量,还是以每万元生产总值所产生的二氧化碳排放量的对数值为被解释变量时,北方城市的金融科技系数均在1%的水平上显著为负,表明了金融科技减排的作用效果在北部地区更显著,对此可能的解释是北方城镇冬季集体供暖,采暖热源主要来自热电联产和各类燃煤、燃气锅炉生产的热力,在此过程中产生了较大的污染,随着城市二氧化碳排放量的增加,污染程度的加剧,金融科技的减排效应逐渐增强(房宏琳和杨思莹,2021);而南方地区相较于北方地区污染程度较低,金融科技的减排效应相对较低。

二、基于城市群和非城市群的比较

城市群不仅是统筹城乡一体化、社会发展与社会保障一体化、产业结构一体化的核心地区,也是生态环境问题高度集中且激化的高度敏感地区(黄跃和李琳,2017)。与城市地区相比,城市群地区的城市化与环境保护之间的矛盾更为突出,环境问题也更加复杂(Fang et al.,2016)。因此将总样本划分为城市群城市[1]与非城市群城市两个子样本回归以考察金融科技对城市二氧化碳排放量抑制效应的城市群异质性,回归结果见表14-12、表14-13第(3)、(4)列。从结果可以看出,非城市群城市的系数绝对值更大,显著性更强,说明金融科技的碳减排效应在非城市群的城市中更为显著。之所以如此,可能是因为位于城市群的城市,由于政策引导和资金支持,具有较高的科技发展水平,满足了生态环境保护的科技需求,此时生态环境保护对金融科技的依赖性减少,而非城市群的城市则相反,其生态环境对金融科技的依赖性较强。因此金融科技的碳减排效应也更强。

---

[1] 城市群城市,包括位于长三角城市群、珠三角城市群、京津冀城市群、成渝经济圈、长江中游城市群5个国家级城市群内的所有城市。

三、基于中心城市和其他城市的比较

省会城市、计划单列市不仅是政治发展、经济发展、社会发展的核心地区，也逐渐成为绿色发展、低碳发展的前沿阵地和良好空间载体。它的发展直接关系到中国"3060"目标的推进与实施。因此将所有的城市划分为中心城市[①]和其他城市两组，实证检验金融科技对城市二氧化碳排放量是否具有区域异质性。回归结果见表14-12、表14-13的第（5）、（6）列，以城市二氧化碳排放量的对数值为被解释变量时，其他城市的金融科技指数的回归系数为-3.7410，并通过5%的显著性检验；以每万元生产总值所产生的二氧化碳排放量的对数值为被解释变量时，其他城市的金融科技指数的回归系数为-7.0383，通过了1%的显著性检验，表明金融科技能够有效降低二氧化碳排放量，但这一作用的效果在除中心城市外的城市更显著。这可能是因为中心城市的经济发展速度快，基础设施完备，并且由于其特殊的经济、政治地位，要面临更严格的环境管制，因此生态环境良好，二氧化碳治理对金融科技的依赖程度较低。而其他城市经济发展较慢，环境规制较宽松，导致生态环境污染严重，城市二氧化碳治理对金融科技的依赖程度较高。这一结论与前述南北地区异质性、城市群异质性分析结果一致，即对于经济发达，生态环境较好的地区，金融科技降低二氧化碳排放量的效果相对较差；而对于经济、科技发展相对滞后，生态环境条件不佳的地区，金融科技对二氧化碳排放量的抑制作用更强。

表14-12　异质性检验结果：被解释变量CO_2

变量	南方城市	北方城市	城市群	非城市群	中心城市	其他城市
	(1)	(2)	(3)	(4)	(5)	(6)
Fintech	−1.0999	−3.5528***	−2.0808	−2.7605*	−0.6887	−3.7410**
	(1.2446)	(1.0796)	(1.2925)	(1.4386)	(1.2405)	(1.6254)
Cons	2.6612***	4.0614***	2.9792***	3.6689***	−0.4218	3.6944***
	(0.6770)	(0.6867)	(0.9369)	(0.5594)	(1.3282)	(0.5328)
Controls	YES	YES	YES	YES	YES	YES

[①] 中心城市，此处指石家庄市、沈阳市、哈尔滨市、杭州市、福州市、济南市、广州市、武汉市、成都市、昆明市、兰州市、南宁市、银川市、太原市、长春市、南京市、合肥市、南昌市、郑州市、长沙市、海口市、贵阳市、西安市、西宁市、呼和浩特市25个省会城市和大连市、青岛市、宁波市、厦门市、深圳市5个计划单列市，共计30个城市。

续表

变量	南方城市	北方城市	城市群	非城市群	中心城市	其他城市
	(1)	(2)	(3)	(4)	(5)	(6)
Area	YES	YES	YES	YES	YES	YES
Time	YES	YES	YES	YES	YES	YES
N	1260	1116	729	1647	306	2070
R^2	0.080	0.050	0.147	0.042	0.155	0.060

表14-13 异质性检验结果：被解释变量CO_2/GDP

变量	南方城市	北方城市	城市群	非城市群	中心城市	其他城市
	(1)	(2)	(3)	(4)	(5)	(6)
Fintech	-2.3218[*]	-7.6514[***]	-2.4725[*]	-6.9620[***]	-0.9588	-7.0383[***]
	(1.3134)	(1.3876)	(1.3947)	(1.4980)	(1.6103)	(1.7632)
Cons	4.2668[***]	8.5191[***]	3.7151[***]	8.4248[***]	3.9754[***]	7.8139[***]
	(0.7526)	(0.8037)	(1.0485)	(0.6740)	(1.4186)	(0.6658)
Controls	YES	YES	YES	YES	YES	YES
Area	YES	YES	YES	YES	YES	YES
Time	YES	YES	YES	YES	YES	YES
N	1260	1116	729	1647	306	2070
R^2	0.469	0.412	0.508	0.404	0.732	0.374

第六节 结论与启示

本研究利用2011—2019年中国264个城市的面板数据,构建中国地级城市金融科技指数,实证分析了金融科技发展对于现阶段城市的碳排放影响、作用机制以及空间溢出效应,主要结论如下:①从区域内来看,金融科技能够有效抑制城市二氧化碳排放,金融科技通过提高地区技术创新水平和促进资源配置效率有效降低城市二氧化碳的排放量,改善当地的环境。这一结论在考虑内生性问题以及替换核心解释变量等一系列稳健性检验之后仍然成立。②从区域间来看,金融科技虽然能降低本地城市二氧化碳的排放量,但同时也会促进周边城市二氧化碳排放量的增加,呈现出"以邻为壑"的现象。③从整体来看,由于能源结构、产业结构及政策引导等因素,金融科技发展对城市二氧化碳排放量的影响具有空间异质性。具体而言，金融科技的碳减排效应在北部地区显著强于南部地区，在非城市群城市显著强于城市群城市，在非中心城市显著强于中心城市。

根据以上结论，提出如下建议：

第一，推动金融科技发展，以数字化助力绿色化。加大底层技术领域资金研发资金投入力度，加强前沿科技的研发，推动云计算、区块链等数字技术与金融市场主体的深度融合，实现金融资源在部门投放过程中的"绿色化、精准化、高效化"，如建立金融机构与企业生产、经营、污染排放之间的数据对接与评估，将金融机构的贷款审批、利率定价与企业的实际业务数据相结合，加强对清洁企业、环保企业等绿色企业的信贷支持，对环境污染严重的企业进行适当的融资约束，实现以绿色金融为着力点，加速绿色低碳产业发展，促进传统污染产业绿色转型。

第二，提高金融科技技术创新效应和资源配置效应，促进城市绿色转型。提高技术创新水平和资源配置效率，既有利于减少二氧化碳的排放量，又能增强金融科技的碳减排效应，因此为进一步推动我国环境治理，早日达成"3060"目标，政府必须加快技术创新，促进资源的合理配置。具体措施如下：一是建立政府和社会资本共同参与的绿色科研创新模式，同时加强社会资本的聚集和利用，有利于解决科技创新资金短缺问题，为企业的绿色技术创新及其成果应用提供资金支持。二是注重培养具有创造性的专业人才，可以联合高校和科研院所的优秀研发人才组成技术攻关团队，打破技术壁垒，加强关键核心技术的研究，提高绿色技术成果的有效供给。三是推动制度创新，运用金融政策等对垒政策，以激励和倒逼相结合的方式，将资金投向具有"低能耗、低排放、高效率"特点的企业，加速城市绿色转型；在提高资源配置效率方面，可以进一步深化金融体制机制"绿色化、普惠化、均等化"的改革，充分发挥政府对资本的绿色导向功能，加强金融机构对绿色项目的资金支持，进一步提高生产效率和能源利用率，有效降低城市碳排放量。

第三，提升区域整体金融科技水平，加强区域间环境协同治理。政府应消除地区之间的市场分割，构建和完善金融科技基础研究网络体系，促进金融科技创新人才、资金等要素的自由流通，扩大区域间技术知识外溢通道，促进周边地区技术知识吸收主体模仿学习,实现区域间金融科技水平的整体提升,从而减少二氧化碳排放量。同时,加快建立区域间隐含碳转移的辨识和核算体系,核算区域间产业转移的二氧化碳排放含量,构建地区碳排放量动态监测机制。制定地区二氧化碳年度控制目标和排放配额,鼓励地区通过产业结构升级和技术创新来节约二氧化碳排放量,多余的排放指标可通过碳排放交易市场进行交易而获得收入,超额排放的地区则需要通过买入碳排放指标。

第四,立足区域发展差异,实施差异化的金融科技发展策略。不同城市金融科技对碳排放的抑制效果有明显差异。这就要求各城市应该实施有差异的发展战略。如在金融科技发展较快,生态环境保护较好的地区,改变金融科技减排效应的疲软状态,加强金融科技环境绩效考核,通过政策制定等方式进一步强化金融科技的减排效应。针对生态环境较差的地区,应加大金融科技投资力度,健全金融体系,从上到下推进以金融科技为核心的地方金融体制改革。

第十五章
金融科技驱动经济高质量发展的实践成效评价

随着互联网、大数据、人工智能和实体经济的深度融合,金融科技成为驱动经济高质量发展的重要引擎。本章通过2011—2020年中国279个城市的数据,构建了城市金融科技与经济高质量发展指数,并运用熵值法进行测度,最后通过社会网络分析方法(SNA)、面板固定效应模型、空间计量模型、定性比较分析方法(QCA)等探究了金融科技对城市经济高质量发展的影响作用。研究发现:①各城市经济高质量发展水平存在较大差距,呈现凝聚子群形态,且各城市间关联性还有待提高。②金融科技显著促进了本地城市经济高质量发展,但因为极化效应大于涓滴效应,对邻近城市经济高质量发展水平产生负面影响。分维度来看,金融科技对创新、协调、开放、共享四个分维度有显著的促进作用。③现阶段经济高质量发展的路径主要为政府监督下的金融科技驱动型,且金融科技在城市高质量发展过程中起着重要作用。本章对于探究金融科技促进经济高质量发展的理论机制与影响作用、明晰中国城市经济高质量发展现状等具有重要理论和现实意义。

第一节　金融科技驱动经济高质量发展的内在机理

一、金融科技驱动经济高质量发展:产业结构

金融科技可以推动产业结构升级,促进经济高质量发展。产业结构升级是经济高质量发展的内在要求和迫切任务(李海奇和张晶,2022),其核心包括生产要素从低效率部门向高效率部门的转移、劳动密集型产业向资本技术型产业的转变等(孟维福和刘婧涵,2023)。首先,金融科技将金融和数字经济有效结合,推动金融机构实现数字化转型,降低金融机构与企业信息不平衡程度,提升高成长性、高发展性和可持续性的企业资金获取概率和审批速度,加速企业转型进程。其次,金融科技普惠性的特征使更多群体可以获得金融服务和消费信贷,提升居民的边际消费倾向和生活品质(李杨和程斌琪,2018),高端制造业的比重也会随之提高,以消费结构升级带动产业结构升级。此外,金融科技可以通过技术创新驱动产业结构升级,尤其是在物联网、机器人咨询和区块链等领域的创新具有重要意义,帮助企业降低成本、提高产品质量,从而推动产业结构的升级(Chen et al.,2019)。金融科技的不断发展改变了金融服务行业的运作方式,创造新的高科技就业机会,以客户为中心提供增值服务,提高企业盈利能力,促进产业结构的优化和转型(Gomber et al.,2018)。最后,金融科技拓展了企业数字化的应用场景,提升了劳动者的数字技能水平,从而提高了整个社会的人力资本水平,最终推动三次产业内部结构的优化(廖正方和王丽,2023)。

二、金融科技驱动经济高质量发展:实体经济

金融科技可以推动实体经济发展,促进经济高质量发展。实体经济作为国家经济的命脉,是建设现代化产业体系的重点,也是提高综合国力的根基所在。因此,实现经济高质量发展必须重点关注实体经济发展。然而,目前金融业脱实向虚程度严重,导致实体企业发展缺乏足够的资金支持(张小波,2021)。金融科技的出现不仅可以转变金融机构的被动投资管理模式,提高金

融业务服务实体产业的主动性(薛莹和胡坚,2020),还能够通过海量的数据要素实现对实体企业的精准定位,对相关数据进行挖掘和分析,提高金融机构服务实体企业的精准性。同时,金融科技能够催生出新的金融机构和金融产品,为实体经济提供服务。一方面,金融发展和科技创新推动了新型非银行金融机构的产生(张林,2016),增加了实体企业的融资渠道;另一方面,传统金融机构与新型非金融机构之间的竞争导致传统金融机构不得不对服务流程、服务质量、金融产品类型做出优化,巩固已有地位和原有客户,最终使实体企业在这一过程中获利。金融科技通过缓解实体经济的融资约束和提高投资效率的微观作用路径助推实体经济。一方面,金融科技极大地缓解了市场的信息不对称性,拓宽外部融资渠道,提高融资效率;另一方面,金融科技的底层技术为上市公司提供了规避市场风险的方法,提高实体经济总体的风险承担水平(董竹和蔡宜霖,2021)。此外,金融科技在实体企业借贷领域应用广泛,尤其是通过使用替代数据和机器学习技术来改进信贷评估过程,提升评估的准确性,精准地识别借款人的信用风险,从而为更广泛的消费者和小型企业提供金融服务,促进实体企业经济发展(Jagtiani and Lemieux,2019)。金融科技的出现使得一些公司可以利用监管套利空间,在提供信贷服务等方面与传统银行形成竞争,从而影响了金融市场的结构,推动实体经济的发展(Buchak et al.,2018)。金融科技还绕过了传统的中介机构,在提供金融服务方面创新,例如提供新的支付方式、资金管理工具以及融资渠道等服务,从而降低交易成本,提高金融服务的普及率,支持实体经济的发展(Thakor,2020)。

三、金融科技驱动经济高质量发展:创新水平

金融科技可以提高企业创新水平,促进经济高质量发展。在新时代,传统的依靠资金投入、大规模开发、人力资本等实现经济增长的方式已不再适用(魏敏和李书昊,2018)。因此,我们需要寻找新的生产模式推动经济发展。而创新作为发展的第一动力,是经济发展的最根本作用力(薛莹和胡坚,2020),也是实现经济持续高质量增长的重要条件(Solow,1957;金碚,2018)。总的来说,金融科技可以通过技术溢出效应和资源配置效应等方式来提升城市创新

水平。首先,金融科技的底层技术会在经济社会中传播,并且接受者会进行研究学习,结合自身需求创造出新的技术手段,从而扩大经济中创新主体的范围。其次,金融科技通过提高金融机构的资源配置能力,降低企业融资约束的概率(王世文等,2023;李春涛等,2020;刘长庚等,2022),为创新活动提供资金支持。创新活动通常需要高投入、长周期和具有不确定性,这使得大部分企业望而却步(Hall,2002;滕磊和马德功,2020)。然而,借助金融科技所提供的大数据、云计算、人工智能等新兴技术支持(赵瑞瑞等,2021),金融机构可以提高信息挖掘和识别能力,降低与企业之间的信息不对称程度,准确定位到具有创新潜力的优质企业,提高它们获得创新投入资金的概率。此外,金融科技公司通过降低运营成本、瞄准更小众市场、提供个性化服务等方式推动了支付、财富管理、贷款、众筹、资本市场和保险等领域的重大创新,刺激了经济增长,并促进了金融业的合作和竞争(Lee and Shin,2018)。金融科技还通过缩小企业资金缺口来支持小型企业和初创企业,提高整体经济的创新能力和质量(Haddad and Hornuf,2019)。

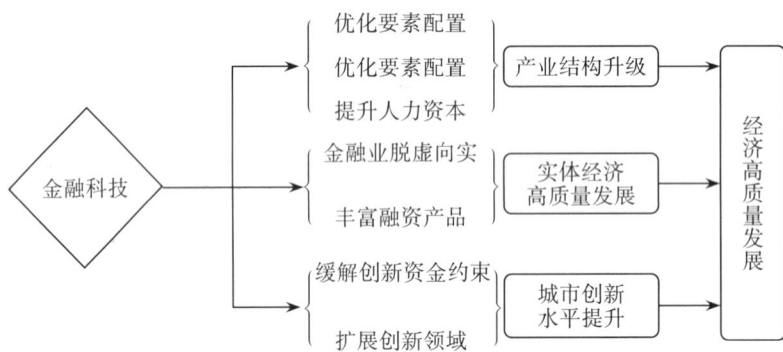

图15-1　金融科技促进经济高质量发展的理论逻辑图

第二节　中国经济高质量发展的指标体系构建及测度

一、经济高质量发展的指标体系构建

众多学者对高质量发展的内涵进行了研究,为本章的经济高质量发展评价指标体系构建奠定了基础。任保平和文丰安等(2018)认为高质量发展是经济发展质量的高水平状态,是以新发展理念为指导的经济发展质量状态。金碚(2018)认为高速增长转向高质量发展的实现必须基于新发展理念进行新的制度安排,以各种有效和可持续的方式满足人民不断增长的多方面需要才是高质量发展的本质特征。同时张军扩等(2019)均对高质量发展的内涵进行了探究。这些研究大都殊途同归,认为高质量发展就是侧重从"发展"的视角反映经济成效的质量等级,就是能够满足人民美好生活需要的发展,是体现新发展理念的发展。此外,任保平和文丰安(2018)也强调创新是高质量发展的第一动力,需要进一步激发创新发展的活力;协调是高质量发展的内生特点,需要加强协调发展的整体性;绿色是高质量发展的普遍形态,需要推进绿色发展制度体系建设;开放是高质量发展的必由之路,需要形成高水平对外开放的新格局;共享是高质量发展的根本目标,需要增强公共服务的供给能力。为此,本章在兼顾经济发展过程指标及结果指标的层次性和可得性的基础上,构建了由创新、协调、绿色、开放、共享5个一级指标,创新投入等17个二级指标,科技支出投入比例等33个三级指标构成的经济高质量发展评价指标体系(王小华等,2022),具体如表15-1所示。

表15-1　经济高质量发展的评价指标体系[①]

一级指标	二级指标	三级指标	指标计算方式	性质	权重 W_j
创新	创新投入	科技支出投入比例	财政科技支出/一般预算支出	正	0.0320
		教育投入比例	财政教育支出/一般预算支出	正	0.0425
	创新潜力	高校教师比例	普通高校专任教师数/总人口	正	0.0787
		科研从业人员比例	科研技术服务从业人员/总人口	正	0.0023
	创新产出	专利授权量	每万人当年获得的发明数量	正	0.0495
协调	产业协调	一二产业产值比例	第二产业增加值/第一产业增加值	正	0.0079
		一三产业产值比例	第三产业增加值/第一产业增加值	正	0.0073
	城乡协调	农村城镇收入比	农村与城镇居民可支配收入之比	正	0.0546
		城镇化率	城镇化率	正	0.1034
	投资消费协调	资本形成率	市政公用设施建设本年新增固定资产投资/生产总值	正	0.0023
		最终消费率	社会消费品零售总额/生产总值	正	0.0368

[①] 数据来源为中国城市统计年鉴、中国建设统计年鉴、各地级市统计年鉴。

续表

一级指标	二级指标	三级指标	指标计算方式	性质	权重 W_j
协调	经济协调	失业就业比例	城镇登记失业人数/城镇单位从业人员期末人数	负	0.0008
	金融协调	存款余额比例	年末金融机构各项存款余额/生产总值	正	0.0071
		贷款余额比例	年末金融机构各项贷款余额/生产总值	正	0.0221
绿色	能源消耗	人均用水量	人均日生活用水量	负	0.0272
		人均用气量	天然气销售气量/总人口	负	0.0044
	环境污染	单位产出废水排放量	污水排放总量/生产总值(万立方米/万元)	负	0.0041
		单位产出废气排放量	二氧化硫排放量/生产总值(吨/万元)	负	0.0125
		单位产出废物排放量	工业烟粉尘排放量/生产总值(吨/万元)	负	0.0016
	绿化环保	公园绿地面积	人均公园绿地面积(平方米)	正	0.0166
		建成区绿化覆盖率	建成区绿化覆盖率(%)	正	0.0254
	环境治理	生活垃圾无害化处理率	生活垃圾无害化处理率(%)	正	0.0072
		日均污水处理能力	污水处理厂集中处理率(%)	正	0.0326
开放	开放程度	进出口额度	货物进出口总额/GDP	正	0.0621
	开放效果	对外经贸合同数	对外经济合作新签合同数(个)	正	0.0077
共享	区域共享	地区收入共享	各城市生产总值/全国生产总值	正	0.0455
		地区消费共享	城市消费品零售总额/全国消费品零售总额	正	0.0398
	服务共享	就业投入	失业保险参保人数/总人口	正	0.0500
		社会保障	养老保险参保人数/总人口	正	0.0503
	设施共享	医疗设施共享	医院、卫生院床位数/总人口(张/万人)	正	0.0499
		交通设施共享	人均道路面积	正	0.0616
		环卫设施共享	每万人拥有公共厕所(座/万人)	正	0.0507
		文化设施共享	公共图书馆藏量/总人口(千册/万人)	正	0.0038

注:部分缺失数据使用线性函数法补充。

二、经济高质量发展的指标计算

1.标准化处理

为消除数据不同量纲的影响,对各指标的原始指标进行标准化处理。设 S_{ij} 表示 i 城市第 j 个指标的标准化数据,取值范围为 $[1,2]$; X_{ij} 表示 i 城市第 j 个指标的原始数据 $(i=1,2,\cdots,m;j=1,2,\cdots,n)$,其中 $m=279$, $n=33$; $\max(X_j)$ 表示样本期间第 j 个原始指标数据中的最大值; $\min(X_j)$ 表示样本期间第 j 个原始指标数据中的最小值,高质量指标计算公式为:

$$S_{ij}=\begin{cases} \dfrac{X_{ij}-\min(X_j)}{\max(X_j)-\min(X_j)}+1(正向指标) \\ \dfrac{\max(X_j)-X_{ij}}{\max(X_j)-\min(X_j)}+1(负向指标) \end{cases} \qquad (15.1)$$

2.赋权

由于经济高质量发展的各单项指数在经济高质量发展过程中均起着重要作用,为排除主观因素的干扰,本章采用各指标数据的变异程度即熵值赋权法来确定各指标的权重分布。

首先,确定在第 j 项指标下, i 城市所占比重: $P_{ij}=S_{ij}\Big/\sum_{i=1}^{m}S_{ij}$ $\qquad (15.2)$

其次,计算第 j 项指标的熵值: $E_j=-(\ln m)^{-1}\sum_{i=1}^{m}P_{ij}\ln P_{ij}$ $\qquad (15.3)$

再次,得到信息效用价值: $I_j=1-E_j$ $\qquad (15.4)$

从次,得到各指标权重: $W_j=I_j\Big/\sum_{j=1}^{n}I_j$ $\qquad (15.5)$

最后,采用线性加权求和法得出2011—2020年间中国279个地级市的高质量发展指数 (HQ_i) :

$$HQ_i=\sum_{j=1}^{n}W_jS_{ij}-1 \qquad (15.6)$$

三、经济高质量发展水平分析

本部分对研究期重要年份,即2011年、2015年和2020年的经济高质量发展水平进行可视化分析,可见经济高质量发展水平存在明显的地区差异。首先从各城市经济高质量发展水平来看,2020年排名前十位的城市分别为东莞、苏州、深圳、北京、金华、嘉兴、合肥、上海、广州、杭州等,可见除北京、上海两个直辖市外,广东和浙江的经济高质量发展水平较高。其次从经济高质量发展波动状况来看,与2011年相比,上饶、双鸭山、保定、齐齐哈尔、潮州等城市在全国高质量水平的排名下降最多,研究期排名下降最多的30个城市中有13个东部地区城市、13个中部地区城市、4个西部地区城市,鄂尔多斯、铜仁、崇左、滁州、泉州等城市在全国排名上升最多,研究期排名上升最多的30个城市中有15个中部地区城市、11个西部地区城市、4个东部地区城市,可能由于研究初期西部地区发展空间最大,在研究期内主要呈现发展上升态势,而中部和东部地区城市发展水平参差不齐,高质量水平上升和下降的城市也居多。最后从高质量发展稳定性来看,环渤海、长三角以及东南沿海城市的经济高质量发展稳定性好,东莞、深圳、苏州、北京、上海、珠海、杭州等东部沿海城市经济高质量发展水平在全国范围内相较来说一直位于前列。

第三节 中国经济高质量发展的空间网络结构 特征分析

一、社会网络分析方法介绍

1.省域经济高质量发展空间关联网络的构建

中国经济高质量发展的空间关联网络就是各城市经济高质量发展的关系集合,网络中的"点"和"线"分别为各城市以及城市间的经济高质量发展关联关系,由此构建了省际经济高质量发展的空间关联网络。根据已有文献,确定空间关联关系有VAR模型(李敬等,2014)和引力模型(冷炳荣等,2011;白俊红和蒋伏心,2015)两种方法。由于VAR模型不能刻画空间关联网络的演变趋势,同时对滞后阶数的选择过于敏感,在一定程度上会降低溢出关系刻画的精准性(刘华军等,2015),本部分选用修正后的引力模型[见式(15.7)]进行中国经济高质量发展空间关联网络的刻画。其中R_{ij}表示城市i和城市j之间的引力强度;L_{ij}表示城市i和城市j的引力系数,代表城市i对两城市间联系的贡献程度;G_i、G_j分别为城市i和城市j的实际生产总值[1];P_i、P_j分别为城市i和城市j的常住人口;H_i、H_j分别为城市i和城市j的经济高质量发展指数;D_{ij}表示城市之间的地理距离;g_i、g_j分别为城市i和城市j的人均实际GDP利用引力模型构建城市经济高质量发展的引力矩阵,将每行的平均值作为该行临界值,将高于临界值的引力值记作1,表示该行城市存在对该列城市的高质量发展空间溢出;将低于临界值的引力值记作0,表示该行城市对该列城市没有高质量发展的空间溢出(刘华军等,2015)。

$$R_{ij}=L_{ij}\frac{\sqrt[3]{G_iP_iH_i}\sqrt[3]{G_jP_jH_j}}{D_{ij}^{2}},L_{ij}=\frac{H_i}{H_i+H_j} \tag{15.7}$$

2.网络特征指标

(1)网络密度和关联性分析

首先,网络密度表征某网络中存在关联关系的多少,网络密度越大则表示关联关系越多。其次,关联性衡量网络的稳健性和脆弱性,如果一个集体通过各种关系联系在一起,那么该集体就具有关联性。但是网络关联方式也比较重要,若一个网络仅仅依靠某一核心点使得各节点聚集在一起,那么该网络对此核心点就具有较强的依赖性,当该核心点出现问题时,整体网络往往面临崩溃的风险,此时网络是不稳健的;如果某网络是依靠节点间独立途径数目的增加而提高关联性的,那么该网络就是稳健的。参照Krackhardt(1994)的建议,本部分从以下三个指标对网络关联性进行测度:①关联度。若两个点之间具有较高的可达性,即联系两点的路径越多,整体网络的关联度和稳健性越高。②最近上限。等级性是描述有向图中各节点在多大程度上非对称的可达(Krackhardt,1994),对称可达的点对数占总可达点对数的比重越小,此时就说该网络具有一定程度的等级性。最近上限是描述网络等级性的指标,最近上

---

[1] 实际生产总值以2011年为基期,通过平减指数计算所得。

限越大表明等级性越高。③网络效率。若一个网络存在N个主体,理论上包含的线的最小条数为N-1,若少于N-1条,网络会断开;多于N-1条,各网络主体间就会形成多条路径和循环。网络效率就表示在保证网络不会断开的前提下,各节点间额外存在线的多少。需要指出的是,网络无效率不同于经济无效率或者社会无效率,网络中节点间的线越多,则效率值越低,但网络关联性和稳健性越高。

(2)中心性分析

关系网络的中心性分析有中心度分析和中心势分析两种,Scott(2017)将两者概念进行了明确的区分,认为中心度是衡量网络中各节点中心性的指标,若某节点越接近中心位置,则其在整体网络中的"地位"和"权力"越高,中心性也就越高;而中心势是衡量整体网络中心性的指标,即衡量整体网络围绕某些核心点的凝聚性和整合度。本部分在使用相对度数中心度和相对中间中心度衡量各城市中心性的基础上,使用度数中心势和中间中心势衡量经济高质量发展空间关联网络的中心性。然而,当网络规模不同时,绝对度数中心度和绝对中间中心度不可用来衡量不同网络中节点的中心性。为了对来自不同网络的点的中心性进行比较,本部分计算了2011—2020年各城市相对度数中心度和相对中间中心度以及其对应中心势。

(3)块模型分析

块模型由White et al.(1976)提出,是一种研究网络位置并对社会角色进行描述性分析的模型。运用UCINET软件,使用相关迭代收敛法(convergent correlations,CONCOR)对经济高质量发展空间关联网络进行块模型分析,并分别从位置层次和整体层次对块模型分析结果进行解释。块模型分析可以从个体层次、位置层次、整体层次三个层次解释块模型分析结果,此处仅从整体层次对块模型结果进行解释。此方法主要利用像矩阵对整体的块进行描述,其中具有四个位置的像矩阵能够表现出"凝聚子群"、"核心边缘结构"、"集中趋势"、"等级性"和"传递性"等特征。首先,观察分类后子群内外部关系的有无或多少,观察各子群溢出与接收关系情况。其次,为了解各子群之间关系及联接方式,从整体层次对块模型分析结果进行解释。先构建中国区域经济高质量发展空间关联网络的密度矩阵,根据整体网络密度,将小于网络密度的格值设置为0,大于网络密度的格值设置为1,由此得到经济高质量发展空间关联网络的像矩阵,绘制经济高质量发展关联网络中四个子群的关联关系图并确定像矩阵类型。

二、关联网络的构建

使用修正的引力模型构建各城市经济高质量发展空间溢出的关系矩阵,利用Gephi进行空间关联网络的可视化。由于网络较为稳定,发现研究样本期内的关联网络整体结构并没有发生太大变化。上海、武汉、北京、重庆、济南、郑州的度数中心度最高,即在关联网络中起着较强的支配作用,可能由于这些城市的高质量发展指数在全国排名最为靠前,且与其他城市的关联关系较多,故这些城市在整体网络中处于相对中心位置。而众多小城市经济高质量发展水平较低且与其他城市的关联较少,在关联网络中处于弱势地位。

三、网络特征分析

1.网络密度和关联性分析

省际经济高质量发展的网络密度在2011—2020年间均较为稳定(见表15-2),各年份的网络密度均处于0.141左右,表明区域间关联的紧密程度总体上并不高,地区间相互关联、相互依赖程度有待加强。研究期间的关联度一直为1,表明中国经济高质量发展没有孤立发展的地区,每个城市都直接或间接地与其他城市相连,网络连通性较好。同时最近上线在样本期内均为1,说明部分城市间的溢出关系在很大程度上是非对称的,高质量发展的空间溢出网络具有一定的等级性。样本期内的网络效率在0.807左右,空间溢出存在较多的多重叠加现象,网络稳定性较高。从网络密度分析和关联性分析的三个方面来看,中国经济高质量发展的网络指标在2011—2020年间都较为稳定。

表15-2 经济高质量发展空间关联的网络密度与关联性分析

年份	网络密度	关联性分析		
		关联度	网络效率	最近上限
2011	0.1410	1	0.8080	1.0000
2012	0.1407	1	0.8084	1.0000

续表

年份	网络密度	关联性分析		
		关联度	网络效率	最近上限
2013	0.1410	1	0.8074	1.0000
2014	0.1411	1	0.8074	1.0000
2015	0.1413	1	0.8068	1.0000
2016	0.1411	1	0.8076	1.0000
2017	0.1410	1	0.8079	1.0000
2018	0.1414	1	0.8062	1.0000
2019	0.1418	1	0.8053	1.0000
2020	0.1419	1	0.8052	1.0000

2.中心性分析

（1）各城市中心度分析

由于关联网络比较稳定，文中仅展示2020年279个城市的中心度。首先，相对度数中心度可以衡量不同网络中各节点在关联网络中的掌控和支配作用。2020年相对度数中心度排名前七的城市依次为上海、武汉、北京、重庆、天津、南京、郑州等直辖市或省会城市，说明这些城市在关联网络中地位和作用较高。其次，相对中间中心度可以衡量某节点处在其他两点中间的能力，若某点处在其他点对的中间，即具有较高的中间中心度，该点就可以通过控制或扭曲信息的传递来达到自身的目的（Freeman，1978）。相对中间中心度排名前七的城市依次为上海、武汉、重庆、北京、南京、乌鲁木齐、天津，说明这些直辖市或省会城市在网络结构中的交流能力更强，起到一定程度的"中介"和"桥梁"作用。此外，可以明显看出度数中心度和中间中心度较高城市大致分布于黄河流域、长江流域以及珠江流域等主要水系附近，可能因为靠近水系可以在一定程度上增强城市高质量水平，从而促进其掌控和支配作用，进而提高度数中心度；同时靠近水系有利于提升交通便利程度，加强与周边地区的交流与沟通，进而提高中间中心度。嘉峪关、佳木斯、鹤岗、七台河等周边小城市的相对中间中心度在样本期内大部分年份均为0，可见这些城市人口较少、经济发展质量不高，在关联网络中获益较小。

点出度和点入度是度数中心度的两个分指标,分别指某城市对其他城市的净溢出效应和虹吸集聚作用。为了对度数中心度进一步展开分析,对各城市点出度和点入度进行测算,此处选择2020年城市经济高质量发展水平前十五名和后十五名共30个代表城市,比较其点出度和点入度,并绘制2020年出度和入度的基本情况,即各省平均溢出和接收关系数,如图15-2所示(其他年份出度和入度与2020年相近)。总体上可以发现经济高质量发展水平更高的城市,其接收关系数要明显大于溢出关系数,而经济高质量发展水平较低的城市,其接收关系数要明显小于溢出关系数。这说明高质量发展良好地区具有较强的吸附其他城市生产要素的能力,在经济高质量发展过程中,其他城市的生产资源将会大量地向其涌入,在整个高质量发展网络中东部沿海地区所起的极化作用大于涓滴作用。而高质量发展实力较弱地区主要向其他地区提供生产要素以支撑发达城市的进一步发展,由此形成强者愈强、弱者愈弱的局面。

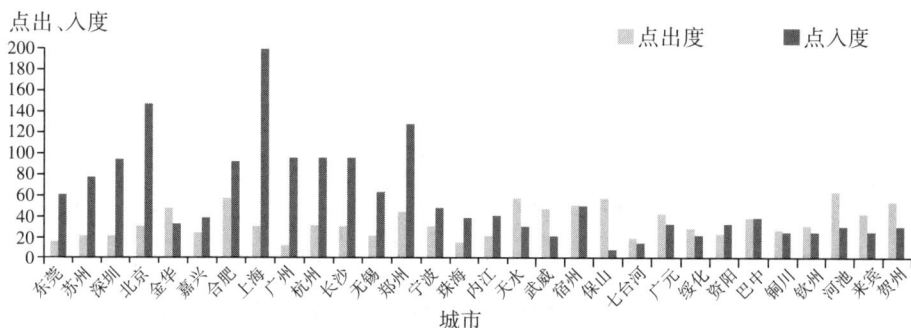

图15-2　2020年代表城市点出度与点入度

(2)整体网络中心势分析

在计算各城市相对度数中心度和相对中间中心度的基础上,分别计算整体网络度数中心势和中间中心势,这两种中心势均可衡量某网络的中心趋势,当网络中节点的中心度相差较大时,我们就说该网络具有较大的中心势,此时该网络围绕某些核心点的凝聚性和整合度就更高。通过计算,发现高质量发展空间关联网络的度数中心势和中间中心势波动幅度均较小,且分别稳定在50.56%、11.95%左右。综合两个指标来看,整体网络中心化程度相对较高且保持相对稳定。结合各城市度数中心度情况,整体网络的中心主要围绕在上海、重庆、北京、武汉、南京、天津等直辖市或省会城市。

四、块模型分析

为了揭示各城市在经济高质量发展空间关联网络中的聚类特征,本部分参考众学者做法(刘华军等,2015),使用 UCINET 将最大分割深度设置为2、收敛标准设置为0.2,得到2020年经济高质量发展的四大子群:第一子群由47个城市组成,主要为东北地区及山东半岛部分城市,代表城市为沈阳、大连、长春、鞍山、铁岭、青岛等;第二子群由100个城市组成,主要为中北地区,代表城市为北京、天津、上海、南京、济南、兰州、太原、郑州、银川等;第三子群由73个城市组成,主要位于四川、云南、广西、广东、湖南等省份,主要代表城市为重庆、长沙、成都、深圳、昆明、南宁、广州等;第四子群由59个城市组成,主要位于浙江、福建、江西、湖北等省份,代表城市为厦门、南昌、福州、苏州、杭州等。同时使用相同方法得到2011年和2015年子群分类情况,对应子群地理位置与2020年相似。

首先,观察分类后子群内外部关系的有无或多少,观察各子群溢出与接收关系情况。2020年高质量发展网络总关系数为11248个,其中子群内关系数为8427个,子群间关系数为2821个,可见各城市经济高质量发展的空间关联以子群内关系为主。各子群间和子群内溢出关系数见表15-3,可见各子群接收关系数与溢出关系数大致相同,并不存在明显的子群类别特征。为更加直观地了解四个子群的关联关系,并对高质量发展空间关联网络进行内部结构刻画,本部分进一步绘制图15-3,从中可详细看出2020年各子群之间的溢出关系及关系大小。

表15-3 各子群接收与溢出关系数

子群	接收关系数(个)		溢出关系数(个)		期望内部关系比例(%)	实际内部关系比例(%)
	子群内	子群间	子群内	子群间		
第一子群	1150	299	1150	514	16.55	69.11
第二子群	3728	1109	3728	988	35.61	79.05
第三子群	2070	595	2070	595	25.90	77.67
第四子群	1479	818	1479	724	20.86	67.14

注:期望关系比例为:(子群内城市个数-1)/(网络中总城市个数-1)(Wasserman and Faust,

1994);实际内部关系比例为:子群内部关系数/子群溢出关系总数。

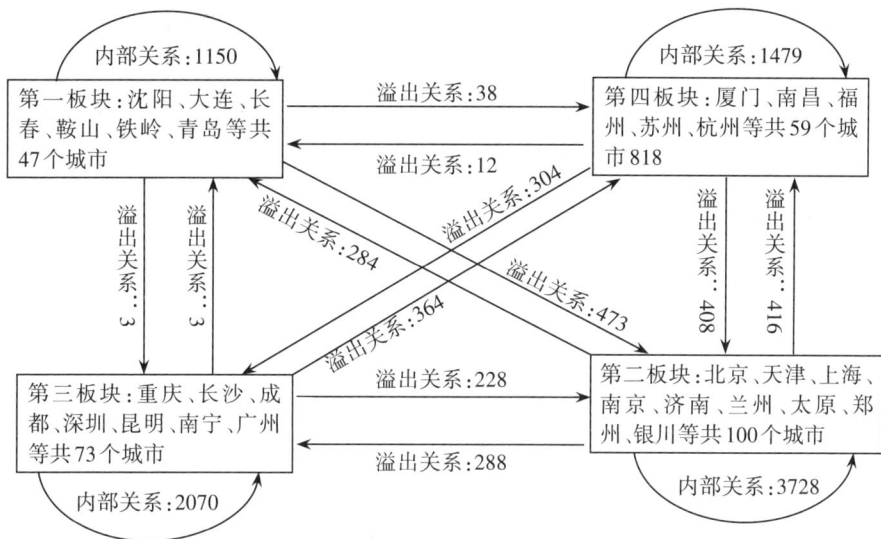

图 15-3　2020年经济高质量发展四大子群之间的关联关系

　　为了考察子群间高质量发展的关联关系,下面从整体层次对分析结果进行解释。首先根据 UCINET 中 CONCOR 功能,可以得到经济高质量发展空间网络的密度矩阵,由于 2020 年经济高质量发展空间关联网络的密度为 0.1419,将密度矩阵中各格值与该网络密度比较大小,若大于 0.1419,则将该格值记为 1,说明该行代表子群对该列代表子群有经济高质量发展的空间溢出;若小于 0.1419,则将该格值记为 0,说明该行代表子群对该列代表子群没有空间溢出。在此基础上得到经济高质量发展的像矩阵,见表 15-4。同理得到样本期关键年份,即 2011 年和 2015 年像矩阵,发现像矩阵主对角线上都是 1,即表现出凝聚子群的像矩阵。由此可得出结论:中国城市经济高质量发展空间关联网络分为四个子群,并且完全是自反性的,即各城市高质量发展的影响性主要出现在子群内部城市之间,而子群间经济高质量发展的影响性较弱。其简化图如图 15-4 所示,图中每个点代表一个子群,每个点上面带箭头的小圆圈,表示的是关系从该点出发又回到"本点",各点间没有连线,表示各子群间相互影响性较弱(刘军,2009)。

表15-4　2011年、2015年和2020年经济高质量发展空间关联的密度矩阵与像矩阵

年份	子群	密度矩阵				像矩阵			
		第一子群	第二子群	第三子群	第四子群	第一子群	第二子群	第三子群	第四子群
2011	第一子群	0.573	0.078	0.001	0.011	1	0	0	0
	第二子群	0.041	0.373	0.036	0.079	0	1	0	0
	第三子群	0.001	0.030	0.382	0.075	0	0	1	0
	第四子群	0.000	0.055	0.070	0.429	0	0	0	1
2015	第一子群	0.557	0.088	0.001	0.008	1	0	0	0
	第二子群	0.042	0.368	0.038	0.072	0	1	0	0
	第三子群	0.001	0.031	0.384	0.078	0	0	1	0
	第四子群	0.000	0.069	0.071	0.410	0	0	0	1
2020	第一子群	0.557	0.088	0.001	0.008	1	0	0	0
	第二子群	0.042	0.368	0.038	0.072	0	1	0	0
	第三子群	0.001	0.031	0.384	0.078	0	0	1	0
	第四子群	0.000	0.069	0.071	0.410	0	0	0	1

　　根据上述块模型分析,可以得出以下几点结论:第一,环渤海、长三角、东南沿海城市的经济高质量发展水平更高,且靠近黄河流域、长江流域和珠江流域等水系的城市在高质量发展空间关联中的交流沟通能力更强,起着"桥梁"与"中介"的作用。第二,我国城市经济高质量发展呈现出凝聚子群形态,主要包含四个子群:以东北和山东半岛部分城市为主的第一子群;以中北部地区为

主的第二子群；以四川、云南、广西、广东、湖南等省份城市为主的第三子群；以浙江、福建、江西、湖北等省份城市为主的第四子群。第三，中国各城市经济高质量发展的空间关联网络较为稳定，且样本期内关联度一直为1，没有孤立发展的地区、存在多重叠加现象且具有一定的等级度，但关联网络密度较低，各城市相互关联、相互依赖程度有待加强。第四，经济高质量发展水平较弱地区大部分生产资源外溢，而经济高质量发展水平更高的城市以引进其他地区生产资源为主，其极化效应大于涓滴效应，由此造成强者愈强、弱者愈弱的局面。

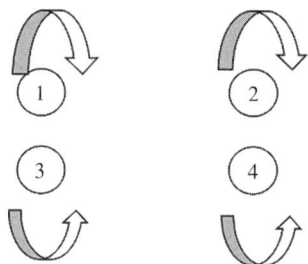

图15-4 各子群关系简化图

上述结论进一步反映了推动中国经济高质量发展离不开区域协调发展，更需要持续增强地区之间的联系和发挥区域比较优势，关键在于立足当前、着眼未来，立足国内、面向全球。中东部地区应注重城市群内部结构优化，形成"多中心、组团式"的布局，促进不同规模城市的分工协作；着重构建联通高效、无缝对接的综合交通网络，降低人员、物资流动成本，以此带动周边地区的发展以及中心城市、城市群等优势区域的经济和人口承载能力。西部地区应积极响应国家政策的号召，因地制宜、充分发挥区域优势进一步将区域协调、创新发展提高到新高度，在融入国家战略基础上推动西部大开发，着力推进成渝地区双城经济圈和"一带一路"建设，推动基础设施互联互通、产业转移优势互补、文化康养和旅游商业互促共进，进一步推动西部大开发向长远布局、往深处发力，从而以更高站位、更大格局、更宽视野推动西部地区实现全面振兴、全方位振兴，进而促进形成优势互补、高质量发展的区域经济布局。

第四节 金融科技驱动经济高质量发展的效应评价

一、模型构建与数据说明

1.基本模型设定

为研究金融科技对各城市经济高质量发展的驱动作用,本章设置了如下基本模型:

$$HQ_{it}=\alpha+\beta D_{it}+\gamma X_{it}+\lambda_j+\theta_t+\varepsilon_{it} \tag{15.8}$$

其中,HQ_{it}表示t年份i城市的经济高质量发展水平,D_{it}表示t年份i城市的金融科技水平,X_{it}为一系列控制变量,λ_j为地区固定效应,θ_t为年份固定效应,ε_{it}为扰动项。

2.2SLS模型

首先使用以上基本模型探究金融科技驱动高质量发展的作用,考虑到虽然经济高质量发展离不开金融科技发展,但另一方面经济高质量发展也会促进金融科技的进步,由此造成双向因果效应并致使内生性的产生,故此处使用2SLS进行内生性检验。本章模仿李春涛等(2020)使用接壤城市金融科技的平均值作为金融科技工具变量,同时参考易信和刘凤良(2018)选用金融科技的滞后项作为工具变量进行稳健性检验。此处的2SLS模型建立如下:

$$HQ_{it}=\alpha+\beta D_{it}+\gamma X_{it}+\lambda_j+\theta_t+\varepsilon_{it} \tag{15.9}$$

$$D_{it}=\alpha+\beta Z_{it}+\gamma X_{it}+\lambda_j+\theta_t+\upsilon_{it} \tag{15.10}$$

其中式(15.9)为二阶段估计方程,式(15.10)为一阶段估计方程;Z_{it}为工具变量;ε_{it}、υ_{it}为扰动项,其余变量与基本模型一致。

3.空间计量模型

金融科技可以促进经济要素空间流动,进一步强化城市间经济高质量发展的空间关联。故本章使用空间计量模型,从空间角度考虑金融科技对城市经济高质量发展的驱动效应,并将其分解为直接效应和间接效应。在确定使

用空间计量方法之前,首先需要对数据的空间自相关性进行分析,本章选用
Moran's I考察金融科技和城市经济高质量发展的空间依赖性。设 n 为城市数
量, w_{ij} 为空间权重(本章同时采用反距离矩阵、经济距离矩阵、地理与经济距离
嵌套的矩阵共三种空间权重矩阵), x_i、x_j 分别为城市 i 和城市 j 的金融科技水平
(城市经济高质量发展水平), $\bar{x}$ 为均值, S^2 为方差,计算公式如下:

$$I = \frac{\sum_{i=1}^{n} \sum_{j=1}^{n} w_{ij} (x_i - \bar{x})(x_j - \bar{x})}{S^2 \sum_{i=1}^{n} \sum_{j=1}^{n} w_{ij}} \tag{15.11}$$

空间计量模型的基本形式主要包括空间滞后模型、空间误差模型以及空
间杜宾模型,本章将金融科技赋能高质量发展的三种空间模型设定如下:

$$HQ_{it} = \alpha \sum_{j=1}^{n} W_{ij} \times HQ_{it} + \beta d_{it} + \gamma X_{it} + \mu_j + \theta_t + \varepsilon_{it} \tag{15.12}$$

$$HQ_{it} = \alpha \sum_{j=1}^{n} W_{ij} \times \lambda_{it} + \beta d_{it} + \gamma X_{it} + \mu_j + \theta_t + \varepsilon_{it} \tag{15.13}$$

$$HQ_{it} = \alpha \sum_{j=1}^{n} W_{ij} \times HQ_{it} + \beta_1 d_{it} + \beta_2 \sum_{j=1}^{n} W_{ij} d_{it} + \gamma_1 X_{it} + \gamma_2 \sum_{j=1}^{n} W_{ij} X_{it} + \mu_j + \theta_t + \varepsilon_{it} \tag{15.14}$$

其中式(15.12)、(15.13)、(15.14)分别为空间滞后模型、空间误差模型以及
空间杜宾模型;HQ_{it}、d_{it}、X_{it} 分别表示 i 城市 t 年份的经济高质量发展水平、金融
科技水平以及各控制变量水平;W_{ij} 为空间权重矩阵,本部分使用反距离矩阵、
经济距离矩阵、地理与经济距离嵌套的矩阵共三种空间权重矩阵;μ_j、θ_t、ε_{it} 分别
为时间固定效应、个体固定效应和误差项;α 衡量 j 城市的金融科技水平对 i 城
市的经济高质量发展的影响;β、γ 分别表示金融科技水平和各控制变量的估计
系数。

4.数据选取

本章的被解释变量为前文指标构建所得的城市经济高质量发展水平及创
新、协调、绿色、开放、共享五个分维度指标。

核心解释变量借鉴王小华等(2023)、李春涛等(2020)等研究思路,首先从
直接关键词、技术支持及金融中介服务三个方面选取包含27个关键词的金融
科技基础词库。然后运用网络爬虫技术获取百度搜索指数的原始数据,将中

国279个地级市的名字与金融科技的27个基础关键词两两组合,如"重庆+金融科技",检索得到2011—2020年每种组合每年的搜索频次,将其作为金融科技指标组合的基础数据。最后使用层次分析法确定一级维度权重、熵值法确定二级维度权重的方法对该指标体系进行测度,计算得到中国2011—2020年279个地级市金融科技水平的综合得分。

除了核心解释变量外还需要控制其他因素来解释城市经济高质量发展的变化。参考赵涛等(2020)、葛和平和吴福象(2021)等,本章选取的控制变量如下:①财政分权度(%),用财政预算内收入比财政预算内支出来衡量;②外商投资(%),用当年实际使用外资比地区生产总值来衡量;③城市化水平/1000(万人/平方公里),用人口密度的对数来衡量;④交通运输(百吨/人),用人均公路货运量来衡量各地区交通便利程度以及经济要素的流通速度;⑤人力资本水平(百万/人),使用平均工资来衡量各城市对人力资本的吸引力。

表15-5　变量描述性统计结果

变量类型	变量名称	观测值	平均值	标准差	最小值	最大值
被解释变量	经济高质量发展水平	2790	0.2432	0.0510	0.1176	0.5048
	创新水平	2790	0.1806	0.0733	0.0131	0.5390
	协调水平	2790	0.3348	0.1009	0.0529	0.6281
	绿色水平	2790	0.6062	0.0491	0.3628	0.7651
	开放水平	2790	0.0654	0.1044	0.0000	0.8883
	共享水平	2790	0.1154	0.0583	0.0130	0.4963
核心解释变量	金融科水平	2790	0.1868	0.0179	0.1561	0.3156
控制变量	平均工资	2790	0.0058	0.0020	0.0005	0.0185
	财政分权度	2790	0.4596	0.2222	0.0509	1.5455
	城市化水平	2790	0.0003	0.0099	0.0000	0.5232
	交通运输	2790	1.0494	1.9338	0.0212	54.5168
	外商投资	2790	0.0167	0.0176	0.0000	0.1999

二、基准结果分析与稳健性检验

1.基准结果分析

表15-6呈现了金融科技驱动经济高质量发展的基准回归结果。模型

（1）—（3）为逐步加入控制变量和控制地区与时间固定效应的结果，三个模型中金融科技回归系数均显著为正，说明金融科技显著促进了城市经济高质量发展，且不控制其他变量时模型（2）中金融科技回归系数小于模型（1）中相应系数，说明控制变量整体会促进城市经济高质量发展，在不考虑控制变量时金融科技驱动高质量发展的能力略有高估。

从控制变量系数看，人力资本、财政分权度均显著促进了城市经济高质量发展，说明了提高工资水平、构建高水平资本市场、提高地方政府自主度以促进经济要素流通速度对于提升城市经济高质量发展水平的重要性；城市规模的估计系数显著为负，表明过大的城市规模扩张不利于城市经济发展质量的提升（赵涛等，2020）；在加入控制变量并控制地区与时间效应之后，交通运输水平和外商投资的回归系数虽为正但不显著，说明利用外资并未明显提升城市经济发展质量，过度依赖外资甚至会阻碍本地创新能力提升，进而阻碍高质量发展（李光龙和范贤贤，2019）；而在新科技革命下，交通运输应当顺应金融科技潮流、主动变革，将传统交通运输与人工智能、大数据、云计算等相结合形成自动化码头、交通运输大数据中心、智能交通云等主要应用场景，强化交通运输科技创新和先进技术应用，全面深化交通领域体制机制改革，以提高交通运输对经济高质量发展显著的驱动作用（向爱兵，2022）。

表15-6　金融科技驱动高质量发展的基准回归结果

名称	（1）	（2）	（3）	（4）	（5）
金融科技	1.907***	1.080***	1.041***	1.069***	1.052***
	(0.040)	(0.045)	(0.046)	(0.046)	(0.044)
人力资本		4.496***	4.886***	2.049***	3.566***
		(0.358)	(0.353)	(0.622)	(0.609)
财政分权度		0.093***	0.081***	0.103***	0.085***
		(0.003)	(0.004)	(0.004)	(0.004)
城市化		−0.048	−0.055***	−0.039***	−0.044***
		(0.062)	(0.004)	(0.006)	(0.005)
交通运输水平		0.001*	0.001	0.001	0.001
		(0.000)	(0.001)	(0.001)	(0.001)
外商投资		0.150***	0.041	0.136***	0.043
		(0.039)	(0.041)	(0.036)	(0.040)

续表

名称	（1）	（2）	（3）	（4）	（5）
常数项	−0.113***	−0.031***	−0.010	−0.028***	−0.013*
	(0.008)	(0.007)	(0.007)	(0.007)	(0.007)
地区固定效应	NO	NO	YES	NO	YES
时间固定效应	NO	NO	NO	YES	YES
N	2790	2790	2790	2790	2790
拟合优度	0.445	0.599	0.627	0.626	0.650

注：括号内为稳健聚类标准误，***、**、*分别表示1%、5%、10%的显著性水平，下同。

为进一步探究金融科技驱动高质量发展的分效应，本部分进行分维度回归。表15-7显示金融科技对创新、协调、开放、共享四个维度的估计系数均显著为正，且通过了1%的显著性水平检验。从估计系数来看，金融科技对创新水平的促进作用最大，可能由于金融科技发展缓解了企业融资约束，提高企业创新积极度，从而大幅促进了创新水平发展。需要注意的是金融科技对绿色发展的估计系数为负，并通过了1%的显著性水平检验，即金融科技发展显著抑制了经济绿色化发展，可能原因为金融科技引致的收入扩张，极大增加了居民购买力和对能源消费的依赖性，从而极大提高了能源消费的可得性和需求量，加剧了能源剥夺，同时通信等数字化行业为能源密集型行业，数字化设备的生产和应用加剧了能源消耗，使得能源消费压力加剧，进而阻碍了城市绿色化发展（樊轶侠和徐昊，2021）。

表15-7　金融科技驱动高质量发展的分维度回归结果

名称	（1）创新	（2）协调	（3）绿色	（4）开放	（5）共享
金融科技	2.347***	0.941***	−0.255***	0.629***	0.943***
	(0.128)	(0.104)	(0.055)	(0.177)	(0.070)
人力资本	2.975***	2.110*	−4.886***	11.347***	6.565***
	(1.038)	(1.249)	(0.904)	(1.858)	(0.999)
财政分权度	0.060***	0.208***	0.045***	0.095***	0.029***
	(0.008)	(0.011)	(0.006)	(0.012)	(0.007)
城市化	−0.122***	0.099***	−0.023***	0.013	−0.115***
	(0.010)	(0.010)	(0.005)	(0.010)	(0.007)
交通运输水平	0.002*	−0.004**	0.001*	−0.002**	0.004**
	(0.001)	(0.002)	(0.001)	(0.001)	(0.002)

续表

名称	(1) 创新	(2) 协调	(3) 绿色	(4) 开放	(5) 共享
外商投资	0.294*** (0.076)	-0.267*** (0.098)	0.117** (0.048)	0.729*** (0.136)	-0.051 (0.052)
常数项	-0.291*** (0.021)	0.034** (0.016)	0.616*** (0.009)	-0.102*** (0.029)	-0.100*** (0.012)
地区固定效应	YES	YES	YES	YES	YES
时间固定效应	YES	YES	YES	YES	YES
N	2790	2790	2790	2790	2790
拟合优度	0.474	0.467	0.269	0.314	0.379

2.稳健性检验

（1）基于工具变量法的回归检验

为检验金融科技驱动高质量发展的内生性，此处使用两阶段最小二乘法进行估计。第（1）—（2）列是用接壤城市金融科技发展水平的平均值做工具变量时的估计结果，其中DWH检验得到的F统计量为36.3609，可以在1%的显著性水平上拒绝"所有变量均为外生"的原假设，说明金融科技具有一定的内生性；第一阶段F值为90.59，远大于经验值10，且Kleibergen-Paap rk LM统计量在10%的显著性水平上显著，说明不存在弱工具变量问题，以上均说明使用接壤城市金融科技发展水平均值作为工具变量是合适的。此外，由第一阶段回归结果可知此工具变量的估计系数显著为正，说明接壤城市金融科技发展水平均值抑制了金融科技的发展。这可能是因为接壤城市金融科技水平过高会对城市产生极化作用，导致人才、资金等生产要素流入周边发展水平较高的城市，阻碍本城市高质量发展。由第二阶段回归结果可知，金融科技的估计系数在1%的显著性水平上为正，且远大于基准回归中金融科技的估计系数（1.052），说明在不考虑金融科技内生性时，其经济高质量发展驱动作用被明显低估。

第（3）—（4）列为金融科技滞后项作为工具变量的稳健性检验，可见DWH检验通过了1%的显著性水平检验，证实了金融科技的内生性；第一阶段F值为1429.45，远大于经验值10，且Kleibergen-Paap rk LM统计量通过了1%的显著性水平检验，说明不存在弱工具变量问题，以上说明使用金融科技滞后项作工具变量是有效的。第二阶段金融科技估计系数为1.082,低于接壤城市金融科技水平平均值做工具变量时的估计系数,但仍高于基准回归中金融科技的估计结果,进一步证明了不考虑内生性,将会低估金融科技驱动经济高质量发展的能力,为金融科技驱动高质量发展提供了有力证据。

表15-8 基于工具变量法的稳健性检验

名称	IV1:接壤城市金融科技平均值		IV2:金融科技水平滞后一期	
	(1)第一阶段	(2)第二阶段	(3)第一阶段	(4)第二阶段
金融科技		4.798*** (0.132)		1.082*** (0.048)
工具变量	−0.181*** (0.001)		0.978*** (0.014)	
常数项				
控制变量	YES	YES	YES	YES
地区固定效应	YES	YES	YES	YES
时间固定效应	YES	YES	YES	YES
样本量	2750	2220	2511	2511
拟合优度	0.4810	0.6128	0.9383	0.6532
第一阶段 F 值	90.59		1429.45	
DWH 检验		36.3609***		4.3850**
Kleibergen-Paap rk LM statistic		15.34***		220.42***

(2)延长观测窗口

考虑到城市经济高质量发展具有惯性,即前期的经济高质量发展水平很可能影响后期经济发展质量,说明上文使用静态面板模型进行估计是有偏的,故此处将城市经济高质量发展的前两期发展水平作为控制变量引入估计模型中,使用动态面板回归模型进行稳健性检验,结果如模型(1)所示。可见金融科技的回归系数显著为正,但远小于基准回归系数(1.052),可见不考虑城市经济高质量水平滞后项时,金融科技的驱动作用被高估。此外,城市高质量发展水平的前两期估计系数均在1%的显著性水平上为正,且滞后一期回归系数较大为0.742,滞后二期回归系数为0.207,相较滞后一期大幅下降,说明城市经济高质量发展具有时间连续性,且受最近年份的发展水平影响更大,表明动态面板模型的必要性。

同时参考吴非等(2021)延长金融科技驱动城市经济高质量发展的考察窗口。模型(2)—(3)为将核心解释变量滞后一期和二期的结果,模型(4)—(5)将被解释变量前置一期和两期处理进行交叉对比。可以发现无论是滞后处理还是前置处理,金融科技对经济高质量发展均存在显著的正向促进作用,且并没有因为观测窗口的延长而呈现衰弱趋势,表明金融科技在一定时间内对经济高质量发展具有叠加促进作用,为金融科技驱动高质量发展提供了有力证据。

表15-9 延长观测窗口的稳健性检验

名称	(1)高质量水平	(2)高质量水平	(3)高质量水平	(4)高质量水平前置一期	(5)高质量水平前置两期
高质量水平滞后一期	0.742***(0.032)				
高质量水平滞后两期	0.207***(0.031)				
金融科技	0.723***			3.729***	3.686***
	(0.242)			(0.651)	(0.746)
金融科技滞后一期		1.058***(0.048)			
金融科技滞后两期			1.087***(0.054)		
样本量	2232	2511	2232	2511	2232
拟合优度	0.954	0.649	0.647	0.651	0.648

(3)其他稳健性检验

由于本章样本期跨"十二五"和"十三五"两个时期,在两个"五年计划"中存在影响金融科技和城市经济发展质量的不同战略政策,且2016年国务院发布的《"十三五"国家科技创新规划》中明确提出促进科技金融产品和服务创新,建设国家科技金融创新中心等,金融科技上升为国家战略高度,故此处将研究样本期划分为"十二五"和"十三五"两个阶段,进行稳健性检验并观察两个阶段中金融科技驱动经济高质量发展的差异影响。可见两个阶段中金融科技的估计系数均在1%的显著性水平上显著,且与基准回归中相应系数较为相近,表明本章回归结果是稳健的。此外,发现"十二五"期间金融科技回归系数大于"十三五"期间回归系数,可能因为在战略初期金融科技促进高质量发展的作用更大。这可能是由于2015年和2016年正处于金融科技发展初期,而城市经济高质量发展正处于边际报酬递增和规模报酬递增阶段,在金融科技水平和经济发展质量较低的"十二五"时期兴建互联网基础设施,发展互联网和宽带经济,可获得更高边际收益量,需要注意的是,虽然在样本期内随着时间推移金融科技驱动高质量的作用相对来说略有减弱,但其促进城市高质量的作用一直处于较高水平。

此外,为避免样本选择带来的误差,本部分先后剔除了直辖市样本和省会样本再次进行回归,结果如表15-10所示。金融科技发展水平依旧显著,且回归系数均大于全样本回归的系数(1.052),再次证明了回归结果的稳健性。

表15-10　分阶段回归以及子样本回归的稳健性检验

名称	分阶段回归		子样本回归	
	"十二五"时期	"十三五"时期	非直辖市城市	非省会城市
金融科技	1.051*** (0.089)	1.006*** (0.050)	1.124*** (0.045)	1.389*** (0.083)
常数项	−0.014 (0.014)	0.019** (0.009)	−0.019** (0.007)	−0.064*** (0.014)
控制变量	YES	YES	YES	YES
地区固定效应	YES	YES	YES	YES
时间固定效应	YES	YES	YES	YES
样本量	1395	1395	2750	2480
拟合优度	0.601	0.665	0.642	0.597

三、金融科技驱动经济高质量发展的空间效应

1.空间相关性检验

Moran's I反映的是空间邻接或空间邻近的城市属性值的相似程度,取值范围一般为[−1,1],大于0表示正相关,且越接近于1,表示城市间的关系越密切;小于0表示负相关,且越接近于−1,表示城市间差距越大或分布越不集中。在使用空间计量方法前,首先使用Moran's I测度城市经济高质量发展和金融科技的空间依存性,结果如表15-11所示。可以发现三种权重矩阵下城市高质量发展和金融科技的Moran's I均为正,且在所有年份均通过了1%的显著性水平检验,表明我国城市经济高质量发展和金融科技水平均呈现出正向的空间

相关性特征。同时发现城市经济高质量发展和金融科技水平的 Moran's I 均在波动中保持相对稳定,说明两者的空间集聚趋势处于相对稳定状态。此外,发现经济距离矩阵下城市经济高质量发展和金融科技水平的 Moran's I 均高于其他两个矩阵下的 Moran's I,说明经济因素可以助长正向空间依赖性,地理距离可以缩小正向空间依赖性(梁琦等,2021)。此外,本部分还绘制了研究样本期最后一年即2020年在三种权重矩阵下的莫兰空间散点图15-5,可以发现,除嵌套矩阵下大部分城市处于第一和第二矩阵外,反距离矩阵和经济距离矩阵下大部分城市处于第1和第3象限,这也说明地理位置上的相近也拉近了相邻城市间经济高质量发展水平和金融科技的发展水平,经济特征值高(低)的省份其周边省份的经济特征值也较高(低),即城市经济高质量发展和金融科技水平都呈现出高—高(低—低)集聚的空间关联特征。

表15-11　三种权重矩阵下城市经济高质量发展和金融科技的 Moran's I

年份	反距离矩阵		经济距离矩阵		地理与经济距离嵌套矩阵	
	经济高质量发展	金融科技水平	经济高质量发展	金融科技水平	经济高质量发展	金融科技水平
2011	0.1103** (17.4833)	0.0493*** (8.1703)	0.4519*** (13.7659)	0.2096*** (6.4787)	0.1211*** (17.9430)	0.0551*** (8.4969)
2012	0.1114*** (17.6102)	0.0405*** (6.8122)	0.4471** (13.5846)	0.1898*** (5.8776)	0.1211*** (17.9079)	0.0447*** (6.9823)
2013	0.1067*** (16.9024)	0.0248*** (4.3848)	0.4516*** (13.7283)	0.1770*** (5.4812)	0.1176*** (17.4049)	0.0256*** (4.2177)
2014	0.1070*** (16.9549)	0.0340*** (5.7949)	0.4308*** (13.1078)	0.2030*** (6.2669)	0.1164*** (17.2426)	0.0373*** (5.9046)
2015	0.0970*** (15.4358)	0.0398*** (6.6977)	0.4176*** (12.7245)	0.2182*** (6.7314)	0.1089*** (16.1869)	0.0445*** (6.9562)
2016	0.1094*** (17.3444)	0.0298*** (5.1652)	0.4430** (13.4909)	0.1841*** (5.7125)	0.1291*** (19.0873)	0.0333*** (5.3451)
2017	0.1043*** (16.5620)	0.0444*** (7.4560)	0.4392*** (13.3747)	0.1840*** (5.7355)	0.1198*** (17.7573)	0.0532*** (8.2658)
2018	0.1023*** (16.2476)	0.0377*** (6.3917)	0.4277*** (13.0219)	0.1999*** (6.2081)	0.1194*** (17.6924)	0.0420*** (6.6193)
2019	0.0964*** (15.3433)	0.0371*** (6.3028)	0.4091*** (12.4623)	0.1968*** (6.1142)	0.1128*** (16.7361)	0.0428*** (6.7377)
2020	0.0990*** (15.7321)	0.0487*** (8.0825)	0.4087*** (12.4472)	0.2134*** (6.5963)	0.1156*** (17.1363)	0.0529*** (8.1712)

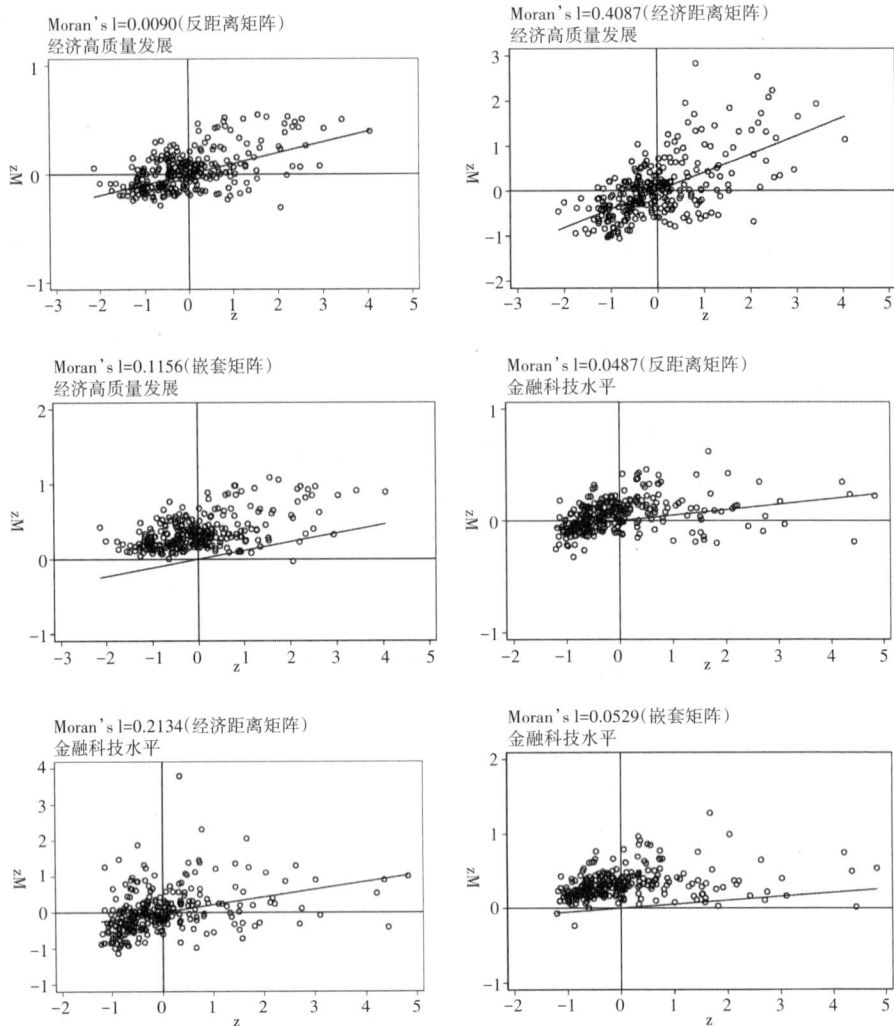

图15-5　2020年三种权重矩阵下城市经济高质量发展和金融科技水平的莫兰散点图

2.回归结果分析

表15-12为三种空间权重矩阵下空间滞后模型、空间误差模型以及地理与经济距离嵌套矩阵的空间回归结果;同时根据LR检验的结果,模型应同时固定时间效应和个体效应,结果如表15-12所示。可见无论在哪种空间权重矩阵和回归模型下金融科技的系数均在1%的显著性水平下为正,即金融科技促进城市经济高质量发展具有显著的空间效应,可能因为金融科技可以通过高效的

信息传递压缩时空距离,增强区域间经济活动关联的广度和深度,加强了区域间经济高质量发展的空间联系(赵涛等,2020)。以嵌套矩阵的空间杜宾模型为例,金融科技的回归系数为0.108,且通过了1%的显著性水平检验,金融科技空间滞后项(WD)的回归系数为负,但不显著。可见本地金融科技的发展可以促进本地经济高质量发展,但是会抑制邻近地区经济高质量发展的趋势,可能原因为金融科技水平高的地区在发展初期作为增长极对周边地区产生涓滴作用的同时,也产生较强的极化作用,当极化作用较强时,周边发展较弱城市会向增长极城市输送大量经济社会资源,致使用于本身发展的资源大量流失,一定程度上阻碍了城市高质量发展。

表 15-12 空间回归结果分析

名称	反距离矩阵			经济距离矩阵		
	SAR	SEM	SDM	SAR	SEM	SDM
金融科技	0.106***	0.110***	0.108***	0.093***	0.103***	0.103***
	(0.036)	(0.036)	(0.037)	(0.035)	(0.037)	(0.037)
WD			−0.438			−0.085
			(0.291)			(0.064)
人力资本	0.887***	0.749**	0.530	0.783**	0.630*	0.582*
	(0.317)	(0.324)	(0.323)	(0.317)	(0.330)	(0.329)
财政分权度	0.006	0.003	−0.005	0.007*	0.005	0.003
	(0.004)	(0.004)	(0.005)	(0.004)	(0.004)	(0.005)
城市化水平	−0.130***	−0.131***	−0.122***	−0.132***	−0.132***	−0.129***
	(0.024)	(0.023)	(0.023)	(0.023)	(0.023)	(0.023)
交通运输	0.000***	0.000***	0.000***	0.000***	0.000***	0.000***
	(0.000)	(0.000)	(0.000)	(0.000)	(0.000)	(0.000)
外商投资	0.040	0.041	0.040	0.032	0.039	0.043*
	(0.024)	(0.025)	(0.026)	(0.024)	(0.025)	(0.025)
样本量	2790	2790	2790	2790	2790	2790
拟合优度	0.215	0.467	0.101	0.524	0.486	0.446

表15-13　地理与经济距离嵌套矩阵空间回归结果分析和空间效应分解

名称	空间回归结果			空间效应分解		
	SAR	SEM	SDM	直接效应	间接效应	总效应
金融科技	0.106*** （0.036）	0.121*** （0.036）	0.108*** （0.037）	0.106*** （0.00）	−0.391 （−0.55）	−0.284 （−0.66）
WD			−0.211 （0.332）			
人力资本	0.923*** （0.321）	0.901*** （0.323）	0.660** （0.326）	0.750*** （−0.01）	31.290*** （0.00）	32.041*** （0.00）
财政分权度	0.008** （0.004）	0.006 （0.004）	−0.002 （0.005）	0.001 （−0.85）	0.563*** （0.00）	0.564*** （0.00）
城市化水平	−0.129*** （0.024）	−0.130*** （0.024）	−0.120*** （0.024）	−0.104*** （0.00）	3.578* （−0.09）	3.474* （−0.10）
交通运输	0.000*** （0.000）	0.000*** （0.000）	0.000*** （0.000）	0.000** （−0.03）	0.001 （−0.93）	0.001 （−0.89）
外商投资	0.040 （0.024）	0.040 （0.025）	0.040 （0.026）	0.036 （−0.15）	−1.283** （−0.04）	−1.247** （−0.04）
样本量	2790	2790	2790			
拟合优度	0.347	0.506	0.185			

3.空间效应分解

进一步对空间计量模型进行检验进而选择最优的空间计量模型,对最优模型进行空间效应分解,表15-14为三种空间权重矩阵下的相关检验结果。首先使用LM检验和Robust LM检验探究是否存在空间效应,即是否可以使用空间滞后和空间误差模型进行回归,可见在反距离矩阵下的Robust LM-error的值、经济距离矩阵下的Robust LM-lag和Robust LM-error的值,地理与经济距离嵌套矩阵下的Robust LM-error的值,均通过了显著性水平检验,说明可以使用空间误差和空间滞后模型进行空间计量分析。其次,使用Wald检验和LR检验识别空间杜宾模型是否可以简化为空间滞后模型和空间误差模型,其中Wald检验结果表明除W2下未拒绝原假设 H_0^1 外,检验结果均拒绝 H_0^1：$\delta=0$ 和 H_0^2：$\delta+\rho\beta=0$ 和两个原假设,LM检验结果也显示除W1下未拒绝原假设 H_0^1 外,其余检验结果均拒绝原假设,即空间杜宾模型不能退化为空间误差模型和空间滞后模型。以上表明空间杜宾模型为最优的空间计量模型。

表15.14　三种权重矩阵下LM检验、Wald检验以及LR检验

名称	反距离矩阵(W1)	经济距离矩阵(W2)	地理与经济距离嵌套矩阵(W3)
LM-LAG	0.042	0.041	0.000
robust lm-lag	0.485	3.111***	0.458
lm-error	129.837***	2.801*	78.486***
robust lm-error	130.280***	5.870**	78.943***
Wald-SDM-SAR	14.40**	14.93	24.31***
Wald-SDM-SEM	18.36***	40.13***	27.49***
LR-SDM-SAR	16.82	24.19***	26.32***
LR-SDM-SEM	21.99***	123.96***	29.45***

　　为避免点估计方法检验空间溢出效应所导致的偏误,本部分将金融科技影响城市经济高质量发展的总效应分解为直接效应和间接效应。如表15-15所示,金融科技对城市经济高质量发展的直接效应均显著为正,且通过了1%的显著性水平检验,说明金融科技对本市经济高质量发展起到一定程度的促进作用。但无论是反距离矩阵、经济矩阵还是嵌套矩阵,其间接效应系数均为负向,这说明在充分考虑到经济和地理等因素时,邻接城市金融科技发展甚至会抑制本地经济发展质量的提升,这与上文增长极的解释不谋而合。各城市不应指望"搭便车"坐享金融科技福利,等待周边城市带动发展,应积极主动采取相应措施加快金融科技发展进而促进本地经济发展质量的提升。

表15-15　三种权重矩阵下金融科技影响城市经济高质量发展的空间效应分解

名称	反距离矩阵			经济距离矩阵		
	直接效应	间接效应	总效应	直接效应	间接效应	总效应
金融科技	0.102*** (0.00)	−1.501 (−0.27)	−1.4 (−0.30)	0.102*** (−0.01)	−0.071 (−0.46)	0.03 (−0.75)
人力资本	0.735*** (−0.01)	59.607*** (0.00)	60.342*** (0.00)	0.602** (−0.03)	2.456*** (0.00)	3.058*** (0.00)
财政分权度	−0.001 (−0.78)	0.823*** (0.00)	0.822*** (0.00)	0.004 (−0.45)	0.034*** (0.00)	0.037*** (0.00)
城市化水平	−0.104*** (0.00)	4.018 (−0.13)	3.913 (−0.14)	−0.127*** (0.00)	0.029 (−0.69)	−0.098 (−0.25)
交通运输	0.000* (−0.06)	−0.005 (−0.59)	−0.005 (−0.62)	0.000* (−0.02)	0.000 (−0.73)	0.001 (−0.4)
外商投资	0.032 (−0.19)	−2.353** (−0.02)	−2.321** (−0.03)	0.042* (−0.08)	−0.106 (−0.19)	−0.064 (−0.45)

第五节 金融科技驱动经济高质量发展的作用机制

一、模型构建

定性比较分析方法(QCA)由社会学家Ragin于1987年率先提出,以集合论和布尔运算作为方法论的基石。由于该方法结合了定性分析与定量分析各自的优点,对案例数要求较低,适用于各种规模的案例数,同时研究各前因条件组合而非单个因素对结果变量的影响,在各大领域被广泛使用(Ragin,2008;杜运周和贾良定,2017)。区别于定量分析中各变量均独立对结果变量产生影响,该方法解释变量之间具有相互依赖性、因果非对称性和组态等效性,通过此方法可以探究经济发展高质量与低质量的不同路径。本章所使用的变量均为连续变量,故选取在此方面较其他QCA方法(csQCA,mvQCA)更具优势的模糊集定性比较分析方法(fsQCA),对各变量进行更细微水平上的划分,更精确地探索各变量对结果变量的影响。

二、基于复杂系统观的组态机制

本部分首先使用QCA必要性分析识别金融科技及其他前因变量与经济高/低质量发展间的必要性关系,其次使用QCA充分性分析检验金融科技及其他前因变量与经济高/低质量发展间的充分性关系。相较于大多使用的定量分析所产生的平均效应关系,此处必要性分析主要探究某自变量的存在是否为因变量的必要条件,或者某水平的自变量是否为某水平因变量的必要条件;充分性关系主要强调自变量的出现是否会充分导致因变量的存在,即什么样的自变量组合才能产生城市经济发展高质量(杜运周等,2022)。

将样本期最后一年即2020年各城市金融科技等前因变量与经济高质量发展水平匹配,产生279个城市作为研究样本。在进行必要性分析前首先将各变量进行校准,由于现阶段未存在明确的外部标准界定金融科技等前因变量和经济发展质量的高低,故此处采用直接校准法,将各变量的第90百分位数、中位数和第10百分位数作为完全隶属、交叉点和完全不隶属的锚点,使用fsQCA将各变量重新赋为[0,1]区间的值。各前因条件和因变量的校准锚点如表15-16所示。

表15-16　模糊集校准

名称	完全隶属	交叉点	完全不隶属
高质量水平	0.3245	0.2494	0.2018
金融科技水平	0.2144	0.1866	0.1765
人力资本	0.0104	0.0081	0.0065
财政分权度	0.7000	0.3617	0.1630
城市化水平	0.0002	0.0001	0.0000
交通运输	1.5946	0.7030	0.2549
外商投资	0.0403	0.0101	0.0008

1.必要条件分析

首先进行必要条件分析,表15-17为经济高质量发展和经济低质量发展的必要条件分析结果。采用张明和杜运周(2019)的建议,将一致性水平大于0.9的前因变量认定为被解释变量的必要条件,可见不论经济高质量发展还是经济低质量发展的前因条件一致性水平均低于0.9,此时认为不存在经济高质量发展和经济低质量发展的前因条件。

表15-17　fsQCA对单个条件的必要性分析

名称	经济高质量发展		经济低质量发展	
	一致性	覆盖度	一致性	覆盖度
Fs金融水平	0.7737	0.7983	0.4458	0.4976
—fs金融水平	0.5131	0.4611	0.8193	0.7966
Fs人力资本	0.7152	0.7244	0.4978	0.5455
—fs人力资本	0.5512	0.5036	0.7485	0.7398
Fs财政分权度	0.7745	0.7880	0.4438	0.4885
—fs财政分权度	0.4973	0.4525	0.8074	0.7949
Fs城市化水平	0.7138	0.7386	0.4638	0.5192
—fs城市化水平	0.5353	0.4799	0.7665	0.7435
Fs交通运输	0.6057	0.6174	0.5730	0.6320
—fs交通运输	0.6389	0.5804	0.6530	0.6418
Fs外商投资	0.6515	0.6985	0.4693	0.5444
—fs外商投资	0.5751	0.5004	0.7401	0.6967

2.充分条件分析

采用fsQCA3.0来探讨形成经济高/低质量的组态。考虑到共有279个城市样本且观察到案例数的间隔幅度,为有效识别经济高质量发展的路径,此处将案例阈值设定为4。遵循杜运周和贾良定(2017)的做法将一致性阈值设立为0.8,PRI一致性阈值设立为0.7。由于必要性分析中并没有产生必要性条件,且现有文献并无定论支持特定金融科技等前因条件影响结果方向,故在反事实分析时假定单个前因条件出现与否均可能贡献经济高质量发展。在使用真值表分析时,会产生复杂解、中间解和简约解三种解,其中中间解复杂度适中,又不允许消除必要条件,通常汇报中间解(张明和杜运周,2019)。同时,可以根据中间解和简约解的关系认定核心条件和边缘条件,其中既出现在中间解又出现在简约解中的条件为核心条件,只出现在中间解中的条件为边缘条件(杜运周和贾良定,2017)。

(1)产生城市经济高质量发展的路径(政府监督下的金融科技驱动型)

如表15-18,本部分发现存在2条路径促进经济高质量发展,但两条路径中均不存在核心条件,由于两条路径有三个要素重复出现,此处认为形成高质量发展的主要路径大致相同,并可将其归为一类。考虑到组态命名要遵循"简洁表达"、"捕捉整体"和"唤起组态本质"等原则(Furnari et al.,2020;杜运周等,2022),考虑到此类路径中高金融科技、高财政分权度、高城市化水平均存在,其中城市化也伴随着数字金融发展,高财政分权度主要体现为高质量发展过程中的政府驱动力量,故将此类路径命名为政府监督下的金融科技驱动型。其中组态S1A表明高金融科技水平、高人力资本、高财政分权度、高城市化水平作为前因变量组合可以充分产生经济高质量发展。组态S1B表明高金融科技水平、高财政分权度、高城市化水平、高外商投资和高交通运输水平作为前因变量组合可以充分产生经济高质量发展。组态S1A和组态S1B的金融科技水平、财政分权度以及城市化水平三个前因条件均存在,且S1A的高人力资本与S1B的高交通运输、高外商投资呈现替代关系,即S1A中的高人力资本水平与S1B中的高交通运输、高外商投资呈现替代性。此类路径的代表城市呈现出重复态势,如厦门、合肥等。此外,北京、上海、广州、青岛、西安、南京、深圳等城市只出现在第一条路径中,贵阳、石家庄、徐州、宁波等城市仅出现在第二条路径中。以北京、上海为例,两城市金融科技发展水平领先全国其他城市毋庸置疑,同时二者容纳全国高素质人才、人力资本丰富。此外,两城市具有较强的城市发展政策自主度,城市化水平和外商投资全国范围内一骑绝尘,以上前因条件结合促成了城市经济高质量发展现状,这也符合此类政府监督下的金融科技驱动型发展模式。

表15-18 实现经济发展高/低质量的组态

名称	经济高质量发展		经济低质量发展			
	S1A	S1B	NS1A	NS1B	NS2A	NS2B
金融科技	●	●	○	○	○	
人力资本	●			○	○	○
财政分权度	●	●	○		○	○
城市化水平	●	●	○			
交通运输		●				○
外商投资		●	○	○		
原始覆盖度	0.4760	0.2831	0.5097	0.2443	0.4933	0.3577
唯一覆盖度	0.2356	0.0427	0.0990	0.0558	0.0358	0.0191
一致性	0.9538	0.9299	0.9002	0.9468	0.9104	0.8993
代表城市	北京、上海、广州、青岛		鹤岗、丽江、百色、张掖、白银、来宾		黑河、鸡西、石嘴山、呼伦贝尔、吉安	
总体覆盖度	0.5187		0.6672			
总体一致性	0.9439		0.8793			

注:对实现经济高质量发展的真值表进行标准化分析时,需要对质蕴涵项进行选择,本部分选择"高金融科技水平*高城市化水平"和"高财政分权度*高城市化水平"作为"高金融科技水平*高人力资本水平*高财政分权*高城市化水平*低交通运输*低外商投资"的质蕴涵项,其中*表示"且"。●=边缘条件存在;○=边缘条件缺失。

(2)城市经济低质量发展的路径

由于QCA研究方法具有非对称性,经济高质量发展的条件组合并不是经济低质量发展的反向条件。本部分检验了经济低质量发展的条件组合,共得到4种组态(NS1A、NS1B、NS2A、NS2B),其中根据前因条件重复度NS1A、NS1B可以分为一类,NS2A、NS2B可以分为一类,即共有两类路径导致经济低质量发展。NS1A 和 NS1B 重复的前因变量为低金融科技水平、低城市化水平、低外商投资水平,其中 NS1A 表示低财政分权度时会阻碍经济高质量发展;NS1B 表示低人力资本和低交通运输水平时会阻碍经济高质量发展。其代表城市为:鹤岗、丽江、百色、张掖、白银、来宾等。组态 NS2A 和 NS2B 重复的前因变量为低人力资本、低财政分权度、低城市化水平,其中 NS2A 表示低金融科技水平时会阻碍经济高质量发展,NS2B 表示低交通运输水平时会阻碍经济高质量发展,其代表城市为:黑河、鸡西、石嘴山、呼伦贝尔、吉安等。

总而言之,在经济低质量发展的四个组态中,金融科技低水平发展在三个组态路径中均存在,除此之外城市化的低水平发展在四个组态中均存在,有力证明了金融科技、城市化的低水平或低质量发展是经济高质量发展的重大阻碍,为顺应现阶段转变经济发展方式、优化经济结构、转换增长动力的要求,进一步推动全面建设社会主义现代化国家的首要任务,需要着力提高金融科技水平和城市化水平。需要注意的是在产生经济高质量发展的两个路径中高金融科技水平均存在,在经济低质量发展的四个路径中城市化低水平发展均存在,且金融科技低水平发展在三个路径中存在,即在经济高质量发展历程中,金融科技和城市化发展显示出了比其他任何条件更重要的趋势。可见金融科技和促进城市化发展在促进经济高质量发展中起着举足轻重的作用,是高质量发展的重要引擎,这要求大力推进产业数字化转型,培育新经济发展,加快推动数字产业化,培育金融科技新业态,以推动金融科技发展和城市化进程进而提高经济发展质量。

三、组态分析的稳健性检验

由于参数设定和模型设定两大瓶颈的存在,QCA 得出的结果在学术界一直存在较大争议,因此稳健性检验是该方法中的一个重要环节(张明和杜运周,2019)。本部分对产生经济高质量发展的前因条件组合进行稳健性检验。当轻微改变操作,产生的结果间存在子集合关系且不会改变研究结果的实质解释时,将所得结果视为稳健(杜运周等,2022)。首先,将 PRI 一致性阈值从 0.7 变更为 0.65,然后将一致性阈值设置为 0.9,发现两个稳健性检验结果与上文充分性分析所得结果完全一致,两个检验说明 QCA 分析结果比较稳健。

表 15-19　稳健性检验

名称	改变PRI一致性		调整校准锚点	
	S1	S2	S3	S1
金融水平	●	●	●	●
人力资本	●		●	
财政分权度	●	●	●	●
城市化水平	●		●	
交通运输		●		●
外商投资		●		●
原始覆盖度	0.4760	0.4462	0.4760	0.2831
唯一覆盖度	0.0911	0.0613	0.2356	0.0427
一致性	0.9538	0.9379	0.9538	0.9299
总体覆盖度	0.5373			0.5131
总体一致性	0.9387			0.9482

第六节　研究结论与政策含义

一、研究结论

近年来随着互联网、大数据、人工智能和实体经济的深度融合,金融科技成为驱动经济高质量发展的重要引擎。基于此,本章首先对金融科技驱动经济高质量发展的相关文献进行梳理,对相关理论基础进行阐述,总结金融科技驱动高质量发展的理论逻辑。其次,构建评价指标体系并使用熵值赋权法测算2011—2020年各城市经济高质量发展水平,使用社会网络分析法研究各城市经济高质量发展空间关联网络及关联发展特征。再次,采用固定效应模型进行金融科技驱动高质量发展的基准回归,并通过工具变量法、延长观测窗口等方法进行稳健性检验。最后,使用空间计量方法探究金融科技驱动经济高质量发展的空间效应,并基于fsQCA方法进行金融科技驱动经济高质量发展的路径分析。本章的主要研究结论如下:

第一,各城市高质量发展水平呈现较大差距,且表现为凝聚子群形态。关于经济高质量发展状况,除北京、上海两个直辖市外,广东和浙江的经济高质量发展状况最好,且西部地区研究期内主要呈现发展上升态势。各城市经济高质量发展呈现关联发展态势,空间关联网络较为稳定、连通性较好且具有一定等级性,但关联紧密程度有待提高。各城市高质量发展呈现凝聚子群形态:以东北和山东半岛部分城市为主的第一子群;以中北部地区为主的第二子群;以四川、云南、广西、广东、湖南等省份城市为主的第三子群;以浙江、福建、江西、湖北等省份城市为主的第四子群。

第二,金融科技显著驱动了城市经济高质量发展,且对经济高质量发展的促进作用具有空间溢出效应。根据面板模型的基准回归结果,金融科技对城市经济高质量发展具有显著促进作用,并且在进行工具变量、延长观测窗口、分阶段回归、剔除直辖市或省会城市样本等一系列检验后,回归结果依然稳健。同时莫兰指数结果表明,我国城市经济高质量发展和金融科技水平均呈现出正向的空间相关性特征,本地金融科技的发展可以促进本地经济高质量发展,但是由于极化效应大于涓滴效应,本地高水平的金融科技具有抑制邻近地区经济高质量发展的趋势。

第三,现阶段经济高质量发展的路径主要为政府监督下的金融科技驱动型,且金融科技在城市高质量发展过程中起着必要作用。高金融科技水平在产生经济高质量发展的两个路径中均存在,且金融科技低水平发展在经济低质量发展的四个路径中均存在,即在经济高质量发展历程中,金融科技发展作为重要因素在经济高质量发展中起着不可替代的作用。

二、政策含义

1.鼓励因地制宜发展,推动各地高质量关联发展

第一,现阶段中国高质量发展存在较强的空间关联性,各个城市存在复杂的空间网络关系,政府相关政策的制定应考虑以上因素,不仅要提高全国高质量发展水平,也要着力提高区域协调发展水平,增强各城市关联网络的密度和稳健性,创造更多的空间溢出路径,带动欠发达地区经济高质量发展。第二,要根据不同城市在关联网络中的地位和作用,采取不同的政策措施。对于部分省会城市、直辖市及一线城市等,在关联网络中极化作用大于涓滴作用,主

要汲取周边小城市的生产要素,对此应贯彻新发展理念,在变革体制机制上下大力气,避免在经济高质量发展过程中出现明显的不均衡、不协调问题。对于发展较慢城市,应从完善公共交通系统入手,最大限度提高公共交通运输能力,方便与先进地区的交流合作,充分发挥学习和交流机制,更好地发挥学习效应。对于靠近黄河流域、长江流域和珠江流域等水系的城市,应强化其核心优势,保持中心城市的竞争力,发挥好各城市间的"桥梁"作用。

2.大力发展金融科技,赋能经济高质量发展

金融科技是现阶段促进我国经济高质量发展的重要路径。第一,稳妥发展金融科技,加快金融机构数字化转型。在审慎监管前提下有序推进金融创新,完善金融支持创新体系,鼓励金融机构发展各类金融科技产品。第二,着力壮大金融科技生产力,促进互联网、大数据、人工智能与实体经济深度融合,形成金融科技条件下的新型实体经济形态,培育新发展动能。第三,加快智能化综合性金融科技基础设施建设,不断强化金融科技发展基础,加快5G网络规模化部署,加速空间信息基础设施建设以推进空间信息基础设施演进升级,推动卫星互联网建设,有序推动基础设施智能升级。第四,金融科技促进经济高质量发展的空间效应分解结果显示本地金融科技的发展虽然可以促进本地经济高质量发展,但会抑制邻近地区的经济高质量发展。这要求鼓励金融科技优势地区技术外溢,促进正向空间溢出效应,以此形成良性"因果循环累积效应",逐渐缩小地区间经济高质量发展差异。

3.注重创新型驱动,拓宽高质量发展路径

创新是促进高质量发展的重要路径,但也存在较多路径会使经济低质量发展,因此目前不仅要拓宽高质量发展的路径,更要避免经济低质量发展路径的形成。第一,以改革创新为基本动力,推动创新水平满足经济高质量发展要求。不仅要完善农业科技创新体系,建设智慧农业,更要鼓励民营企业开展基础研究和科技创新,鼓励民营企业改革创新和高质量发展。第二,顺应空间变化趋势,分类提高城市化水平。完善落实主体功能区制度,推动形成城市化地区、农产品主产区、生态功能区三大空间格局。提升重要功能区域的保障能

力,支持生态功能区人口逐步向城市化地区转移并定居落户。

4.培养金融科技人才,促进金融科技可持续发展

金融科技的可持续发展需要金融科技人才的支撑,但目前我国的金融科技人才较为缺乏,多为高校毕业生,理论知识扎实但缺乏实践经验。因此要着重培养金融科技理论与应用复合型人才,为金融科技促进经济高质量发展注入人才这一重要生产要素。第一,高校继续开设金融科技课程,并根据金融科技发展现状实现动态调整,将理论与应用课程相结合,培养高校人才的技术应用能力和创新思维。第二,加强校企合作,建立开放灵活的教学运行机制和金融科技实践基地,鼓励人才走出课堂,亲身感受金融科技的实际应用场景,提高金融科技人才的培养质量。

5.加快监管科技应用,保障金融科技稳定发展

金融科技确实能够促进经济高质量发展,但若使用不当也会带来风险隐患。因此,加快监管科技应用,不仅能够保障金融科技平稳发展,也有利于构建金融科技促进经济高质量发展的长效机制。第一,监管部门构建数字化监管体系,对金融科技公司的金融科技创新类活动进行穿透式监管,筑牢金融与科技的风险防火墙。第二,构建金融科技应用的包容审慎监管体系,避免监管过严阻碍金融科技发展,也要防止监管过松带来数据安全隐患。如大数据技术能够汇集众多的数据要素,提升金融服务质量,但若被不法分子利用可能会损害国家、个人的利益。因此构建包容审慎的监管体系,对金融科技的应用场景进行适度监管,在守住安全底线的同时推动金融科技行业蓬勃发展。

参考
文献

Acemoglu D, Restrepo P. The race between man and machine: implications of technology for growth, factor shares, and employment[J]. American Economic Review, 2018(6).

Aghion P, Howitt P. Endogenous growth[M].MIT Press, 1998.

Aghion P, Bolton P. A theory of trickle-down growth and development.[J] Review of Economic Studies, 1997(2).

Agnello L, Mallick S K, Sousa R M. Financial reforms and income inequality [J]. Economics Letters, 2012(3).

Agrawal A, Gans J, Goldfarb A.. Prediction, judgement, and complexity: a theory of decision making and artificial intelligence [M]. University of Chicago Press, 2019.

Aharony J, Lee C W J, Jevons, et al.Financial packaging of IPO firms in China [J].SSRN Electronic Journal, 2000(1).

Allen F, Qian J, Qian M.Law, finance, and economic growth in China, Journal of Financial Economics, 2005(1).

Anna P L .Inequality and the finance you know: does economic literacy matter? [J].Economia Politica, 2018(1).

Arner D W, Nathan B J, Buckley R P. The evolution of fintech: a new Post-Crisis paradigm?[J]. Georgetown Journal of International Law, 2016(4).

Arner D W, Nathan B J, Buckley R P. Fintech and regtech in a nutshell, and the future in a sandbox[J]. CFA Institute Research Foundation, 2017(4).

Arping S.Deposit competition and loan markets[J]. Journal of Banking and Finance, 2009(5).

Artur T, Chousa J P, Vadlamannati K C.Does higher economic and financial development lead to environmental degradation: evidence from BRIC countries[J]. Energy Policy, 2017(1).

Attewell P. The First and second digital divides[J].Sociology of Education, 2001(3).

Bachas P P , Gertler S, Higgins , et al..Digital financial services go a long way: transaction costs and financial inclusion [J]. American Economic Review, 2018(108).

Banerjee A V, Newman A F. Occupational choice and the process of development[J]. Journal of Political Economy, 1993(2).

Bao C, Li J, Wu D, et al.Optimization of integrated risk in commercial banking based on financial statements[J]. Procedia Computer Science, 2014(8).

Barro R J. Sala-i-Martin X. Convergence [J]. Journal of Political Economy, 1992(2).

Baumol W J. Entrepreneurship: productive, unproductive, and destructive [J]. Journal of Political Economy, 1990(5).

Beck T, Degryse H, Haas R D, et al. When arm's length is too far: relationship banking over the credit cycle[J].Journal of Financial Economics, 2018(1).

Beck T, Demirgüç-Kunt A, Honohan P.Access to financial services: measurement, impact, and policies[J]. The World Bank Research Observer, 2009(1).

Berger A N.The Economic effects of technological progress: evidence from the banking industry[J].Journal of Money Credit&Banking, 2003(2).

Berger A N, Udell G F. Business credit avaliability and relationship lending : the importance of bank organizational structure[J]. Economic Journal, 2002(477).

Berisha E, Meszaros J, Olson E. Income inequality, equities, household debt, and interest rates: evidence from a century of data [J]. Jurnal of International Monry and Finance, 2018(1).

Bhandari A K, Kundu A. Microfinance, risk-taking behaviour and rural livelihood[J]. Springer India, 2014(8).

Bildirici M E. Cement production, environmental pollution, and economic growth: evidence from China and USA[J]. Clean Technologies and Environmental Policy, 2019(21).

Blanchflower D G, Oswald A J. Well-being over time in Britain and the USA [J]. Journal of public economics, 2004(7-8).

Bleakley H, Cowan K. Maturity mismatch and financial crises: evidence from emerging market corporations[J]. Journal of Development Economics, 2010(2).

Bond S R, Guceri I. R&D and productivity: evidence from large UK establishments with substantial R&D activities[J]. Economics of Innovation and New Technology, 2017(1-2).

Borenstein S, Saloner G. Economics of electronic commerce [J]. Journal of Economic Perspective, 2001(1).

Brailovskaia J, Margraf J. I present myself and have a lot of Facebook-friends – Am I a happy narcissist! ? [J]. Personality and Individual Differences, 2019(148).

Brandt L, Biesebroeck J V, Zhang Y. Creative accounting or creative destruction? firm-level productivity growth in Chinese manufacturing[J]. Journal of development economics, 2012(2).

Buchak G, Matvos G, Piskorski T, et al. Fintech, regulatory arbitrage, and the rise of shadow banks[J]. Journal of Financial Economics, 2018(3).

Burgess R, Pande R. Do rural banks matter? evidence from the Indian social banking experiment[J]. The American Economic Review, 2005(3).

Campbell J Y. Household finance[J]. Journal of Finance, 2006(4).

Chamon M D, Prasad E S. Why are saving rates of urban households in China rising?[J]. American Economic Journal: Macroeconomics, 2010(1).

Chen A M, Wu Q, Yang B. How valuable is FinTech innovation?[J]. The Review of Financial Studies, 2019(5).

Chen K, Ren J, Zha T. The nexus of monetary policy and shadow banking in China[J]. American Economic Review, 2018(12).

Chen L, Yue M, Malatesta P. Ownership structure and the cost of corporate borrowing[J]. Journal of Financial Economics, 2011(1).

Chen Z M, Li Y S, Wu Y W, et al .. The Transition from traditional banking to mobile internet finance: an organizational innovation perspective-a comparative study of citibank and ICBC[J]. Financial Innovation, 2017(1).

Chiu J, Koeppl T V. Blockchain-based settlement for asset trading[J]. The Review of Financial Studies, 2018(5).

Chliova M, Brinckmann J, Rosenbusch N. Is microcreid a blessing for the poor?[J]. Journla of Business Venturing, 2015(3).

Chong T L, Lu L, Ongena S. Does banking competition alleviate or worsen credit constraints faced by small and medium-sized enterprises? evidence from China[J]. Journal of Banking & Finance, 2013.

Claessens S, Laeven L. Financial development, property rights, and growth[J]. Journal of Finance, 2002(6).

Claessens S, Perotti E. Finance and inequality: channels and evidence[J]. Journal of Comparative Economics, 2007(4).

Clark A E, Oswald A J. Satisfaction and comparison income[J]. Journal of public economics, 1996(3).

Çoban S, Topcu M. The nexus between financial development and energy consumption in the EU: A dynamic panel data analysis [J]. Energy Economics, 2013(39).

Coibion O, Gorodniichenko Y, Kudlyak M. Does greater inequality lead to more household borrowing? new evidence from household Data[M]. Working Paper Series, 2014.

Collins D, Morduch J, Rutherford S. Portfolios of the poor: how world's poor live on$2 a day[M]. Princeton University Press, 2009.

Cornelli G, Frost J, Gambacorta L, et al.. Fintech and big tech credit: a new database[R].BIS Working Paper,2020.

Dabla-Norris E, Ji Y, Townsend R.M., et al.. Distinguishing constraints on financial inclusion and their impact on GDP, TFP, and the distribution of income [J]. Journal of Monetary Economics, 2021(117).

Dardanoni V. Precautionary savings under income uncertainty: a cross-sectional analysis [J].Applied Economics, 1991(1).

David S. Evans, Boyan Jovanovic. An estimated model of entrepreneurial choice under liquidity constraints [J]. Journal of Political Economy, 1989(97).

Davies L E, North D.Institutional change and American economic growth[M]. Cambridge University Press,1971.

De G F, De J O, Vander V R. Competition, transmission and bank pricing policies: evidence from belgian loan and deposit markets[J]. Journal of Banking & Finance, 2020(1).

Dev S M.Financial inclusion: Issues and challenges[J].Economic and Political Weekly,2006(41).

Dewan S, Riggins F J.The digital divide: current and future research directions [J]. Journal of the Association for Information Systems, 2005(12).

Diamond D W.Financial intermedation and delegated monitoring[J].Reviewof Economic Studies,1984(3).

Diener E,Tov W.Subjective well-being and peace[J]. Journal of Social Issues, 2007(2).

Du Q, Deng Y, Zhou J , et al.Spatial spillover effect of carbon emission efficiency in the construction industry of China[J]. Environmental Science and Pollution Research, 2021(2).

Dutta N , Mukherjee D .Is culture a determinant of financial development?[J]. Applied Economics Letters,2012(6).

Easterlin R A, McVey L A, Switek M, et al..The happiness - income paradox revisited[J]. Proceedings of the National Academy of Sciences, 2010(52).

Easterlin R A, Morgan R, Switek M, et al.China's life satisfaction, 1990 -

2010[J]. Proceedings of the National Academy of Sciences, 2012(25).

Edwards R D.Optimal portfolio choice when utility depends on health[J]. International Journal of Economic Theory, 2010(2).

Etminan M, Myhre G, Highwood E J, et al.Radiative forcing of carbon dioxide, methane, and nitrous oxide: a significant revision of the methane radiative forcing[J]. Geophysical Research Letters, 2016(24).

Eysenbach G.Infodemiology and infoveillance: framework for an emerging set of public health informatics methods to analyze search, communication and publication behavior on the internet[J]. Journal of Medical Internet Research, 2009(1).

Fagiolo G , Giachini D , Roventini A .Innovation, finance, and economic growth: an agent-based approach[J].Journal of Economic Interaction and Coordination, 2020(4).

Faleye O, Kovacs T, Venkateswaran A.Do better -connected CEOs innovate more[J].Journal of Financial and Quantitative Analysis, 2014(5-6).

Fang C, Liu H, Li G.International progress and evaluation on interactive coupling effects between urbanization and the eco-environment [J]. Journal of Geographical Sciences, 2016(8).

Ferrer-I-Carbonell A, Ramos X.Inequality and happiness[J]. Journal of Economic Surveys, 2014(5).

Flippen C.Unequal returns to housing investments? A study of real housing appreciation among black, white, and hispanic households [J]. Social Forces, 2004(4).

Flug K, Spilimbergo A, Wachtenheim E.Investment in education: do economic volatility andcredit constraints matter? [J]. Journal of Development Economics, 1998(2).

Freeman L C. Centrality in social networks conceptual clarification[J].Social Networks, 1978(3).

Friedman M.The counter-revolution in monetary theory[J].Palgrave Macmillan UK, 1996(2).

Furnari S, Crilly D, Misangyi V F, et al..Capturing causal complexity: heuristics for configurational theorizing[J]. Academy of Management Review, 2020(46).

Fuster A, Plosser M, Schnabl P, et al. .The role of technology in mortgage lending[J].The Review of Financial Studies, 2019(5).

Gabor D, Brooks S. The digital revolution in financial inclusion: international development in the fintech era[J]. New political economy, 2017(4).

Ghatak M, Jiang N. A simple model of inequality, occupational choice and development[J].Journal of Development Economics, 2002(1).

Goldfarb A, Prince J.Internet adoption and usage patterns are different: implications for the digital divide[J].Information Economics and Policy, 2008(1).

Goldstein I, Jiang W, Karolyi G A.To FinTech and beyond[J]. The Review of Financial Studies, 2019(5).

Gollier C, Zeckhauser R J.. Horizon Length and Portfolio Risk[J]. Journal of Risk & Uncertainty, 2002(3).

Gomber , Kauffman , Parker , et al.On the Fintech revolution: interpreting the forces of innovation, disruption, and transformation in financial services[J].Journal of Management Information Systems, 2018(1).

Graeve F D, Jonghe O D, Vennet R V.Competition, transmission and bank pricing policies: evidence from belgian loan and deposit markets [J]. Journal of Banking and Finance, 2004(1).

Greenbaum S I, Haywood C F. Secular change in the financial services industry [J]. Journal of Money, Credit and Banking, 1971(2).

Greenwood J, Jovanovic B.Financial development, growth, and the distribution of income[J]. Journal of Political Economy 1990(98).

Grinblatt M, Keloharju M, Linnainmaa J. IQ and Stock Market Participation [J].The Journal of Finance, 2011(6).

Gubler Z J.The financial innovation process: theory and application [J].Delaware Journal ofCorporate Law, 2011(1).

Guiso L, Sapienza P, Zingales L.The role of social capital in financial development[J]. American Economic Review, 2004(3).

Haddad C, Hornuf L.The emergence of the global fintech market: economic and technological determinants[J].Small Business Economics,2019(1).

Hagerty M R, Veenhoven R.Wealth and happiness revisited – growing national income does go with greater happiness[J]. Social indicators research, 2003(64).

Hall B H. The financing of research and development[J]. Oxford review of economic policy, 2002(1).

Hannan H T, McDowell J M. Market concentration and the diffusion of new technology in the banking industry [J]. The Review of Economics and Statistics, 1984(4).

Hasan M M, Lu Y J, Mahmud A.Regional development of China's inclusive finance through financial technology[J]. SAGE Open, 2020(1).

Hauswald R B H, Marques R S.Information technology and financial services competition[J].Review of Financial Studies, 2003(16).

Haw I, Hu B, Hu D.Concentrated control, institutions, and banking sector: an international study[J]. Journal of Banking and Finance, 2010(7).

Hayek F A. The use of knowledge in society[J].American Economic Review, 1945(4).

Hicks J R.A theory of economic history[M].Oxford University Press,1969.

Hicks O.The mainspring of economic growth[J].The American Economic Review,1981(6).

Hofnuf L, Klus M F, Lohwasser T S.Schwienbacher A.How do banks interact with Fintech startups?[J]. Small Business Economics, 2020(5).

Holmstrom, Tirole.Market liquidity and performance monitoring[J].Journal of Political Economy,1993(4).

Hong H, Kubik J D , Stein J C. Social Interaction and Stock Market Participation[J].Journal of Finance, 2004(1).

Hsieh C T, Klenow P J. Misallocation and manufacturing TFP in China and India[J]. The Quarterly Journal of Economics, 2009(4).

Huntingford C, Mercado L M. High chance that current atmospheric greenhouse concentrations commit to warmings greater than 1.5 Cover land[J]. Scientific reports,2016(1).

Jacobson L S, Lalonde R J, Sullivan D.Earnings losses of displaced workers [J]. The American economic review,1993 (4).

Jaffe A B, Henderson T R .Geographic localization of knowledge spillovers as evidenced by patent citations[J]. Quarterly Journal of Economics, 1993(3).

Jagtiani J, Lemieux C.The roles of alternative data and machine learning in fintech lending: evidence from the Lending Club consumer platform [J]. Financial Management, 2019,48(4): 1009-1029.

Javid M, Sharif F.Environmental Kuznets curve and financial development in Pakistan[J]. Renewable and Sustainable Energy Reviews, 2016(54).

Jeanneney S G, Kpodar K.Financial development and poverty reduction: can there be a benefit without a cost[J].The Journal of Development Studies, 2011(1).

Kakwani N, Wagstaff A, vanDoorslaer E. Socioeconomic inequalities in health: measurement, computation, and statistical inference[J]. Journal Econometrics, 1997(1).

Kapoor A. Financial inclusion and the future of the indian economy [J]. Futures, 2014 (56).

Karaivanov A . Financial constraints and occupational choice in Thai Villages [J]. Journal of Development Economics, 2012(2).

Keister L A.Race and wealth inequality: the impact of racial differences in asset ownership on the Dist-ribution of household wealth [J]. Social Science Research, 2004(4).

Khandwe A. Societal implications of financial technology[J]. Thakur Institute of Management Studies and Research,2016(1).

King R G, Levine R. Finance and growth: schumpeter might be right [Z]. Policy Research Working Paper Series,1993(3).

Knight J S, Lina R, Gunatilaka. Subjective well-being and its determinants in rural China[J]. China economic review, 2009(4).

Kogler D F. Editorial: evolutionary economic geography: theoretical and empirical progress[J]. Regional Studies, 2015(5).

Kulkarni M, Lakhe P. FinTech regulations: need, superpowers and bibliometric analysis[J].Library Philosophy and Practice,2020(5).

Kuznets S.Economic growth and income inequality[J]. American Economic Review, 1955(1).

Lagna A, Ravishankar M N. Making the world a better place with fintech research[J]. Information Systems Journal, 2022(1).

Lapavitsas C, Dossantos P L.Globalization and contemporary banking: on the impact of new technology[J]. Contributions to Political Economy, 2008(1).

Larson R, Farber B. Elementary statistics: Picturing the world[M].Pearson Custom Press,2011.

Lee I ,Shin J Y .Fintech: ecosystem, business models, investment decisions, and challenges[J].Business Horizons,2018(1).

Lee I, Yong J S. Fintech: Ecosystem, Business Models, Investment Decisions, and Challenges[J]. Business Horizons, 2018(1).

Levine, R. Finance and growth: theory and evidence[J].Handbook of Economic Growth, 2005(1).

Li S H, Wan Y. Evolution of ealth inequality in china[J]. China Economic Journal, 2015(3).

Lian S L, Sun X J , Yang X , et al .. The effect of adolescents' active social networking site use on life satisfaction: the sequential mediating roles of positive feedback and relational certainty[J]. Current Psychology, 2020(39).

Lin M , Prabhala N , Viswanathan S .Judging borrowers by the company they keep: friendship networks and information asymmetry in online Peer-to-Peer lending[J].Social Science Electronic Publishing, 2013(1).

Lorenc A G, Zhang J Y. How bank size relates to the impact of bank stress on the real economy[J]. Journal of Corporate Finance, 2020(7).

Lucas R E .On the mechanics of economic development[J]. Journal of Monetary Economics, 1988(1).

MacKerron G. Happiness economics from 35000 feet[J]. Journal of Economic Surveys, 2012(4).

Mankiw G N , Romer D, Weil D N.A contribution to the empirics of economic growth[J].Quarterly Journal of Economics,1992(2).

Mankiw N G, Zeldes S P. The consumption of stockholders and non-stockholders[J].Journal of Financial Economics,1991(1).

Marcus A J.Deregulation and bank financial policy[J]. Journal of Banking & Finance, 1984(4).

Mckinnon R I.Money and capital in economic development[J]. International journal (Toronto, Ont.), 1974(4).

Modigliani F, Brumberg R.Utility analysis and the consumption function: an interpretation of cross-section Data[J].Franco Modigliani,1954(1).

Moore B J , Shaw E S .Financial deepening in economic development[J].The Economic Journal, 1974(333).

Myers S C, Majluf N S. Corporate financing andinvestment decisions when firms have information that investors do not havel[J].Joumal of Financial Economics,1984(2).

Nasri W, Charfeddine L. Factors affecting the adoption of internet banking in Tunisia: an integration theory of acceptance model and theory of planned behavior [J]. The Journal of High Technology Management Research, 2012(1).

Ng Y K.From preference to happiness: towards a more complete welfare economics[J]. Social Choice and Welfare, 2003(2).

Nordhaus W D. Economic growth and climate: the carbon dioxide problem[J]. The American Economic Review, 1977(1).

Oshio T, Kobayashi M. Income inequality, perceived happiness, and self-rated health: evidence from nationwide surveys in Japan[J]. Social Science & Medicine, 2010(9).

Ozili P K. Impact of digital finance on financial inclusion and stability [J]. Borsa Istanbul Review, 2018(4).

Pelizzon L, Weber G. Are household portfolios efficient? an analysis conditional on housing[J]. The Journal of Financial and Quantitative Analysis, 2008(2).

Philippon T. The FinTech opportunity[R]. NBER Working Papers, 2017(10).

Piketty T, Yang L, Zucman G. Capital accumulation, private propety and rising inequality in china, 1978-2015[J]. American Economic Review, 2019(7).

Pollari I. The rise of fintech opportunities and challenges[J]. The Journal of the Securities Institute of Australia, 2016 (3).

Puschmann T. Fintech [J]. Business & Information Systems Engineering, 2017(1).

Quandrini V.. Entrepreneurship, saving, and social mobility[J]. Review of Economic Dynamics, 2000(1).

Radcliffe D, Voorhies R.. A digital pathway to financial inclusion [J]. SSRN Electronic Journal, 2012(11).

Ragin C C. Redesigning social inquiry: fuzzy sets and beyond[M]. University of Chicago Press, 2008.

Rajan R, Zingales L. Financial Dependence and Growth[J]. Social ence Electronic Publishing, 1998(3).

Rewilak J. The role of financial development in poverty reduction[J]. Review of Development Finance, 2017(2).

Rezitis A N. Agricultural productivity and convergence: europe and the United States [J]. Applied Economics, 2010(8).

Ripberger J T. Capturing curiosity: using internet search trends to measure public attentiveness[J]. Policy Studies Journal, 2011(2).

Romer P M. Endogenous technical change[J]. Journal of Political Economy, 1990(5).

Rözer J, Kraaykamp G. Income inequality and subjective well-being: a cross-national study on the conditional effects of individual and national characteristics

[J]. Social indicators research, 2013(113).

Salahuddin M, Alam K, Ozturk I, et al.. The effects of electricity consumption, economic growth, financial development and foreign direct investment on CO_2 emissions in Kuwait[J]. Renewable and sustainable energy reviews, 2018(81).

Sala-I-Martin X.The classical approach to convergence analysis[J], Economic Journal, 1996(437).

Sapienza P , Zingales L .Economic experts versus average Americans[J].The American Economic Review, 2013(3).

Sarma M, Pais J. Financial inclusion and development[J]. Journal of international development, 2011(5).

Saunders A, Schumacher L.The determinants of bank interest rate margins: an international study[J]. Journal of International Money & Finance, 2000(6).

Scheerder A, Deuren A V, Dijk J V. Determinants of internet skills, use and outcomes: a systematic review of the second- and third-level digital divide[J].Telematics and Informatics, 2017(8).

Scott J P. Social network analysis: a handbook [M].Sage Publications Ltd, 2017.

Shahbaz M, Kumar Tiwari A, Nasir M. Effects of financial development, economic growth, coal consumption and trade openness on CO emissions in South Africa[J]. Energy policy, 2013(1).

Shaw J G G S .Financial aspects of economic development[J].The American Economic Review, 1955(4).

Shi X, He Z, Lu X. The effect of home equity on the risky financial portfolio choice of Chinese households[J]. Emerging Markets Finance and Trade, 2020(3).

Shiller J R .Finance and the good society[M].Princeton University Press, 2013.

Siber W L. The process of financial innovation [J]. American Economic Review, 1983(73).

Sleimi M T. Effects of risk management practices on banks' performance: an empirical study of the jordanian banks[J]. Management Science Letters, 2020(2).

Solow R M. Technical change and the aggregate production function[J]. The Review of Economics and Statistics, 1957(3).

Stigltiz J E, Weiss A.Credit rationing in markets with imperfect information [J]. Social Science Electronic Publishing, 1981(3).

Stutzer A, Frey B S.Does marriage make people happy, or do happy people get married?[J]. The Journal of Socio-Economics, 2006(2).

Suri T, Jack W. The long-run poverty and gender impacts of mobile money[J]. Science, 2016(6317).

Tanaka M, Bloom N, David J M, et al. . Firm performance and macro forecast accuracy[J]. Journal of Monetary Economics, 2020(114).

Teoh S H, Welch , Wong T J.Earnings management and the long-run market performance of initial public offerings[J]. The journal of finance, 1998(6).

Thaler R. Mental accounting and consumer choice [J]. Marketing Science, 1985(3).

Tomes N..Income distribution, happiness and satisfaction: A direct test of the interdependent preferences model[J]. Journal of Economic Psychology, 1986(4).

Tracy J, Schneider, Chan S.Are Stocks Overtaking Real Estate in Household Portfolios?[J].Federal Reserve Bank of New York Current Issues in Economics and Finance, 1999(5).

Treleaven P. Financial regulation of FinTech[J].Journal of Financial Perspectives,2015(3).

Trelewicz J Q. Big data and big money: the role of data in the financial sector [J]. IT Professional, 2017(3).

Turegano D M, Herrero A G. Financial inclusion, rather than size, is the key to tackling income inequality[J]. The Singapore Economic Review, 2018(1).

Van Dijk J A.The Deepening Divide: Inequality in the Information society[M]. Sage Publications,2005.

Van Praag, Baarsma B E. Using happiness surveys to value intangibles: the case of airport noise[J]. The Economic Journal, 2005(500).

Verduyn P, Ybarra O, Résibois M, et al.. Do social network sites enhance or undermine subjective well-being? a critical review[J]. Social Issues and Policy Review, 2017(1).

Vicente M R, López A J. Assessing the regional digital divide across the Europeean Union-27[J].Tele-communications Policy, 2011(3).

Vu T H P, Li C S, Liu C C.Effects of the financial crisis on household financial risky assets holdings: empirical evidence from Europe[J].International Review of Economics & Finance, 2021(20).

Wang H, Cheng Z, Smyth R.Consumption and happiness[J]. The Journal of Development Studies, 2019(1).

Wasserman S, Faust K. Social network analysis: methods and applications [M]. Cambridge University Press, 1994.

Weber E U, Hsee C K..Models and mosaics: investigating cross-cultural differences in risk perception and risk preference[J]. Social Science Electronic Publishing, 1999(4).

Weil, Deng Y, Huang J, et al.. Identification and analysis of financial technology risk factors based on textual risk disclosures[J]. Journal of Theoretical and Applied Electronic Commerce Research, 2022(2).

Werthamer N R, Raymond S U.Technology and finance: the electronic markets [J]. Technological Forecasting & Social Change, 1997(1).

White H C, Boorman S A, Breiger R L. Social structure from multiple networks: block moels of roles and positions [J]. American Journal of Sociology, 1976(81).

Wurgler J.Financial markets and the allocation of capital[J]. Journal of Financial Economics, 2000(1).

Yunus M.Microlending: toward a poverty-free world[J].Brigham Young University Studies, 1999(2).

Zeldes S P. Consumption and liquidity constraints: an empirical investigation [J].Journal of Political Economy, 1989(2).

Zhang J，Liu P.Rational herding in microloan markets［J］.Management Science，2012(5).

Zhao X，Jiang M，Zhang W.Decoupling between economic development and carbon emissions and its driving factors：Evidence from China［J］. International Journal of Environmental Research and Public Health，2022(5).

Zi A，Cx B.Liquidity，capital requirements，and shadow banking［J］.International Review of Economics and Finance，2019(19).

Zingales L .Presidential address：does finance benefit society?［J］.The Journal of Finance，2015(4).

安同良，周绍东，皮建才.R&D补贴对中国企业自主创新的激励效应［J］.经济研究，2009(10).

白俊红，蒋伏心.协同创新、空间关联与区域创新绩效［J］.经济研究，2015(7).

白重恩，李宏彬，吴斌珍.医疗保险与消费:来自新型农村合作医疗的证据［J］.经济研究，2012(2).

鲍健强，苗阳，陈锋.低碳经济:人类经济发展方式的新变革［J］.中国工业经济，2008(4).

贝多广.好金融与好社会:问题的提出和答案［J］.金融研究，2015(7).

边燕杰，肖阳.中英居民主观幸福感比较研究［J］.社会学研究，2014(2).

蔡岑，殷晓晴，陈选娟.金融科技创新路径选择与银行经营效率［J］.财经研究，2023(3).

蔡昉.生产率、新动能与制造业:中国经济如何提高资源重新配置效率［J］.中国工业经济，2021(5).

蔡跃洲，马文君.数据要素对高质量发展影响与数据流动制约［J］.数量经济技术经济研究，2021(3).

程恩富，陈健.大力发展新质生产力 加速推进中国式现代化［J］.当代经济研究，2023(12).

陈刚，李树.管制、腐败与幸福——来自CGSS(2006)的经验证据［J］.世界经济文汇，2013(4).

陈汉文,周中胜.内部控制质量与企业债务融资成本[J].南开管理评论,2014(3).

陈红,郭亮.金融科技风险产生缘由、负面效应及其防范体系构建[J].改革,2020(3).

陈加友.基于区块链技术的去中心化自治组织:核心属性、理论解析与应用前景[J].改革,2021(3).

陈梦根,周元任.数字不平等研究新进展[J].经济学动态,2022(4).

陈诗一,陈登科.雾霾污染、政府治理与经济高质量发展[J].经济研究,2018(2).

陈诗一.能源消耗、二氧化碳排放与中国工业的可持续发展[J].经济研究,2009(4).

陈诗一.低碳经济[J].经济研究,2022(6).

陈太义,王燕,赵晓松.营商环境、企业信心与企业高质量发展——来自2018年中国企业综合调查(CEGS)的经验证据[J].宏观质量研究,2020(2).

陈小辉,张红伟.数字经济如何影响企业风险承担水平[J].经济管理,2021(5).

陈一洪.非利息收入与城市商业银行经营绩效[J].金融论坛,2015(1).

陈屹立.家庭债务是否降低了幸福感?——来自中国综合社会调查的经验证据[J].世界经济文汇,2017(4).

陈志武,巴曙松.金融技术:中国金融市场的深层潜流[J].中国发展观察,2005(3).

陈志武.金融是什么(节选)[J].新东方,2009(9).

程名望,史清华,Jin Yanhong,等.农户收入差距及其根源:模型与实证[J].管理世界,2015(7).

程名望,贾晓佳,俞宁.农村劳动力转移对中国经济增长的贡献(1978—2015年):模型与实证[J].管理世界,2018(10).

程名望,张家平.互联网普及与城乡收入差距:理论与实证[J].中国农村经济,2019(2).

程小可,姜永盛,郑立东.影子银行、企业风险承担与融资约束[J].经济管理,2015(4).

戴国强,方鹏飞.利率市场化与银行风险——基于影子银行与互联网金融视角的研究[J].金融论坛,2014(8).

戴翔,杨双至.数字赋能、数字投入来源与制造业绿色化转型[J].中国工业经济,2022(9).

戴小勇.中国高创新投入与低生产率之谜:资源错配视角的解释[J].世界经济,2021(3).

邓荣荣,张翱祥.中国城市数字金融发展对碳排放绩效的影响及机理[J].资源科学,2021(11).

邓荣荣,张翱祥.中国城市数字经济发展对环境污染的影响及机理研究[J].南方经济,2022(2).

丁娜,金婧,田轩.金融科技与分析师市场[J].经济研究,2020(9).

丁志国,徐德财,赵晶.农村金融有效促进了我国农村经济发展吗[J].农业经济问题,2012(9).

董洪梅,章磷,董大朋.老工业基地产业结构升级、城镇化与城乡收入差距——基于东北地区城市的实证分析[J].农业技术经济,2020(5).

董晓林,徐虹.我国农村金融排斥影响因素的实证分析——基于县域金融机构网点分布的视角[J].金融研究,2012(9).

董晓庆,赵坚,袁朋伟.国有企业创新效率损失研究[J].中国工业经济,2014(2).

董竹,蔡宜霖.金融科技助推实体经济的微观作用机制与路径研究[J].软科学,2021(8).

杜金岷,韦施威,吴文洋.数字普惠金融促进了产业结构优化吗?[J].经济社会体制比较,2020(6).

杜两省,程博文.金融摩擦、收入风险与财富不平等[J].金融研究,2020(7).

杜强,潘怡.普惠金融对我国地区经济发展的影响研究——基于省际面板数据的实证分析[J].经济问题探索,2016(3).

杜运周,贾良定.组态视角与定性比较分析(QCA):管理学研究的一条新道路[J].管理世界,2017(6).

　　杜运周,刘秋辰,陈凯薇,等.营商环境生态、全要素生产率与城市高质量发展的多元模式——基于复杂系统观的组态分析[J].管理世界,2022(9).

　　段军山,崔蒙雪.信贷约束、风险态度与家庭资产选择[J].统计研究,2016(6).

　　段军山,邵骄阳.数字普惠金融发展影响家庭资产配置结构了吗[J].南方经济,2022(4).

　　樊轶侠,徐昊.中国数字经济发展能带来经济绿色化吗?——来自我国省际面板数据的经验证据[J].经济问题探索,2021(9).

　　范香梅,刘斌,邹克.金融包容、创业选择及收入公平分配研究[J].中国软科学,2018(9).

　　方观富,许嘉怡.数字普惠金融促进居民就业吗——来自中国家庭跟踪调查的证据[J].金融经济学研究,2020(2).

　　房宏琳,杨思莹.金融科技创新与城市环境污染[J].经济学动态,2021(8).

　　付琼,郭嘉禹.金融科技助力农村普惠金融发展的内在机理与现实困境[J].管理学刊,2021(3).

　　傅秋子,黄益平.数字金融对农村金融需求的异质性影响——来自中国家庭金融调查与北京大学数字普惠金融指数的证据[J].金融研究,2018(11).

　　高帆."新质生产力"的提出逻辑、多维内涵及时代意义[J].政治经济学评论,2023(6).

　　葛和平,吴福象.数字经济赋能经济高质量发展:理论机制与经验证据[J].南京社会科学,2021(1).

　　龚强,马洁,班铭媛.中国金融科技发展的风险与监管启示[J].国际经济评论,2022(6).

　　龚晓叶,李颖.金融科技对普惠金融"悖论"的影响——基于中国银行业风险承担水平的证据[J].证券市场导报,2020(9).

　　郭峰,王靖一,王芳,等.测度中国数字普惠金融发展:指数编制与空间特征[J].经济学(季刊),2020(4).

　　郭峰,王瑶佩.传统金融基础、知识门槛与数字金融下乡[J].财经研究,

2020(1).

郭克莎,田潇潇.加快构建新发展格局与制造业转型升级路径[J].中国工业经济,2021(11).

郭丽虹,徐晓萍.中小企业融资约束的影响因素分析[J].南方经济,2012(12).

郭品,沈悦.互联网金融对商业银行风险承担的影响:理论解读与实证检验[J].财贸经济,2015(10).

郭品,沈悦.互联网金融、存款竞争与银行风险承担[J].金融研究,2019(8).

韩珣,田光宁,李建军.非金融企业影子银行化与融资结构——中国上市公司的经验证据[J].国际金融研究,2017(10).

杭斌,申春兰.中国农户预防性储蓄行为的实证研究[J].中国农村经济,2005(3).

何婧,何广文.农村商业银行股权结构与其经营风险、经营绩效关系研究[J].农业经济问题,2015(12).

何婧,李庆海.数字金融使用与农户创业行为[J].中国农村经济,2019(1).

何平,刘泽豪,方志玮.影子银行、流动性与社会融资规模[J].经济学(季刊),2018(1).

何瑛,杨琳.改革开放以来国有企业混合所有制改革:历程、成效与展望[J].管理世界,2021(7).

何宗樾,宋旭光.数字经济促进就业的机理与启示——疫情发生之后的思考[J].经济学家,2020(5).

何宗樾,张勋,万广华.数字金融、数字鸿沟与多维贫困[J].统计研究,2020(10).

贺灿飞.区域产业发展演化:路径依赖还是路径创造?[J].地理研究,2018(7).

洪银兴.新质生产力及其培育和发展[J].经济学动态,2024(1).

胡滨,程雪军.金融科技、数字普惠金融与国家金融竞争力[J].高等学校文科学术文摘,2020(4).

胡滨,任喜萍.金融科技发展:特征、挑战与监管策略[J].改革,2021(9).

胡才龙,魏建国.地方政府债务水平与金融效率对经济开放度的驱动机制研究[J].经济评论,2022(1).

胡金焱,张晓帆.高管金融背景、外部监督与非金融企业影子银行化[J].济南大学学报(社会科学版),2022(1).

胡荣才,冯昶章.城乡居民收入差距的影响因素——基于省级面板数据的实证研究[J].中国软科学,2011(2).

胡荣华,孙计领.消费能使我们幸福吗[J].统计研究,2015(12).

黄春元,毛捷.财政状况与地方债务规模——基于转移支付视角的新发现[J].财贸经济,2015(6).

黄倩,李政,熊德平.数字普惠金融的减贫效应及其传导机制[J].改革,2019(11).

黄群慧.新发展格局的理论逻辑、战略内涵与政策体系:基于经济现代化的视角[J].经济研究,2021(4).

黄锐,赖晓冰,唐松.金融科技如何影响企业融资约束?——动态效应、异质性特征与宏微观机制检验[J].国际金融研究,2020(6).

黄速建,肖红军,王欣.论国有企业高质量发展[J].中国工业经济,2018(10).

黄贤环,吴秋生,王瑶.影子银行发展与企业投资行为选择:实业投资还是金融投资?[J].会计研究,2021(1).

黄益平,黄卓.中国的数字金融发展:现在与未来[J].经济学(季刊),2018(4).

黄益平,邱晗.大科技信贷:一个新的信用风险管理框架[J].管理世界,2021(2).

黄益平,陶坤玉.中国的数字金融革命:发展、影响与监管启示[J].国际经济评论,2019(6).

黄益平,王敏,傅秋子,等.以市场化、产业化和数字化策略重构中国的农村金融[J].国际经济评论,2018(3).

黄益平.数字普惠金融的机会与风险[J].新金融,2017(8).

黄跃,李琳.中国城市群绿色发展水平综合测度与时空演化[J].地理研究,2017(7).

贾俊生,刘玉婷.数字金融、高管背景与企业创新:来自中小板和创业板上市公司的经验证据[J].财贸研究,2021(2).

江飞涛,陈强远,王益敏,等.财政补贴与企业技术创新:来自医疗医药行业文本分析的证据[J].经济管理,2021(12).

江红莉,蒋鹏程.数字普惠金融的居民消费水平提升和结构优化效应研究[J].经济管理,2021(12).

江艇.因果推断经验研究中的中介效应与调节效应[J].中国工业经济,2022(5).

江小涓,孟丽君.内循环为主、外循环赋能与更高水平双循环——国际经验与中国实践[J].管理世界,2021(1).

焦瑾璞.普惠金融的国际经验[J].中国金融,2014(10).

金碚.关于"高质量发展"的经济学研究[J].中国工业经济,2018(4).

金洪飞,李弘基,刘音露.金融科技、银行风险与市场挤出效应[J].财经研究,2020(5).

冷炳荣,杨永春,李英杰,等.中国城市经济网络结构空间特征及其复杂性分析[J].地理学报,2011(2).

黎文靖,李耀淘.产业政策激励了公司投资吗[J].中国工业经济,2014(5).

李成友,李庆海.农户信贷需求视角下的信贷配给程度决定分析——基于OPSS模型的实证研究[J].统计与信息论坛,2016(6).

李成友,孙涛,李庆海.需求和供给型信贷配给交互作用下农户福利水平研究——基于广义倾向得分匹配法的分析[J].农业技术经济,2019(1).

李春涛,闫续文,宋敏,等.金融科技与企业创新:新三板上市公司的证据[J].中国工业经济,2020(1).

李光龙,范贤贤.产业集聚、外商直接投资与绿色全要素生产率[J].南京财经大学学报,2019(5).

李广子,刘力.债务融资成本与民营信贷歧视[J].金融研究,2009(12).

李广子.跨区经营与中小银行绩效[J].世界经济,2014(11).

447

李广子.金融与科技的融合:含义、动因与风险[J].国际经济评论,2020(3).

李海奇,张晶.金融科技对我国产业结构优化与产业升级的影响[J].统计研究,2022(10).

李继尊.关于互联网金融的思考[J].管理世界,2015(7).

李佳霖,张倩肖,董嘉昌.金融发展、企业多元化战略与高质量发展[J].经济管理,2021(2).

李建军,韩珣.普惠金融、收入分配和贫困减缓——推进效率和公平的政策框架选择[J].金融研究,2019(3).

李建军,胡凤云.中国中小企业融资结构、融资成本与影子信贷市场发展[J].宏观经济研究,2013(5).

李江一,李涵,甘犁.家庭资产—负债与幸福感:"幸福—收入"之谜的一个解释[J].南开经济研究,2015(5).

李敬,陈澍,万广华,等.中国区域经济增长的空间关联及其解释——基于网络分析方法[J].经济研究,2014(11).

李俊霞,温小霓.中国科技金融资源配置效率与影响因素关系研究[J].中国软科学,2019(1).

李黎,张羽.金融衍生品交易与商业银行绩效——基于美国的经验[J].管理科学,2009(4).

李勋来,李国平.经济增长中的农村富余劳动力转移效应研究[J].经济科学,2005(3).

李扬,殷剑峰.劳动力转移过程中的高储蓄、高投资和中国经济增长[J].经济研究,2005(2).

李青原,陈世来,陈昊.金融强监管的实体经济效应——来自资管新规的经验证据[J].经济研究,2022(1).

李实,魏众,B.古斯塔夫森.中国城镇居民的财产分配[J].经济研究,2000(3).

李实,魏众,丁赛.中国居民财产分布不均等及其原因的经验分析[J].经济研究,2015(6).

李实,朱梦冰.中国经济转型40年中居民收入差距的变动[J].管理世界,2018(12).

李树,陈刚."关系"能否带来幸福?——来自中国农村的经验证据[J].中国农村经济,2012(8).

李树,于文超.幸福的社会网络效应——基于中国居民消费的经验研究[J].经济研究,2020(6).

李涛,王志芳,王海港,等.中国城市居民的金融受排斥状况研究[J].经济研究,2010(7).

李涛,徐翔,孙硕.普惠金融与经济增长[J].金融研究,2016(4).

李晓,吴雨,李洁.数字金融发展与家庭商业保险参与[J].统计研究,2021(5).

李学峰,杨盼盼.金融科技、市场势力与银行风险[J].当代经济科学,2021(1).

李扬."金融服务实体经济"辨[J].经济研究,2017(6).

李扬.要义是提高资源配置效率——金融供给侧结构性改革研究[J].新金融,2019(11).

李扬.加快构建包容审慎的金融科技治理机制[J].农村金融研究,2021(11).

李扬,程斌琪.金融科技发展驱动中国经济增长:度量与作用机制[J].广东社会科学,2018(3).

李真,李茂林,朱林染.银行金融科技与企业金融化:基于避险与逐利动机[J].世界经济,2023(4).

连莉莉.绿色信贷影响企业债务融资成本吗?——基于绿色企业与"两高"企业的对比研究[J].金融经济学研究,2015(5).

梁琦,肖素萍,李梦欣.数字经济发展提升了城市生态效率吗?——基于产业结构升级视角[J].经济问题探索,2021(6).

梁双陆,刘培培.数字普惠金融、教育约束与城乡收入收敛效应[J].产经评论,2018(2).

梁运文,霍震,刘凯.中国城乡居民财产分布的实证研究[J].经济研究,

2010(10).

廖凡.论金融科技的包容审慎监管[J].中外法学,2019(3).

廖婧琳,周利.数字普惠金融、受教育水平与家庭风险金融资产投资[J].现代经济探讨,2020(1).

廖凯诚,张玉臣,彭耿.数字普惠金融对城市金融业全要素生产率的影响机制研究[J].当代财经,2021(12).

廖正方,王丽.金融科技与京津冀地区产业结构升级[J].北京社会科学,2023(5).

刘传明,王卉彤,魏晓敏.中国八大城市群互联网金融发展的区域差异分解及收敛性研究[J].数量经济技术经济研究,2017(8).

刘丹,方锐,汤颖梅.数字普惠金融发展对农民非农收入的空间溢出效应[J].金融经济学研究,2019(3).

刘华军,张耀,孙亚男.中国区域发展的空间网络结构及其影响因素——基于2000—2013年省际地区发展与民生指数[J].经济评论,2015(5).

刘少波,张友泽,梁晋恒.金融科技与金融创新研究进展[J].经济学动态,2021(3).

刘守英,王一鸽.从乡土中国到城乡中国——中国转型的乡村变迁视角[J].管理世界,2018(10).

刘淑春.中国数字经济高质量发展的靶向路径与政策供给[J].经济学家,2019(6).

刘涛雄,徐晓飞.互联网搜索行为能帮助我们预测宏观经济吗?[J].经济研究,2015(12).

刘兴凯,张诚.中国服务业全要素生产率增长及其收敛分析[J].数量经济技术经济研究,2010(3).

刘秀梅,田维明.我国农村劳动力转移对经济增长的贡献分析[J].管理世界,2005(1).

刘长庚,李琪辉,张松彪,等.金融科技如何影响企业创新?——来自中国上市公司的证据[J].经济评论,2022(1).

刘兆博,马树才.基于微观面板数据的中国农民预防性储蓄研究[J].世界经济,2007(2).

刘志彪,凌永辉.结构转换、全要素生产率与高质量发展[J].管理世界,2020(7).

刘志洋.金融科技的主要功能、风险特征与规范监管[J].南方金融,2021(10).

刘忠璐.互联网金融对商业银行风险承担的影响研究[J].财贸经济,2016(4).

龙小宁,张靖.IPO与专利管理:基于中国企业的实证研究[J].经济研究,2021(8).

鲁晓东,连玉君.中国工业企业全要素生产率估计:1999—2007[J].经济学(季刊),2012(2).

鲁钊阳,廖杉杉.P2P网络借贷对农产品电商发展的影响研究[J].财贸经济,2016(3).

陆方文,刘国恩,李辉文.子女性别与父母幸福感[J].经济研究,2017(10).

陆岷峰.新冠肺炎疫情背景下商业银行数字小微金融发展战略研究——基于未来银行的发展视角[J].新疆师范大学学报(哲学社会科学版),2020(6).

陆铭,陈钊.城市化、城市倾向的经济政策与城乡收入差距[J].经济研究,2004(6).

路晓蒙,李阳,甘犁,等.中国家庭金融投资组合的风险——过于保守还是过于冒进?[J].管理世界,2017(12).

路晓蒙,赵爽,罗荣华.区域金融发展会促进家庭理性投资吗？——基于家庭资产组合多样化的视角[J].经济与管理研究,2019(10).

罗必良.新质生产力:颠覆性创新与基要性变革——兼论农业高质量发展的本质规定和努力方向[J].中国农村经济,2024(8).

罗必良,洪炜杰,耿鹏鹏,等.赋权、强能、包容:在相对贫困治理中增进农民幸福感[J].管理世界,2021(10).

罗楚亮.城乡居民收入差距的动态演变:1988—2002年[J].财经研究,2006(9).

罗剑朝,曹瓅,罗博文.西部地区农村普惠金融发展困境、障碍与建议[J].

农业经济问题,2019(8).

罗能生,彭郁.交通基础设施建设有助于改善城乡收入公平吗?——基于省级空间面板数据的实证检验[J].产业经济研究,2016(4).

罗玉峰,孙顶强,徐志刚.农村"养儿防老"模式走向没落?——市场经济冲击 VS 道德文化维系[J].农业经济问题,2015(5).

罗煜,何青,薛畅.地区执法水平对中国区域金融发展的影响[J].经济研究,2016(7).

吕承超,何加豪.中国金融科技发展的区域差异、分布动态及收敛特征[J].财经问题研究,2023(4).

马双,曾刚.网络视角下中国十大城市群区域创新模式研究[J].地理科学,2019(6).

孟娜娜,粟勤,雷海波.金融科技如何影响银行业竞争[J].财贸经济,2020(3).

孟娜娜,粟勤.挤出效应还是鲶鱼效应:金融科技对传统普惠金融影响研究[J].现代财经(天津财经大学学报),2020(1).

孟维福,刘婧涵.绿色金融促进经济高质量发展的效应与异质性分析——基于技术创新与产业结构升级视角[J].经济纵横,2023(7).

穆怀中,吴鹏.城镇化、产业结构优化与城乡收入差距[J].经济学家,2016(5).

倪娟,孔令文.环境信息披露、银行信贷决策与债务融资成本——来自我国沪深两市 A 股重污染行业上市公司的经验证据[J].经济评论,2016(1).

潘健平,潘越,马奕涵.以"合"为贵?合作文化与企业创新[J].金融研究,2019(1).

潘爽,叶德珠,叶显.数字金融普惠了吗——来自城市创新的经验证据[J].经济学家,2021(3).

裴志军.家庭社会资本、相对收入与主观幸福感:一个浙西农村的实证研究[J].农业经济问题,2010(7).

彭国华.中国地区收入差距、全要素生产率及其收敛分析[J].经济研究,2005(9).

皮天雷,刘垚森,吴鸿燕.金融科技:内涵、逻辑与风险监管[J].财经科学,2018(9).

戚聿东,肖旭.数字经济时代的企业管理变革[J].管理世界,2020(6).

邱晗,黄益平,纪洋.金融科技对传统银行行为的影响——基于互联网理财的视角[J].金融研究,2018(11).

邱泽奇,张樹沁,刘世定,等.从数字鸿沟到红利差异——互联网资本的视角[J].中国社会科学,2016(10).

冉光和,肖渝.市场势力、收入多元化与商业银行绩效[J].金融论坛,2014(1).

任保平,文丰安.新时代中国高质量发展的判断标准、决定因素与实现途径[J].改革,2018(4).

任碧云,李柳颖.数字普惠金融是否促进农村包容性增长——基于京津冀2114位农村居民调查数据的研究[J].现代财经(天津财经大学学报),2019(4).

邵传林.地区营商环境与民营企业高质量发展:来自中国的经验证据[J].经济与管理研究,2021(9).

申创,刘笑天.互联网金融、市场势力与商业银行绩效[J].当代经济科学,2017(5).

申萌,李凯杰,曲如晓.技术进步、经济增长与二氧化碳排放:理论和经验研究[J].世界经济,2012(7).

沈春苗,郑江淮.资源错配研究述评[J].改革,2015(4).

沈坤荣,张璟.中国农村公共支出及其绩效分析——基于农民收入增长和城乡收入差距的经验研究[J].管理世界,2007(1).

沈悦,郭品.互联网金融、技术溢出与商业银行全要素生产率[J].金融研究,2015(3).

生吉萍,莫际仙,于滨铜,等.区块链技术何以赋能农业协同创新发展:功能特征、增效机理与管理机制[J].中国农村经济,2021(12).

盛来运,郑鑫,周平,等.我国经济发展南北差距扩大的原因分析[J].管理世界,2018(9).

盛天翔,范从来.金融科技、银行异质性与货币政策的流动性创造效应[J].

南京社会科学,2020(12).

盛天翔,范从来.金融科技、最优银行业市场结构与小微企业信贷供给[J].金融研究,2020(6).

盛天翔,邰小芳,周耿,等.金融科技与商业银行流动性创造:抑制还是促进[J].国际金融研究,2022(2).

斯晓夫,严雨姗,傅颖.创业减贫前沿理论研究与未来方向[J].管理世界,2020(11).

宋科,刘家琳,李宙甲.数字普惠金融能缩小县域城乡收入差距吗?——兼论数字普惠金融与传统金融的协同效应[J].中国软科学,2022(6).

宋科,武沛璋,李鸿翔,等.互联网消费信贷与传统消费信贷:互补还是替代?[J].管理科学学报,2023(4).

宋敏,周鹏,司海涛.金融科技与企业全要素生产率——"赋能"和信贷配给的视角[J].中国工业经济,2021(4).

宋清华,曲良波.高管薪酬、风险承担与银行绩效:中国的经验证据[J].国际金融研究,2011(12).

宋瑞.时间、收入、休闲与生活满意度:基于结构方程模型的实证研究[J].财贸经济,2014(6).

粟勤,魏星.金融科技的金融包容效应与创新驱动路径[J].理论探索,2017(5).

孙浦阳,靳一,张亮.金融服务多样化是否能真正改善银行业绩?——基于OECD359家银行的实证研究[J].金融研究,2011(11).

孙新波,钱雨,张明超,等.大数据驱动企业供应链敏捷性的实现机理研究[J].管理世界,2019(9).

孙学涛,于婷,于法稳.数字普惠金融对农业机械化的影响——来自中国1869个县域的证据[J].中国农村经济,2022(2).

孙永强.金融发展、城市化与城乡居民收入差距研究[J].金融研究,2012(4).

邰秀军,李树茁,李聪,等.中国农户谨慎性消费策略的形成机制[J].管理世界,2009(7).

谭鹏万.中国银行业的市场结构与银行绩效关系研究——基于33家商业银行面板数据的实证检验[J].南方经济,2006(12).

谭燕芝,陈彬,田龙鹏,等.什么因素在多大程度上导致农村金融排斥难题:基于2010年中部六省667县(区)数据的实证分析[J].经济评论,2014(1).

唐平.农村居民收入差距的变动及影响因素分析[J].管理世界,2006(5).

唐仁健.扎实推进乡村全面振兴[J].理论导报,2021(10).

唐松,赖晓冰,黄锐.金融科技创新如何影响全要素生产率:促进还是抑制?——理论分析框架与区域实践[J].中国软科学,2019(7).

唐松,伍旭川,祝佳.数字金融与企业技术创新:结构特征、机制识别与金融监管下的效应差异[J].管理世界,2020(5).

唐文进,李爽,陶云清.数字普惠金融发展与产业结构升级——来自283个城市的经验证据[J].广东财经大学学报,2019(6).

唐学朋,余林徽,王怡萱,等.跨境电子商务与中国家庭福利——基于家庭消费视角的实证研究[J].数量经济技术经济研究,2023(11).

滕磊,马德功.数字金融能够促进高质量发展吗?[J].统计研究,2020(11).

田岗.不确定性、融资约束与我国农村高储蓄现象的实证分析——一个包含融资约束的预防性储蓄模型及检验[J].经济科学,2005(1).

童昀,刘海猛,马勇,等.中国旅游经济对城市绿色发展的影响及空间溢出效应[J].地理学报,2021(10).

万广华,张彤进.机会不平等与中国居民主观幸福感[J].世界经济,2021(5).

万广华.解释中国农村区域间的收入不平等:一种基于回归方程的分解方法[J].经济研究,2004(8).

万佳彧,周勤,肖义.数字金融、融资约束与企业创新[J].经济评论,2020(1).

汪莉,马诗淇,叶欣.数字普惠金融对我国家庭金融资产配置的影响——基于CHFS数据的实证研究[J].会计与经济研究,2021(4).

汪洋,何红渠,常春华.金融科技、银行竞争与企业成长[J].财经理论与实践,2020(5).

王聪,姚磊,柴时军.年龄结构对家庭资产配置的影响及其区域差异[J].国际金融研究,2017(2).

王定祥,黄莉.我国创新驱动经济发展的机制构建与制度优化[J].改革,2019(5).

王定祥,吴炜华,李伶俐.数字经济和实体经济融合发展的模式及机制分析[J].改革,2023(7).

王刚刚,谢富纪,贾友.R&D补贴政策激励机制的重新审视:基于外部融资激励机制的考察[J].中国工业经济,2017(2).

王国刚,史建平,胡滨,等.加快建设金融强国专家笔谈[J].农村金融研究,2023(11).

王桂军,卢潇潇."一带一路"倡议与中国企业升级[J].中国工业经济,2019(3).

王火根,沈利生.中国经济增长与能源消费空间面板分析[J].数量经济技术经济研究,2007(12).

王杰,刘斌.环境规制与企业全要素生产率——基于中国工业企业数据的经验分析[J].中国工业经济,2014(3).

王婧,胡国晖.中国普惠金融的发展评价及影响因素分析[J].金融论坛,2013(6).

王曼舒,刘晓芳.商业银行收入结构对盈利能力的影响研究——基于中国14家上市银行面板数据的分析[J].南开管理评论,2013(2).

王美昌,徐康宁.贸易开放、经济增长与中国二氧化碳排放的动态关系——基于全球向量自回归模型的实证研究[J].中国人口(资源与环境),2015(11).

王擎,田娇.多元化战略、贷款质量与银行绩效——基于信息协同的角度[J].金融研究,2014(5).

王擎,吴玮,黄娟.城市商业银行跨区域经营:信贷扩张、风险水平及银行绩效[J].金融研究,2012(1).

王少平,欧阳志刚.我国城乡收入差距的度量及其对经济增长的效应[J].经济研究,2007(10).

王世文,温馨,刘峻峰.金融科技对中小企业创新的影响[J].经济问题,2023(3).

王文举,向其凤.中国产业结构调整及其节能减排潜力评估[J].中国工业经济,2014(1).

王小华,邓晓雯,周海洋.金融科技对商业银行经营绩效的影响:促进还是抑制?[J].改革,2022(8).

王小华,韩林松,温涛.惠农贷的精英俘获及其包容性增长效应研究[J].中国农村经济,2021(3).

王小华,胡大成.金融科技发展对城乡收入差距的影响研究[J].西南大学学报(自然科学版),2022(7).

王小华,雷捷.金融资本内生理论:中国金融抑制研究的新视角[J].学习与实践,2019(1).

王小华,马小珂,何茜.数字金融使用促进农村消费内需动力全面释放了吗?[J].中国农村经济,2022(11).

王小华,宋檬,和杨亦兰.金融科技、金融监管与企业高质量发展[J].财经问题研究,2023(4).

王小华,温涛,韩林松.习惯形成与中国农民消费行为变迁:改革开放以来的经验验证[J].中国农村经济,2020(1).

王小华,温涛,王定祥.县域农村金融抑制与农民收入内部不平等[J].经济科学,2014(2).

王小华,温涛.金融资本集聚与城乡收入差距:新中国成立70周年的逻辑验证[J].农业技术经济,2021(8).

王小华,杨玉琪,程露.新发展阶段农村金融服务乡村振兴战略:问题与解决方案[J].西南大学学报(社会科学版),2021(6).

王小华,周海洋,程琳.中国金融科技发展:指数编制、总体态势及时空特征[J].当代经济科学,2023(1).

王小华,周韩梅.摆脱路径依赖:金融科技区域差异化发展的逻辑与检验[J].当代财经,2023(2).

王小燕,张俊英,王醒男.金融科技、企业生命周期与技术创新——异质性特征、机制检验与政府监管绩效评估[J].金融经济学研究,2019(5).

王馨.互联网金融助解"长尾"小微企业融资难问题研究[J].金融研究,2015(9).

王修华,关键.中国农村金融包容水平测度与收入分配效应[J].中国软科学,2014(8).

王修华,邱兆祥.农村金融发展对城乡收入差距的影响机理与实证研究[J].经济学动态,2011(2).

王修华,赵亚雄.数字金融发展是否存在马太效应?——贫困户与非贫困户的经验比较[J].金融研究,2020(7).

王修华,赵亚雄.中国金融包容的增长效应与实现机制[J].数量经济技术经济研究,2019(1).

王修华,赵亚雄.数字金融发展与城乡家庭金融可得性差异[J].中国农村经济,2022(1).

王勋,Anders Johansson.金融抑制与经济结构转型[J].经济研究,2013(1).

王一鸣.百年大变局、高质量发展与构建新发展格局[J].管理世界,2020(12).

王轶,刘蕾.农民工返乡创业何以促进农民农村共同富裕[J].中国农村经济,2022(9).

王永仓,温涛,王小华.数字金融与农户家庭增收:影响效应与传导机制——基于中国家庭金融调查数据的实证研究[J].财经论丛,2021(9).

魏后凯."十四五"时期中国农村发展若干重大问题[J].中国农村经济,2020(1).

魏敏,李书昊.新时代中国经济高质量发展水平的测度研究[J].数量经济技术经济研究,2018(11).

温涛,冉光和,熊德平.中国金融发展与农民收入增长[J].经济研究,2005(9).

温涛,王小华,董文杰.金融发展、人力资本投入与缩小城乡收入差距——基于中国西部地区40个区县的经验研究[J].吉林大学社会科学学报,2014(2).

温忠麟,叶宝娟.中介效应分析:方法和模型发展[J].心理科学进展,

2014(5).

温忠麟,张雷,侯杰泰,等.中介效应检验程序及其应用[J].心理学报, 2004(5).

吴非,胡慧芷,林慧妍,等.企业数字化转型与资本市场表现——来自股票流动性的经验证据[J].管理世界,2021(7).

吴卫星,丘艳春,张琳琬.中国居民家庭投资组合有效性:基于夏普率的研究[J].世界经济,2015(1).

吴卫星,邵旭方,陶利斌.家庭财富不平等会自我放大吗?——基于家庭财务杠杆的分析[J].管理世界,2016(9).

吴卫星,吴锟,张旭阳.金融素养与家庭资产组合有效性[J].国际金融研究,2018(5).

吴晓求.中国金融的深度变革与互联网金融[J].财贸经济,2014(1).

吴晓求.互联网金融:成长的逻辑[J].财贸经济,2015(2).

吴翌琳,于鸿君.企业创新推动高质量发展的路径研究:基于中国制造业企业的微观实证[J].北京大学学报(哲学社会科学版),2020(2).

吴雨,李晓,李洁,等.数字金融发展与家庭金融资产组合有效性[J].管理世界,2021(7).

夏清华,黄剑.市场竞争、政府资源配置方式与企业创新投入:中国高新技术企业的证据[J].经济管理,2019(8).

向爱兵.加速交通运输变革 助推经济高质量发展[J].宏观经济管理, 2022(7).

肖静华,吴小龙,谢康,等.信息技术驱动中国制造转型升级——美的智能制造跨越式战略变革纵向案例研究[J].管理世界,2021(3).

肖卫,肖琳子.二元经济中的农业技术进步、粮食增产与农民增收——来自2001—2010年中国省级面板数据的经验证据[J].中国农村经济,2013(6).

谢家智,吴静茹.数字金融、信贷约束与家庭消费[J].中南大学学报(社会科学版),2020(2).

谢平,石午光.金融产品货币化的理论探索[J].国际金融研究,2016(2).

谢平,邹传伟.互联网金融模式研究[J].金融研究,2012(12).

谢绚丽,沈艳,张皓星,等.数字金融能促进创业吗？——来自中国的证据[J].经济学(季刊),2018(4).

谢勇,沈坤荣.非农就业与农村居民储蓄率的实证研究[J].经济科学,2011(4).

谢治春,赵兴庐,刘媛.金融科技发展与商业银行的数字化战略转型[J].中国软科学,2018(8).

辛大楞.金融科技与企业"脱实向虚"——来自中国A股上市公司的证据[J].当代财经,2021(7).

星焱.农村数字普惠金融的"红利"与"鸿沟"[J].经济学家,2021(2).

星焱.普惠金融的效用与实现:综述及启示[J].国际金融研究,2015(11).

徐晨,蒋艳楠.线上购物信息不对称与顾客购买意向相关性分析:基于感知风险视角[J].商业经济研究,2021(11).

徐光顺,冯林.数字普惠金融对城乡收入差距影响的再检验——基于农户人力资本投资调节效应的视角[J].农业经济问题,2022(5).

徐敏,张小林.普惠制金融对城乡居民收入差距的影响[J].金融论坛,2014(9).

徐维祥,周建平,刘程军.数字经济发展对城市碳排放影响的空间效应[J].地理研究,2022(1).

徐远华.金融发展对城乡收入差距的影响——基于中部六省2000—2011年面板数据的实证分析[J].科学决策,2014(3).

许多奇.金融科技的"破坏性创新"本质与监管科技新思路[J].东方法学,2018(2).

许竹青,郑风田,陈洁."数字鸿沟"还是"信息红利'"？信息的有效供给与农民的销售价格——一个微观角度的实证研究[J].经济学(季刊),2013(4).

薛熠,张昕智.数字经济时代金融科技推动金融业发展的机理研究[J].北京师范大学学报(社会科学版),2022(3).

薛莹,胡坚.金融科技助推经济高质量发展:理论逻辑、实践基础与路径选择[J].改革,2020(3).

严成樑,李涛,兰伟.金融发展、创新与二氧化碳排放[J].金融研究,

2016(1).

　　杨东.监管科技：金融科技的监管挑战与维度建构[J].中国社会科学，2018(5).

　　杨松,张永亮.金融科技监管的路径转换与中国选择[J].法学,2017(8).

　　杨松令,刘梦伟,张秋月.中国金融科技发展对资本市场信息效率的影响研究[J].数量经济技术经济研究,2021(8).

　　杨望,徐慧琳,谭小芬,等.金融科技与商业银行效率——基于DEA-Malmquist模型的实证研究[J].国际金融研究,2020(7).

　　姚耀军,董钢锋.中小企业融资约束缓解：金融发展水平重要抑或金融结构重要？——来自中小企业板上市公司的经验证据[J].金融研究,2015(4).

　　姚耀军,彭璐.地方政府干预银行业：内在逻辑与经验证据[J].金融评论,2013(4).

　　姚耀军,施丹燕.互联网金融区域差异化发展的逻辑与检验——路径依赖与政府干预视角[J].金融研究,2017(5).

　　叶敬忠,朱炎洁,杨洪萍.社会学视角的农户金融需求与农村金融供给[J].中国农村经济,2004(8).

　　叶康涛,陆正飞.中国上市公司股权融资成本影响因素分析[J].管理世界,2004(5).

　　叶强,高超越,姜广鑫.大数据环境下我国未来区块链碳市场体系设计[J].管理世界,2022(1).

　　叶兴庆.演进轨迹、困境摆脱与转变我国农业发展方式的政策选择[J].改革,2016(6).

　　易宪容.金融科技的内涵、实质及未来发展——基于金融理论的一般性分析[J].江海学刊,2017(2).

　　易信,刘凤良.金融发展与产业结构转型——理论及基于跨国面板数据的实证研究[J].数量经济技术经济研究,2018(6).

　　易行健,周利.数字普惠金融发展是否显著影响了居民消费——来自中国家庭的微观证据[J].金融研究,2018(11).

　　尹应凯,彭兴越.数字化基础、金融科技与经济发展[J].学术论坛,

2020(2).

尹振涛,李俊成,杨璐.金融科技发展能提高农村家庭幸福感吗? ——基于幸福经济学的研究视角[J].中国农村经济,2021(8).

尹志超,公雪,潘北啸.移动支付对家庭货币需求的影响——来自中国家庭金融调查的微观证据[J].金融研究,2019(10).

尹志超,郭沛瑶,张琳琬."为有源头活水来":精准扶贫对农户信贷的影响[J].管理世界,2020(2).

尹志超,蒋佳伶,严雨.数字鸿沟影响家庭收入吗[J].财贸经济,2021(9).

尹志超,宋全云,吴雨,等.金融知识、创业决策和创业动机[J].管理世界,2015(1).

尹志超,宋全云,吴雨.金融知识、投资经验与家庭资产选择[J].经济研究,2014(4).

尹志超,吴雨,甘犁.金融可得性、金融市场参与和家庭资产选择[J].经济研究,2015(3).

尹志超,岳鹏鹏,陈悉榕.金融市场参与、风险异质性与家庭幸福[J].金融研究,2019(4).

尹志超,张号栋.金融知识和中国家庭财富差距——来自CHFS数据的证据[J].国际金融研究,2017(10).

尹志超,张号栋.金融可及性、互联网金融和家庭信贷约束——基于CHFS数据的实证研究[J].金融研究,2018(11).

尹志超,张逸兴,于玖田.第三方支付、创业与家庭收入[J].金融论坛,2019(4).

于波,周宁,霍永强.金融科技对商业银行盈利能力的影响——基于动态面板GMM模型的实证检验[J].南方金融,2020(3).

余东华,王梅娟.数字经济、企业家精神与制造业高质量发展[J].改革,2022(7).

余淼杰,李晋.进口类型、行业差异化程度与企业生产率提升[J].经济研究,2015(8).

袁冬梅,魏后凯,杨焕.对外开放、贸易商品结构与中国城乡收入差距——

基于省际面板数据的实证分析[J].中国软科学,2011(6).

岳中刚,周勤,杨小军.众筹融资、信息甄别与市场效率——基于人人贷的实证研究[J].经济学动态,2016(1).

战明华,孙晓珂,张琰.数字金融背景下保险业发展的机遇与挑战[J].保险研究,2023(4).

战明华,张成瑞,沈娟.互联网金融发展与货币政策的银行信贷传导渠道[J].经济研究,2018(4).

张兵兵,陈思琪,曹历娟.城市因"智慧"而低碳吗?——来自智慧城市试点政策的探索[J].经济评论,2022(6).

张德茂,蒋亮.金融科技在传统商业银行转型中的赋能作用与路径[J].西南金融,2018(11).

张栋浩,尹志超.金融普惠、风险应对与农村家庭贫困脆弱性[J].中国农村经济,2018(4).

张峰,刘曦苑,武立东,等.产品创新还是服务转型:经济政策不确定性与制造业创新选择[J].中国工业经济,2019(7).

张广婷,江静,陈勇.中国劳动力转移与经济增长的实证研究[J].中国工业经济,2010(10).

张贵年.金融支持新型农业经营主体研究——基于乡村振兴战略背景下的视角[J].山西财经大学学报,2018(S2).

张海鹏.中国城乡关系演变70年:从分割到融合[J].当代中国史研究,2019(3).

张海洋,韩晓.数字金融能缓和社会主要矛盾吗?——消费不平等的视角[J].经济科学,2022(2).

张贺,白钦先.数字普惠金融减小了城乡收入差距吗?——基于中国省级数据的面板门槛回归分析[J].经济问题探索,2018(10).

张红宇,张海阳,李伟毅,等.当前农民增收形势分析与对策思路[J].农业经济问题,2013(4).

张杰,金岳.中国实施"国民收入倍增计划"战略:重大价值、理论基础与实施途径[J].学术月刊,2020(10).

张杰,郑文平,新夫.中国的银行管制放松、结构性竞争和企业创新[J].中国工业经济,2017(10).

张杰.从经济增长的金融密码看建设金融强国之道[J].经济研究,2023(11).

张军扩,侯永志,刘培林,等.高质量发展的目标要求和战略路径[J].管理世界,2019(7).

张礼卿,吴桐.区块链在金融领域的应用:理论依据、现实困境与破解策略[J].改革,2019(12).

张林,温涛.数字普惠金融如何影响农村产业融合发展[J].中国农村经济,2022(7).

张林.金融发展、科技创新与实体经济增长——基于空间计量的实证研究[J].金融经济学研究,2016(1).

张林,温涛.数字普惠金融发展如何影响居民创业[J].中南财经政法大学学报,2020(4).

张龙耀,李超伟,王睿.金融知识与农户数字今天行为响应——来自四省农户调查的微观证据[J].中国农村经济,2021(5).

张美萱,吴瑞林,张涵,等."电子钱包"让人花钱更多？——手机支付的心理账户效应[J].心理科学,2018(4).

张明,杜运周.组织与管理研究中QCA方法的应用:定位、策略和方向[J].管理学报,2019(9).

张小波.我国金融"脱实向虚"的综合判断与分析[J].经济理论与经济管理,2021(7).

张璇,李子健,李春涛.银行业竞争、融资约束与企业创新——中国工业企业的经验证据[J].金融研究,2019(10).

张勋,万广华,吴海涛.缩小数字鸿沟:中国特色数字金融发展[J].中国社会科学,2021(8).

张勋,万广华,张佳佳,等.数字经济、普惠金融与包容性增长[J].经济研究,2019(8).

张勋,杨桐,汪晨,等.数字金融发展与居民消费增长:理论与中国实践[J].

管理世界,2020(11).

张叶青,陆瑶,李乐芸.大数据应用对中国企业市场价值的影响——来自中国上市公司年报文本分析的证据[J].经济研究,2021(12).

张永亮.金融科技监管的原则立场、模式选择与法制革新[J].法学评论,2020(5).

张正平,杨丹丹.市场竞争、新型农村金融机构扩张与普惠金融发展——基于省级面板数据的检验与比较[J].中国农村经济,2017(1).

赵鹏,曾剑云.我国股市周期性破灭型投机泡沫实证研究——基于马尔可夫区制转换方法[J].金融研究,2008(4).

赵瑞瑞,张玉明,刘嘉惠.金融科技与企业投资行为研究:基于融资约束的影响机制[J].管理评论,2021(11).

赵涛,张智,梁上坤.数字经济、创业活跃度与高质量发展——来自中国城市的经验证据[J].管理世界,2020(10).

赵亚雄,王修华.数字金融、家庭相对收入及脆弱性——兼论多维"鸿沟"的影响[J].金融研究,2022(10).

周弘,张成思,何启志.中国居民资产配置效率的门限效应研究:金融约束视角[J].金融研究,2018(10).

周立,王子明.中国各地区金融发展与经济增长实证分析:1978—2000[J].金融研究,2002(10).

周利,冯大威,易行健.数字普惠金融与城乡收入差距:"数字红利"还是"数字鸿沟"[J].经济学家,2020(5).

周利,廖婧琳,张浩.数字普惠金融、信贷可得性与居民贫困减缓——来自中国家庭调查的微观证据[J].经济科学,2021(1).

周天芸,陈铭翔.数字渗透、金融普惠与家庭财富增长[J].财经研究,2021(7).

周雨晴,何广文.数字普惠金融发展对农户家庭金融资产配置的影响[J].当代经济科学,2020(3).

周仲飞,李敬伟.金融科技背景下金融监管范式的转变[J].法学研究,2018(5).

朱烨东.中国金融科技发展的现状与趋势[J].金融博览,2020(2).

祝继高,饶品贵,鲍明明.股权结构、信贷行为与银行绩效——基于我国城市商业银行数据的实证研究[J].金融研究,2012(7).

邹永广,吴沛,李媛,等.新冠病毒感染疫情影响下旅游企业韧性:进阶机理与复苏路径[J].中国软科学,2023(2).